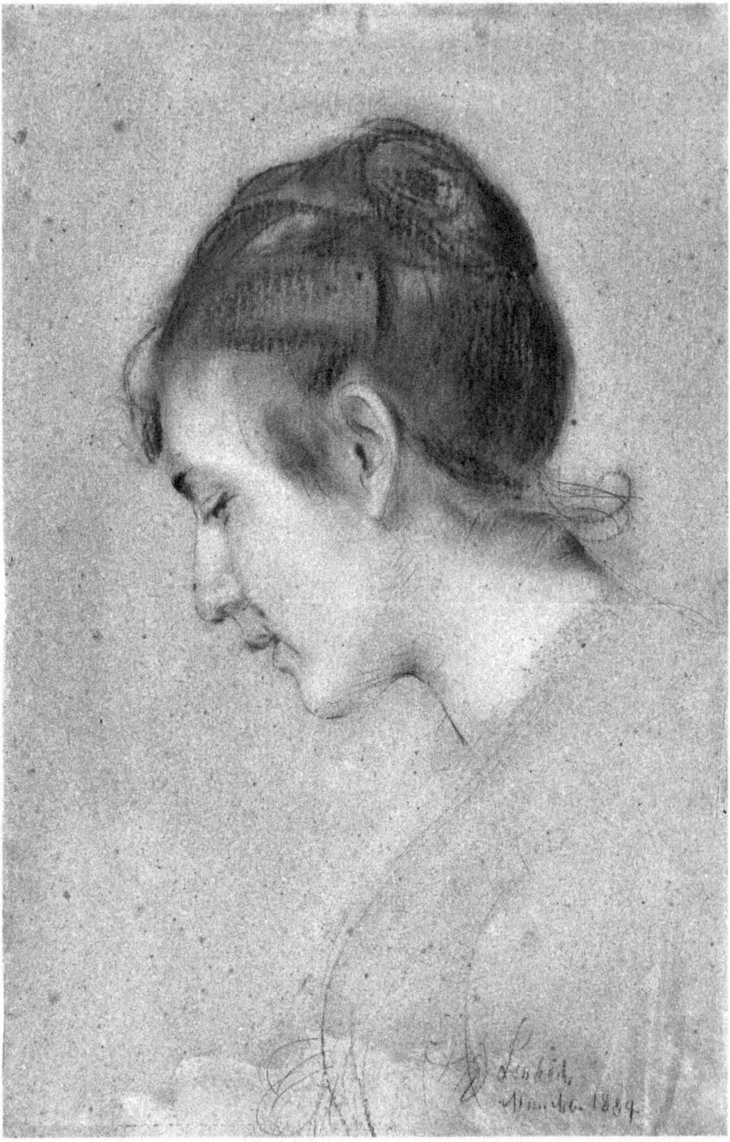

EVA RIEGER

ISOLDE

Richard Wagners Tochter

Eine unversöhnliche Familiengeschichte

Insel Verlag

Klimaneutral
Druckprodukt
ClimatePartner.com/14438-2110-1001

Erste Auflage 2022

Umschlaggestaltung: hißmann, heilmann, hamburg
Umschlagabbildungen: Isolde Wagner, Foto: Nationalarchiv der Richard-Wagner-Stiftung, Bayreuth; Richard Wagner, Foto: Keystone/Röhnert/picture-alliance, Frankfurt am Main
Satz: Greiner & Reichel, Köln
Druck: GGP Media GmbH, Pößneck
Printed in Germany
ISBN 978-3-458-64292-3

www.insel-verlag.de

ISOLDE

INHALT

Einleitung

Für Richard Wagner, den Vater, war sie »Cenerentola« – das Aschenputtel, ein Kind zweier Welten. Und ein »wunderliches Wunderkind«. Bezog sich dies auf die Umstände ihrer Geburt oder auf ihren lebhaften und leidenschaftlichen Charakter? In einem Brief an König Ludwig II. bezeichnete er sie als »die passionirteste Malerin« und schickte satirische Zeichnungen von ihr an ihn weiter. Cosima Wagner, die Mutter, sah in ihr »eine dämonische Natur«.[1] Die Lieblingstochter beider Eltern galt als »die begabteste und schönste« unter den vier Töchtern; sie soll »einen starken Grad von Energie« besessen haben, mit dem sie im Hause Wahnfried ihren Willen durchzusetzen vermochte, und »viel von der Genialität beider Eltern« geerbt haben. Wagner selbst hob ihren Humor hervor.[2] Isolde entwarf Theaterkostüme, dichtete und komponierte schon als Dreizehnjährige, malte als Fünfzehnjährige ein ganzes Konvolut von Bildern zum Geburtstag ihres Vaters, sie konnte auf dem Klavier improvisieren und sang mit ihrem »hellen starken Sopran«[3] so gut, dass die Feministin Malwida von Meysenbug, eine Freundin der Familie, sie zur Ausbildung empfahl.

Und doch sollten sich die Gegebenheiten ihrer Geburt als verhängnisvoll erweisen. Weil Cosima zur Zeit von Isoldes Zeugung noch bei ihrem ersten Ehemann lebte, musste Isolde sich »von Bülow« nennen. Und dies, obwohl allen klar war, dass sie eine Tochter Richard Wagners war. Richard versicherte ihr, er

1 CW an Mary Fiedler, in: Mack 1980, 286 (14.2.1892).

2 Moulin Eckart I, 643; CW II, 534 (20.5.1880).

3 DT an Philipp Wolfrum, Oktober 1897 (ER).

würde nicht zögern, seine Werke für das Wohl der Kinder zu opfern, »nicht einen Augenblick, *Tristan* für Isolde, *Meistersinger* für Eva, den *Ring* für Siegfried. ›Das ist Leben‹, sagt er.«[4] Es sei Isolde gewesen, sagte Cosima einmal, die »ich zuerst als Kind der Liebe und Begeisterung begrüßte«.[5] Damit wollte sie sagen, dass sie erst durch Richard die wahre Liebe erfahren habe, und sie glaubte, »in Evas Auge die Tiefe und Schärfe, in Loldis [Isoldes] Blick die Extase, in Fidis [Siegfrieds] den Witz von Richards Auge zu finden«.[6]

Man kann sich Isolde, dem ersten Kind Richard Wagners und der dritten Tochter Cosima von Bülows, von zwei Seiten nähern: zum einen als Tochter eines der wichtigsten Komponisten des 19. Jahrhunderts, der sich mit dem Festspielhaus in Bayreuth sowie mit der Schaffung eines viertägigen Opernverbundes in die Musikgeschichte eingeschrieben hat, zum anderen als einer Frau, die zwischen der wilhelminischen Welt mit der sich anpassenden Ehefrau einerseits und dem emanzipatorischen Feld der dem Mann ebenbürtigen Frau andererseits stand. Letzteres war damals kaum möglich, denn die geschlechtshierarchische Logik beeinflusste das Denken und Fühlen viel stärker als jede Richtlinie. Und so war es Siegfried, Isoldes Bruder, dem eine exzeptionelle Rolle zugedacht war, was Isolde nachhaltig beeinflusste und woran sie letztlich scheiterte. An Isolde Wagners Leben lässt sich daher nicht nur das persönliche Unglück verfolgen, sondern auch der strukturelle Wandel der Chancen und Verbote, mit dem sie in ihrer Rolle als »höhere Tochter« um 1900 konfrontiert war.

Als fast Fünfzigjährige musste Isolde erleben, dass man sie in einem Prozess um ihren Namen und damit um ihre Identität betrog. Im Rahmen der bisherigen Narrative wurden jedoch viele Dinge unterschlagen oder falsch dargestellt, die durch neu auf-

4 CW II, 871 (12.1.1882).
5 CW an Marie Schleinitz, o.D., in: Moulin Eckart II, 715.
6 CW II, 398 (15.8.1879).

getauchte Quellen korrigiert werden können. Zum ersten Mal steht der Nachlass ihres Ehemannes Franz Philipp Beidler in Gesamtheit zur Verfügung. Es zeigen sich bislang unbekannte Facetten eines Lebens, das für die Bayreuther Festspielgeschichte bedeutsam war, aber zugleich die Nöte einer Frau, die um 1900 die besten Voraussetzungen für ein selbstbestimmtes Leben hatte und dennoch an dem Machtkampf zwischen Ehemann, Bruder und Mutter zugrunde ging.

Siegfried besaß den gleichen Status wie seine vier Schwestern Daniela, Blandine, Isolde und Eva: Alle waren sie aus juristischer Sicht eheliche Kinder von Cosima und Hans von Bülow. Lediglich Daniela und Blandine waren dieser ersten Ehe entsprungen, doch Richard und Cosima hatten nur ihren Sohn im Blick und sorgten dafür, dass er nach der Verheiratung Cosimas mit Richard umgehend den Nachnamen »Wagner« erhielt. Wagners eigene Töchter Isolde und Eva wurden nicht berücksichtigt. Niemand konnte ahnen, dass Isolde deswegen am Ende ihres kurzen Lebens gegen eine Mauer aus Lügen kämpfen musste.

Isolde gilt in der Popularliteratur als »hochnäsig«, »überheblich«, »eingebildet« und schon früh »von der Dünkelhaftigkeit infiziert«.[7] Mit einem solch engen Zugriff auf angeblich charakterliche Eigenschaften kommt man jedoch nicht weiter. Isolde lebte zu einer Zeit, in der die Frau gegensätzlich gezeichnet wurde: Heilige und Dirne, femme fragile und femme fatale. Die damalige Frauenbewegung war sich in der Definition von »Weiblichkeit« uneinig. Frauen schauten auf eine von Männern gemachte Kulturgeschichte, Isoldes Halbschwester Daniela Thode und deren Ehemann waren sogar Mitglieder der »Antifeministischen Liga«.[8] Dennoch hätte es für Isolde zahlreiche Möglichkeiten geben können, ein erfülltes Leben zu führen. Es hatte doch so glücklich angefangen: in ein großbürgerliches Ambiente hineingeboren, von den Eltern geliebt, mit besten Umgangsformen und Manieren

7 Hilmes 2009, 88.
8 Vgl. Planert 1998, 125, 339.

ausgestattet, von Dienstboten, Angestellten und interessanten, oft auch hochgebildeten Menschen umgeben, häufig auf Reisen, mit einem talentierten Musiker verheiratet: Das versprach ein ihre Persönlichkeit bereicherndes, erfülltes Leben. Dass es anders kam, lag daran, dass sie an Bayreuth gefesselt war und die Ketten nicht sprengen konnte, die ihr Mutter, Bruder und Schwager Houston Chamberlain gesetzt hatten. Aber auch der Vater war eine übermächtige Figur, die sie prägte und vielleicht lähmte, denn Cosima Wagner, die Mutter, hatte nur ein Ziel, nämlich die Unterordnung aller Familienmitglieder unter die Anforderungen und Ziele Richard Wagners und später der Festspiele. An der Wende zum 20. Jahrhundert herrschte noch ein heroisches Klima, und Richard Wagner eignete sich wie kaum ein anderer für die Stilisierung zum Halbgott. Anders als bei »Cenerentola« führte der Weg nicht von der Armut in den Wohlstand und die Glückseligkeit, sondern umgekehrt von gesellschaftlichen Privilegien in Krankheit, Armut und Vergessenheit, freilich von Kampfesmut und Gerechtigkeitssinn begleitet. Dieses Buch erzählt die Geschichte dieses Lebens.

I. »KÖNNTE ICH MIT DIR UND ISOLDCHEN NOCH GLÜCKLICH SEIN!« DIE FAMILIENGRÜNDUNG

Schaut man sich die beeindruckende Villa Wahnfried in Bayreuth an, fällt es schwer zu glauben, dass ihr Bauherr und Besitzer Richard Wagner (1813-1883) einmal als Revolutionär mit einem falschen Pass in die Schweiz einreiste, um einer jahrelangen Gefängnisstrafe zu entgehen; dass er aus Angst vor einer Verhaftung aus Wien floh, weil er völlig überschuldet war, und dass ihm vom bayrischen König Ludwig II. befohlen wurde, München zu verlassen, weil er sich manipulativ in die Politik eingemischt hatte. Das hochherrschaftliche Haus, in das er 1874 einzog, stand im krassen Gegensatz zu seinem von Abenteuern und Gesetzesübertretungen durchzogenen Leben.

Zur turbulentesten Zeit des stets umtriebigen Komponisten gehört das Jahr 1864, in dem sein erstes Kind Isolde gezeugt wurde. Bereits einige Monate zuvor wurde er von heftigen Ereignissen aus der Bahn geworfen. Doch das, was nun geschah, erscheint im Nachhinein wie ein schlechter Roman. Aus einem mittellosen Komponisten auf der Flucht wurde der Liebling eines Königs, der ihn mit geradezu utopischen Privilegien ausstattete.

Um das alles zu verstehen, muss man ein paar Jahre zurückgehen. Der Komponist war mit der Schauspielerin Minna Wagner, geborene Planer, verheiratet und musste 1849 in die Schweiz fliehen, weil er sich an der Revolution in Dresden beteiligt hatte. Infolgedessen verlor er seinen höfischen Kapellmeisterposten, was Minna so sehr verletzte, dass die Ehe starke Risse bekam. Nur widerwillig reiste sie ihm nach Zürich nach. Dort wurde der Heimatlose freundlich aufgenommen und hatte bald einen

Bekanntenkreis, zu dem auch der wohlhabende Seidenfabrikant Otto Wesendonck gehörte. Er verliebte sich 1852 in dessen junge Frau Mathilde, die ihm neben vielen glückseligen Erlebnissen auch jahrelanges Leiden und vergebliches Begehren bescherte. Mathilde war gut situiert, hatte eigene Kinder und dachte nicht daran, sich mit einem finanziell notleidenden Mann zu vereinen.

Das führte dazu, dass er die Arbeit an seinem *Ring des Nibelungen* niederlegte und mit der Oper *Tristan und Isolde* begann – die Geschichte einer gesellschaftlich verbotenen, grenzenlosen Liebe und zugleich ein Spiegelbild seiner Situation. 1858 eskalierte die Affäre, als Mathildes Ehemann Otto Wesendonck von der Beziehung erfuhr, und Richard blieb nichts anderes übrig, als das Wohnhaus neben der Villa der Wesendoncks zu verlassen, das Otto ihm zur Miete überlassen hatte. Seine Leidenschaft für Mathilde nahm ihn jedoch weiterhin gefangen und war letztlich der Grund für die endgültige Trennung von Minna.

Anders als Ludwig van Beethoven, Johannes Brahms oder Anton Bruckner konnte Richard Wagner ohne eine Lebensgefährtin nicht existieren. Er war von der Liebe und Zuwendung einer Partnerin abhängig und machte auch nie einen Hehl daraus. Die Protagonistinnen seiner Werke, von Elsa bis Elisabeth, von Brünnhilde bis Kundry, sind ein einziges Plädoyer für die Frau. Eine Frau, die nur durch und für ihn lebte, wobei es ihm nicht nur um die sexuell-erotische Erfüllung ging. Ihm war die Mitteilung, Dialog oder Monolog, jede Form der Kommunikation eine Notwendigkeit.[1] Er präsentierte seiner Partnerin jeden Takt einer neuen Komposition, kommentierte alles, was ihm einfiel, und las ihr bereitwillig seine Aufsätze vor, und das auch schon im Stadium ihrer Entstehung. Hatte er keine Gefährtin, drohte seine Kreativität zu versiegen.

Wo war ein liebendes Weib? 1861 hatte er in Wien eine Liebes-

1 Dass die Liebe als Erlösungs- und Rettungsinstanz der zentrale Inhalt in Wagners Musikwerk ist, wurde schon mehrfach betont, vgl. z.B. Wapnewski in Müller/Wapnewski 1986, 230, McGlathery 1998, Rieger 2009a, Emslie 2010.

affäre mit einer jungen Frau namens Seraphine Mauro, die jedoch von kurzer Dauer war. Im Februar 1862 lernte er Mathilde Maier kennen, die gebildete Tochter eines Richters, die er vergeblich bat, zu ihm zu ziehen. Sie verweigerte ihm dieses Ansinnen, da er noch mit Minna verheiratet war. Richard war über ihre »bürgerliche Bigotterie« enttäuscht. Er verübelte ihr jedoch die Absage nicht und der freundschaftliche Kontakt blieb bestehen.

1864 stand der so renommierte wie berüchtigte Komponist Richard Wagner am Abgrund. Mit Geld hatte er nie umgehen können, aber nun war die Lage so ernst, dass ihm eine Gefängnisstrafe drohte. Er hatte sich in Wien-Penzing, wo er sich nach vielen Wohnungswechseln dauerhaft niederlassen wollte, eine Villa opulent eingerichtet, und die Zinsen für die Schulden stiegen ins Unermessliche. Um einer Verhaftung zu entgehen, musste er Österreich verlassen und über Zürich und München landete er in Stuttgart. Dort konnte er einen Erfolg verbuchen, denn der Intendant des dortigen Hoftheaters, Baron von Gall, nahm seine Oper *Lohengrin* zur Aufführung an und zahlte das Honorar unmittelbar aus, so dass Wagner seine Unterkunft bezahlen konnte. Als er bei dem Kapellmeister Karl Eckert speiste, erhielt er die Visitenkarte eines »Sekretärs des Königs von Bayern« und reagierte irritiert, nicht ahnend, was auf ihn zukam. Später erhielt er erneut die dringende Bitte um ein Treffen und erfuhr, dass König Ludwig II. bereit war, fortan alles für sein Wohlergehen zu tun. Kurz zuvor hatte er geschrieben: »Ein gutes, wahrhaft hilfreiches Wunder muss mir jetzt begegnen; sonst ist's aus!«[2] Nun war auf geradezu verblüffende Weise genau dieses Wunder geschehen.

Seine erste Audienz beim König war ihm zufolge »eine große, nicht enden-wollende Liebesscene […] Er bietet mir Alles, was ich brauche, zum Leben, zum Schaffen, zum Aufführen meiner Werke […] Und diess jetzt – jetzt – in dieser schwärzesten Todes-

2 An Peter Cornelius, SB XVI, 103 (8.4.1864); in RWs Briefen Schreibweise ohne »ß«.

nacht meines Daseins!! Ich bin wie zerschmettert!«[3] Die Begeisterung war auf beiden Seiten groß, denn der empfindsame König befand sich in vielem im Einklang mit Wagner. Der Briefverkehr verlief in einem überschwänglichen Stil, begünstigt durch die jahrelange Wagner-Schwärmerei des jungen Monarchen. Bereits als Jüngling hatte dieser ergriffen den *Lohengrin* gehört und Tränen des Entzückens vergossen. Richard passte sich mit einer geschraubt und gekünstelt klingenden Diktion an, die seine spätere Frau Cosima übernahm, wenn sie dem König schrieb.

Richard Wagner konnte auf des Königs Geheiß im Mai 1864 ein Haus am Starnberger See beziehen – und seine Schulden begleichen. In der ersten Zeit tauschten sich König und Komponist täglich aus. Eine Aufführung von *Tristan und Isolde* wurde ins Auge gefasst. Aber bald kam bei Wagner der Wunsch nach einem »weiblichen Wesen« wieder auf. Er dachte an Maria Völkl, mit der er in Wien-Penzing eine Affäre gehabt hatte. In dem einzigen erhaltenen Brief an sie, den er in seiner Wiener Zeit schrieb, sprach er sie mit »bester Schatz« an und bat sie, die Wohnung für seine Rückkehr zu heizen, zu säubern und zu parfümieren.[4] Man kann davon ausgehen, dass Maria keine geistig erfüllende Partnerin für ihn gewesen wäre, und sie hatte auch keine Neigung, zu ihm zu ziehen.

Schließlich wandte er sich an das befreundete Ehepaar Hans und Cosima von Bülow, lud sie Anfang Juni 1864 in sein Haus ein und wiederholte seine Einladung in zwei hinterhergeschickten Telegrammen. Diesem Drängen konnten sich beide nur schwerlich entziehen, so dass sie beschlossen, zu ihm nach Starnberg zu reisen. Schon lange hatten sie das überragende Potential seiner Musik erkannt.

Die 1837 geborene Cosima und ihre Schwester Blandine, Töchter von Gräfin Marie d'Agoult und Franz Liszt, waren hoch-

3 SB XVI, 145 (5.5.1864).
4 SB XV, 326f. (6.12.1863).

begabte Musikerinnen. Ihr Vater schickte die beiden zu seinem Schüler Hans von Bülow (1830-1894) nach Berlin, der sie unterrichtete. Wie sie später einräumte, heiratete sie ihren ehemaligen Musiklehrer eher aus einem spontanen Impuls heraus. Vielleicht wollte sie aber auch ihrer lieblosen Kindheit und Jugend entfliehen. Später behauptete sie, »familien-, vermögen- und vaterlandslos« aufgewachsen zu sein: »Ich [wurde] zu verschiedenen Malen gewaltsam von dem Liebsten geschieden; von meiner Großmutter, von meiner Schule und ihrer von mir angebeteten Vorsteherin, endlich von Schwester und Bruder.«[5] Sie nahm Hans von Bülows Eheangebot an, obwohl sie weder seinem Sarkasmus, noch seiner Intelligenz und seinem Ehrgeiz etwas abgewinnen konnte. Aber sie war frei in ihrem Tun, übersetzte Texte aus dem Französischen, bearbeitete literarische Beiträge für die in Paris erscheinende *Revue Germanique* und schrieb selbst Artikel. Sie besuchte zahlreiche Theateraufführungen in Berlin und ließ sich durch die Inszenierungen inspirieren, was ihrer späteren Tätigkeit als Festspielleiterin zugutekam.[6]

Richard kannte das Ehepaar Bülow schon länger und bereits 1862 hatten er und Cosima beschlossen, sich zu duzen. Als Ehefrau und Mutter zweier Töchter (1860 wurde Daniela geboren, 1863 Blandine) war an eine Verbindung nicht zu denken. Aber Richard spürte ihre Begeisterung für seine Kompositionen. Und er brauchte Hans als Dirigent für die Uraufführung seiner Oper *Tristan und Isolde* in München.

Am 29. Juni 1864 traf Cosima in München ein und zog in das Landhaus, das Richard bewohnte. Hans hatte sie vorausgeschickt, er sollte eine Woche später nachkommen. In dieser Woche der Zweisamkeit kam es zur sexuellen Vereinigung – neun Monate später kam ihre Tochter Isolde auf die Welt. Cosima schrieb drei Tage nach ihrer Ankunft an eine Freundin: »Entfernt scheint mir Alles, daß Alles vergißt, und daß ich Alles vergesse.« Ihr kämen

5 CW an DT, 10. und 11. 1. 1881, in: Waldberg 1933, III, 115.
6 Goltz/Müller 2014.

diese drei Tage wie ein Jahrhundert vor.[7] An dieser Aussage – die Verdrängung des bisherigen Lebens und die Übersteigerung der mit Richard verlebten Tage und Nächte zu einem Jahrhundert – ist die Exaltiertheit zu spüren, die die Begegnung bei ihr auslöste.

Ihrem Tagebuch vertraute sie später an: »Am Abend besprachen wir, R[ichard] und ich, das eigentümlich Geheimnisvolle unsrer Verbindung. Wie schüchtern zugleich und überschwenglich die ersten Annäherungen, wie planlos unsere erste Vereinigung, wie schweigsam immer wir nur auf Resignation dachten, und wie die Verhältnisse und die Menschen uns zwangen, zu erkennen, daß unsere Liebe einzig ächt war und wir beide uns einzig unentbehrlich wären.« Und sie erwähnte, dass zwei Themen, die in der »Starnberger Zeit«, ihrer »Liebeswoche«, entstanden, ihre Umsetzung im *Ring des Nibelungen* fanden.[8] Dazu gehört Brünnhildes Gesang »Ewig war ich, ewig bin ich« aus dem letzten Akt von *Siegfried*, 3. Szene. Dass Wagner mit diesem Motiv diese Zeit mit ihrer Liebe verband, zeigt sich daran, dass er es später für das *Siegfried-Idyll* verwertete, ein Orchesterstück zur Feier der Geburt ihres Sohnes, das er Cosima widmete.

Cosima begriff, dass sich ein einmaliger Künstler seinen Weg bahnte, der Anerkennung, Ruhe zum Arbeiten und erotische Befriedigung benötigte, und dass sie ihm Stetigkeit, Geborgenheit, Schutz vor der Außenwelt und absolute Hingabe bieten konnte. Selbst unglücklich mit einem Mann, der nicht zu ihr passte, war sie bereit, sich auf Richard einzulassen. Wie Richard beging sie einen Ehebruch, sie riskierte eine Schwangerschaft und war gezwungen, nicht nur ihren Ehemann und ihren Vater zu belügen, sondern auch die Außenwelt.

Richard suchte nun in München, wo er als Dirigent arbeiten sollte, eine Wohnung für Cosima und Hans. Er schrieb Hans, er fände alles, was sie betreffe, »ausserordentlich u. ungewöhnlich«. »Ihr gebührt Freiheit im edelsten Sinne«, schrieb er weiter. »Sie ist

7 CW an Marie von Buch, 3.7.1864, in: Moulin Eckart I, 233.
8 CW I, 111 (17.6.) und 96 (19.5.1869).

kindlich u. tief – die Gesetze ihres Wesens werden sie immer nur auf das Erhabene leiten.«[9] Ihre Überhöhung umgab den Betrug an Hans mit einem speziellen Glanz. Das »Erhabene« hatte einen besonderen Platz in Wagners Lebensauffassung. Indem Cosima dieser Kategorie zugeordnet wurde, hoffte er, dass die bürgerlich-moralischen Gesetze nicht für sie galten.

Am 10. April 1865 um 8.40 morgens wurde Cosima in München von Richard Wagners erstem Kind Isolde Josepha Ludovika entbunden. Der Name hing mit der Orchesterprobe des ersten Akts von *Tristan und Isolde* zusammen, die am Tag der Geburt stattfand. Das Kind wurde in der Stiftskirche St. Bonifaz in München katholisch getauft – Wagner war Pate. Hans von Bülow als der offizielle Vater war als Dirigent des *Tristan* mit dem Namen ›Isolde‹ ebenso verbunden wie der leibliche Vater.

Hans hielt unbeirrt an seiner Ehe fest, auch nachdem er die Wahrheit kannte. Er ließ sich in München und später in Luzern als Vater Isoldes und später Evas ins Taufregister eintragen und bekannte sich weiterhin zu den beiden Töchtern Richards.[10]

Am 27. Geburtstag ihrer Tochter erinnerte sich Cosima an die Geburt.

»Mein geliebtes Kind,

Ich blicke auf den Tag zurück, an welchem Du die Welt mit dem freundlichsten Schrei begrüßtest, und gedenke Deiner Kindheit und erster Jugend wie auf das Schönste, was mir beschieden war. So lieblich und friedlich Du von dem ersten Augenblicke an mir hingst, so durchaus zufrieden bliebst Du allüberall, nichts begehrend, nichts beneidend, und die seltenste Gabe, die göttliche, der Harmlosigkeit, schien Dir in so reichem Maße beschieden, daß ich nicht anders glauben konnte, als daß Gott in mein damals so harmvolles Dasein Dich gesendet, um mir zu versichern, daß doch alles gut sei. Und wenn ich mich viel mit dem Geschick Deiner älteren Schwestern beschäftigte und

9 SB XVI, 314 (30.9.1864).
10 Beidler 1997, 422, Anm. 28.

mich frug, wie ich es zum besten wenden könnte, für Dich sorgte ich mich nicht.«[11] Die Zeilen vermitteln die besondere Bindung Cosimas an Isolde.

Einige Wochen nach Isoldes Geburt wurde *Tristan und Isolde* uraufgeführt: musikalisch das fortschrittlichste Werk Wagners und seiner Zeit, und inhaltlich das Gewagteste, da es die Liebe zweier Menschen mit allem Begehren musikalisch umsetzt. Die Gemüter waren demnach aufs Höchste erregt. Verschiedene Parteien bekämpften sich, es gab sogar Spaltungen im Orchester. Aber Richard dachte mehr an seine große Liebe. Er ertrug es kaum, dass Cosima im August 1865 mit Hans zu ihrem Vater Franz Liszt ins ungarische Pest reiste und einen ganzen Monat fortblieb. Den Säugling ließ sie in München zurück. Liszt hatte die Reise bewusst geplant, um Cosima von Richard fernzuhalten. Dem praktizierenden Katholiken widerstrebte der Gedanke einer Trennung der Tochter von seinem Lieblingsschüler Bülow ebenso wie der große Altersunterschied zwischen Richard und Cosima, der 24 Jahre betrug. Er glaubte, sie von ihrer Liebe abbringen zu können, und begriff nicht, dass dies im akuten Zustand ihrer Verliebtheit besonders peinigend für die beiden war. Cosima schenkte Richard ein Tagebuch, in dem er alles für sie festhalten sollte. Diese Kladde enthält denn auch die quälendsten und unglücklichsten Zeilen, die er je niederschrieb. Das wegen seines Ledereinbands sogenannte *Braune Buch* wurde für ihn zum Refugium; hier konnte er seine geheimsten Ängste und seine Verletztheit ausdrücken.

Die Wochen ohne sie setzten ihm zu, weil er fürchten musste, Cosima würde für immer zu ihrem Ehemann zurückkehren. Nach einem Besuch seiner Tochter machte er Cosima in seinem Tagebuch Vorwürfe: »Und von Isoldchen läufst Du fort, nun schon 5 Wochen –: Du verdienst eben nicht so ein liebes Kind! Wenn Du wieder auf Abenteuer gehst, nehme ich das Kind

11 Mack 1980, 296 (10.4.1892). Nach dem Diktat Evas.

zu mir, und Du …!«[12] Nach dieser Eintragung fehlen übrigens Blätter, sie waren später von seiner Tochter Eva aus dem Buch herausgeschnitten worden, weil sie weitere Vorwürfe an Cosima enthielten. Die Angst, Cosima zu verlieren, verwandelte sich zuweilen in Aggression.

Er wolle niemanden sehen oder sprechen, solange Cosima nicht da war, und wirkte wie ein hilfloses Kind. Während er sich die Geliebte herbeiwünschte, war sie weit weg in Termine und Zwänge eingebunden, die sie vermutlich souverän absolvierte, weil sie sie von ihrem persönlichen Kummer ablenkten. Für Richard war das eine Anfechtung: »Mir geht's nicht gut. Meine armen Nerven! […] Cos ist anders. Die hat das Herz voll Wunden, sieht sich doch aber dabei Bilder, Leute und Gebäude an, hört Musik, freut sich an Fackelzügen u.s.w. […] So sind die Frauen! Sie können Alles. Die Männer nicht.«[13] Seine Eifersucht auf Franz Liszt quälte ihn: Du hast ja auch eben Deinen Vater dabei. Versteht sich, ist das was andres! – […] Du Böse!«[14] Cosima musste in Pest die glückliche Ehefrau und zufriedene Tochter spielen, während die vier Monate alte Isolde daheim in der Obhut einer Pflegerin war. Wer mehr litt, bleibt daher offen. Ganz untätig war Wagner in dieser Zeit nicht, denn Ende August entstand der erste Prosaentwurf zum *Parsifal*.

Am 13. September 1865 kehrte Cosima endlich aus Pest zurück. Richard war inzwischen für eine Zahnbehandlung nach Wien gereist, von dort schrieb er ihr: »O Himmel, könnte ich mit Dir und Isoldchen noch glücklich sein!«[15] Der Zustand zermürbte ihn und die Vorstellung einer trauten Familienidylle zusammen mit dem Kind schien ihm die Lösung zu sein.

In München brauten sich Wolken zusammen, denn Wagner war scharfen Presseangriffen ausgesetzt, was auf seine Pläne zur Errichtung eines Theaterbaus und einer Musikschule zurück-

12 Wagner 1988, 88.
13 Wagner 1988, 83 (9.9.1865)
14 A.a.O., 83.
15 A.a.O., 94 (26.10.1865).

zuführen war, aber auch mit seiner Nähe zu Ludwig II. zusammenhing. Wagner hatte gegenüber dem jungen Mann große Selbstsicherheit erlangt, die mitunter zur Selbstüberschätzung führte, wenn er glaubte, ihn auch politisch beeinflussen zu können. Diese Versuche blieben nicht unbeachtet. Dass er vom König ausgehalten wurde und eine privilegierte Position innehatte, ließ ihn zum Hassobjekt der Journalisten werden. Er hatte im Oktober 40 000 Gulden bar erhalten, so dass sich die Kritik wegen seines Geldbedarfs nochmals steigerte. Zu allem Überfluss machten auch noch Gerüchte über die Beziehung Richards zu Cosima die Runde. Wagner ließ sich jedoch nicht einschüchtern. Die Angriffe feuerten ihn zusätzlich an, und er ließ einen Artikel in der Zeitung veröffentlichen, in dem er die Abwahl von einigen Politikern forderte. Ein solcher Einmischungsversuch konnte nicht toleriert werden und führte schließlich zu der Verfügung Ludwigs II., wonach Wagner München verlassen sollte. Der Weggang wurde ihm mit einer jährlichen Apanage in Höhe von 8000 Gulden erleichtert.

Die Suche nach einem passenden Wohnort erwies sich als schwierig – vielleicht auch, weil er selbst nicht wusste, wie das Leben weitergehen sollte. Einen Tag vor Heiligabend mietete Richard das Haus »Les Artichauts« am Genfer See als Provisorium.

Ende Januar 1866 verstarb seine Ehefrau Minna in Dresden. Am 7. März traf Cosima mit ihrer Tochter Daniela in Genf ein; über einige Stationen erreichten sie Luzern, immer auf der Suche nach einem passenden Wohnhaus für ihn. Am Vierwaldstättersee zeigte Richard ihr einen seiner Lieblingsorte, das heutige Rütli (damals Grütli genannt). In Tribschen, am Rand des Sees gelegen, stießen sie auf ein ansprechendes zweistöckiges Landhaus, das der Luzerner Patrizierfamilie Am Rhyn gehörte. Das schlichte Gebäude, heute ein Wagnermuseum, befindet sich auf einer Landzunge unweit von Luzern. Idyllisch gelegen, erfüllte das Haus die von beiden gewünschte Nähe zur Natur und es besaß einen unverstellten Blick auf den See und die Bergwelt. Noch heute strahlt die Gegend Frieden und Ruhe aus. Man überschaut die Rigi, den Bürgenstock und den mächtigen Pilatus, der als alpines Wahrzeichen Luzerns die Stadt überragt. Endlich hatte Wagner ein Objekt gefunden, das ihm ganz zusagte, und er unterzeichnete den Mietvertrag am 4. April. Hier sollte Isolde ihre ersten Lebensjahre verbringen. Sie kam im Alter von elf Monaten dorthin, hielt sich aber die folgenden drei Jahre häufig in München bei Hans von Bülow auf.

An Isoldes erstem Geburtstag schrieb Richard an Cosima, die mit Hans auf Reisen war: »Nicht wahr, ich bin einmal schön ungezogen? Willst Du's auch wissen, warum? – Ah! gleich sollst Du's hören! – 1., ist heute Loldi's Geburtstag, und da wird Champagner getrunken. 2., nehme ich mir vor, mit Vorstel von heute ab über nichts mehr zu verkehren, als über ihre Zurückkunft zu mir, ihren Einzug in den Triebschen.«[16] (»Vorstel« war Cosimas Spitzname, entnommen Schopenhauers Buchtitel *Die Welt als Wille und Vorstellung*, und »Loldi« war Isolde). Er war verletzt, denn er wollte mit der Mutter seines ersten Kindes zusammen seine Vaterschaft feiern, nun musste stattdessen der Champagner herhalten. Zwei Tage vor dieser Klage hatte er Hans vorgeschlagen, mit seiner Familie zu ihm zu ziehen. Im Parterre sollten Hans und Cosima leben, Richard wollte das mittlere Stockwerk für sich haben, und ganz oben sollte ein Teil des Personals mit den Kindern wohnen. »So können wir zusammenleben, ohne uns im mindesten zu stören.« Er schrieb noch, dass seine Einkünfte gänzlich ausreichen würden, um eine größere Familie zu versorgen. Bürgerliche Vorbehalte scherten ihn nicht; ihm ging es darum, Cosima um sich zu haben, alles andere würde sich vermutlich ergeben.

Die Bülows reisten tatsächlich im Juni 1866 nach Tribschen; sie blieben bis Anfang September dort und kehrten dann nach München zurück. Cosima gefiel die Gegend, an König Ludwig schrieb sie: »Der einfache, aber große Garten führt zum See, vor

16 SB XVIII, 113f. (10.4.1866).

uns steht der Rigi in schwerfälliger Pracht, an der Seite der Pilatus wie ein gewaltiger Drache [...] Als ich am ersten Morgen die Kleinen im Garten einrichtete und von oben die Meistersingerklänge zu mir drangen, dachte ich, mein Herz würde vor Freude springen.«[17] Hans, der sich noch immer als Cosimas Ehemann begriff, konnte in der Atmosphäre nicht komponieren, die Situation bedrängte ihn, seine nervliche Anspannung nahm zu. Er begab sich mit Cosima nach Basel, wo er sich kurz niedergelassen hatte, auch um Distanz zur Münchener Klatschpresse zu gewinnen, und unterrichtete dort. Richard blieb allein in Tribschen und klagte: »Cosima's Kinder sind noch bei mir: Gott weiss, wie es bald unter uns wird!«[18] Erst am 11. Oktober kehrte Cosima zu Richard zurück.

Richard musste sich mit dem Gedanken anfreunden, Cosima mit Hans zu teilen. Der Komponist, der in seinem Werk die Facetten menschlichen Denkens, Empfindens und Handelns wie kaum ein anderer wiederzugeben vermag, war in Bezug auf die eigene Situation ratlos. Wenn Hans es nicht schon ahnte, erhielt er Gewissheit von der Natur der Beziehung durch das Aufbrechen eines Liebesbriefes Cosimas an Richard.[19] Dennoch verschleierte er das Dreiecksverhältnis nach außen, um den bürgerlichen Schein aufrechtzuerhalten.

Wagner freute sich an seiner Tochter, und Cosima sorgte dafür, dass er sich auf die Fertigstellung der *Meistersinger* konzentrieren konnte. Das Werk erforderte höchste Konzentration. Im November 1866, er befand sich mitten in der Arbeit, bezog der junge Musiker Hans Richter in Tribschen Quartier, um als sein Assistent aus der handschriftlichen Partitur die Druckvorlage zu erstellen. Es machte ihm auch Spaß, mit den Kindern zu spielen oder sie zu begleiten.

Auch von Tribschen aus führte Wagner weiterhin einen leb-

17 Moulin Eckart I, 287.

18 RW an Mathilde Maier, SB XVIII, 223 (16.9.1866).

19 Millenkovich-Morold 1937, 204.

haften Briefverkehr mit Ludwig II. Seine Briefe zeigen eine peinlich-ungenierte Mischung aus Subordination (»An Ihrem Herzen zu Ihren Füssen«) und dem maßlosen Wunsch, den König politisch zu beeinflussen. Die Selbstüberschätzung des politischen Laien ist atemberaubend: »Meine Liebe zu Ihnen hat das unfehlbar Richtige aufgefunden, was Sie – Sie – von Sich selbst aus – ergreifen müssen, um – ohne die allermindeste Gefahr – Bayern groß zu machen und für alle Zeiten sicher zu stellen.«[20]

Hans, der sich inzwischen für Basel als festen Wohnsitz entschieden hatte, verlangte nun, dass Cosima ihm folge, was sie auch tat, allerdings nur zeitweise. Am 17. Februar 1867 brachte sie Richards zweite Tochter Eva zur Welt, die Hans, wie schon Isolde, als seine Tochter reklamierte. Am Tag ihrer Geburt traf er in Tribschen ein und blieb eine Woche lang: ein Zeichen, dass er das Kind als seine Tochter ausgeben wollte. Sollte damit Cosima vor dem Vorwurf des Ehebruchs geschützt werden? Wie wird Richard zumute gewesen sein, wenn Hans am Bett seiner Frau mit dem Baby umging, als wäre er der Vater? In sein »Braunes Buch« schrieb er: »Ein kurzer bleierner Schlaf brachte mir alles Elend meines Lebens wie aus dem tiefsten Grund meiner Seele herauf. – Ich ersehne eine große Krankheit und Tod. Ich mag nicht mehr, – will nicht mehr! Hätt' es ein Ende, ein Ende!!«[21] Dennoch beendete er in Tribschen die Partitur der heiteren Oper *Die Meistersinger von Nürnberg*, eine bewundernswerte Leistung angesichts der emotionalen Turbulenzen.

Nach wie vor empfand Cosima eine besondere Zuneigung für Isolde, und das nicht nur, weil sie Richards erstes Kind war. Von klein auf lebhaft, hing sie sehr an der Mutter. Als Dreijährige konnte sie sich praktische Ausreden ausdenken. Cosima gab ihr zwei Schokoladenplätzchen für Eva. »Nachher frug ich sie ob sie sie gegeben, und da sagte sie, ›James [ihre Puppe] hat mir ge-

20 RW an Ludwig II., SB XIX, 105 (16.3.1867); 133 (25.4.1867); 243f. (25.10. 1867).

21 Wagner 1988, 106 (16.4.1867)

sagt, ich solle sie essen‹.« Es gab eine Strafe und am nächsten Tag musste sie Eva zwei Kuchenstücke geben, was Isolde brav tat. Eine gewisse Renitenz, aber auch Leidenschaft zeigte sie schon früh, so schreibt Cosima: »Ich küsse Euch à la Loldi, d.h. recht lange und stark.«[22] Von der Familienfreundin Malwida von Meysenbug stammt eine Einschätzung des Mädchens: »Die kleine Egoistin der Familie ging ihren eigenen Weg, kümmerte sich um nichts außer um sich selbst, machte sich keine Sorgen, dachte nur an Lachen und Vergnügen und war im übrigen ein kleiner Spaßvogel.«[23]

Die Situation blieb weiterhin ungeklärt. Hans war viel unterwegs und kam sporadisch zu Besuch. Es waren Monate, ja Jahre voller quälender Konfusion und Unentschiedenheit zwischen drei Erwachsenen. Der Klatsch um Cosimas Ehe zu dritt erreichte jetzt auch den König, der empört war: »Sollte also wirklich Ehebruch mit im Spiele sein! – dann wehe!«[24] So war es bitter nötig, dass Richard den König im Juli über Cosimas Wegzug aus München informierte. Er belog ihn weiterhin, indem er den Grund für ihre Übersiedlung auf ihre Gesundheit schob: angeblich hätten Ärzte ihr dringend ein milderes Klima empfohlen.

Von Ende 1867 bis Februar 1868 hielt sich Wagner wegen der *Meistersinger*-Aufführung in München auf. Die Proben verliefen zäh, weil er die Feindseligkeit und Entfremdung Bülows empfand. »Tiefste Muthlosigkeit zu irgend welcher Bewegung: in dem Schicksal meines Verhältnisses zu Cos. u. Hans den Grund der Unfähigkeit alles Wollens erkannt.«[25] Aber auch Hans stand einen schweren Kampf durch: das Werk dirigieren zu müssen, das der Geliebte seiner Frau komponiert hatte, und zugleich den außerordentlichen Rang der Komposition zu erkennen, war quälend für ihn.

Obwohl Cosima ihrem Ehemann im Mai 1868 mitteilte, dass sie sich auf Dauer mit Richard verbinden wolle, war die Tor-

22 Waldberg 1933, 24 (21.1.1869).
23 Rolland 1949, 370f.
24 KL V, S. 204 (13.12.1867).
25 Wagner 1988, 198.

tur für sie noch nicht vorbei, denn im Oktober reiste sie mit ihren vier Töchtern noch einmal nach München, wo es zu einem heftigen Zerwürfnis mit Hans kam. Sie versuchte ihm klarzumachen, dass sie gar keine Wahl habe, weil das Schicksal diese Mission von ihr verlange. Es war vielleicht weniger »ein Akt der Sinne und höchster Leidenschaft, der sie dem Meister zuführte, sondern das klare Bewußtsein, daß er ohne ihre Hilfe verloren [war]«, wie es Moulin Eckart kommentiert.[26] Im November siedelte Cosima zusammen mit Isolde und Eva endgültig nach Tribschen über. Die beiden Bülow-Töchter blieben vorläufig in der Obhut von Hans bzw. seiner Mutter. Damit war Cosimas räumliche Trennung von Hans vollzogen, wobei die juristische Klärung erst zwei Jahre später, im Juli 1870, folgen sollte, als Siegfried geboren wurde und die Scheidung ausgesprochen werden musste. Wagners bisher unstetes Leben fand jetzt ein Ende.

Liszt reagierte heftig auf Cosimas Bekenntnis. Er erfuhr von ihr, dass nichts Unzüchtiges sie leiten und sie allein für Richard leben würde. Aber er blieb unnachgiebig: was sie tue, sei gegen Gottes und des Menschen Gebot. Sie solle aufhören, sich zu opfern, und lieber vor Gott auf die Knie fallen. Sie sei für Hans auch wichtig und habe ihn aus Liebe und mit freiem Willen geheiratet. Hans habe sich immer nobel ihr gegenüber verhalten, und sie sei ebenso notwendig für ihre vier Kinder.[27] Es ist erstaunlich, dass gerade Liszt dies sagte, er, der seine Kinder – nach Aussagen von Cosima – als Vater arg vernachlässigt hatte.

Als deutlich wurde, dass die Lügen gegenüber Ludwig II. nicht mehr verfingen, beschloss Cosima, sich zu Richard zu bekennen. Nach einer mehrjährigen Belastung für alle Beteiligten erwies sich diese Entscheidung als ein Glück für beide. »Als ich elf Jahre [nach der Heirat mit Bülow] in tiefster Noth nach Triebschen [sic] ging, nicht einen Augenblick habe ich an Scheidung gedacht.

26 Moulin Eckart I, 420.

27 Walker 1996, 135f., auch in VML: The unpublished legacy of Claire de Charnacé (F 859).

Zwei Jahre wiederum vergingen und sie wurde mir zu Theil«, schreibt Cosima später an Daniela.[28] Allmählich begriffen Cosima und Richard, welches Glück sie sich erkämpft hatten. Trotz ihrer Schuldgefühle gegenüber Hans, die sie ihrem Tagebuch immer wieder anvertraute und später auf Daniela übertrug, erfährt man darin vieles über ihre Freude mit den Kindern, den Umgang mit der Dienerschaft, über Ausflüge, Reisen und Besucher.

Wagner wünschte sich einen herrschaftlichen Lebensstil. Zum Haushalt gehörten eine Erzieherin, ein Kindermädchen, dazu die Wirtschafterin Vreneli, deren Nichte Marie, die Köchin Louise sowie der Hausbursche Steffen und der Hausknecht Jost. Außerdem gab es noch zwei Pfauen, zwei Katzen, ein Pferd, den riesigen Neufundländer Russ, den kleinen Pinscher Kos sowie eine Menge Mäuse im Haus. Nach dem Mittagessen machte Richard normalerweise einen langen Spaziergang, kehrte zwischen 17 und 18 Uhr heim und begab sich für eine halbe Stunde zu seinen Töchtern in die Kinderstube.

Gerne spazierte er nach der Arbeit nach Luzern, um dort ein Bier zu trinken und sich mit den Einheimischen zu unterhalten. Noch heute kann man die überdachte Holzbrücke von 1333 bewundern, die den Fluss Reuss überspannt und nach einem Brand 1993 renoviert wurde. Die Altstadt besaß sehenswerte Bürgerhäuser: Am Quai standen schon damals prächtige Gebäude, hinzu kamen Türme und Brücken. Auf dem See sah man Dampfschiffe, drumherum tat sich die gewaltige Berglandschaft auf. Man konnte hier gut leben.

28 Waldberg 1933, 177.

2. ISOLDES KINDHEIT
1868-1871

Richard war der glücklichste Vater. Er hatte in seiner Ehe mit Minna Kinder entbehrt, nun aber war ihm mit 52 Jahren das erste Kind geschenkt worden, dem zwei weitere folgen sollten. Nach der anstrengenden Arbeit am Schreibtisch überkam ihn oft die Lust, über die banalsten Dinge zu lachen, ob Wortspiele oder Kalauer. Seine Freude an solchen Spielereien war für die Kinder herrlich. »Wie die drei Kleinen gestern um uns (wie immer abends!) tobten, sangen, schrien, sagte R.: ›Wir wissen gar nicht, wie glücklich wir sind!‹« Zugleich wurde ihm bewusst, wie ihm die Zeit davonlief: »Ich freue mich der Kinderchen um unser Haus, des vielen Lebens, das um mir ist, nur möchte ich 15 Jahre jünger sein«, verriet er Cosima, die er zuweilen »die gute Glucke« nannte.

Geburtstage wurden im Hause Wagner von nun an opulent gefeiert. An Richards 56. im Mai 1869 standen alle vier Kinder – in Anlehnung an *Rienzi* – als Friedensboten vor seiner Büste, »genau nach der edelsten Vorschrift costümirt«, frische Palmen in der Hand, und sie empfingen das Geburtstagskind mit der Musik aus dieser frühen Oper, die Hans Richter im Nebenzimmer auf dem Klavier spielte.[1]

So glücklich er und Cosima über die Kinder waren, Cosima sah es als ihre wichtigste Aufgabe an, Richard zur Vollendung des *Rings des Nibelungen* zu verhelfen, und sie war begeistert, als er ihr im Januar 1869 ankündigte, unbedingt *Siegfried* beenden zu wollen. Sie positionierte sich bewusst als Dienerin, denn er wurde oft

1 RW an Mathilde Maier, in: SB XXI, 177 (24.5.1869).

heftig, wenn sie widersprach, und ließ sie in Konfusion und Verwunderung zurück, weil sie ihn nicht verstand. Freilich mochte er keine andauernden Streitereien und versöhnte sich bald wieder, doch sie lernte rasch, Meinungsverschiedenheiten möglichst zu vermeiden und seine gelegentlichen Ausbrüche als Zeichen einer übermäßigen Empfindlichkeit einzuordnen.

Das Zusammensein hatte für beide unschätzbare Vorteile. Sie gab ihm vor allem Stetigkeit und sorgte dafür, dass er nun ohne Unterbrechungen in Ruhe arbeiten konnte. Während er ihr die Fertigstellung seiner letzten Werke zu verdanken hatte, wurde sie durch ihn an anspruchsvolle Schriften herangeführt, und durch das abendliche Vorlesen erweiterte sie ihren Bildungshorizont. Gemeinsam lasen sie Calderón, Shakespeare, Schiller und Goethe (Faust 2. Teil »mit Entzücken«), Thomas Huxleys Rede über die Erziehung (»vortrefflich«), aber auch Belletristik von Walter Scott und viel Tagesliteratur, die bei Missfallen oft beiseitegelegt wurde. Nur selten erwies Cosima sich als prüde, als sie beispielsweise Wilhelm Heinses mit erotischen Schilderungen gespickten Roman *Ardinghello* als »nicht griechisch, sondern französisch« abtat.[2] Eine solche Erotik galt als vulgär, und die Lektüre wurde abgebrochen. Man unterhielt sich über zahllose Themen, und es wurde viel musiziert – Cosima konnte als Pianistin Richards Werke in ihrer Komplexität genauer einschätzen, als seine erste Ehefrau Minna es getan hatte, die als Schauspielerin eher auf bühnentechnische Fragen eingehen konnte.

Bülow schickte im Laufe des Jahres 1869 seine beiden Töchter Daniela und Blandine zu Cosima, da er nach Florenz ziehen wollte. Die Freude war groß, als sie dauerhaft einzogen. Das Paar bemühte sich sehr darum, den Mädchen eine gute Kindheit zu bieten. Ausflüge gehörten zu den Höhepunkten. Um den traditionellen »Fritschi«, den Fastnachtsumzug der Luzerner, zu sehen, speiste man im Luzerner Hotel du Lac und schaute dem bunten Zug zu. Sie besuchten den Zirkus, Knie's Arena genannt, und

2 CW I, I, 695 (16.6.1873).

sahen aufgeregt zu. Einen Tag später gingen sie zum Jahrmarkt: Kasperltheater, Wachskabinett, Karussell. Es war kein Wunder, dass sich Isolde später gerne an die selige Kinderzeit erinnerte.

Die Kinder wünschten sich ein Pferd, und als Grane eintraf, sprangen sie jubelnd auf den Karren und tanzten. Hans Richter war den Kindern ein Spielkamerad und versetzte mit seiner Waghalsigkeit die Mutter zuweilen in Ängste. Als er die Kinder einmal im Kahn mitnahm, steuerte er die Küste entlang, und Cosima lief am Tribschner Ufer in »der törichsten und unsäglichsten Angst« mit.[3] Beim Schlittenfahren begoss er zum allgemeinen Entsetzen der Erwachsenen und zur Freude der Kinder die Pfade mit Wasser, um eine Eisbahn herzustellen.

Cosima verbrachte zuweilen ganze Tage mit den Kindern im Garten, oder sie spielten dort allein. Es gab Spring- und Reifenspiele, man pflückte Beeren, nahm Turn- und Tanzstunden. Die Kinder schaukelten nach Herzenslust und erlernten das Schwimmen, was damals für Mädchen ungewöhnlich war. Vielleicht ließ Cosima es zu, weil die Villa so nah am See lag. Sie liefen auch Schlittschuh, und Cosima schreibt, sie seien recht geübte Schlittschuhläuferinnen geworden, »Loldi fanatisch, ungraziös, sah aus wie ein Hussite nach Richard's Ausdruck, Boni gelassen vornehm, eroberte sich einen Cavalier, ein kleiner sehr wohl angezogener Junge aus guter Familie. Lulu mit Virtuosität nachdem die Angst überwunden war; Fidi kehrte die Bahn, und Eva ließ sich bewundern.«[4] Cosimas Beschreibung zeigt, wie verbissen sich Isolde auf das Ziel konzentrierte.

Neben dem Spiel und dem Sport kamen auch Klavierstunden nicht zu kurz. Gerne spielte die Mutter mit den Kindern Komödie, und Isolde blühte dabei auf: »Loldi sehr schön, wie aus einer andren Welt, sagt R.«[5] Man erfand Charaden, Cosima brachte ihnen Lotto und Domino bei und zeigte ihnen die Laterna ma-

3 CW I, 252 (30.6.1870).
4 CW an MvM, 6.3.1874 (NA).
5 CW I, 242 (10.6.1870).

gica – ein damals populäres Gerät, mit dem sich Bilder herstellen ließen, die real wirkten. Mit Nietzsches Hilfe, ein häufiger Gast im Hause Wagner, war ein Puppentheater aufgebaut worden. Ein Höhepunkt war jedes Mal das Eintreffen des Journals *La Poupée Modèle* – ein Blatt für junge Mädchen, das Schnittmuster enthielt, mit denen man Figuren bekleiden konnte. Die Mädchen schnitten und klebten begeistert.

Cosima wiederum war ein Kind des Ancien Régime, denn sie selbst wurde in jungen Jahren durch Strafen geprägt. Wenn ihre Kinder logen, kannte sie kein Pardon. »Die Kinder werden sehr ernstlich vorgenommen, mit ihnen geweint, gebetet, sie so weit gebracht, daß sie mich um Strafe bitten.«[6] Als Isolde einmal »unartig zu heulen« begann, züchtigte sie Cosima mit der Rute, was sie bereute, weil sie das nach eigenem Bekunden sonst nie im Zorn tat. Besonders unerbittlich ging sie mit Daniela um, die sich selbständiger zeigte, als Cosima lieb war. Sie und ihre Schwester Blandine beklagten sich bei ihr über die strenge Behandlung. Richard lehnte körperliche Züchtigung ab – die strengeren erzieherischen Maßnahmen überließ er seiner Frau. Er ließ den Kindern einiges durchgehen: »Abends arbeiten die vier Mädel an R.'s Kopf und machen ihm Locken-Papilot[t]en!«[7] Sie durften also seine Frisur mit Lockenwicklern traktieren. Und Kindergeschrei inspirierte ihn sogar zu Kompositionen: »R. tollt viel mit den Kindern herum, die gar lieblich sind [...] beim Dadadada des Fidi [Siegfried] entwirft R. einiges an der Erzählung Waltrautes (er ›entsendet die Raben‹).«[8]

Die Jahre in Tribschen wurden von den Geschwistern später als eine glückliche Zeit erinnert, obwohl Isolde die Strenge ihrer Mutter nie vergaß. Richard hatte nun die Muße und Konzentration zum Komponieren und genoss es, eine Familie um sich zu haben. Cosima fand nach der Zerrissenheit der Jahre zuvor ih-

6 CW I (3.12.1871).

7 CW I, 517 und 527.

8 CW I, 230. »Seine Raben beide sandt' er auf Reise«: Waltraute in der *Götterdämmerung*, 1. Akt.

ren Frieden, und die Kinder, die sich austoben durften, erhielten dennoch eine geistig anspruchsvolle und vielseitige Ausbildung.

Gewöhnlich speisten die Kinder von den Eltern getrennt, aber hin und wieder durften sie die Mahlzeiten mit den Erwachsenen einnehmen. Cosima achtete sehr auf die Bildung der Kinder und unterrichtete sie früh in Sprachen, Geographie, Arithmetik und in weiteren Fächern. Sie spielte, las und sang auch mit ihnen, und war »verstimmt über einen Tag, der ohne Kinderstudium vorübergegangen ist«. Als sie herausfand, dass Daniela ein musikalisches Kindermärchen von Elise Polko las, unterband sie dies. Stattdessen griff sie zu Shakespeare und las den *Sturm* vor: »Große, erhaben sittliche Wirkung davon«[9] (Daniela, die Älteste, war damals gerade 9 Jahre alt).

Daniela und Blandine, die die Konflikte zwischen ihrem Vater Hans von Bülow und Cosima bewusst miterlebt hatten, werden sich mit dem Vater teilweise solidarisiert haben. Es kam zu Auseinandersetzungen, denen Richard sich gerne mit Humor entzog. »Du ziehst gewiß die Kinder zu Heiligen auf, den ältesten gibst du die Rente, und die andren müssen mit selig blassen Mienen herumlaufen!«[10] Daniela und Blandine jedenfalls hatten keine Möglichkeit, das Trauma der Elterntrennung zu verarbeiten.

Die Geburt Siegfrieds am 6. Juni 1869 war ein einschneidendes Ereignis sowohl für Richard, der sich so sehr einen Sohn gewünscht hatte, aber auch für Cosima. Als die Hebamme Cosima sagte, sie habe einen Jungen geboren, weinte und lachte sie zugleich, um dann der »Weltseele« zu danken – sie übernahm Richards Denken in überdimensionalen Kategorien. Das überbordende Glück zeigt, wie viel mehr damals ein Junge im Vergleich zu einem Mädchen galt. Richard hatte endlich einen Nachkommen, der sein Werk hüten und weitertragen konnte. »Ein

9 CW I, 65 (2.3.1869). Vermutlich störten Cosima die fiktionalisierten Lebensbeschreibungen von Musikern, für die Polko bekannt war.
10 CW I, 211 (21.3.1870).

Sohn Richards ist der Erbe und einstige Vertreter des Vaters seiner Kinder; er wird der Schützer und Geleiter seiner Schwestern sein«, trug er in das Tagebuch Cosimas ein, weil sie nach der Geburt noch zu schwach war, selber etwas zu schreiben.[11] Die Mädchen sollten gemäß den damaligen Vorstellungen heiraten und sich dann einem Mann unterordnen. Blieben sie unverheiratet, würden sie sich dem brüderlichen Schutz unterstellen können, mit Ausnahme von Daniela, die Cosima im Geiste schon als Begleiterin ihres Vaters sah. Das half ihr, ihre Schuldgefühle gegenüber Hans zu kompensieren.

Es war den Eltern unmöglich, sich vorzustellen, dass der Knabe mit Nachnamen »Bülow« heißen sollte. Es musste umgehend geheiratet werden, um die Dynastie auch nach außen zu manifestieren, denn solange Cosima noch mit Hans verehelicht war, galt Siegfried rechtlich als ein Abkömmling aus dieser Ehe. Dass Eva und Isolde Bülows Namen trugen, war der Schicklichkeit halber noch hinnehmbar, keinesfalls aber für den Stammhalter. Johann Tschudi, der protestantische Pfarrer der Luzerner Matthäus-Kirche, ließ ausrichten, dass er Siegfried nicht auf den Namen »Wagner« taufen könne. Das gab ihr die Kraft, mit Hans endlich eine Lösung zu finden. Einige Tage nach der Niederkunft schrieb Cosima ihm einen langen, sehr persönlichen Brief und bat um sein Einverständnis zur Scheidung. »Wenn ich versuchte, zwischen uns einen ehrenvollen Frieden wiederherzustellen, hast Du mir mit Ironie geantwortet, wenn ich Dich um eine endgültige Trennung bat, wolltest Du mich nicht anhören.« Im Namen der Kinder bat sie ihn, sich offiziell von ihr zu trennen und ihr zu erlauben, die Kinder zu erziehen. Natürlich wolle sie in Verbindung mit ihm bleiben. Sie verwarf seinen ursprünglichen Plan, die Kinder seiner Mutter zu überlassen.[12]

Hans willigte schließlich in die Scheidung ein, die Cosima jedoch betreiben sollte: »Je n'ai aucun motif pour proposer le

11 CW I, 105 (6.6.1869).
12 KL V, 117 (15.6.1869).

divorce, pour y tenir.«[13] Er überließ ihr die Kinder sowie die Verantwortung für ihre Erziehung. Einige Wochen später unterzeichnete sie eine gerichtliche Akte und stimmte damit der Trennung offiziell zu. Richard war hierüber glücklich und sie war zufrieden, wenn auch bedrückt, da sie ahnte, wie bitter dies für Hans war.[14] Dann las Richard in der Zeitung, dass Liszt versuchte, Hans von der Scheidung abzubringen. Liszt sollte noch Jahre später mit Cosimas Entschluss hadern. Seine Geliebte Fürstin Carolyne sprach von »Wagners Verführung der Cosima« und nannte die Verbindung »eine Katastrophe«.[15]

Am 18./20. Juli 1870 wurde die Ehe von Hans und Cosima von Bülow wegen ›böslicher Verlassung‹ seitens der Ehefrau vom Stadtgericht Berlin geschieden.[16] Die Scheidungsurkunde weist vier Kinder aus: Daniela / Blandine / Isolde / Eva. Alle waren gesetzlich Kinder von Hans – Siegfried wird nicht genannt, er existierte damit formaljuristisch nicht. Einige Tage darauf wurde er mit Hilfe der Luzerner Behörden auf den Namen »Siegfried Helferich Wagner« getauft. Auf der von dem evangelischen Pfarramt in Luzern ausgestellten Urkunde steht, dass er Richard Wagners eheliches Kind sei. Nun war endlich der Weg für die Trauung frei, die am 25. August, dem Geburtstag von Ludwig II., in der protestantischen Matthäus-Kirche von Luzern stattfand. Trauzeugen waren Hans Richter und die Schriftstellerin Malwida von Meysenbug.

Die Jahre vor der offiziellen Eheschließung waren für Cosima mit einer sozialen Verfemung sondergleichen verbunden gewesen, was Richard durchaus bewusst war: »Sie hat jeder

13 »Ich habe keinen Grund, einer Scheidung zuzustimmen, um sie zu bekommen.« Moulin Eckart I, 480 (17.6.1869).

14 CW 1, 134 (31.7.1869).

15 Seidl 1983, 76, s. auch Gautier 1911, 95f.

16 Ehescheidungsurteil des preußischen Stadtgerichts. Cosima als Beklagte musste sogar 25 % ihres Vermögens als Strafe bezahlen. Das Urteil hat zwar 1883 dem AG Bayreuth vorgelegen, konnte aber 1913 im Beidler-Prozess nicht mehr beigezogen werden. Vgl. Holzhauer 2008.

Schmach getrotzt und jede Verdammung auf sich genommen.«[17] Das war nun vorbei. Das Glück schien vollkommen und Cosima war seelisch von dem Zwang befreit, sich zwischen Richard und Hans aufteilen zu müssen. Ihre gute Stimmung wirkte sich auf das Zusammenleben aus. Oft widmete sich Richard allein dem Sohn – er bekam früh vermittelt, als Junge etwas Besonderes zu sein.

Deutlich wurde zwischen der Erziehung der Mädchen und der des Buben unterschieden. »Abends sagt mir R. von der höchsten männlichen Tugend, die dem Franzosen eben ganz abgeht, dem Gehorsam [...] Ein Knabe ist verloren, der nicht gehorchen lernt.« Der Knabe begriff auch rasch, dass er als den Schwestern überlegen galt, und spielte das entsprechend aus: »Kindertisch mit Fidi, der als Mann schon seine Superiorität über die Schwestern geltend macht.«[18]

Zu Wagners Geburtstag am 22. Mai 1871 richtete Cosima schon um 4 Uhr morgens den Salon feierlich her. In der Mitte stand wie im Jahr zuvor eine Büste Wagners, umgeben von Statuetten. Die Kinder trugen die Kostüme von Figuren aus seinen Opern. Cosima, die Sieglinde darstellte, stand mit Siegfried auf dem Arm neben dem Fuß der Büstensäule. Immer wieder nahm sie bei den Geburtstagsfesten Bezug auf Richards Opern. Eine solche Verherrlichung des Vaters prägte die Kinder, sie wurde aber durch Richards offensichtliche Freude an Späßen wieder durchbrochen.

Hans schrieb Cosima, dass seine Familie ihn immer noch mit der Aufforderung quäle, ihr die Kinder zu entziehen. Die Reaktion der Familie Bülow zeigt erneut, dass Cosima bei dem vorangegangenen Dreieckskonflikt als die Schuldige angesehen wurde. Richard wurde hingegen freigesprochen.

Wagners Arbeit an seiner Ring-Tetralogie näherte sich dem Ende: Die Partitur des *Siegfried* war nun fertiggestellt. Die Frage,

17 Wille 1894, 154 (25.6.1870).
18 CW I, 409f. (5.7.1871) und 436 (7.9.1871).

wo der viertägige *Ring des Nibelungen* aufgeführt werden könnte, wurde zunehmend aktuell, und das Ehepaar Wagner beschloss, Opernhäuser im Deutschen Kaiserreich zu prüfen, ob sie für das gewaltige Werk in Frage kämen. Neben den Sängern und Sängerinnen inspizierte Richard die akustischen Gegebenheiten.

Die Reise begann im April 1871. Das Paar besuchte Augsburg, München, Nürnberg, Dresden, Berlin und verbrachte drei Tage in Bayreuth. Cosima erhielt einen »lieblichen« Eindruck der Stadt mit ihren 18 000 Einwohnern. Das barocke markgräfliche Opernhaus hatte im 18. Jahrhundert eine Blütezeit erlebt, gefördert von der Markgräfin Wilhelmine, der Schwester Friedrichs des Großen, die als Komponistin, Mäzenin und Intendantin das kulturelle Leben wesentlich bestimmte. Eine Besichtigung ergab jedoch, dass das Haus sich für die Aufführung Wagnerscher Werke nicht eignete. Es war zu klein, das Orchester konnte nicht versenkt werden, und das barocke Interieur wird Richard unpassend erschienen sein. Dennoch schrieb er die Stadt nicht ab, da er schon wegen der Protektion, die er durch Ludwig II. genoss, in bayrischen Gefilden bleiben musste. So entstand schließlich der Plan, ein eigenes Gebäude in Bayreuth zu errichten.

Die Stadtverordneten erwärmten sich für diesen verwegenen Gedanken und stimmten dem Bau eines zweiten Opernhauses zu. Mitte Dezember besichtigte Richard ein Grundstück. Er suchte auch ein stattliches Wohnhaus für die Familie, fand aber nichts Geeignetes. Cosima vermerkte dazu lapidar: »Mit dem Schlossverwalter fahren wir überall herum, nichts konveniert ganz, also auch für uns bauen.« Sechs Jahre zuvor war Richard mittellos und von einer Verhaftung bedroht, weil er sich schwer verschuldet hatte – nun plante er neben dem eigenen Opernhaus den Bau einer repräsentativen Villa.

Die Kinder wurden allmählich auf den Umzug nach Bayreuth vorbereitet. Sosehr sie sich freuten, fiel es ihnen doch schwer, ihr Heim am Vierwaldstättersee zu verlassen. Diese Idylle inmitten der Natur blieb für die Kinder ein Hort des Glücks. Als Isolde Jahre später mit dem Schiff über den See an dem Haus vorbeifuhr, schrieb sie an Blandine: »Ich kannte alles wieder und gedachte wehmüthig unserer herrlichen tollen Kinderzeit.«[19]

An Isoldes siebtem Geburtstag beendete Wagner die Kompositionsskizze der *Götterdämmerung,* die den gesamten *Ring des Nibelungen* und damit eines der gewaltigsten Werke der deutschen Musikgeschichte abschließt. Er schrieb darunter den Satz, dass er die Tetralogie an dem Tage beendet habe, »da mir vor sieben Jahren mein Loldchen geboren wurde. 10. April 1872«. Damit machte er seine Vaterschaft öffentlich. Cosima kommentierte: »R. hat für Loldchen das letzte Blatt der Skizzen aufgeschrieben.«[20] Die Fertigstellung der Orchesterskizze drei Monate später (sie enthält als letzte Vorstufe zur Partitur die Instrumentierung) war ein weiterer Höhepunkt für Cosima. Sie betrachtete beglückt die Leistung »als die höchste mir gewährte Gnade der Gottheit und als das erreichte Ziel meiner Lebenswendung.«.[21]

Die Vorfreude auf das neue Haus und die Umgebung steigerte sich von Woche zu Woche. Richard reiste vor dem Umzug allein nach Bayreuth voraus: »Der Ort wundervoll, göttlich für Kinder u. uns.«[22] Ende April folgte Cosima nach. Sie trug die Last des beschwerlichen Umzugs: »Sturm, Regen, Rus [der Hund] in meinem Wagen, 10 Stück Handgepäck, Nachtübergang in das Dampfschiff selbst gefährlich, Loldi in eine Lache gefallen, Lulu hustend – Rus bei jeder Station von mir nach Wasser am Brunnen ausgeführt – und hier plötzlich wieder eine Traum- und Zauberwelt!«[23], schrieb sie an Nietzsche. Die Familie zog in das Hotel Fantaisie in Donndorf bei Bayreuth ein, wo es den Kindern sofort gefiel, denn es lag direkt neben dem Schloss, das einen großen Park, einen Fischteich und Bäume zum Klettern besaß. Auch Russ war begeistert. Später zog die Familie in das

19 Isolde an Blandine, 1.5.1890 (STAM).
20 CWI, 509 (10.4.1872).
21 Moulin Eckart I, 617.
22 SB XXIV, 67f. (1.2.1872).
23 Thierbach 1938, 9.5.1872.

Haus Dammallee 7 und blieb dort bis zur Fertigstellung Wahnfrieds im April 1874.

EXKURS: Der vergöttlichte Bruder

»Jetzt ist unser Kind erst geboren«, sagte Richard zu Cosima. Die Mädchen mussten die Vorrangstellung Siegfrieds (auch Fidi, Fudel, Fidula genannt) akzeptieren. Wieso aber klammerte Wagner seine Töchter aus, die er doch liebte? Er befand sich im Einklang mit der Zeit, als die Geschlechterunterschiede mit charakterlich »natürlichen« Merkmalen eng verknüpft waren. Er sah in Siegfried den Träger seines Erbes und Hüter seines Werks, denn noch ein Jahr vor dessen Geburt war er überzeugt, dass man nach seinem Ableben seine Werke »gänzlich sekretieren« und er nur »wie ein Phantom im Gedächtnisse der Menschheit leben« würde.[24] Dies änderte sich mit einem Schlag, wie König Ludwig II. durch Richard erfuhr: »Die glückliche Mutter erkannte sogleich, daß all meine Vergangenheit und Zukunft einen durchaus veränderten Sinn habe: ›Jetzt lebst Du auch nach Deinem Tode das Leben weiter, strebst und wirkst fort und fort.‹«[25] Insofern entstammte seine Sorge um den Sohn, der sein Werk hüten und verbreiten sollte, dem lebenslangen Wunsch, für sich zu werben.[26] Aber seine Begeisterung ging weit darüber hinaus. Er glaubte, die »höchste Gunst des Schicksals« habe ihm einen »kräftig erwachsenden« Sohn geschenkt, und für ihn war Siegfried »ein blonder Beethoven«.[27] Seine Phantasien wuchsen weit über den kleinen Kerl hinaus: »Der Weltgeist […] hat alles so gefügt; wir selbst sind ihm gezwungen gefolgt, ohne ihn zu verstehen.«[28] Wagner sah somit

24 CW I, 109 (14.6.1869), 32 (13.1.1869).

25 Zit. b. Gregor-Dellin 1980, 613.

26 Vgl. Vaszonyi 2012, der aufzeigt, wie Wagners ganzes Leben vom Streben um Werbung für seine Musik und seine Weltanschauung geprägt war.

27 SB XXIV, 234 (30.9.1873); CW I, 337 (14.1.1871).

28 CW I, 111 (17.6.1869).

eine schicksalshafte oder schier göttliche Kraft walten, die den Sohn zu Großem vorherbestimmte und den Betrug an Hans von Bülow rechtfertigte.

Die Schwestern (9, 6 und 4 Jahre alt) wurden nun angehalten, dem Bruder stets den Vortritt zu gewähren. Cosima machte ihnen klar, dass ihre Verehrung für den Vater nach seinem Tod auf den Bruder übergehen sollte: »Lebt nun für Siegfried, meine Kinderchen! Alle eure Gedanken seien hierauf gerichtet; es ist eine schwere, aber eine herrliche Aufgabe, und Ihr werdet, sie ständig erfüllend, mich stets bei Euch fühlen.«[29]

Darauf, dass Wagner die künstlerische und die bürgerliche Optik nebeneinander vertrat, hat Thomas Mann genauso hingewiesen wie Theodor W. Adorno, für den sich Fortschritt und Reaktion in der Wagnerschen Musik fast unauflöslich verquicken.[30] In der Kunst schuf Wagner eine Figur wie Brünnhilde, die die Grenzen der damaligen züchtigen Weiblichkeit durchbrach, um am Frühstückstisch dann Cosima zu erklären: »Die Orientalen betrachten mit Recht das Weib wie den Acker, in welchen sie den Samen streuen.«[31] Sollte eine Frau eigene Wege gehen wollen, machte sie sich damit verdammungswürdig und war mit großer Schärfe zu kritisieren.

Im *Ring des Nibelungen*, der zu der Zeit komponiert wurde, als das *Siegfried-Idyll* entstand, ist die Priorität des Männlichen trotz der menschlich berührenden und aktiven Rolle Brünnhildes augenscheinlich. Mit seinem Heroenkult sowie der Zuweisung der Liebe an die Frau vertrat Wagner damit eine traditionell-konservative Position. In der Gestaltung des Bühnen-Siegfried liegt der Versuch, einen neuen (männlichen) Menschen zu konstruieren, auch wenn dieser scheitert. Und bei der Geburt seines eigenen Sohnes blieb es nicht aus, dass Richard seine Wünsche und Hoff-

29 Brief v. 10.–11.4.1883 an DT, in: CWZ, 33.
30 Vaget 1999, 5; Adorno 1964.
31 CW I, 113 (22.6.1869).

nungen auf ihn projizierte. Während er für die Töchter nur ein Kinderlied (»Schlaf, Kindchen, schlaf«) schrieb, schuf er mit dem *Siegfried-Idyll*, das er Cosima widmete, ein Instrumentalwerk, das die Geburt des Sohnes feiert. Es gehört in seiner Zartheit und liebenswürdigen Ausstrahlung zu den beliebtesten Orchesterstücken des Komponisten. Das Werk verwendet Elemente aus der Oper *Siegfried*. Wagner arbeitete zu der Zeit an der Skizze der Liebesszene zwischen Brünnhilde und Siegfried (III. Akt) und erklärte Cosima, »wie wunderbar es sich fügt, daß [Siegfrieds] Jubel-Thema (›sie ist mir alles‹) sich zu dem Motiv ›Heil der Mutter, die mich gebar‹ als Begleitung vortrefflich anschmiegt«.[32] Es vermengen sich die realen Lebensbezüge mit kompositorischen Imaginationen: das Baby Siegfried ist gleichzeitig Held, die Mutter Cosima auch die große Nährerin des Künstlers.

Wie sehr die Kinder die Vergöttlichung ihres Vaters verinnerlichten, zeigt ein Bericht von Harry Graf Kessler über Daniela Thode. Ihn faszinierte der »mystische Kult«, den sie bei der Idolisierung ihres Stiefvaters betrieb. Sie war »ganz von dieser Anbetung durchtränkt, jedes Wort, das sie sprach, glühte und leuchtete von ihr«. Das machte sie selbst zu einer Art Priesterin.[33] Martin Schneider hat aus einem anderen Blickwinkel diese Selbststilisierung Wagners untersucht und zwei Thesen entwickelt. Zum einen habe Wagner »seinen Hang zur Theatralität eingesetzt, um die Theatralität seiner Werke vergessen zu machen«; zum anderen seien seine Nachinszenierungen verbunden »mit dem Ritualcharakter seines Spätwerkes und dessen Stilisierung zu einer quasi-religiösen, auf sich selbst verweisenden ›Wahrheit‹«.[34] Die Familie wiederum sah diese Überkreuzung als eine Verschränkung des »Überirdischen mit dem Irdischen« – so beschreibt Daniela Thode die Präsentation des *Siegfried-Idylls* und erneut zwei

32 CW I, 108 (13.6.1869).

33 Zit. b. Hilmes 2009, 63.

34 Martin Schneider: Die Geburt des Wagnerismus. Richard Wagners Nachinszenierungen seines Werkes in der Wirklichkeit und die Folgen für die Rezeptionsgeschichte, in: Wagnerspectrum, 1.2015, 171–195, hier: 194.

Jahre später (zum Geburtstag Wagners am 22. Mai 1881) das Porträt Joukowskys »Die heilige Familie«, das die drei Mädchen als musizierende Engel, Daniela als Maria und Siegfried als das Jesuskind darstellt.[35] Die Umdeutung der Kunst in eine Ersatzreligion betraf in erster Linie den Sohn. Das Bild ging 1945 verloren und ist nur als Grisaille erhalten. Man hatte zu Cosimas Geburtstag das Motiv als lebendes Bild eingeübt, was Richard so entzückte, dass er Joukowsky mit dem Porträt beauftragte. Eine solche Selbstmythisierung war möglich, da sein Werk mit der Erlösungsthematik in christlich-religiöse Dimensionen erhoben wurde. Dass Joukowsky den Rassentheoretiker Gobineau, der zum Zeitpunkt der Bildübergabe in Wahnfried weilte, rechts oben ins Bild nahm, zeigt eine rassistische Richtung an, ebenso wie die Bayreuther Kirchtürme im Hintergrund eine deutschnationale Bedeutung haben. Beides, der Kampf gegen die »Rassenvermischung« und die Hervorhebung des Deutschtums, wurde nicht nur von den Autoren der *Bayreuther Blätter* verbreitet, sondern war von Wagner selbst initiiert worden.

Dass die Töchter im *Siegfried-Idyll* fehlen, gehört somit ins Konzept. Wagner schuf nicht nur künstlerische Bilder, die sich mit der Ideologie seiner Zeit deckten, sondern er hat auch erreicht, dass man diese heute aufnimmt, ohne die Intention zu hinterfragen. Den Töchtern wurde auf dem Weg zum Erwachsensein vermittelt, dass man zwar gebildet, gut angezogen und gesittet sein muss, sich aber stets als Dienende zu verstehen habe: dem Bruder, dem Vater, dessen Schaffen und dem Festspielgedanken gegenüber.

35 DT: Weihnachten in Wahnfried, aus: Die Schönheit Bd. 280/281, zit. b. Zelinsky 1976, 182f.

3. DER UMZUG. LEBEN IN BAYREUTH 1872-1877

Die feierliche Grundsteinlegung des Festspielhauses sollte am 22. Mai 1872, dem 59. Geburtstag Richard Wagners, stattfinden. Er bestellte Musiker und ChorsängerInnen bester Qualität, die sich für drei Tage in Bayreuth einfanden, um unter seiner Leitung im Markgräflichen Opernhaus eine Musteraufführung der IX. Sinfonie Beethovens zu präsentieren. Cosima war außer sich vor Freude, denn sie hatte die gleiche Idee gehabt, aber nicht gewagt, ihm das vorzuschlagen.[1] Sie lud Nietzsche zu diesem Anlass ein: »400 Gastgeber, 200 Patrone fordern ihren Eintritt in das Haus, das 700 Plätze hat, einen Theil der Sänger nimmt [das] Parquet zum Theil ein – doch hat Wagner für Sie und Dr. Rohde den er durchaus als zu sich gehörend betracht[et], auf das bestimmteste zwei Plätze reserviren lassen.«[2] Die Platzenge war dem barocken Opernhaus geschuldet.

Richard holte Cosima aus der Loge, um sie mit den fünf Kindern neben ihm auf der Bühne zu platzieren. Um 17 Uhr dirigierte er zuerst den Kaisermarsch und dann die Sinfonie, mit der der Tag künstlerisch geweiht wurde. Natürlich durfte eine feierliche Ansprache am Schluss nicht fehlen. Eine Zeitzeugin fand die Feier unvergesslich: »Das herrliche Wort: ›Seid umschlungen Millionen‹, das wir in Begeisterung gesungen – es war das Leitmotiv zu Wagners Festrede wie zu dem ganzen Fest.«[3] Auf der Bühne zu sitzen und von Hunderten von Menschen bewundert

1 SB XXIV, 47 (9.1.1872).
2 Thierbach 1938, 9.5.1872.
3 Schorn 1920, 175.

zu werden war neu für die Geschwister, und die siebenjährige Isolde hat die Aufführung sicherlich im Hochgefühl des Außerordentlichen erlebt. Sie hielt einige Jahre später den Tag in einem selbstgemalten Bild fest – man sieht den Chor, ganz in Weiß gekleidet, das große Orchester und den dirigierenden Vater.[4] Hans von Bülow erfuhr später, dass Daniela und Blandine auf Ehrenplätzen saßen, und verübelte das Cosima. Fürchtete er, dass Wagner die Rolle des Vaters übernehmen könnte? Oft wurden sie auf der Straße von Besuchern angesprochen: »Wen habt ihr lieber, euren ersten oder zweiten Papa?«,[5] was sie verwirrte.

Ein paar Zeilen Richards an Cosima zum Status Isoldes zeigen, dass Richard sich mit der Problematik befasste: »Loldchen krank? – Dieses wunderliche Wunderkind! – Aber, Du beruhigst mich ja? Mein Weib! Ach, ach! – Aber, es wird endlich Alles gut! Wir werden dieses Räthsel unsres Daseins für diese Welt lösen, und – endlich werden wir doch selig darüber lächeln, damit wir froh und heiter unsre Kinder ihr einst zurücklassen können.«[6] Das lässt vermuten, dass Wagner seine Vaterschaft öffentlich machen wollte. Das »Räthsel unseres Daseins« bekannt zu machen, hätte aber Cosimas Ruf weiterhin beschädigt, man hätte Witze über die damalige »Ménage-à-trois« gemacht, und vor dem König, mit dem sie noch korrespondierte, hätte sie als Lügnerin dagestanden. Sie wird die juristische Regelung der Abkunft ihrer Töchter gedanklich auf später verschoben haben.

Die Kinder fanden sich schnell zurecht in der neuen Stadt, und Cosima war selig: »Wie hätte es mir werden können, verachtet, von meinen Kindern beraubt, mit R. ungetraut könnte [= müsste] ich mich verbergen, nun darf ich als sein Ehgemahl ihm beistehen und darf meinen Kindern leben – unsägliches Dankgefühl – Segen über Hans, der dies alles ermöglichte.«[7] Sie

4 Beidler 2013, 133.
5 CW I, S. 529 (4.6.1872).
6 RW an CW, 1.2.1872, zit. b. Eger 2010, 123.
7 CW I, 566 (25.8.1872).

verdrängte dabei, dass sie in Bezug auf Isolde und Eva noch immer eine Lüge lebte.

Es war ein harter Schlag für das Ehepaar, dass Cosimas Vater Franz Liszt nicht zur feierlichen Grundsteinlegung erschien. War Eifersucht ein Grund dafür? So erzählte seine Geliebte Carolyne Wittgenstein der Musikschriftstellerin Lina Ramann, Cosima habe sich an ihrem Vater versündigt. »Sein Genie als Komponist hat sie nie erkannt, nie gewürdigt. Liszt liebt diese Tochter über alles, und darum schmerzt es ihn um so mehr, daß sie sich ihm so fern gestellt hat. Für sie giebt es keinen Gott, keine Kirche, keine Welt – nur Wagner.«[8] Dennoch besuchten Cosima und Richard Franz Anfang September in Weimar. Sein Haus in der Hofgärtnerei war weitaus bescheidener als Wahnfried. Bei der Rückfahrt machte Richard Cosima eine Szene, und sie musste ihn in seiner Eifersucht beruhigen.[9] Franz versuchte seinerseits, Carolyne zu besänftigen: »[Cosima] hat sich mit Enthusiasmus völlig Wagner geweiht, wie Senta dem *Fliegenden Holländer* – und sie wird sein Heil sein. Denn sie hört auf ihn, und sie folgt ihm in ihrer hellseherischen Weise.«[10] Obwohl er nach wie vor Cosimas Entscheidung für den 24 Jahre älteren Richard für einen Fehler hielt, wollte er bei Carolyne kein Öl ins Feuer gießen. Als er endlich im Oktober nach Bayreuth reiste, um die Baustellen der Villa und des Opernhauses zu besichtigen, vermisste er es, wie Cosima früher nur ihn beachtet und an seinen Lippen gehangen habe, was ihn gestützt habe.[11] Es war also weniger eine Auseinandersetzung um die Musik, sondern eine um Cosima. Wagner, der es nicht ertrug, die Nummer zwei zu sein, gewann diesen Kampf mit Leichtigkeit, und Liszt reiste grollend von dannen.

Ende 1872 machten Cosima und Richard eine zweite mehrwöchige Reise, um Theater zu besichtigen, die sie in vierzehn Städte führte und auch dazu diente, KünstlerInnen kennenzuler-

8 Seidl 1983, 87.
9 CW I, 572 (6.9.1872).
10 Zit. b. Moulin Eckart I, 623.
11 Moulin Eckart I, 627 und 629.

nen und gegebenenfalls für das große Festspielvorhaben anzuwerben. Die Reise begann in Würzburg und endete in Leipzig. Die Diskussionen, die Cosima mit Richard über die Inszenierungen führte, waren für ihr späteres Arbeiten als Regisseurin hilfreich.

Richard stöhnte unter der Last der Arbeit, die noch bevorstand: der Bau des Theaters und der Villa Wahnfried und die Vorbereitung einer möglichst vorbildlichen *Ring*-Aufführung verlangten eine fast übermenschliche organisatorische Leistung. Auch Cosima war durch die Umzüge überfordert und erkrankte. Das Ehepaar fühlte sich häufig unverstanden und hatte zuweilen den Wunsch, sich mit der Familie einzuigeln – dem standen aber die vielen Projekte entgegen. »Meine kleine Isolde leidet seit vierzehn Tagen an einer Augenentzündung, welche insofern schwer zu pflegen ist, als das Kind sehr nervös ist und viel weint – ich bin ohne eigentliche Sorge, aber doch beständig in Anspruch genommen«, schreibt Cosima einer Freundin. Wagner habe die Komposition der *Götterdämmerung* (die Orchesterskizze, E.R.) vollendet: »Ich erachte die Vollendung – der ich gelebt und für sie gelitten – als die höchste mir gewährte Gnade der Gottheit, und als das erreichte Ziel meiner Lebenswanderung.«[12] Sie konnte zu Recht auf sich stolz sein, denn sie hatte alles getan, um Richard den Raum für das Komponieren zu geben, seine Stimmungen zu erhellen und ihn vor ungebetenen Gästen abzuschirmen.

Der Zuschnitt Wahnfrieds war bombastisch und Cosima fürchtete, die Kinder würden sie fälschlicherweise für reich halten. Dabei plagten sie Geldsorgen, der geplante Etat für die Festspiele war längst nicht vorhanden. Die Kosten für das Haus wurden immer höher veranschlagt und die Einnahmen vermehrten sich nicht.[13] Dennoch wurden schöne Ausflüge unternommen (als Liszt die Familie Ende Juli besuchte, begleitete sie ihn auf dem Rückweg bis nach Bamberg und schloss eine zweitägige Exkursion an). Zu Richards Geburtstag 1873 wurde ein großes

12 CW an Marie von Schleinitz, 29.7.1872 (NA).
13 CW I, 694 (13. und 12.6.1873).

Konzert organisiert, das Markgräfliche Opernhaus war ausverkauft. Richard kam mit Cosima und den Kindern ins Theater und war völlig überrascht, eine 1831 von ihm komponierte Concert-Ouvertüre zu hören, die er kaum wiedererkannte. Im Gegensatz zu Tribschen, wo die Kinder weitgehend von großen Feiern ferngehalten wurden, bekamen sie nun mit, wie berühmt ihr Vater war. Es reisten immer mehr Menschen nach Bayreuth, um ihn und seine Familie zu beobachten. Die Ruhe am Vierwaldstättersee wich nun großer Unruhe: immer wieder kamen Musiker und SängerInnen ins Haus und stellten sich in der Hoffnung auf ein Engagement vor.

Am 2. August 1873 fand das Richtfest des Bayreuther Festspielhauses statt. Diesmal war Liszt als Ehrengast dabei. Er, Cosima und die Kinder befanden sich beim Hebefest oben auf dem Dach.[14]

»Bereits im Spätherbst hoffen wir, das neue Wohnhaus, Ihr grossmütiges Geschenk, wenigstens zum grösseren Theil beziehen zu können«, schrieb Wagner dankbar an König Ludwig.[15] Es dauerte aber noch einige Monate, bis es so weit war. Am Jahresende 1873 tanzten die Kinder um den Weihnachtsbaum, Richard spielte dazu aus den *Meistersingern* sowie Walzer von Strauß und Lanner. Die Familie unternahm häufig Spaziergänge, so nach Schloß Colmdorf, wo Isolde später wohnen würde. Auch im Wirtshaus Bürgerreuth unweit vom Opernhaus werden sie eingekehrt sein. Die Kinder spielten oft und gerne Theater, improvisierten Komödien und dachten sich zuweilen handfeste Scherze aus. Einmal steckten sie 61 Lichter auf die Badewanne Richards und schmückten sie mit Kränzen und Blumenstöcken: »Heiteres Lachen darüber.«[16]

Cosima hätte gerne ihre Freundin, die Autorin Malwida von Meysenbug, in Bayreuth gehabt, zumal Malwida von den Kin-

14 SB XXV, 180 (4.8.1873), an Carl Brandt.
15 KL III, 16 (2.6.1873).
16 CW I, 822 (22.5.1874).

dern sehr gemocht wurde. Ihr gegenüber klagte Cosima, dass die Gipser noch im Haus seien und dass parallel dazu das Tapezieren begonnen habe. Isolde diktierte ihrer Mutter ein paar Zeilen an Malwida: »Wir waren am Charfreitag auf Fantaisie und haben die Herzogin gesehen. Vater Richard nimmt immer ein Bad im neuen Haus. Fidi lernt die Buchstaben. Adieu liebe Mutter Malwida, wir grüßen Dich alle sehr und wünschen Dir Gesundheit. Isolde.«[17] Dass sich zwei Frauen von politisch so unterschiedlicher Couleur vertrugen, grenzt an ein Wunder. Malwida kämpfte für die Demokratie. Ihr Glaube an die Ideenwelt Wagners hat sie – zusammen mit der Begeisterung für seine Musik – mit ihm verbunden. Von Cosima wurde sie als eine Art Lebensberaterin angesehen und die politisch-kulturellen Differenzen wurden möglichst ausgeklammert.[18]

Ende April 1874 konnte die Familie endlich in Wahnfried einziehen. Für die Kinder war die Erkundung der stattlichen Villa faszinierend. »Gestern sangen sie ›Freude schöner Götterfunken‹ von der Galerie herab zu uns, die wir unten saßen«, schreibt Cosima; »es wirkte sehr rührend!«[19] Man trat zuerst in eine Halle ein, rechts war das Speisezimmer, links der »lila Salon«, der Franz Liszt bei seinen Besuchen vorbehalten war. Von der Halle kam man in den Saal, mit prachtvollen Möbeln, Bildern und einem Flügel ausgestattet, an den Wänden Wagners bedeutende Bibliothek. Den schönsten, sonnendurchfluteten Raum im ersten Stock bekamen die Kinder. Im Garten hatten sie eigene Beete, die sie bestellten, und Richard brachte ihnen bei, den Gesang der Meisen, Finken, Grasmücken, Stare und anderer Vögel zu erkennen und zu unterscheiden. Er war stolz auf seine Familie und nahm Daniela und Boni genauso auf wie seine drei eigenen Kinder.

Von 1875 bis 1876 war Susanne Weinert als Gouvernante bei der Familie tätig. Sie beschreibt die zehnjährige Isolde als ein

17 CW an MvM, April 1874 (Diktat durch Isolde) (NA).
18 Vgl. Beidler/Rieger 2019.
19 CW I, 815 (4.5.1874).

zartes Kind mit träumerischem Blick, das verständig reden konnte und dennoch kindlich unbefangen und sehr tierlieb war. Die Kinder wurden um sieben Uhr geweckt, Susanne half ihnen beim Ankleiden. Zum Frühstück gab es Milch und Brot. An Regentagen blieben sie im Kindersalon, wo in verschiedenen Schränken wahre Schätze an Spielsachen zu finden waren. Richard war nie kleinlich und er kaufte immer wieder hübsche Dinge, um die Kinder zu erfreuen. Die Spiele, Puppen und Theaterfiguren mussten von den Kindern am Abend gründlich aufgeräumt werden: »Sie hatten vollauf zu thun.« In Siegfrieds Zimmer erhielten Isolde und Eva Klavierunterricht durch die Mutter. Beim Theaterspiel fiel Isolde als besonders eifrig auf – ein Hinweis auf ihre künstlerischen Interessen, die sich später beim Malen und Zeichnen stärker zeigen sollten.

Auf Wunsch von Cosima mussten sich die Kinder nach dem Abendessen mit Susanne im Salon einfinden. Als Liszt einmal zu Besuch war, wurde »die anscheinend ruhige Isolde recht lebhaft. Sie spielten blinde Kuh, Fanchon und tanzten. Da ging Richard Wagner an den Flügel, der in der Mitte der Halle steht und schlug die Klänge des Walzers aus dem *Freischütz* an, der Großpapa Liszt nahm abwechselnd seine Enkelin Isolde an den Arm, ich den kleinen Siegfried und so walzten wir nach den melodischen Klängen heiter dahin. Die gnädige Frau wurde auch sehr heiter gestimmt und der Jubel der Kinder war groß. – Danach mußte sich jedoch der Sturm legen –. Denn die Herrschaften lasen an diesem Abend Shakespeare. Die Kinder verhielten sich ruhig und beschäftigten sich mit ihren Spielsachen, während ich Handarbeit vornahm und der kraftvollen Stimme Wagners lauschte, der die gewaltige Sprache im *Hamlet* wunderbar schön zur Geltung brachte. Ich empfahl mich um 9 Uhr mit den Kindern, um noch eine ›stille Stunde‹ zu haben.«[20]

Im Januar 1875 sandte Richard Briefe an die SängerInnen, die er für sein *Ring*-Projekt vorgesehen hatte, und lud sie zu Proben

20 Burk 1950, 568ff.

ein. Bayreuth lag abseits von den großen Verkehrsstraßen und die Künstler mussten mühsam anreisen. Wagner hatte einige Helfer wie Hans Richter und Felix Mottl angeheuert, die die einzelnen Partien aus der Tetralogie abschrieben, sie nannten sich die »Nibelungenkanzlei«. 1876 trafen sich die SängerInnen in dem großen Parterrezimmer von Wahnfried. Bei den ersten Proben im Opernhaus durften die Kinder zuschauen, und der 1. Akt von *Siegfried* gefiel ihnen am besten. Die Schwimmapparate, mit denen die »Rheintöchter« sich scheinbar frei bewegten, werden sie beeindruckt haben. Richard studierte alles ein, jede Bewegung, jedes Wort. Isolde malte später ein Bild, das ihn mit der Partitur des Nibelungenwerks auf der Bühne zeigt. Schon früh lernte sie so die Grundlagen der Schauspielerei und der Regie kennen.

Richard mischte sich energisch in die Proben ein, und sein Assistent Adolf Wallnöfer lobte sein schauspielerisches Talent: »War er Mime, so krümmte er sich zusammen, schleifte über den Boden, sang mit krächzender Stimme und hatte einen tückischen Blick [...] War er ein Gott, dann reckte sich seine kleine Gestalt und schien wahrhaftig vor uns zu wachsen.«[21]

Das Leben der Kinder sollte aber nicht nur aus den Festspielen bestehen. Während Richard eine spielerische Art der Erziehung vorzog, war Cosima strenger, vor allem in der Erziehung ihrer Töchter, wie ein Brief an Daniela zeigt. Einerseits legte sie Wert darauf, dass die Tochter mehrere Sprachen beherrschte und breite Geschichts- und Literaturkenntnisse besaß. Sie sollte aber zugleich die Haushaltstätigkeiten erlernen, um einen Haushalt führen zu können. Wenn das eigentlich lobenswert klingt, folgte die Ernüchterung stehenden Fußes, denn sie fügte hinzu: »Was Shakespeare betrifft, so darf ein junges Mädchen nicht sagen, dass er sie ungemein interessirt, indem es sich um einen Dichterfürsten handelt, vor welchem Alle sich beugen.«[22] Sie durfte nicht zu gebildet erscheinen. Zugleich wurden Anstandsregeln der Ober-

21 Zit. b. Rützow 1943, 162.
22 Waldberg 1933, 42f., (9.8.1880).

schicht eingeübt. So mussten die Kinder ihrer Mutter die Hand küssen. Und auch ihr Unterricht durch einen Ballettmeister zeigte Früchte: »Es war ein reizender Anblick, wie die niedlichen Kindergestalten, im ›Kaiserschritt‹ oder im ›Promenadenschritt‹ sich links und rechts verbeugend, die Halle durchschritten.«[23]

Auf der Suche nach einer Internatsschule für Daniela und Blandine wurde den Wagners das Luisenstift in Niederlößnitz als erste Adresse empfohlen. Cosima nahm das Institut in Augenschein und befand es für gut. Obgleich ihr zwischenzeitlich Zweifel gekommen waren – als frisch konvertierte Protestantin mit starken katholischen Wurzeln erschien ihr das Stift doch arg pietistisch –, wurden die beiden ältesten Mädchen zu Ostern 1875 im Beisein der Mutter eingeschult. Die »Anstalt für Töchter höherer Stände« mit angeschlossenem Pensionat bot den Mädchen der gebildeten Schicht Fächer wie Hausarbeitslehre, Singen sowie Turnen an und vermittelte daneben auch christliche Wertvorstellungen.[24] Aber es herrschte ein strenges Regiment, unter dem besonders die kleine Blandine litt, sie hatte Heimweh. Nach den Sommerferien 1876 kehrte sie nicht wieder zurück, so dass Daniela allein dort ausharren musste. Daniela, die schon eine recht versierte Klavierspielerin war und die auch oft an Richards Lektüre-Abenden teilgenommen hatte, war von der Mutter häufig auf Französisch unterrichtet worden, so dass sie die Sprache spielend gelernt hatte. Trotz der Unterforderung, die sie in der Schule erlebt haben wird, musste sie dort bis März 1877 bleiben. Aber wenigstens zu den Festspielen durfte sie heimkehren.

Im April begannen die Vorbereitungen für Richards Geburtstag. Wie jedes Jahr wurde am 22. Mai ein Stück zur Idealisierung des Vaters eingeübt, dieses Mal mit Isolde, Eva und Siegfried. In der blumengeschmückten Halle hingen 62 bunte japanische Ballons (Cosima nennt sie »Lichtballons«) von der Decke herab, von

23 Burk 1950, 573.

24 Frank Andert: Wagner-Kinder im Luisenstift. Teil 63, in: Kötzschenbrodaer Geschichten. September 2013.

einer Rosenkrone und Girlanden gehalten. Im Zentrum des Raumes stand wie stets bei Wagners Geburtstag seine Büste. Isolde, die »Die Liebe« personifizierte, stand in einem roten gestickten Gewand und rosenbekränzt neben der Büste, die Hand zum Segen erhoben, und rezitierte:

»Wie keiner hast Du mich empfunden,
Wie keiner hast Du mich besungen,
Von den Feen bis zu den Nibelungen
Warst Du mir treu zu allen Stunden,
Mein Segen ist darum Dein Theil,
Die Liebe ruft Dir: Heil!«[25]

Siegfried als »Der Glaube« trug eine Krone und einen blauen Mantel; in der Linken hielt er eine Palme, in der Rechten ein Schwert. Eva umschlang als »Die Hoffnung« die Büste mit dem Arm und schmiegte sich mit dem Kopf daran. Jedes der Kinder trug ein Gedicht vor, und alle mussten zum Schluss dem Vater »Heil Dir!« zurufen. Danach erklang der Huldigungsmarsch, gespielt von der Militärmusik im Garten. Abends wurde Wahnfried zu den Klängen von Straußschen Walzern illuminiert, es gab ein Feuerwerk und einen Fackelzug. Für die Kinder waren das Glückmomente, die sie nie vergaßen.

Im November 1875 reiste Cosima mit Richard nach Wien, wo *Tannhäuser* und *Lohengrin* inszeniert wurden. Die drei Jüngsten durften mitkommen. Cosima schrieb Malwida, die Kleinen hätten dort »geradezu Furore gemacht«, sie hätten mit ihnen den *Lohengrin* besucht, eine Aufführung, die auch dank dem Chor sehr schön gewesen sei.[26] Die Vorstellung war nach Ansicht von Amalie Materna, die die Ortrud sang, ein riesiger Erfolg für Wagner. »Erst wurde ihm zugejubelt, dann wenn er erschien, wurden Zeichen zur Ruhe gegeben, u. nun wollte man ihn sprechen hören, es war ihm schrecklich, aber man gab ihm keine Ruhe, war es dann zu wundern, wenn der schwer geprüfte, durch Jahre ver-

25 KL IV, 213 (30.5.1875).
26 CW an MvM, 27.12.1875 (NA).

hetzte u. verlästerte Mann bitter wurde und sich endlich in Worten Luft machte und verschiedene Hiebe austheilte, die den Widersachern nicht sehr angenehm waren?«[27]

Ein Jahr vor der Premiere des *Rings* hatten die Soloproben mit Klavier begonnen, und im August kam das Orchester hinzu. 120 Musiker aus den besten Orchestern Deutschlands waren eingeladen worden. Die beiden Rheintöchter Lilli und Marie Lehmann trafen bereits Ende Juni ein, gefolgt von Franz Betz (Wotan), Heinrich Vogl (Loge), Amalie Materna (Brünnhilde) und den anderen. Die gemeinsamen Durchgänge fanden vormittags und abends in der Halle von Wahnfried statt, und die Kinder durften zuhören. Als Nibelungen wurden Turner aus Bayreuth engagiert, mit denen der Ballettmeister Richard Fricke die Choreographie einübte. Die Kinder werden alles erstaunt verfolgt haben.

Man konnte Angst um Richards Gesundheit bekommen, er sprang zwischen die Sänger, stellte sich neben sie und machte die Gesten vor. Manches, was am Vortag noch galt, wurde am nächsten Tag geändert – keine leichte Aufgabe für die Künstler. Weil Dämpfe, die auf der Bühne waberten, in den Orchesterraum drangen, konnten die Harfen die Stimmung nicht halten. Auch wurden die Musiker von Zugluft gestört. Wagner rief ins Orchester: »Ich habe die Oper komponiert und nun soll ich auch noch die Fenster zumachen.«[28]

Zu einer im Festspielhaus angesetzten Bühnenprobe durfte Susanne Weinert die Kinder zu Fuß ins Festspielhaus begleiten, während sie von Equipagen überholt wurden. Dass sie daran teilnehmen durften, war Richards Entscheidung, die Cosima nicht erfreute: »Die Kinder mit – unbegreiflich, daß derlei möglich!«[29] Vieles klappte nicht: Die Dämpfe missglückten wieder, es gab Fehler in der Dekoration, die Regenbogenbrücke (*Rheingold*)

27 Materna 1991, 33 f.
28 Zit. b. Fricke 1983, 55, 76, 94.
29 CW I, 989 (5.6.1876).

war schief geraten und anderes mehr. Die Nerven lagen blank und die Furcht vor einem Misslingen des großen Experiments stieg, was auch bei den Kindern die Aufregung gesteigert haben wird.

1876, im Jahr der ersten Festspiele, wurde die als etwas schläfrig bekannte Kleinstadt zum Mittelpunkt der Kunstwelt; Kulturinteressierte, Intellektuelle, Wissenschaftler, Politiker drängten nach Bayreuth, um zu erfahren, was Wagner sich mit seinem *Ring des Nibelungen* vorgenommen hatte. Es erwartete sie kein Kunsttempel, Logen für die Eliten waren nicht vorhanden, es gab auch keine repräsentativen Treppenaufgänge und kein glanzvolles Foyer. Alles sollte sich auf die Aufführung konzentrieren. Die Dunkelheit im Zuschauerraum war für viele Gäste neu. Die Handlung, Musik und Darstellung fesselten die Zuschauer, die langsam die Bedeutung des an vier Tagen präsentierten Zyklus begriffen.

Nicht nur die Proben, auch einige Vorstellungen standen unter einem Unstern, wie Cosima von einer *Rheingold*-Aufführung berichtete: »Betz verliert den Ring, läuft zweimal in die Kulissen während des Fluches, ein Arbeiter zieht den Prospekt zu früh bei der ersten Verwandlung heraus und man sieht die Leute in Hemdärmeln da stehn und die Hinterwand des Theaters, alle Sänger befangen etc. etc.«[30] Aber das spielte angesichts der Sonderstellung der Festspiele nicht nur in Deutschland, sondern weltweit, keine wesentliche Rolle. Richard war mit vielem unzufrieden, aber das Publikum war elektrisiert.

Der Kunsttheoretiker Conrad Fiedler war bei den Aufführungen dabei und mag als Beispiel für die Suche nach einer Meinung über das Erlebte dienen. Er schrieb seinem Freund Adolf von Hildebrand lange Briefe, in denen er die Wirkung Wagners zu ergründen suchte. Wagners neue Art, die psychologischen Implikationen in die Musik einzuschreiben, erfasste er instinktiv. Allmählich kamen ihm aber doch Zweifel über sein eigenes Urteil, und er fragte sich, ob Wagner ein wahrer Künstler

30 CW I, 998 (13.8.1876).

oder ein Blender war. Vier Jahre später nannte er *Tristan und Isolde* »affectiertes Zeug« und lobte Mozarts *Zauberflöte*, die ihm »den Glauben an Natur und Menschlichkeit« zurückgab.[31] So wie ihm wird es vielen Festspielgästen gegangen sein; sie konnten sich noch keine feste Meinung bilden. Die Wagner-Gemeinde und die Gegner gab es 1876 schon längst und in den Hotels, Gasthäusern und Lokalen wurden lebhafte Diskussionen geführt, wie es bis heute der Fall ist. Trotz aller Kritik wuchs Wagners Ruf; man spürte, dass hier eine neue Art des Musikerlebens geschaffen worden war.

Am 12. August erschien der Deutsche Kaiser Wilhelm I. mit seinem fürstlichen Gefolge zur Aufführung – eine große Ehre für die Stadt. Wagner hielt am Ende der Festspiele während des Schlussbanketts eine Rede, in der er die Summe der künstlerischen Ereignisse, ja seines ganzen Lebens und Schaffens zog. Er umarmte seinen ebenfalls anwesenden Schwiegervater Liszt und endete mit einem: »Nun aber kein vernünftiges Wort mehr!«[32]

Hatte Wahnfried bei den Proben ein Jahr zuvor den Künstlern gehört, war die Villa nun zum Treffpunkt der Patronatsherren geworden, meist aus aristokratischen Kreisen und dem jüdischen Bürgertum. Die Honoratioren gaben sich die Klinke in die Hand, und die Geschwister schauten von der oberen Balustrade auf die Gäste herab. Diese Welt kannte und schätzte Cosima, die mit Anmut und Sicherheit darin herrschte, während sich Richard zunächst nicht heimisch fühlte. Die Eingeladenen genossen die Abendempfänge in Wahnfried, denn dort war es »überaus interessant und glänzend; alles, was gut und schön und teuer war, fand sich da zusammen. Und das will etwas besagen; denn Bayreuth war damals noch nicht wie in späteren Jahren ein beliebter Ausflugsort für Marienbader und Kissinger Kurgäste […], sondern es war die Elite der musikalischen und intellektuellen Welt […] Wagner-Snobbismus [sic] gab es in dieser Zeit wohl kaum.

31 Jachmann 1927, 68f. (27.8.1876) und 72 (20.9.1876); 147 (5.11.1880).
32 Glasenapp V, 299.

Anders als in festlicher Kleidung das Theater zu betreten, hätte für unstatthaft gegolten«[33], wie sich Hedwig Pringsheim 54 Jahre später erinnerte, und auch daran, dass Richard Wagner ein unverfälschtes Sächsisch sprach.

An so einem Empfangsabend waren die Sänger und Sängerinnen ebenso zugegen wie die Förderer der Festspiele: Amalie Materna, Lilli Lehmann, Eugen Gura, August Wilhelmj, der Pianist Joseph Rubinstein, der Dirigent Hans Richter, der Theatermaschinist Friedrich Carl Brandt und andere. Die Damen waren in großer Toilette (»en grande parure«) und »bedienten sich graziös ihrer Fächer, und die Herren trugen entweder prächtige Uniformen oder feine Zivilkleidung. Ein Sprachgewirr erfüllte den Saal, wozu sich ein leises Klirren der Theetassen, welche 2 Diener präsentirten, gesellte.« Richard und sein Schwiegervater standen im Mittelpunkt der Unterhaltung, die durch geistreiche Bonmots, Neckereien und Späße ergänzt wurde, man war bester Laune. Die Gouvernante saß mit den Kindern halb verborgen auf einem Diwan an einem Blumentisch, von wo sie das elegante Treiben betrachten konnten.

Am letzten Abend der Festspiele gab es ein Gartenfest im Park des Hauses Wahnfried, zu dem 150 Gäste eingeladen waren – KünstlerInnen, das Orchester und KunstfreundInnen. »Nachdem die Kinder in duftiges ›Weiß‹ gekleidet und mit bunten Schleifen geschmückt wurden, ging man in den Garten. Hier herrschte ein fröhliches Treiben!«[34] Ein besonderes Vergnügen war ein bengalisches Feuer. Die Gäste hielten bunte Papierlaternen in den Händen und liefen im Gänsemarsch durch den Garten bis vor an den Rennweg (heute Richard-Wagner-Straße). Die Kinder voran, gefolgt von den Hunden, dahinter Vater Richard, und der lange Zug schloss sich an.[35]

Nach den Festspielen war Richard erschöpft, und er reis-

33 Hedwig Pringsheim: Bayreuth einst und jetzt, in: *Vossische Zeitung*, 16.8. 1930.

34 Burk 1950, 571, 576.

35 Rützow 1943, 170.

te mit der Familie, mit Ausnahme von Daniela, nach Italien. In Verona, Venedig, Bologna und Neapel wurden Städte und Museen besichtigt. Isolde, die sich für Kunst interessierte, wird sich die vielen Werke genau angeschaut haben. Das nächste Ziel war Sorrent: in dem 1835 errichteten, vornehmen Hotel Vittoria, das heute noch steht, fanden sie die richtige Unterkunft mit einem traumhaften Blick aufs Meer: »Den Sonnenuntergang mit R. auf der Terrasse betrachtet; an Odysseus schwimmend gedacht«, so Cosima. Man sah von dort auf den Golf von Neapel mit dem Vesuv und auf die Inseln Capri und Procida.

Die Familie ruhte sich im beschaulichen Sorrent vom Trubel der letzten Wochen und Monate aus und erholte sich vom Besichtigungs- und Einkaufsprogramm, das sie zuvor in Venedig und Neapel absolviert hatte und in Rom wiederaufnehmen würde. Cosima unterrichtete ihre Kinder, es wurden Ausflüge in die Umgebung oder Bootsfahrten unternommen.

Wagners Gedanken kreisten um die Festspiele, um Finanzierungslücken und um die Zukunft des Unternehmens. Er war meist kränklich; zahlreiche Kritiken, die er zu lesen bekam, waren unfreundlich. Er schrieb Briefe und ging spazieren. Cosima versuchte, durch Ausflüge seine Sorgen ein wenig zu zerstreuen. Mit dem Boot setzten sie zur Insel Capri über, fuhren der Küste entlang zum Capo di Sorrento oder nach Massa Lubrense, einem Ort in den Bergen, der damals nur nach einem zweistündigen Ritt mit dem Esel zu erreichen war: »Heiterer Heimritt, mein Esel Fantasia! Welchem der Treiber Macaroni tutto formaggio verspricht, um ihn zu befeuern.«

Cosima organisierte Ende Oktober 1876 auch einen Ausflug zu den Grotten zwischen Meta und Sorrent: »Abends sind wir wohl etwas müde, doch herrlich gestimmt.«[36]

Die Familie zog am 9. November nach Rom weiter, wo man einige Wochen verbrachte und wo Cosima und Richard mehr-

36 CW I, 1010f. (26.10.1876).

fach im Vatikan die Museen besichtigten. Auch Bologna stand auf dem Programm. Es ist verwunderlich, dass die Kinder dennoch »immer herrlich bei Laune« waren, wie Cosima schrieb. Nach einem Zwischenhalt in München erreichte man Wahnfried kurz vor Weihnachten.

Im Frühjahr bekamen die Kinder von der französischen Autorin Judith Gautier ein Nibelungentheater mit sämtlichen Requisiten geschenkt. Sie führten gleich *Rheingold* vor 30 Kindern auf.[37] Isolde, die Künstlerisches liebte, wird eine bestimmende Rolle dabei gespielt haben. Sie klagte inzwischen über Rückenschmerzen und im April wurde ihr Rücken auf Wunsch Cosimas von der Orthopädin und Schulleiterin Auguste Herz untersucht, die eine starke Krümmung feststellte. Man beschloss, sie in ihrer Anstalt am Herzoglichen Fräuleinstift in Altenburg unterzubringen. Herz hatte sich auf die Behandlung von Mädchen und Frauen spezialisiert, und war zudem eine begeisterte Anhängerin Friedrich Fröbels, der die Bedeutung der Früherziehung erkannt hatte und als Erfinder des Kindergartens gilt. Die leidenschaftliche Pädagogin vertrat zeitlebens die Meinung, dass das »Erziehen mit Liebe, Lust und Geduld und nach den einfachsten Grundsätzen der Natur und Vernunft durchgeführt« werden müsse. Das klingt modern. Aber sie setzte auch Grenzen. Sie habe von Besitzern von Pensionen erfahren, dass Mädchen zwischen 10 und 15 Jahren »allerlei Intriguen gespielt, förmliche Romane und Abenteuer und Schlimmeres noch durchgeführt haben. Ein Glück noch, wenn diese Abweichungen vom Wege der Ordnung und Sittlichkeit nicht soweit gehen, wo eine Rückkehr unmöglich oder zu spät ist.«[38] Das klang nicht gut für die lebhafte Isolde, die daheim viele Freiheiten genossen hatte.

Dass sie für einige Monate auf ihre Lieblingstochter verzichten musste, schmerzte Cosima, und es entlockte ihr manche Träne.

37 CW an MvM, 07.03.1877 (NA).
38 Herz 1851, 92, 84f.

Es traf sie, dass die fremde Ärztin »mein Teuerstes bei sich haben wird«.[39] Als Isolde mit einer Kindergesellschaft ihren 12. Geburtstag feierte, waren bereits ihr Bett und weitere Gegenstände zur Bahn gebracht worden. Ein beklemmender Moment für das junge Mädchen. Cosima begleitete sie einige Tage später nach Altenburg. »Die trübsten Ahnungen haben sich auf mein Herz gelagert. Um 1 Uhr mit meiner Kleinen abgereist, schmerzlichster Augenblick, wie sie von den Geschwistern Abschied nimmt, sie bleibt die Reise über stumm.« Angekommen in Altenburg, beschrieb Cosima Malwida von Meysenbug ihre Lage und ließ ihrer Trauer freien Lauf: »Hier sind wir nun, das gute Kind still, stumm weinend, bleich, ich ohne Tränen, stumpf, von düsteren Gedanken heimgesucht, dazu aber die abergläubigsten Vorstellungen in mir lauernd und ohne Ergebung wie ohne Trotz, beinahe leblos traurig, als ob ich zum ersten Male traurig wäre und kein Leben hinter mir, noch vor mir hätte. Gewiss konnte ich und unser Leben daheim kaum empfindlicher getroffen werden als durch das Scheiden dieses Kindes! [...] Gewohnheiten, Atmosphäre, Sprache, alles, alles dem Kinde weltfremd! Mir auch.«[40] Am nächsten Tag ging es beiden schon besser, und Isolde machte bereits ihre ersten Turnübungen.

Anfang Juni 1877 reisten Cosima und Richard für einige Tage nach London, wo er Konzerte leitete, um Geld für die Festspiele einzunehmen. Cosima hatte sich bereit erklärt, ihr Vermögen in Höhe von 40 000 Franken beizusteuern, da die Schulden anwuchsen. Richard überlegte seinerseits, Ludwig II. zu bitten, das Festspielhaus zu übernehmen.[41] Die Familie traf sich dann in Bad Ems, wo Richard eine Kur absolvierte. Im Juli reisten sie zurück; über Freiburg und Luzern ging es weiter nach Zürich. Sie machten auch einen Abstecher nach Tribschen, das ihnen sehr verwildert erschien. Die Familie reiste anschließend nach Weimar, wo

39 CW I, 1043 (8.4.1877).
40 Moulin Eckart I, 793f.
41 CW I, 1053 (6.6.1877); 1009 (21.10.1876).

Franz Liszt für einige Tage besucht wurde. Nun endlich durfte Isolde, die eifrig Briefe schrieb (sie sind nicht überliefert), sich dazugesellen, und am 24. Juli war die Familie vereint: »Freudiges Sein mit dem Kinde, welches, ganz wie das Mädchen aus der Fremde, verklärt in Freude und Schmerz uns erscheint.«[42] Sie besichtigten Eisenach, wo Isolde erfuhr, dass sie weitere sechs Wochen im Internat verweilen müsse. Eine herbe Enttäuschung für die Zwölfjährige.

Während die anderen Kinder mit Richard abreisten, blieb Cosima mit Isolde in Weimar, um ihr den Abschied leichter zu machen. Dennoch flossen beim Abschied sicherlich Tränen: »Großer Schlag für mein Loldchen«, schreibt Cosima, »wehmütiges Zusammensein mit ihr!«[43] Isoldes 17-jährige Halbschwester Daniela tröstete sie aus der Ferne. Trotz der etwas schwülstigen Wortwahl verraten die Zeilen eine tiefe Zuneigung. »Es würde mir nicht viel Kummer machen, wenn ich krumm wäre, dann könnte ich ja bei dir leben, wir wären in einem Zimmer, wir machten unsre Aufgaben zusammen und würden zusammen nach Haus dann reisen! Aber die Zeit geht schnell vorüber, und wir sind bald wieder bei einander, nicht wahr? Unterdessen lebwohl mein geliebtes Herz; aus Wahnfried schicke ich Dir innigste Grüße und drücke Dich an mein Herz!«[44] Am 7. Oktober durfte Isolde endlich heimreisen.

42 CW I, 1062 (25.7.1877).
43 Eger 2010, 138 f., 137.
44 DT an Isolde, Mai 1877 (NA).

4. »LOLDI, DIE PASSIONIRTESTE MALERIN« 1878–1883

Aufregung entstand oft, wenn Künstler zu Besuch kamen, denn die Kinder hatten sich zu präsentieren. Als die Sängerin Rosa Sucher Wahnfried besuchte, erschien die Familie in großer Aufmachung: die Mädchen trugen blaue Kleider mit Hermelinbesatz. Es wurde viel über Politik gesprochen und der Meister dominierte bei allen Themen. Er bat die Künstlerin zu singen, um gleich danach in seiner burschikosen Art zu bemerken: »Ach was, heut wird nicht musiziert, wir wollen Sekt trinken.«[1] Dieses Durchbrechen des »hohen Tones« war für Wagner typisch. Rosa Sucher wurde später nach Bayreuth geholt und galt damals als die unübertroffene Darstellerin der Isolde.

Zu Richards 65. Geburtstag 1878 führte die Familie ein von Hans von Wolzogen gedichtetes »Maienfestspiel« auf. Wolzogen war ein Jahr zuvor von Richard nach Bayreuth geholt worden. Er wurde Redakteur der *Bayreuther Blätter*, die Wagner als ideologisches Sprachrohr nutzte. Cosima war mehrfach heimlich mit ihrer Schar auf den Hügel gewandert, und sie hatten sich Kostüme aus dem Fundus des Festspielhauses ausgesucht. Cosima wird am Klavier improvisiert haben; die Musik des Festspiels reihte Auszüge aus Wagners Werken aneinander. Zu Beginn gab Daniela die Erda aus dem *Ring*, ihre Schwestern spielten die drei Nornen. Danach stellten Eva, Siegfried, Blandine und Isolde pantomimisch die Tageszeiten Morgen, Mittag, Abend und Nacht dar, wobei Isolde als »Nacht« einen Sternenmantel trug. Unter Klängen aus Wagners Opern begrüßten sie »feierlich umwandelnd

1 Sucher 1914, 21 f.

und mit Erhebung der Hand« Wagners Büste. Erda rief die Weltteile auf und vernahm »das Wunder, daß sich aller Lande Geister durch ihn und für ihn, den einen Meister, vereinigen«.[2]

Wagner genoss die Verherrlichung, obwohl er Lobpreisungen von begeisterten Anhängern sonst eher mit Unmut hinnahm. Er schickte König Ludwig II. eines der drei Exemplare des Geburtstagsspiels; alles ging »so erhaben ernst und innig an mir vorüber, dass ich wohl gestehen musste, etwas tief Ergreifenderes und süß Beglückenderes noch nicht erlebt zu haben«.[3] Cosima schilderte ihrerseits Malwida, wie begeistert die Kinder gewesen seien: »Ihre ganze Liebe zu ihrem Vater und die Ahnung seiner Größe strahlten aus ihren Blicken.« Anschließend ging man zu Wolzogens, wo es eine Marzipantorte gab, die mit Noten eines der Siegfried-Themen aus dem *Ring des Nibelungen* geschmückt war.[4] So wurde die Bevorzugung des Bruders verdeutlicht, der den Namen des Helden trug. Die Geburtstagsfeier endete mit einem großen Jubel, denn der Vater erhielt einen Familienwagen geschenkt, der heimlich im Garten aufgestellt worden war. Nun konnte der Spaß losgehen. Richard rief Cosima und stieg mit ihr ein, die Kinder und Wolzogen ergriffen die Deichsel und zogen das Fahrzeug, das wegen seiner Geräumigkeit »die Tonne« getauft wurde, jubelnd durch den Garten. Mit dem Gefährt wurden im Laufe der Zeit zahlreiche Ausflüge unternommen, bis ins Fichtelgebirge hinein. Wie in Tribschen, erholte sich Wagner gerne bei Ausflügen von den anstrengenden Arbeiten am Schreibtisch, am Klavier oder am Stehpult, und die Familie genoss seine Gesellschaft.

Richards Heroisierung wurde von Cosima bewusst betrieben und von ihm durchaus hingenommen. Oft las er abends der Familie aus eigenen Aufsätzen vor. Dadurch lernten die Kinder seine Schriften Satz für Satz kennen. Zuweilen machte er sich die

2 Glasenapp VI, 102ff.

3 KL III, 126.

4 CW an MvM, 8.6.1878 (NA). Sieben Motive sind Siegfried im Gegensatz zu Brünnhilde zugehörig, die nur ein Motiv hat, vgl. Rieger 2009a, 171f.

Mühe, ihnen etwas zu erklären, so vermittelte er ihnen anhand von Bachs Musik, was eine Fuge ist. »Wir wollen jetzt angewendeten Bach vornehmen«, sagte er anschließend und befasste sich mit seinem Vorspiel zu den *Meistersingern*, woran er die Struktur der Fuge demonstrieren konnte.

Überhaupt wurde viel gelesen, gespielt und phantasiert. Als Richard sie einmal aufforderte, etwas aus *Tannhäuser* darzustellen, stürzten die Kinder »wie von einem Zauberschlag berührt von der Terrasse fort, um das Zimmer zu richten«. Manchmal trug er ihnen aus seinen Opern vor, und sie lagerten zu fünft unter dem Flügel. Sie sangen auch gern, so als der Pianist Rubinstein einmal den Chor »Wachet auf« am Klavier anschlug und sie spontan einfielen. Cosima war zu Tränen gerührt, als sie die Mädchen vierstimmig singen hörte.[5] Wagner las auch seine Operntexte gerne vor. Die Schauspielerei lag ihm von Kindheit an im Blut, und ein Gast erinnerte sich, wie unvergesslich ihm Amfortas' Klagen aus *Parsifal* blieben, weil sich Wagner »in leidenschaftlichster Ekstase wie zu verlieren schien«.[6] Unterstützt durch seine Hilfsgeister Anton Seidl, Joseph Rubinstein und Engelbert Humperdinck, wurden wiederholt fertige Teile der Musik vorgetragen. So erhielten die Kinder einen minutiösen Einblick in die Entstehung der Werke.

Eines Tages hörte Richard, wie Isolde am Klavier den Einzug der Ritter in die Gralshalle aus *Parsifal* intonierte und eine Oberstimme hinzufügte. Richard nannte das stolz »das beste Zeugnis für mein Schaffen«. Sie hatte auch ein Lied auf den Hund Marke gedichtet und komponiert, das Richard gerne sang, wenn er mit ihr und Siegfried im Garten umherging.[7] Isolde setzte auch ihr malerisches Talent ein und schenkte den Eltern zu ihrem Hochzeitstag ein Aquarell. Bei der Gestaltung des Gemäldes erhielt sie Unterstützung von Hans von Wolzogens Tante Marie

5 CW II, 546, 562 (16.6. und 3.7.1880); CW an MvM, 17.6.1879 (NA).

6 Schemann 1902, 19.

7 CW II, 47 (16.2.1878), Glasenapp VI, 74, Moulin Eckart I, 822.

Schinkel, der Tochter des Malers und Baumeisters Karl Friedrich Schinkel.[8] So ansprechend ihr Talent auch war, niemand dachte an eine Ausbildung. Wieso auch? Die staatlichen Akademien in München ließen Frauen nicht zu, und die Eltern hätten sich gegen eine solche Professionalisierung gewehrt.

Im Juni 1878 begann Wagner seine Wasserkur nach Marienbader Regeln mit Spaziergängen im Hofgarten und Wanderungen in der näheren Umgebung. Morgens waren Siegfried und Isolde seine regelmäßigen Begleiter. Für das tierliebende Mädchen war der Besuch einer Geflügelausstellung ein bewegendes Erlebnis. Als Richard daraufhin beschloss, seinen Hühnerhof zu erweitern, war sie begeistert. Er bestellte – wie stets die entstehenden Kosten ignorierend – kampflustige Hähne, Tauben, Pfauen, Gold- und Silberfasane. Einer der Hähne wurde »Berlioz« getauft. Bei gutem Wetter frühstückte man fortan am Zaun des Hühnerhofs.

Im September kam Malwida von Meysenbug für vier Wochen zu Besuch. So konnte Wagner wieder mit ihr über ihren »theoretischen Sozialismus« scherzen. Das schätzte er, und sie schrieb: »Wotan zürnt sogleich, so daß es fast unmöglich ist, davon [vom Abreisen] zu sprechen.«[9] Bevor sie am 14. Oktober endgültig nach Rom zurückkehrte, hörte sie mit Cosima und den Kindern noch den fertiggestellten 2. Akt des *Parsifal*. Ob sie als Frauenrechtlerin spürte, dass hier das sinnliche Begehren allein der Frau zugesprochen wird, die als Sünderin »entsühnt« werden muss? Vermutlich stellte sie Wagners dramaturgisches Genie über alles, denn mit der erotischen Verlockung Parsifals hatte Wagner den Zuschauern seiner ansonsten pseudoreligiösen Oper im 2. Akt die rechte Erholung gegönnt. Selbst seine Kritiker mussten eingestehen, dass ihm Geniales gelungen war.

Im Dezember 1878 gab es abends in Wahnfried Tanz, eine Besonderheit für alle Beteiligten. Zehn junge Offiziere und zehn Mädchen waren anwesend. In Cosimas Tagebuch hat ihre Toch-

8 Glasenapp VI, 133.

9 Glasenapp VI, 132f., 143.

ter Eva später einige Zeilen unkenntlich gemacht – hatte sich etwa jemand unbotmäßig benommen? An Cosimas Geburtstag am 25. Dezember wollte Richard etwas Großartiges auf die Beine stellen. Das Orchester des Herzogs von Meiningen, der seinen Musikern gnädig einen zweitägigen Urlaub gewährte, spielte morgens und abends, und Cosima war beglückt: »O daß man nur Worte, Worte hat! Diese armselige Sprache für solche Freuden, für solche Wonnen!«[10] Am Abend wurden neben dem *Siegfried-Idyll* Werke von Beethoven präsentiert. Das Konzert war dem neunjährigen Siegfried gewidmet. Er saß »mit prachtvollem Gesichtsausdruck in nächster Nähe seines Vaters, der ihm jedes Mal bei Beginn eines Stückes seine Kappe zur Aufbewahrung zuwarf«[11] – eine Geste von Mann zu Mann.

Am 22. Mai 1879 waren zahlreiche Gratulanten angereist, um Richards 66. Geburtstag zu feiern. Siegfried wurde ausgewählt, das Hoch auf seinen Vater auszubringen. Wieder war ein Theaterstück für den Festtag eingeübt und aufgeführt worden. Cosimas Geschenk war ein von Franz von Lenbach ohne Richards Wissen gemaltes Porträt des Meisters, und dieses stand im Mittelpunkt des von Wolzogen entworfenen Stückes. Am Abend fand eine Pantomime mit Tanz statt, die Ballettmeister Fricke mit den Kindern einstudiert hatte: »Wagner war tief ergriffen und lachte unter Thränen.«[12]

1880 war für die Familie ein besonderes Jahr, denn Wagner beschloss, mit der Familie einige Monate in Italien zu verbringen. Aufgrund seiner physischen und psychischen Übersensibilität litt er bei schlechtem Wetter und hätte am liebsten jedes Jahr nach Cosimas Geburtstag gleich nach Weihnachten ein Winterquartier in Italien bezogen. Schon im Herbst 1879 wurden Pläne für eine Reise nach Neapel geschmiedet, in der stattlichen Villa Do-

10 CW II, 269 (25.12.1878).
11 Glasenapp VI, 171 (26.12.1878).
12 Fricke 1983, 151.

ria d'Angri wollte die Familie sechs Monate verbringen. Am Jahresende wurde gepackt, und am Silvestertag bestieg die Familie den Zug in Bayreuth. Für die erkrankte Eva wurde ein Salonwagen mit gehobener Ausstattung gewählt. Vermutlich reisten die Köchin, das Stubenmädchen und Diener mit.

In München angekommen, bereitete sich die Familie für die Silvesterfeier vor. Lenbach, Levi und Hofsekretär Ludwig von Bürkel, ein Freund und Gönner Wagners, empfingen sie, und man feierte im Hotel Marienbad. Cosima wollte an Neujahr mit den Kindern eine Vorstellung des *Tannhäuser* besuchen und war froh, dass Richard sie nicht begleitete, da sie ahnte, dass er sich geärgert hätte.[13] Am 3. Januar um 9 Uhr morgens begann der nächste und längste Reiseabschnitt. Am Tag darauf erreichten sie Neapel. Die Villa d'Angri befindet sich auf dem Posillipo, einem rund sechs Kilometer langen Hügelzug unweit der Stadt, mit einem herrlichen Blick auf den Golf von Neapel. Westwärts liegen die kleinen Felseninseln Nisida und Procida, nach Süden schaut man auf den Vesuv, der sich in diesem Jahr mit einer Rauchsäule bemerkbar machte. Die rotglühende Lava, die sich ihren Weg abwärts bahnte, war abends deutlich zu sehen.

Die herrschaftliche Villa, die heute ein Schiffsmuseum beherbergt, liegt auf einem hohen Terrassenaufbau. Vier große Säulen, die ein Vorderdach stützen, bilden einen portalähnlichen Eingang. Das Gebäude wurde direkt am Meer auf einem Berghang des Posillipo gebaut und war damals von Gartenanlagen umgeben. Oberhalb lagen Weinberge, von Mandel- und Feigenbäumen gesäumt. Die Villa selbst besaß fein geschmückte helle Räume mit Wand- und Deckenmalereien; die Familie fühlte sich dort sofort wohl.

Die Monate waren von Ausflügen bestimmt – Partien genannt. Es gab Besichtigungen, Ausfahrten aufs Meer mit Kähnen, Dampfschiffen oder Barken, Erkundungen in Neapel und Spa-

13 Der Reisebericht folgt den Tagebucheintragungen Cosima Wagners (CW II, 471 ff.) sowie Glasenapp VI.

ziergänge, oft in die Weinberge. Die Kinder genossen es, mit den Eltern zusammen zu sein, die viel weniger abgelenkt waren als in Bayreuth. Natürlich hatten sich alle nach dem Vater zu richten, der schroffen Stimmungswechseln unterworfen war. Er konnte sich über lästige Fliegen genauso aufregen wie über kleine Mängel in der Bedienung. Oft war er krank, was seine Stimmung verdüsterte. Wenn ihn die Gesichtsrose quälte, musste er in einem dunklen Zimmer bleiben. Seine Launenhaftigkeit belastete die Familie, die oft nicht wusste, woran sie mit ihm war. Cosima gab zu, dass sie immer dann ihre Gelassenheit verlor, wenn er durch die Kinder in Unruhe versetzt wurde, und sie dann zu strengen Maßnahmen griff. Das wiederum gefiel Richard nicht, man tue ihnen unrecht, wenn man sie bestrafe.

In Neapel besuchte die Familie das mittelalterliche Castel Nuovo mit seinem Triumphbogen am Haupteingang. Die Kinder besichtigten die Grotte des Sejan, die aus dem vulkanischen Eruptivgestein herausgeschlagen worden war. Jubel herrschte, wenn Richard eine Tramfahrt zu einem Café vorschlug, wo er ihnen ein Eis spendierte. Ein Höhepunkt war die Fahrt mit dem Dampfschiff nach Sorrent.

Zahlreiche Besucher klopften an. Als die Sängerin Minnie Hauk sich vorstellen wollte, fühlte Richard sich belästigt. Eine große Freude für die Kinder war hingegen ein Besuch Malwidas. Auch der Russe Paul von Joukowsky war willkommen. Er brachte seinen neapolitanischen Diener und Freund Pepino mit, der Richard mit einheimischen Volksliedern erheiterte. Vermutlich handelte es sich um ein homosexuelles Paar.

Während Siegfried sich frei bewegen durfte (»Frühstück in Vermouth de Torino, wo wir Siegfried antreffen! Wir wähnten ihn noch in Camaldoli mit Liechtensteins – viel Heiterkeit und darauf Heimfahrt«, erinnert sich Cosima[14]), blieben die Mädchen in ihren Unternehmungen eingeschränkt. Allerdings begleitete

14 CW II, 523 (21.4.1880).

Cosima die 19-jährige Daniela einmal zu einem Ball, von dem sie am nächsten Morgen erst gegen fünf Uhr zurückkehrten. Die Eltern hofften wohl, dass sie dort heiratsfähigen Männern aus gehobenen Kreisen begegnen würde.

Auch kulturell gab es Anregendes. Richard und Cosima besuchten Halévys Oper *Die Jüdin* im Theater San Carlo. Mit Blandine und Eva gingen sie ins Teatro Bellini, wo sie Rossinis *Barbiere di Siviglia* sahen. Einmal kam Rubinstein zu Besuch und es wurde viel musiziert – vor allem aus Wagners Werken. Isolde sang das Lied »Wie ein junger Hahn« eines jungen Komponisten aus Rom vor, das von den Eltern als ein zu stark mit Modulationen gespicktes Werk kritisiert wurde.

Zum Zeitvertreib und zum eigenen Amüsement fertigte Isolde satirische Zeichnungen an. Dabei machte sich oft ihre Freude an Komik bemerkbar: »Richard hebt Loldi's Humor hervor«, schreibt Cosima. Das bezog sich auf zwei »kühne Zeichnungen Loldis, die passionirteste Malerin [ist]«. Er schickte sie Ludwig II.: »beide betreffen die ungemein lange Gestalt unseres jungen Hausfreundes, H. von Stein: No 1. Spatziergang desselben mit seinem Zögling Siegfried (genannt Fidi), No 2. Stein und Daniela, Philosophie treibend.«[15] Die Bilder sind leider verschollen. Obwohl die Eltern Isoldes Malerei lobten, zeigt eine Bemerkung Richards über die kunstinteressierte Gräfin La Tour deren wahre Einstellung. Sie schien Richard »nicht genügend ausgestattet, um einen Mann zu beglücken, denn: ›Eine Frau, die malt‹, ruft er aus«.[16] Frauen, die sich künstlerisch betätigten, wurden verspottet.

Wie alle Geburtstage Richards, musste auch sein 67. groß gefeiert werden, und er wuchs sich zu einem denkwürdigen Tag aus für alle, die ihn miterlebten.[17] Der Saal der Villa wurde mit Rosen, Bildern und Stoffen dekoriert. Als Richard eintrat, fiel

15 KL, 179 (31.5.1880).
16 CW II, 681 (2.2.1881).
17 Plüddemann 1886, 90f.; Meysenbug 1903, 154f.

sein Blick auf 67 Rosensträucher, einer für jedes Lebensjahr. Auf jedem der Blumentöpfe war eine Gouache von Isolde befestigt, die mit Humor und Originalität Ereignisse und Erfolge aus Richards Leben festhielt. Wagner ließ sich lange Zeit, um sie alle zu betrachten. Diese Bilder, die noch erhalten sind, verraten einmal mehr ihre malerische Begabung. Sie zeigen ihre Liebe zum Detail, zur Farbe und verraten eine instinktive Fähigkeit, ästhetisch zu gestalten. Als Beispiel kann das für das Jahr 1846 gemalte Bild gelten, auf dem Isolde drei verschiedene Motive vereinte und dazu noch ein Notenbeispiel unterbrachte. Das Bild in der Mitte, nur wenige Zentimeter groß, illustriert Glucks *Iphigenie in Aulis* und zeigt einen Hirsch, umgeben von insgesamt sieben Personen. Alle Bilder gehen auf Wagners Leben und Wirken ein. Man spürt die ordnende und helfende Hand Cosimas, die ihr vermutlich für die Motive Vorschläge gemacht hat. Und dennoch zeigt sich Isoldes Talent in der geschickten Gruppierung und Darstellung der zuweilen mehrteilig arrangierten Bilder wie auch in der Ausführung.

EXKURS: Die Rosenbilder[18]

Das bürgerliche und kulturaffine Milieu, in dem Isolde aufwuchs, prägte ihre Malerei. Ihr stand die große Bibliothek ihres Vaters zur Verfügung, und sie wird dort Motive für ihre Bilder gefunden haben. Ungewöhnlich für ihr jugendliches Alter ist die Intensität, mit der sie sich gestalterisch mit der Lebensgeschichte ihres Vaters auseinandersetzt. Die Episoden zeigen ihre Freude am Narrativen.

Es gibt Bilder, auf denen wilde Farbmischungen dominieren, die zur Steigerung der Dramatik eingesetzt werden. Wenn Licht als Element verwendet wird, so meistens, um eine expressive Wirkung zu erzeugen. Licht und Schatten ergänzen sich oft,

18 Die folgende Analyse stammt von Hanna Schmid, Kunstpädagogin.

es gibt aber auch flächige Figuren. Die Kinder wurden schon früh in Museen mitgenommen und malten Bilder ab, darunter auch Akte. So erkennt man, dass für ein Bild die *Leda* von Rubens oder für ein anderes Bild die *Drei Grazien* von Raffael als Vorlagen dienten.[19] Bei ihrer Zeichnung Wagners am Regietisch hielt sie sich an Menzels Vorbild. Ihre Hingabe an Tiere zeigt sich in ihrer liebevollen Gestaltung der Pferde, Löwen, Hunde und eines Stiers.

Einerseits findet man Zeichnungen, die meist koloriert wurden, wobei präzises Beobachten und Wiedergeben auffallend sind. Das Wiedererkennen ist ihr in diesen Arbeiten wichtig, deshalb werden hier oft Vorlagen benutzt. Auf der anderen Seite stehen malerische Arbeiten, flächig und stark reduziert. Isolde war von Theater umgeben, hat selbst Theater gespielt. Das spürt man. Ihre Darstellungsweise kann sie im selben Bild wechseln.

Am Abend des Geburtstages gab es eine Gondelfahrt im Golf von Neapel. Die Gäste bestiegen die fünf Barken, in denen sie über das mondbeschienene Meer gerudert wurden. Die Schiffer hatten bengalische Lichter mitgenommen, so dass die Boote wie kleine Feuerinseln aussahen. Pepino bereicherte mit seinen Liedern die ohnehin traumhafte Atmosphäre zusätzlich, und Richard scherzte: »il Vesuvio dice bravo!« Die Kinder stimmten ebenfalls ein Lied an. Zurück zur Villa – sie war durch die von Karyatiden getragenen Wandkandelaber hell erleuchtet. Die Gesellschaft speiste spät, Wagner hielt eine scherzhafte Rede. Als plötzlich jemand »Gralchor, Gralchor« rief, wurde der gesamte 1. Akt von *Parsifal* nachgespielt und gesungen. Die »festlich geschmückten Fräulein waren wie eine Perlenschnur am Flügel aufgereiht und sangen lieblich und rührend«. Richard markierte die Solostimmen.[20]

19 Beidler 2013, 72.

20 Plüddemann 1886, 91. »Gralchor« = »Durch Mitleid wissend …« für Knaben- und Männerstimmen.

Einige Tage später stand eine Reise nach Amalfi im Salonwagen an. Die Familie besuchte den Dom und ritt tags darauf nach Ravello (»über alle Beschreibung schön«, schrieb Cosima). Dort war Wagner von einem Garten so begeistert, dass er ins Gästebuch eintrug: »Habe den 2ten Akt von *Parsifal* gefunden.«

Als die Temperaturen weiter stiegen und Wagner wieder einen Ausbruch der Gesichtsrose vermutete, beschlossen die Eltern, Neapel zu verlassen. Die Kinder blieben noch ein paar Tage in der Villa d'Angri zurück; später traf man sich in Siena wieder. Wagner führte die Familie zum Dom, der ihm, wie er erklärte, den größten Eindruck gemacht habe, mehr als jedes Gebäude zuvor. Siegfried und Isolde fingen begeistert an zu zeichnen, und Cosima schrieb: »Die Kinder zeigen ihre Zeichnungen aus dem Dom, Fidi wird also Architekt und Loldi Malerin!«[21]

Weiter ging es nach Florenz und von dort nach Venedig, wo die Familie eine Aufführung des *Il barbiere di Siviglia* von Paesiello sah. Die kunstinteressierten Kinder hatten so viel Gefallen am Theater gefunden, dass Wagner den König fragte, ob es möglich wäre, in München einen Wagner-Abend zu gestalten. Dieser willigte ein und Hermann Levi stellte ein ansprechendes Programm zusammen. So machte die Familie auf der Heimreise in München Station, und die 15-jährige Isolde erlebte im November 1880 zum ersten Mal den *Fliegenden Holländer* und *Tristan*. Ludwig II. wünschte sich den *Lohengrin* ohne Publikum. Während Richard mit ihm in der Loge saß, blieb Cosima mit den Kindern im Parkett des ansonsten leeren Opernhauses. Als die Familie danach wieder in Bayreuth eintraf, war das Festspielhaus zu Ehren der Heimkehrer beflaggt. Sie waren fast ein Jahr unterwegs gewesen.

Über die ausufernden Kosten der Festspiele erfährt man in Cosimas Tagebüchern nichts, diese musste sie hinnehmen. Als Richard mit Emil Heckel und Richard Pohl in München über

21 CW II, 595 (6.9.1880).

das Festspieldefizit sprach und es um eine Summe ging, »die den Kindern gehörte« und die noch nicht zurückerstattet werden konnte, explodierte Richard: »Wozu seid ihr denn da, ihr Patronat-Vereine?«[22] Anscheinend ist Geld, das von Bülow kam und den Kindern zugedacht war, in die Festspiele geflossen.

An Isoldes fünfzehntem Geburtstag schrieb Cosima: »Rührung über Loldi's Geburtstag! Erinnerungen an *Tristan*!« In ihrem Tagebuch lag eine Kopie des Gedichts von Richard, das er Isolde an diesem Tag schenkte, und das auch im Original noch existiert.

> Vor 15 Jahren wurdest Du geboren
> Da spitzte alle Welt die Ohren:
> Man wollte *Tristan und Isolde*
> Doch was ich einzig wünscht und wollte
> Das war ein Töchterchen: Isolde.

Das Blatt tauchte um 2015 im Auktionshandel auf und liegt nun in Bayreuth, wobei es aufschlussreich wäre zu erfahren, wer es so lange aufbewahrte.

Die Mädchen befanden sich in der Pubertät, was Richard beschäftigte. Isolde war fast 16, Eva 14. Als sie sich für ihre neuen pelzverzierten Mäntel bedankten, sagte er: »Jetzt geht es nicht mehr en cachette [= im Verborgenen], sie sind da, erwachsen.« Er sprach von Isoldes »scheuem Wesen«, aber auch von ihrer »Starrheit«,[23] was auf ihre altersmäßig typischen widersprüchlichen Stimmungen hindeutet.

Ludwig II. sagte 1881 zu, für die Aufführung des *Parsifal* das gesamte Münchner Orchester zur Verfügung zu stellen. Wagner bat Hermann Levi, die Oper zu dirigieren, und äußerte gleichzeitig den Wunsch, er möge sich taufen lassen. Mit diesem Ansinnen quälte er den jüdischen Dirigenten. In dieser Zeit gab es

22 CW II, 618 (8.11.1880).
23 CW II, 659, 674, 679.

abends, meist wenn Wolzogen dabei war, »viel Racen-Gespräche«, wie Cosima notiert,[24] denn dieser war wie Wagner antisemitisch eingestellt und für ihn ein idealer Gesprächspartner.

Von Januar bis April war Daniela in Berlin wieder einmal bei Gräfin »Mimi« Schleinitz zu Besuch, die Gefallen an der dunkelhaarigen Bülowtochter mit den zweifarbigen Augen, ihrer pianistischen Begabung und ihrem Aufgewecktsein gefunden hatte. Cosima attestierte ihrer Tochter einmal »Züge von großer Heftigkeit«,[25] was mit dem Mangel einer beruflichen Ausrichtung zu tun haben könnte. Maries Mann, Graf Alexander von Schleinitz, war preußischer Staatsminister und Minister des Königlichen Hauses. Mimi besaß eine scheinbar grenzenlose Energie, ihr Haus war ein intellektueller und künstlerischer Mittelpunkt. Maler wie Adolph Menzel, Lenbach und Anton von Werner kamen, Musiker wie Rubinstein oder Tausig präsentierten sich am Flügel, Marianne Brandt und Désirée Artôt sangen ihre Lieblingslieder, Helmholtz und andere Wissenschaftler hörten gerne zu. Schleinitz stellte der pianistisch begabten Daniela sogar einen Flügel zur Verfügung, was Cosima sofort mit einer Mahnung versah: »Gieb aber acht, bevor Du spielst, zu sehen ob man es nicht hört.«[26]

Am 10. April 1881 feierte Richard Isoldes 16. Geburtstag mit Klängen aus dem *Parsifal*. Bei Tisch hob er »bei Gelegenheit streitsüchtiger Äußerungen von Loldi das Eigentümliche des weiblichen Wesens hervor«.[27] Ihre Lust am Widerspruch war ein Charakterzug, den sie nie ablegte. Danielas Verhältnis zu ihrer jüngeren Halbschwester blieb eng, sie liebte sie vielleicht wegen der Freiheiten, die sie sich erlauben durfte. Die Ältere hatte bei ihrer Mutter die Bürde der Erstgeborenen zu tragen. Es erstaunt, wie warmherzig sie Isolde zu ihrem 16. Geburtstag gratulierte: »[Ich] bin den ganzen Tag bei Dir und denke daran wie vor'm

24 CW II, 729 (22.4.1881).
25 Cosima an DT, in: Waldberg 1933, 135 (8.2.1881).
26 Waldberg 1933, 109 (7.1.1881).
27 CW II, 730 (28.4.1881).

Jahre wir weinten, als ich aus Rom zurückkehrte [...] eine ganze Welt von schönen bunten Bildern steigt dann in mir auf und Du als Geburtstagskind, bist der Grund davon, daß sie alle um Dich entstehen [...] Denke einmal ein bißchen an Deine Schwester, den Mohren [...], daß er Dich nur an sich drücken will mit tausend innigen Küssen und Grüßen, und Dir nicht weh tut.«[28] Als Mohr wurde sie bezeichnet, weil sie einen dunklen Teint hatte.

Als der jüdische Operndirektor und Impresario Angelo Neumann »Nibelungentage« in Berlin organisierte, war Richard mit Cosima angereist, um bei den Proben im Berliner Victoria-Theater dabei zu sein. Neumann hatte dem skeptischen Komponisten seine Pläne für ein »wanderndes Wagner-Theater« unterbreitet und reiste mit einer Operntruppe durch das In- und Ausland. Er bemühte sich, ein hohes Niveau zu bewahren, und engagierte bekannte Interpreten. Mit Tourneen durch Deutschland, Österreich-Ungarn, Belgien, Holland, die Schweiz und Italien 1882/83 leistete die Truppe einen wesentlichen Beitrag zur Verbreitung der Wagnerschen Bühnenwerke, und Wagner erhielt von Neumann erhebliche Tantiemen, mit denen er seinen üppigen Lebensstil finanzieren konnte.

Daniela, die in Berlin weilte, war über den unerwarteten Besuch der Eltern vor Freude »unsagbar erschüttert«. Mit Stolz gewahrte sie die Berliner in dichten Reihen; sogar in den Kronen der Bäume waren Menschen, als Richard mit Cosima, Marie von Schleinitz und Daniela unter großem Jubel angefahren kam. Im Opernhaus angekommen, wurde er mit einem Tusch empfangen. »Der Hof und ganz Berlin schien sich ein Stelldichein gegeben zu haben.«[29] Der Erfolg für die Truppe war groß, und Richard war zufrieden. Später fragte Neumann an, ob die Wagnerfamilie nicht zum vierten *Ring*-Zyklus wieder nach Berlin reisen wollte. Flugs wurde ein Salonwagen bestellt, und Richard entschuldigte sich beim ehemaligen Bankier Adolf von Groß, der die Finanzen

28 DT an Isolde, Berlin, 9.4.1881 (NA).
29 Neumann 1907, 157.

der Familie und der Festspiele verwaltete: »Wenn es darauf ankommt, Geld wegzuschmeißen, bin ich leidenschaftlich dabei!«[30]

Im Juli 1881 reiste Cosima zu Hans von Bülow, weil Richard plante, alle vier Töchter Cosimas zu adoptieren. Er benötigte dazu Hans' Genehmigung, denn Richard wollte Daniela und Blandine gerne seiner Familie einverleiben. Hans dachte aber nicht daran einzuwilligen, besonders nicht gegenüber Richard, der in seine Ehe eingegriffen und bei ihm so viel Leid verursacht hatte. Es bereitete ihm vermutlich Genugtuung, dass die Mädchen den Nachnamen »von Bülow« tragen mussten, bis sie heirateten. Bekannten gegenüber gestand er, Isolde sei nur »zur Hälfte« sein Kind, und Eva überhaupt nicht.[31] Damit machte er deutlich, dass er nicht bereit war, Isolde freizugeben. Sie wurde zum Spielball zwischen Hans und Richard.

Cosima erlebte bei der Begegnung mit Hans, den sie seit 1868 nicht mehr gesehen hatte, »heftige Wallungen«, da er sich weigerte, nachzugeben. Richard schrieb sie, es sei ein neues Treffen verabredet »unter Bedingung Deiner Genehmigung«. Er antwortete verärgert, dass es nichts zu genehmigen gäbe, »da die Beherrschung der Lage Bülow zugestanden worden« sei.[32] Es verletzte ihn, dass Hans mit seiner Verweigerungshaltung ein Ass in der Hand hielt. Cosima sah ihre Untreue gegenüber Hans und ihre Hinwendung zu Richard weiterhin als schuldhaftes Verhalten an. Aus der bürgerlichen Sicht des 19. Jahrhunderts war es das auch. Aber auch Bülow litt und fand, der Streit um die Mädchen hätten ihm »böse, trübe, gramvolle Tage« beschert.[33] Daniela, die ihrem Vater am nächsten stand, belastete das Zerwürfnis und sie erkrankte. Fortan adressierte sie ihre Briefe an »Isolde von Bülow« und schloss damit die Halbschwester in ihre Familie ein.

Ende 1881 plante Richard eine Erholungsreise nach Sizilien, die von November bis Mai dauerte. Über München, Bozen und

30 CW II, 741 (24.5.1881).
31 Stargardt-Wolff 1954, 88.
32 CW II, 758 (11.7.1881).
33 Gewande 2004, 287 (aus seinem Tagebuch).

Verona gelangte die Familie nach Neapel, um dann mit dem Schiff nach Palermo überzusetzen. Für die Jugendlichen waren die Besuche der kulturell und historisch so faszinierenden Sehenswürdigkeiten und die landschaftliche Eigenart Siziliens eine anregende Abwechslung.

Einmal wurde Richard gebeten, ein Konzert zu dirigieren, und er ließ das *Siegfried-Idyll* sowie den *Kaiser-* und den *Huldigungsmarsch* spielen. Cosima sprach von einem »greulichen Orchester«, und selbst der schmissige *Kaisermarsch* machte Richard keine Freude. Er schrieb fast täglich an seiner *Parsifal*-Partitur und beendete das Werk im Januar.

In Palermo verliebte sich Blandine in den Grafen Biagio Gravina, den zweiten Sohn des Fürsten von Ramacca. Da nicht Biagio, sondern sein Bruder die Ländereien und Titel erben würde und seine Anstellung als Offizier der italienischen Marine zeitlich befristet war, stand es finanziell schlecht um ihn. Aber er entstammte einem sizilianischen Adelsgeschlecht, und das reichte Cosima wohl, um ihm die Tochter anzuvertrauen. Sie empfand ihn als zartfühlend, ehrenhaft und männlich. Es wäre ihr wie ein Treuebruch vorgekommen, so schrieb sie, wenn sie das mangelnde Vermögen als Hindernis betrachtet hätte. Sie baue auf die Liebe. Es mutet seltsam an, dass Cosima, der der Schutz der Töchter so wichtig war, jetzt so leichtfertig handelte. Sie stimmte trotz aller Vorbehalte der Verbindung zu und wusste dabei Richard an ihrer Seite.[34] Ein schwerer Fehler, denn die mit vier Kindern gesegnete Ehe endete unglücklich. Noch war Blandine aber verliebt.

Am 2. Juni begannen in Bayreuth die Proben zum *Parsifal*. Die 16-jährige Isolde hatte Zeichnungen für die Blumenmädchen entworfen, nachdem Richard die Entwürfe von Rudolf von Seitz abgelehnt hatte: Sie hätten in den Kostümen wie »abgelebte Frauen« ausgesehen, »sehr gefällig für illustrierte Journale …«.[35] Er wollte einfache, poetische Kostüme, und Isoldes Skizzen wur-

34 CW an MvM, 18.4.1882 (NA).
35 CW II, 965 (20.6.1882); KL III, 210.

den ausgeführt. Wagner lobte sie mit besonderem Applaus.[36] Liszt traf Mitte Juli in Bayreuth ein, um die Uraufführung zu erleben. Sechs Jahre lang war das Festspielhaus geschlossen gewesen, jetzt war ein Neubeginn möglich. Wie sehr man sich damals von der einmaligen Stimmung einfangen ließ, schildert die Sängerin Rosa Sucher: »Das alles miterleben zu dürfen – die Ergriffenheit, die Spannung, die sich auf allen Gesichtern widerspiegelte [...] Endlich schlug die Stunde! Die vorletzte Fanfare ertönte. Mit heiliger Scheu betrat ich den geheiligten Raum [...] Welch ein Zauber! Welch eine Weihe! Dieses erste Bild, wie ein altes herrliches Gemälde!«[37] So erging es zahlreichen Zuschauern. Die Entscheidung, die Oper nur in Bayreuth zu zeigen, steigerte den Mythos noch, der sich um das Stück rankte. Auch wer sich für den Inhalt nicht begeisterte, konnte sich dem Zauber der Musik nur schwerlich entziehen. Bei der letzten Aufführung griff Wagner zum Taktstock und übernahm den dritten Akt. Das war keineswegs spontan, denn die Kinder verrieten schon im Voraus: »Heute wird Papa den letzten Akt dirigieren.«[38] Am spielfreien letzten Tag gab es ein Künstlerfest.

Am 25. August 1882 wurden Blandine und Biagio in Bayreuth getraut. Levi hatte trotz seiner Belastung durch die Dirigate die Zeit gefunden, mit dem Kirchenchor zur Feier eine Messe von Palestrina einzuüben. Hans von Bülow, der einen Monat vor der Hochzeit seiner Tochter die 17 Jahre jüngere Schauspielerin Marie Schanzer geheiratet hatte, war nicht erschienen.

Im September brach die Familie wieder zu einem Italien-Urlaub auf und bezog in Venedig den Palazzo Vendramin. Für Cosimas Geburtstag im Dezember hatte Richard eine Aufführung seiner Jugendsinfonie im Opernhaus La Fenice geplant. Heimlich hatte er Engelbert Humperdinck kommen lassen. Einen schöneren Beweis seiner Liebe konnte es nicht geben. Cosima war unter

36 Zeh 1973, 31f. Abb. 10, S. 156.
37 Sucher 1914, 35f.
38 Rützow 1943, 191.

dem Glockenläuten der Feiernacht in der Gondel zum Opernhaus gefahren worden, wo Richard selbst dirigierte.[39] Sie, Richard und Isolde fuhren im Mondenschein zurück, und es folgte eine prachtvolle Bescherung.

Die Kinder vertrieben sich in Venedig mit der Aufführung von Theaterstücken die Zeit und Malwida fand, sie wären von einem »diamantenen Panzer umgeben, an dessen strahlender Festigkeit die bösen Pfeile des Lebens abprallen werden, ohne Euch zu verwunden«.[40] Das war eine Fehleinschätzung, wie sich später angesichts von Danielas und Blandines unglücklichen Ehen, Isoldes Kampf um ihre Anerkennung als Wagnertochter und Evas mit 41 Jahren spät eingegangener Ehe erweisen sollte. Aber noch genossen sie das Leben in vollen Zügen.

Beim Karneval in Venedig, an dem die gesamte Bevölkerung teilnahm, beobachtete die Familie den lebhaften Trubel. Levi, der am 4. Februar in Venedig eintraf, schaute sich am Fastnachtsdienstag die Karnevalsfeier auf dem Markusplatz an. Wagner, so schrieb er seinem Vater, schreite mit Isolde so kräftig wie ein Jüngling dahin, und sie seien erst um ein Uhr morgens heimgekehrt. Vermutlich animierte sie ihn, lebhaft, wie sie war, die Wege zu Fuß zurückzulegen, was dazu führte, dass er die nächsten beiden Tage entkräftet im Bett zubrachte.

Die in der Wagnerliteratur kursierenden Gerüchte über einen Streit zwischen Cosima und Richard, weil er angeblich ein Liebesverhältnis zu einem der Blumenmädchen namens Carrie Pringle anstrebte, und der zu Wagners Tod hätte beigetragen haben können, sind nicht belegt. Am 13. Februar wartete die Familie am Esstisch auf Richard. Er bat sie, schon anzufangen, und rief dann Cosima zu sich. Um 15 Uhr kam der Arzt, gegen 16 Uhr waren alle besorgt, da niemand sein Zimmer verließ. Dann erschien der Diener und meldete, dass Richard Wagner verstorben war.

39 Moulin Eckart I, 992.
40 MvM an Eva, 08.01.1883 (NA).

5. FESTSPIELE OHNE DEN VATER 1883-1890

Richard Wagners Tod veränderte die Lage der Familie schlagartig.[1] Cosima blieb den folgenden Tag und die Nacht über bei Richard, bis es dem Arzt gelang, sie fortzuschicken. Sie wollte niemanden sehen, mit Ausnahme ihrer Kinder und dem Ehepaar Adolf und Marie von Groß. Adolf war fortan Vormund der Kinder und Berater für Cosima in allen rechtlichen und finanziellen Dingen. Als er den Palazzo Vendramin betrat, lag Cosima angekleidet mit geschlossenen Augen auf einem Bett, sie sagte nur: »Ich übergebe euch die Kinder.« Mehr war ihr nicht zu entlocken, auch nicht auf Zureden oder Bitten. Sie verweigerte die Nahrung.

Die Nachricht von Wagners Tod hatte sich blitzartig herumgesprochen, und auf der Heimfahrt hatten sich an allen größeren Stationen Deputationen mit Blumen und musikalischen Darbietungen versammelt. Cosima empfing niemanden, auch nicht Abgeordnete König Ludwigs, die in Kufstein auf sie warteten. Als die Familie um Mitternacht in Bayreuth ankam, blieb der Sarg am Bahnhof zurück, und Cosima musste sich von ihrem toten Mann trennen. Auf ihr jahrelanges Bestreben, dem Meister in allem zu Diensten zu sein, folgte nun das Gefühl, ihr Leben sei sinnlos geworden. Für die Kinder muss dies angsterzeugend gewesen sein; sie wollten nach dem Vater nicht noch die Mutter verlieren.

1 Paul von Joukowsky und Heinrich von Stein, die in Venedig und auch beim Begräbnis dabei waren, schrieben MvM Briefe von den Ereignissen, die als glaubwürdig einzustufen sind. Schleicher o.J., 192ff.

Am Tag des Begräbnisses wurde der Sarg von zwölf Freunden Wagners bis zum Garten der Villa Wahnfried gebracht. Auf den Straßen schluchzten die Menschen. Die Kinder, die am Eingang der Villa standen, fassten die Quasten des Bahrtuches, um den Sarg zur Gruft zu begleiten. Erst als die Gäste das Grundstück verlassen hatten, begab sich Cosima zur Gruft.

Auf der Bühne des Festspielhauses hatte man die Kranz- und Palmenspenden gruppiert, so dass der Raum sich in eine Art Mausoleum verwandelte. Dabei mochte Wagner Kränze gar nicht; wie er einmal sagte, fand er sie für Ballett-Tänzerinnen passend, aber nicht für sich. Zur Begräbnisfeier kamen Trauernde aus der ganzen Welt. »Kein Haus ohne schwarze Fahne; die florumzogenen Laternen in den hellen Tag hineinbrennend [...] und dazwischen die tausendköpfige Menge, in ihrer großen Mehrzahl wirklich im Tiefsten bewegt, schluchzend, Thränen vergießend.«[2] Wagner hätte vielleicht im breitesten Sächsisch gesagt: »Nu, mocht nich sö een Gedöns öm mich.«

Die Anzeige des Königlichen Amtsgerichts vom 22. Februar 1883 verzeichnet namentlich Isolde, Eva und Siegfried als Kinder des Verstorbenen – ein öffentlicher Hinweis auf Isoldes Herkunft. Hermann Levi blieb nach der Beerdigung noch einige Tage in Bayreuth und kümmerte sich um die Kinder, da Cosima sich immer noch zurückgezogen hatte. An den Festspielen wollte sie sich nicht mehr beteiligen. Sie weigerte sich sogar, ihren Vater während der Festspiele zu empfangen; er, dem Wagner so viele Hilfe im Leben zu verdanken hatte, litt darunter.[3] Da sie im Schweigen verharrte, richtete Malwida ihr Schreiben an Daniela. Sie hatte erkannt, dass Cosima für das Fortbestehen der Festspiele unentbehrlich war. »Wer könnte das Bayreuther Werk so im rechten Sinn aufrechterhalten, bis Siegfried es einst übernimmt, wie sie?«, fragte sie besorgt.[4] Franz Liszt kam zwar als Nachfolger Richard

2 Schemann 1902, 31 f.

3 Schorn 1920, 357.

4 MvM an DT, 23.3.1883 (NA).

Wagners in die engere Auswahl, aber er hätte niemals zugesagt. Ebensowenig wie Hans von Bülow, der nie bereit gewesen wäre, den ehemaligen Nebenbuhler zu ersetzen.

Das Familienleben verarmte mit einem Schlag. Cosima erledigte nur das für sie Allerwichtigste, wozu in erster Linie die Sorge um Siegfried gehörte. Die Töchter kümmerten sich jetzt um die Mutter, die tagelang das Essen verweigerte, was die Kinder befürchten ließ, sie wolle dem eigenen Leben ein Ende setzen. Während sie sich langsam wieder um Siegfrieds Unterricht bemühte, überließ sie Daniela die Ordnung des Haushalts. »Die Schwestern sind zumeist um sie, gruppiren sich um das große Sopha im Kindersaal auf dem Mama sitzt und das sie nur verläßt um in der Stunde in der Er, unser Alles, uns verließ auf dem Grabe zu weilen.«[5] Danielas Gebrauch des Großbuchstabens (»Er«) zeigt die Erhebung Richards ins Göttliche. Gegenüber Verwandten und Freunden schwieg Cosima weiterhin beharrlich; sie verweigerte Liszt, der von Pest kam, weiterhin den Besuch. »Zum zweiten Mal, daß seine Lieblingstochter einen tiefsten Schnitt in sein Seelenleben verübt«, schrieb seine Biographin Lina Ramann.[6] Das erste Leid war durch ihre Ehe mit Richard ausgelöst worden, nun wurde er als tröstender Vater zurückgewiesen. Auch Malwida litt darunter, dass der lebhafte Briefverkehr mit Cosima abrupt abbrach. Er kam erst vier Jahre später wieder in Gang.

Bei einem Thema allerdings gab Cosima ihre starre Lethargie auf: schon zwei Wochen nach Wagners Tod begann sie an dem Bild zu arbeiten, das die Nachwelt von ihm erhalten sollte. Sie bat Daniela, sich bei seinen Bekannten und Freunden um Rückgabe seiner Briefe zu bemühen. Bei Richards teilweise derbem und offenem Schreibstil befürchtete sie peinliche Publikationen. Daniela schrieb, ihre Mutter sei dem Leben zwar entrückt, würde sie aber »täglich wiederholt und dringend [bitten], ihre Freunde

5 DT an Hedwig von Liechtenstein, geb. Stein, die Gattin Rudolph von Liechtensteins, Ant. Katalog Koestler Nr. 158.

6 Seidl 1983, 208; s. auch Schorn 1920, 357.

möchten die Liebe ihr anthun, und ihre Briefe vernichten.«[7] Liszt ließ daraufhin bestellen, dass er alle Briefe Wagners zurückschicken werde.

Recht bald wurde Cosima klar, dass sie dieses weltentrückte Leben nicht durchhalten konnte. Anfang März aß sie wieder regelmäßig. Ewas später war sie bereit, mit einigen wenigen Personen zu verkehren, zu denen Adolf von Groß als Finanzverwalter und Vollstrecker von Cosimas Willen gehörte. Obwohl Malwidas Kondolenzbrief unbeantwortet blieb, wird er Cosima ermutigt haben, die Festspielnachfolge zu klären. Sie hatte geschrieben: »Dir bleiben zwei heilige Missionen: sein Sohn und sein Werk. Für Beide bist Du nöthig, absolut nothwendig u. Du wirst für sie leben. Wir dürfen es von Dir fordern u. erwarten.« Und an Eva: »Euch Kindern aber bleibt eine herrliche Aufgabe: die würdigen Erben seines Namens zu sein u. zu sorgen, dass sein Werk nicht untergehe.«[8] Sie lernten so, sich als Töchter des großen, genialen Meisters geziemend zu verhalten.

Da es kein Testament gab, war es Cosimas Anliegen, die Bayreuther Festspiele so rasch wie möglich dem einzigen Sohn zu vermachen. Die Geburtsregistrierungen waren in Luzern von kirchlichen Würdenträgern vorgenommen worden. Das war juristisch unzulänglich, und so eilte Groß zu Bülow, der am 9.3. 1883, also wenige Wochen nach Wagners Tod, bestätigte, dass er den »während des Ehescheidungsprozesses« von Frau Cosima geborenen Sohn Siegfried nicht als sein Kind anerkenne. Das war zwar eine Irreführung, da Cosima Hans erst nach Siegfrieds Geburt um die Scheidung gebeten hatte, aber fortan wurde Siegfried in der Beschlussfassung des Königlichen Amtsgerichts Bayreuth vom 17.3.1883 als Sohn Richard Wagners anerkannt und Cosima und Siegfried je hälftig als allein erbberechtigt festgelegt.[9]

7 DT an Rudolf von Liechtentstein. (1.3.1883), Ant. Katalog Koestler Nr. 158.

8 MvM an CW, 18.2.1883 und an Eva, 16.2.1883 (NA).

9 Der Erbschein ist ein amtliches Zeugnis in Form einer öffentlichen Urkunde, das für den Rechtsverkehr feststellt, wer Erbe ist und welchen Verfügungsbeschränkungen dieser unterliegt.

Zunächst wurde ein Erbschein besorgt, der Siegfried über die beiden Wagner-Schwestern stellte. Isolde hat übrigens erst 1913 erfahren, dass es einen solchen Erbschein gab.

Bülow schrieb an Groß: »Ich fühle mich fähig, den Todestag des großen Meisters dadurch zu feiern, dass ich seine Tochter Eva als die meinige gelten lassen will. Vor Ablauf dieses ersten Vierteljahres werde ich das in Leipzig bei Frege ruhende Kapital meiner Kinder so weit erhöht haben, daß jedes der drei Geschwister, Daniela, Isolde, Eva die Summe von 40000 Mark sofort ausgehändigt werden kann, sobald es nach Ihrem Dafürhalten, auch vor deren Verehelichung die Umstände heischen.« (Blandine war verheiratet und hatte die Summe schon erhalten.)[10] Im Klartext heißt dies, dass Bülow sich ausdrücklich nicht zu Siegfried als Sohn bekannte. Genau das wollte Groß erreichen. Dass sich Bülow in gewisser Weise »rächte«, indem er Isolde und Eva als seine Töchter bezeichnete, verrät sein ambivalentes Verhältnis zu Cosima. Ihr gegenüber konnte er sich damit in einer verdeckten Form Befriedigung schaffen, indem er in edelster Weise Geld verschenkte, obwohl er und Cosima beide um die Verlogenheit wussten. Nach außen hin betrug er sich tadellos, nur in seinen Briefen an Daniela kommt seine Aggression gegenüber Cosima zuweilen zum Vorschein.

In München setzte sich Levi bei König Ludwig persönlich dafür ein, Wagners Gehalt auch weiterhin auszubezahlen. Das wurde zwar abgelehnt, aber er erreichte, dass die Kinder 10% Tantiemen aus den Einnahmen der Münchner Aufführungen erhielten. Er trug damit in nobler Weise zum Unterhalt der Familie bei. Im Mai 1883 erhielt der Chorleiter Julius Kniese von Groß den Ruf, als Festspielorganisator zu wirken. Bei einem Treffen mit den Kindern fand er Isolde still, Eva sehr angegriffen, weswegen sich Cosima sorgte, und Siegfried kränklich. Noch immer wollte Cosima keine Besucher empfangen. Das überließ sie den Töchtern.[11]

10 Moulin Eckart II, 18.
11 Kniese 1931, 58f.

Kniese wurde gleich nach seiner Ankunft darüber informiert, dass der Schott Verlag, der den *Parsifal* verlegte, mit Wagner einen Vertrag abgeschlossen hatte, wonach 45 Aufführungen mit 20000 Mark honoriert werden sollten. Man überlegte gar, die Oper überhaupt freizugeben, wovon Cosima aber nichts wissen wollte. Es waren überhaupt unsichere Zeiten. Der Verwaltungsrat der Festspiele, Friedrich Feustel, meinte gar, das Festspielhaus sollte abgetragen werden, falls man es nicht mehr benützen könne: »Eine Ruine darf auf dem Platze nicht stehenbleiben.«[12] Man rechnete also durchaus mit einem unrühmlichen Ende der Festspiele.

Cosima ließ Levi gewähren, der mit Heinrich Porges und Julius Kniese probte und in dieser Zeit regelrecht aufblühte. Im Juli war er allerdings mit einer Intrige konfrontiert, die ihn tief verletzte. Kniese beschwerte sich über den angeblichen Leistungsabfall bei den Proben zum *Parsifal*. Er sah keinen Unterschied zu einem beliebigen anderen Opernhaus und sprach von einem »ungeheuren künstlerischen Banquerott«, den es so in der Musikgeschichte noch nie gegeben habe. »Es war ein Kampf aller gegen alle; keine einheitliche Leitung, kein anerkanntes Oberhaupt war vorhanden [...] Unter diesen Umständen schienen die Festspiele dem Untergang geweiht.«[13] Als Antisemit war Kniese schnell dabei, dem Dirigenten Hermann Levi die Schuld an dem Verfall zu geben, obwohl Richard ihm das Dirigat des *Parsifal* angetragen hatte. Er gehörte zu den besten Dirigenten seiner Zeit, bezog vom Dirigentenpult aus auch die Regie ein und ging sensibel mit dem schauspielerischen Geschehen um. Nach dem Ende der Festspiele wollte Kniese ihn aus Bayreuth verdrängen, er hielt ihn für unfähig und sprach von seinem »verderblichen jüdischen Einfluß«, während Hermann nach seinen *Parsifal*-Dirigaten seinem Vater in einem Brief ahnungslos von einer »herrlichen Zeit«

12 Feustel an Kniese, 5.7.1883, in: Kniese 1931, 67.

13 Armand Crommelin: Cosima Wagner. Ihre Persönlichkeit und ihre Sendung, in: Festspielführer Bayreuth 1937, S. 59f.

berichtete. Erst im Herbst erzählte ihm Daniela von dieser Intrige. Vermutlich bezog sich Knieses Kritik auf die Regie, die sich von der Wagnerschen Gestik gelöst hatte, und weniger auf die musikalische Leitung, aber es wurde beides vermengt. Kniese entschuldige sich zwar schriftlich bei seinem Kollegen, doch der Vorwurf, als Jude nicht imstande zu sein, Wagners Musik adäquat zu interpretieren, saß zu tief, als dass Hermann ihn als Dummheit hätte abtun können. Trotz dieses Vorfalls kümmerte sich Hermann weiter um die Kinder, sie besuchten die Aufführungen und waren ihm herzlich zugetan.

Kniese zufolge wäre 1884 zwar eine Wiederholung der Festspiele mit *Parsifal*-Aufführungen materiell möglich gewesen, nicht aber künstlerisch. Nun übernahmen die Kinder die Verantwortung. Sie gehörten zu den wenigen, die Zugang zu ihrer Mutter hatten, und sie überredeten sie, eine der Aufführungen zu besuchen. Bei der fünften Aufführung war sie heimlich zugegen. Sie erkannte den Schlendrian, der sich zwangsläufig einstellt, wenn eine resolute Regie fehlt. Angesichts der Gefahr, dass der 1882 geschaffene Stil gänzlich zu verschwinden drohte, sah sie ihre Aufgabe plötzlich wie eine Sendung vor sich: die Bitten der Kinder hatten gefruchtet. Im Wissen, dass Richard sein letztes Bühnenwerk als Botschaft an die Welt verstanden hatte, entschied sie, 1884 selbst die Leitung zu übernehmen, wodurch sich die Aufführungsqualität wesentlich verbesserte.[14] Nach außen bestand sie darauf, den »Geist des Meisters« fortzusetzen, weigerte sich aber, ihre Regiearbeit mit ihrem Namen in Verbindung zu bringen. Niemand sollte ihr eigene Ambitionen vorwerfen, das hätte gegen die damaligen Ideale der Weiblichkeit verstoßen. Mit ihrem Entschluss waren alle Mutmaßungen über Liszt oder Bülow als Festspielleiter vom Tisch.

Die Festspiele wurden weitgehend auf der Grundlage des vorangegangenen Jahres aufgeführt. Bei der ersten Generalprobe im Kostüm am 6. Juli durften die Kinder dabei sein. Während

14 Golther 1937, 62.

der Aufführungszeit wurden Siegfried und Eva in Begleitung des Ehepaars Groß zur Erholung auf die Insel Rügen geschickt. Cosima blieb mit Isolde allein in Bayreuth; Malwida meinte, Isoldes »gleiche, friedliche Natur« würde beruhigend auf ihre Mutter wirken.[15] Bei der Aufführung am 23. Juli 1883 saß die 18-jährige Tochter ganz allein in der Wagnerschen Loge.[16] Welch wehmütige Gedanken an den geliebten Vater werden in ihr aufgestiegen sein?

Daniela hatte sich 1884 mit dem Experten für Bühnenmaschinerie und späteren Regisseur Fritz Brandt verlobt, was Cosima freute. Sie hatte in ihr bislang eher die unverheiratete Stütze ihres Vaters gesehen, dann aber gehofft, sie für die Mitarbeit an der Festspielleitung zu gewinnen, bis Siegfried so weit war, sie selbst zu übernehmen. Das wäre sicherlich so eingetreten, hätte die Verlobung zur Heirat geführt. Dazu kam es nicht, Fritz Brandt löste die Verbindung, er hatte sich in die Sängerin Lilli Lehmann verliebt – ein schwerer Schlag für Daniela und vielleicht eine Mahnung an Isolde, sich Bewerber genau anzuschauen.

Wie sehr Cosima inzwischen versuchte, Richard mit einer Gloriole zu umgeben, zeigt sich an dem seltsamen Vorhaben, den Jahrestag seines Todes in einer Kirche zu feiern, wobei sie zusammen mit Isolde, Eva und Siegfried zu den Abendmahlsklängen aus *Parsifal* zum Altar schreiten und das Abendmahl nehmen wollte. Das Bayreuther Konsistorium verweigerte jedoch die Verwirklichung dieser verschrobenen Idee.[17] Wagner hatte sich von den alten Griechen inspirieren lassen, deren Aufführungen von Dramen als religiöses Fest gefeiert wurden. Das Festspielhaus sollte eine Stätte der Weihe sein und der inneren Kontemplation dienen, was aber von Cosima missverstanden wurde.

Allmählich wurde das Leben für die Kinder wieder farbiger. Die lange Trauerperiode, die auch 1884 in Bayreuth noch anhielt, unterbrachen Blandine, Isolde und Siegfried mit einem Besuch

15 MvM an Blandine, 19.8.1883, in: Nickel 2005, 17.
16 Kniese 1931, 111.
17 Moulin Eckart II, 34f.

in München. Die Stadt wurde fortan zu einem bevorzugten Ziel, und sie waren oft bei Levi und dem Maler Franz von Lenbach zu Besuch. Dieser hatte sich in München als Porträtist einen Namen gemacht, wurde aber von anderen Künstlern nicht immer ernst genommen. Adolf von Hildebrand fand ihn oberflächlich und störte sich an dessen »Wagnerelephantiasis«.[18] Die Wagnersprösslinge mochten den Maler jedoch. Aus diesem Jahr stammt eine Rötelzeichnung Isoldes. Sie hat ihrerseits bei Lenbach Skizzen entweder angefertigt oder abgeliefert.[19] Es ist unbekannt, ob er ihr Ratschläge erteilte oder sie anderweitig förderte.

Einen der frühesten unter den von ihr erhaltenen Briefen schrieb Isolde während eines Besuchs in München. Er ist an Eva gerichtet und gibt einen Einblick in die Lebenswelt der 19-Jährigen. Sie beschäftigte sich gerade mit der Novelle *Colomba* von Prosper Merimée und zitiert daraus auf Französisch, was zeigt, dass sie den Text in der Originalsprache las. Das Werk handelt von einer jungen, unverheirateten Frau, die sich um herkömmliche Moral nicht schert – eine Art Carmenfigur: ungehorsam, ungebändigt und wenig »weiblich«. Eine solche Freiheit war ihr selbst nicht beschieden. Immer noch plagte sie ihr Rücken. Wegen einer Verkrümmung ihrer Wirbelsäule musste sie sich in München bei einem Bandagisten an ein Gerät anschnallen lassen, damit ihre Körperform vermessen werden konnte. »Es war fürchterlich, ich sage Dir noch nie habe ich etwas derartiges erlebt und nie wieder würde ich es ertragen können!« Bekleidet mit einem Hemd, musste sie sich »auf ein schafottartiges Gestell stellen, und da eine halbe Stunde noch hängen, bis mich der Bandagist halb ohnmächtig herunterließ [...] Ich kann mich noch gar nicht davon erholen, und erröthe jedes Mal, daß davon die Rede ist!! Es war aber auch schauderhaft und der rohe Mensch obgleich ich mich zwang in ihm nur eine Maschine vor mir zu sehen, konnte mich nicht mit Vergißmeinnichts, die er mich schließlich bat in

18 Jachmann 1927, 242 (3.10.1886).
19 DT erwähnt sie in einem Brief an Isolde, 13.9.1884 (NA, Hs 15/260).

seinem Gärtchen zu pflücken, versöhnen.« Sie befürchtete, Wagners Geburtstag am 22. Mai in Wahnfried zu verpassen, und in ihrem emotionalen Überschwang lobte sie das Leben dort: »Wie einzig schön und würdig ist uns unser stilles klösterliches Leben in Wahnfried, das ich immer mehr zu schätzen lerne, ich sehe, wie traurig und öde alles draußen ist!«[20]

Widersprüchlich, wie sie war, wollte die junge Frau in die Welt reisen und zugleich daheim sein. Die aufgeregt-pathetischen Zeilen zeigen die extreme Anhänglichkeit an Bayreuth, die ihr Leben weiterhin bestimmen sollte. Dennoch rang sie um einen gewissen Grad an Selbständigkeit. Sie wollte mit männlicher Begleitung ins Theater gehen, was Daniela, die von ihrer Mutter häufig genug rigide in ihren Entscheidungen eingeengt worden war, kritisierte: »nur sieh', Loldchen, ich z.B. sagte Dir hier im Theater wie Du mit Graf A. allein hineingehen wolltest: ›Mama würde es nicht gerne sehen‹ und darauf erwidertest Du, Du wolltest es aber durchsetzen. Nun, hoffentlich endigt einmal all' diess dumme Zeug und wir werden Alle miteinander vernünftiger und besser, damit die arme Mama sich nicht zu traurige Gedanken über uns macht.«[21]

Als Cosima erfuhr, dass Hermann Levi 60000 Mark geerbt hatte, entwickelte sie einen perfiden Plan. Eva sollte Isolde schreiben, dass ein Unbekannter 20000 Mark gespendet habe, um bei den bevorstehenden Bayreuther Festspielen alle Plätze der ersten Aufführung aufzukaufen. »Nun ist Mama der Gedanke gekommen, ob Levi, der doch die Erbschaft von 60000 M. gemacht hat, nicht 20000 für denselben Zweck geben würde und zwar um die zweite Aufführung gänzlich auszuverkaufen, was ihm gleich eine sichere ganze andere Stellung geben würde. Mama meint, daß, ob man 80000 oder 60000 M hat, fast ganz einerlei ist, und wäre es ihr lieb wenn Du ihm den Vorschlag machtest als kom-

20 Isolde an Eva, 19.5.1884 (NA, Hs 84).
21 DT an Isolde, 13.9.1884 (NA, Hs 15.)

me er von Dir, ohne Mama irgendwie zu erwähnen! […] Mama meint daß solch eine That Levi eine unendlich große Wohlthat sein würde!«[22] Ob Levi tatsächlich darauf einging, ist nicht bekannt, aber Cosima lobte nach seinem Tod dessen Generosität und nannte ihn einen der »Hauptgönner unseres Stipendienfonds«.[23] Dass sie in seiner Hinsicht doppelzüngig war, zeigt eine Äußerung Richard Strauss' an seine Schwester Johanna aus dem Jahr 1890: »Mit Levi ist sie vollständig fertig und wartet auf die erste gute Gelegenheit, ihn auf anstellige Weise los zu werden.«[24]

Weiter schrieb Eva: »Hast Du den 10. Band erhalten? Und hast Du *Heldenthum und Christenthum* gelesen, wohin die Mama ein Zeichen gemacht hat? Wir haben es mit ihr gelesen! Auch las Mama uns den einzigen letzten unvollendeten Aufsatz über *Das Weibliche im Menschlichen* vor.«[25] Dass die Vorleseabende nach Wagners Tod weitergeführt wurden, war sicher ganz in seinem Sinne, der es einmal bedauerte, dass seine Dichtungen »nicht in einem etwas weiteren Sinne besprochen worden sind, z.B. der *Ring* nach der Bedeutung des Goldes und des Unterganges einer Race daran«.[26] Ihm war es recht, wenn Alberich und Hagen mit ihrer Geldgier als antisemitische Figuren betrachtet wurden. Insofern sah Cosima nichts Verkehrtes darin, einen Juden um seine Erbschaft zu bitten. Das war bei manchen ZeitgenossInnen anders: Die Schriftstellerin Rosa Mayreder kritisierte ihren Wagnerverein, in dem »das germanische Urflegeltum, mit dem ein unduldsamer Antisemitismus Hand in Hand ging, zum Vorbild erhoben« wurde. Und sie fand es befremdlich, dass Parsifal das sexuelle Verlangen als »Versuchung eines verruchten Weibes« empfand.[27]

22 Eva an Isolde, 23.5 1884 (NA, Hs 84).
23 CW an Chamberlain, 26.8.1900 (in: Pretzsch 1934, 599).
24 Schuh 1976, 196.
25 Eva an Isolde, 23.5 1884 (NA, Hs 84).
26 CW II, 715 (21.3.1881).
27 Mayreder 1988, 170, 174.

Ende 1884 wurden die Töchter von Cosima nach Wien geschickt, um in der Obhut des alten Freundes Josef Standhartner den Zyklus sämtlicher Werke ihres Vaters zu hören. Eva und Isolde genossen die Freiheit, und als der Komponist Anton Bruckner sie besuchte, schrieb Isolde ironisch an Daniela, dass dessen Besuch sie »aus den Betten trieb [...] Genau so wie Du ihn uns vormachtest; dieselben Geschichten hat er uns wieder erzählt (›mit der Dedikation hat es seine Riechtigkeit‹), vor lauter Eifer alles im Zimmer umgestoßen, schmutzige Briefe u. Geld aus den Westentaschen gezogen [...] Entsetzliche Handküsse gab er in einem fort; mir that das nichts, denn ich habe, klug u. weise wie ich immer bin, Handschuhe angezogen – machte der vor Lachen platzenden Eva, schweißtriefend und am ganzen Leibe zitternd, eine förmliche Liebeserklärung, und entfernte sich schließlich widerwillig [...] Den übrigen Tag brachten wir essend, trinkend und lachend zu Hause zu.«[28] In ihrer Überheblichkeit ahnten sie nicht, dass der Komponist mit seiner Sinfonie Nr. 7 in Leipzig einen großen Erfolg feiern konnte und ein Jahr später durch Levi in München seinen Durchbruch erzielte. Mit seiner Parteinahme für Komponisten wie Brahms, Bruckner, Bizet, Chabrier und andere war der Dirigent überhaupt ein wichtiger Impulsgeber für die Verbreitung von deren Werke.

1885 war Isolde wieder in München, und beruhigte ihre Mutter, sie falle ihren Gastgebern nicht zur Last: »Sie versichern mir, daß sie noch nie einen angenehmeren anspruchsloseren Gast gehabt hätten.« Cosima fürchtete die schädlichen Einflüsse der Großstadt. Zur Beruhigung erzählte Isolde, dass eine Gräfin sie abgeholt habe. Am nächsten Tag habe sie Lenbachs Atelier besucht und sich dann mit der Ehefrau von Peter Cornelius, Bertha, dessen Oper *Der Barbier von Bagdad* angesehen. Für Daniela gab es noch eine Fußnote: Sie habe erfahren, dass sich in Meiningen Danielas Vater »mit Brahms zerworfen u. um seine Entlassung

28 Isolde an DT, 18.12.1884 (STAM, Ana 471.A.3).

gebeten hatte, die ihm der Herzog gab. Soll man das gutheißen oder bedauern?«[29] Brahms hatte darauf bestanden, seine neu komponierte 4. Sinfonie, von Bülow sorgfältig einstudiert, auf einer Orchestertournee selbst zu dirigieren. Das ärgerte Bülow so sehr, dass er sein Amt in Meiningen niederlegte.

Drei Jahre nach Richards Tod inszenierte Cosima erstmals in eigener Verantwortung. 1886 übernahm sie die Regie des *Tristan*, wobei sie ihren Namen weiterhin nicht erwähnt wissen wollte. Das Ziel blieb stets, in mühevoller, geduldiger Arbeit mit den SängerInnen die in dem Kunstwerk enthaltenen jeweiligen seelischen Spannungen zu entfalten. Sie kannte die Vorstellungen Richards genau, aber in ästhetischen Fragen schaute sie nach vorne. In allen vier Bereichen: Orchester, Gesang, Dramaturgie und Aussprache leistete sie Wichtiges, stets im Sinne ihres Mannes. Hilfreich waren die Brüder Brückner, die in Zusammenarbeit mit ihr und mit den Bühnenbildern erheblich zum Erfolg der Inszenierungen unter ihrer Leitung beitrugen.[30] So sicherte sie den Fortbestand der fast jährlich stattfindenden Aufführungen, obwohl sie von Richard nie als Nachfolgerin vorgesehen worden war, und ihre Verspottung als »Gralshüterin«, die es nur darauf abgesehen habe, alles im Stile Richard Wagners zu inszenieren, entbehrt jeder Grundlage.

Bayreuth erschien den Töchtern bald langweilig. Als Eva erkrankte, begleitete Isolde sie zu einer Kur nach Meran. Immer wieder versuchte sie, ihre Selbständigkeit durchzusetzen, und Eva bemerkte: »man ist ja schon gewöhnt, daß sie nicht gerne nach Wahnfried heimkommt«.[31] Mit 21 Jahren war sie volljährig, was keineswegs hieß, dass sie sich frei bewegen konnte. Als sie wieder einmal in München war, bat Cosima im März 1885 ihr »Herzchen« inständig, »sehr vorsichtig zu sein. Lina G. schreibt an die Familie Eys – diese wird Dich für den einen Tag aufnehmen, mit

29 Isolde an CW, mit Zusatz an DT, 30.11.1885 (STAM, Cgm 8405).

30 Kern 2010; vgl. auch die Rezension von Franz Piontek in: wagnerspectrum 1 (2011), 187-194.

31 Eva an Blandine, 18.3.1885 (STAM, Ana 471).

Dir zu *Lohengrin* gehen. Du gehst allein hin, läßt Dich weder malen noch photographiren, u. kehrst mir zurück. – Ich bin unter einem sehr üblen Eindruck, u. wünsche Dich möglichst bald außer dem Hotel; fern von der jetzigen Umgebung, bei E's oder (wenn etwa Krankheit bei E's wäre) gut familienhaft, gesittet untergebracht«.[32]

Im Juni 1885 verlobte sich Daniela mit dem Kunsthistoriker Henry Thode. Sie wurde von seinem Heiratsantrag überrascht und schrieb an ihre Schwester Blandine: »Ich hatte eigentlich einen Anderen mir eingebildet zu lieben. In großem Zwiespalt begriffen schrieb ich an Mama in der tiefen Nacht nach Empfang der Gedichte – ob, wenn Dr. Thode eine Neigung für mich habe, ich dieselbe annehmen könnte, ohne sie in dem Maße zu erwidern, ob ich vor Gott und mir und ihm dieses verantworten konnte, bei herzlicher Achtung innigem Vertrauen mich ihm zu verloben.«[33] Cosima riet ihr zu; Thode war ein angesehener Kunsthistoriker. Was die Ehepflichten betraf, hatte sie ernüchternde Worte: Die Liebe eines Menschen habe eine Frau »mit Dankbarkeit zu erwidern [...] Wird das heilige Werk durch die Leidenschaft gestört, so ist zu trauern, die Welttragödie spielt sich ab.«[34] Später wurde in Bayreuth kolportiert, die Verbindung sei eine Josephsehe geblieben, und man gab selbstverständlich Daniela die Schuld. Möglich ist hingegen, dass Thode gleichgeschlechtliche Neigungen hatte und diese verbarg, was das Fehlen jeglicher Erotik zwischen dem Paar erklären könnte. Gleichgültig, wie er veranlagt war, sind nur die Folgen zu bedenken, denn wäre er homosexuell gewesen, hätte er Daniela bitter betrogen. Jahre später schrieb Isolde an Daniela von »Mühen u. großen Nöthen, die sich im Beginn Eurer Ehe abgespielt« hätten und die Daniela »demüthig getragen« habe.[35] Hatte Thode sich ihr sexuell verweigert? Er freundete sich mit Siegfried, selbst ho-

32 11.3.1885 (NA, Hs 84).
33 DT an Blandine, 2.5.1885 (STAM, 84/1995).
34 Zit. b. Moulin Eckart II, 57.
35 Isolde an DT, 15.11.1916 (NA).

mosexuell, an; zur Belohnung für dessen bestandene Abiturprüfung besuchte Thode mit ihm die Weltausstellung in Paris. Bei dieser Gelegenheit porträtierte Siegfried einen jungen Bäcker als Akt.[36] Er zog für ein Jahr nach Frankfurt zu Daniela und Thode, nannte ihre Wohnung ein »verkleinertes Wahnfried«. In London lernte er den Musikstudenten Clement Harris kennen; die beiden unternahmen eine Weltreise, und Siegfried behielt ein Foto des jung Verstorbenen lebenslang auf seinem Schreibtisch. 1889 sollte Isolde in Frankfurt übernachten und Daniela schrieb an Cosima: Heinz »will nicht, daß Siegfried aus seiner Arbeit herausgerissen wird und in ein Hotel gehen muß, er bleibt in der Wohnung und wollen wir's daher durchaus möglich machen, beide Geschwisterlein bei uns zu campieren – Loldi zu mir – Heinz zu Fudel.«[37]

1904 verliebte sich Henry (in der Familie »Heinz« genannt) in Bayreuth in die Tänzerin Isadora Duncan, die bei der Aufführung des *Tannhäuser* die Tänze leitete. Er stand nächtelang vor ihrem Haus, bis sie ihn zu sich einlud. »In dieser ganzen Zeit geschah es nicht ein einziges Mal, daß er sich mir mit einer irdischen Liebkosung näherte«, schrieb Duncan.[38] Und dies, obwohl sie ihn begehrte. Die schwärmerische Idealisierung von Diven durch homosexuelle Männer ist ein Phänomen, das bislang wissenschaftlich nicht eindeutig erklärt werden konnte. Bei der späteren Scheidung erwähnte Daniela seine »Reinheit«, und als er sich in eine junge Frau verliebte (von Eva »das Kind« genannt, was wiederum auf eine asexuelle Verbindung hinweist), schrieb Daniela: »Ich allein weiß, wie die Dinge liegen, u. wie H. schuldlos ist […] sein ganzes Leben war Selbstverleugnung.« Und ein andermal: »Böswillige und Thörichte verbreiten Unwahres über unsere Ehe, die – eine ungewöhnliche war. Ein Arzt in B. hielt mich für zu zart – und H. entsagte.«[39] Zart war sie nicht; viel-

36 Pachl 1988, 82.

37 DT an CW, 4.12.1889 (STAM).

38 Duncan 1928, 110.

39 DT an Blandine, 4.9.1913 (STAM), Henriette Schoen, o.D. (NA, Hs 15/158).

leicht ängstlich und gehemmt, was Sexualität betraf. Dies nutzte Thode, um eine Scheinehe zu führen.

Die Trauung 1886 fiel mitten in die Probenzeit. Für Franz Liszt, der gesundheitlich angeschlagen war, eine Belastung, da er nun zweimal von Weimar nach Bayreuth reisen musste, nicht nur zur Trauung, sondern wenige Wochen danach auch noch zu den Festspielen. Seinetwegen wurde eine stille Hochzeit gefeiert. Am Vorabend führte man das Quintett aus den *Meistersingern* in der Halle von Wahnfried auf; so wurde wieder einmal demonstriert, dass Danielas Stiefvater musikalisch dem Großvater überlegen war.

Daniela hielt sich an den Rat der Mutter, sich in der Ehe unterzuordnen. Als sie bei einer großen Soiree in Bonn die Préludes von Franz Liszt spielen wollte, erlaubte es Heinz nicht, »und ich gehorche unbedingt, denn er hat immer recht in was es auch sei, und ich habe mich so gewöhnt an das beglückende Gefühl einem Menschen mich blind anzuvertrauen, obwohl ich die Préludes rasend gerne spiele und auch nicht zu schlecht«.[40]

Als die Planung für die Festspiele 1886 diskutiert wurde, erfuhr Blandine von Isolde, wer dirigieren würde: »*Tristan* – Richter und Mottl, *Parsifal* – Levi und Seidl. Was die Gastlichkeit in unserem Hause betrifft, so wird sie einen ganz anderen Charakter als im vorigen Jahre annehmen. Mama will die Sänger bei Tisch empfangen und mit ihnen ihre Aufgaben und Leistungen durchsprechen. Die sonstigen Gäste werden wir im Theater bewirthen und jede Woche einmal in Wahnfried empfangen.«[41] Cosima war bewusst, dass der persönliche Kontakt mit den Mitwirkenden viel brachte, dass Einladungen nach Wahnfried begehrt waren und die Stimmung hoben. Sie entwickelte eine geschickte Reihenfolge der Annäherung: Gespräch, Einladung zum Mittagstisch und als Höhepunkt die Abendgesellschaft. Damit band sie

40 DT an Blandine, 19.1.1889 (STAM, 84/1995).
41 Isolde an Blandine, 18.9.1885 (STAM, Ana 471).

die Künstler enger an Bayreuth. Jede Woche während der Festspiele gab es eine große Soirée. Die Töchter standen bereit, um die gesellschaftlich angesehenen Festspielbesucher zu begrüßen, die von Cosima »mit gleichbleibender, aber durch kleine, den Verhältnissen entsprechende kaum merkliche Abstufungen unterschiedener herzgewinnender, vornehmster Liebenswürdigkeit empfangen und behandelt« wurden.[42] Sie sah stets elegant aus, ob sie ein »prächtiges schwarzes Atlaskleid mit imposanter Schleppe« trug oder ein königsblauseidenes Kleid, »dessen Überkleid aus den zartesten bunten Bouquets durchwebt war«: alles »trug sie mit königlichem Anstand«.[43]

Mit dem *Tristan* gelang es ihr 1886, die künftige Entwicklung der Festspiele festzulegen. Cosima wählte Rosa Sucher als Isolde, die in dieser Aufgabe förmlich aufging. Mottl als Dirigent und Fritz Plank als Kurwenal trugen dazu bei, dass die angestrebte Leistung erreicht wurde: »Alle verließen das Haus bis ins Innerste erschüttert und doch hoch erhaben über die Nöte des Alltages. An jenem Tage entschied es sich: Die Zukunft von Bayreuth ist gesichert, Frau Wagner verwaltet und mehrt das Erbe mit kraftvoller Hand, in hingebendster Treue.«[44] Cosima selbst hatte einen anderen Eindruck; ihr zufolge wurden die *Tristan*-Aufführungen anfänglich schwach besucht, »sie wurden schlecht gemacht, und erst 1889 wurde die Oper zum begehrtesten Werk«.[45] Einmal wurden nur zwölf Karten verkauft, so dass Freikarten verteilt wurden, um den Saal zu füllen. 1897 schrieb sie einem Freund: »Unser armes Schifflein ist bedrängt, und es bedarf wohl der Kraft und der Weisheit, um es vor dem Untergang zu retten.«[46] Die Festspiele schienen ihr noch längst nicht gesichert, und ihre Strenge mit den Kindern ist auch in diesem Zusammenhang zu sehen: nach außen musste Konformität gewahrt bleiben.

42 Puttkamer 1927, 99f.
43 Burk 1950, 576f.
44 Puttkamer 1927, 74.
45 CWZ, 266 (1891).
46 An Ludwig Schemann, in: Schemann 1937 (8.1.1887).

Als der Dirigent Felix Weingartner 1886 an Cosimas Proben teilnahm, fiel ihm auf, dass sie nie Wagners Namen nannte; es hieß stattdessen »dies wurde gesagt«, und er schrieb: »Als wäre Wagner niemals menschlich auf dieser Erde gewandelt, so klang es in der Ausdrucksweise seiner Witwe. Die Kinder hielten in ihrer Gegenwart diesen Ton streng ein, ließen ihn aber fallen, wenn die Mutter abwesend war. Dann sprachen die Mädchen ganz einfach von Papa, während Siegfried meistens mit dem ihm eigenen etwas melancholischen Tonfall ›mein Vater‹ sagte.«[47]

Für ein wenig Abwechslung daheim sorgte die Bayreuther Stilbildungsschule, die Ende 1892 eröffnet wurde. Ihr war jedoch kein langes Glück beschieden, TeilnehmerInnen wurden ausgesiebt und ihre Zahl verringerte sich laufend. Waren die Geschwister unter sich, blieb jegliche Feierlichkeit auf der Strecke, und Isoldes Humor konnte zuweilen in beißende Ironie umschlagen. Eine Aufführung der Schule in Bayreuths barockem Opernhaus nannte sie sarkastisch das »große Ereignis«. In Bayreuth war ein Verband der Bayerischen Armee stationiert, und das Orchester »Prinz Leopold« stellte die Kapelle des königlichen 7. Infanterie-Regiments. »Fudela [= Siegfried] dirigiert und macht seine Sache außerordentlich, die lieben Stinksoldaten schwingen sich unter ihm zu höchsten Höhen auf [...] Die ›symphonische Zusammensetzung‹ hat Fudela mit großem Geschick zusammengestellt. Eingefügt wird noch die *Rienzi*-Ouvertüre und die Adriano-Arie, die ein Frl. Hoft sehr hübsch vorträgt – das kommt zu Beginn, dann das sehr drollige Bauernstück, zu dem ich Kostüme geliefert habe und zum Schluß *Freischütz*. Die erste Probe im Opernhaus ging, dank der lieben Schildaerinnen[48], die halt kreuzfalsch sangen und sich wie Hühner aufführten, recht durcheinander, aber die zweite gestrige [...] ging sehr gut und wir luden (Mutters Abwesenheit feiernd) Pohlig[49] und

47 Zit. b. Moulin Eckart II, 76f.

48 Schilda = in der Sprache der Familie: Bayreuth.

49 Der Pianist und Lisztschüler Karl Pohlig war bis 1899 musikalischer Assistent in Bayreuth.

Knieses nach der Probe zu einem Champagner-Gelage ein, wo es lustig und ungenirt zuging. Die Plätze im Opernhaus waren alle ausverkauft und Adolf läßt mit Ächzen und Krächzen viele Stühle von unserem Theater herunterbringen.« Einen weiteren ironischen Insider-Bericht erhielt Mary Fiedler: »Verzeih, wenn meine Zeilen recht ungeschickt ausfallen. Ich werde nämlich, durch unglaubliche Töne, welche aus dem Kindersaal, wo Mama mit ihrer [Stilbildungs]schule mit bewunderungswürdiger Geduld, die *Minna von Barnhelm,* die bei einem Elternabend (oder Polterabend), den wir nächstens der ehrbaren Bayreuther Gemeinde (möchte lieber sagen ›Gemeinheit‹) geben wollen, aufgeführt werden soll, einstudirt, durch influenzisches Ohrensausen, das mich seit einigen Tagen recht plagt, u. das Gelärme unserer lieben Menagerie (die zu Weihnachten durch eine prachtvolle Neufundländerin – ein schwarzes soll nachfolgen u. ein Pferd für Siegfried, das Adolf in unserem früheren Hühnerhaus logirt hat, bereichert wurde) ganz namenlos zerstreut!«[50]

In diesem Kreislauf der Vergnügungsreisen, Museumsbesuche, Opern- und Konzertaufführungen verbrachten Eva und Isolde ihre Zeit. Im Dezember 1886 fuhren sie nach München, um Lenbach und andere Freunde zu treffen. Cosima bedankte sich bei Levi: »Ich denke an das freundlich seltsame Geschick, welches es Ihnen, Freund, eingab, den Kindern einen Baum zu putzen u. ›welches‹ zugleich es wollte daß dieser Baum mir nun zu einem Weihnachtsabend für die Kinder überhaupt verhalf! Ist das nicht ein schönes Lebenssymbol?« Es scheint, als wolle sie ihn dafür loben, dass er eine christliche Sitte übernahm. »Nun rüsten u. fassen Sie sich auf den Besuch meiner Schaar«, schrieb ihm Cosima im August 1887.[51] Gemeint waren Isolde, Eva, Siegfried sowie Blandine und Daniela mit ihren Ehemännern. Sie bat den Dirigenten, Theaterbillets in München zu besorgen. Es handelte sich um Mustervorstellungen als Vorläufer der dortigen Opernfest-

50 Isolde an Blandine, o.D., an Mary Fiedler, 11.3.1893 (STAM).
51 Steil 2018, 240 (29.12.1886), 325 (14.8.1887).

spiele. Aufgeführt wurden *Lohengrin*, *Tannhäuser*, *Walküre*, *Meistersinger*, *Tristan* und *Holländer*.

Franz Liszt reiste nach Danielas Trauung nach Hause und kehrte am 21. Juli stark hustend und mit geschwollenen Füßen nach Bayreuth zurück, geschwächt auch vom Genuss des Cognacs, dem er gerne zusprach. Cosima sah, wie schlecht es ihm ging, und lud ihn ein, in Wahnfried zu übernachten, was er jedoch ablehnte – vielleicht auch, weil sie drei Jahre zuvor das Gelübde abgelegt hatte, sich nur noch dem Gedenken Richard Wagners zu widmen. Das hatte ihn damals sehr verletzt und vielleicht dazu geführt, dass er mehrfach vor Zeugen äußerte, nicht in Bayreuth sterben zu wollen.

Cosima besuchte ihn jeden Morgen um 5 Uhr vom Festspielhaus aus, wo sie während der Festspiele logierte, um mit ihm Kaffee zu trinken, und blieb bis 8 Uhr. In der restlichen Zeit waren sein Adlatus Göllerich und seine Schülerin, die Pianistin Lina Schmalhausen, bei ihm. Obwohl Lina mit Liszts Gewohnheiten vertraut war, ihm Schreibarbeiten abnahm und ihn oft auf Reisen begleitet hatte, wünschte Cosima nicht, dass sie ihn pflegte. Sie ahnte nicht, dass Schmalhausen sie vom Garten aus durch das Fenster beobachtete und darüber einen Bericht für Lina Ramann schrieb, die eine Biographie Liszts vorbereitete.

Er schaffte es noch, die Premiere des *Parsifal* zu besuchen. Damit die Vorstellung nicht durch seine Hustenanfälle gestört wurde, ließ Cosima ihm durch den Arzt vorher ein Morphiumpulver verabreichen. Trotz ihrer Erschöpfung durch die Festspielleitung und die morgendlichen Besuche erschien sie nach den Vorstellungen bei ihm. »Es ist unmöglich, den bestrickenden Zauber der Herrin des Hauses und ihre ausgesuchte Freundlichkeit zu schildern, mit der sowohl die unbedeutendsten wie auch die befugtesten Bewunderer Wagners empfangen werden«, schrieb ein Besucher,[52] denn Cosima bewahrte auch während der Krankheit des

52 Albert Lavignac in: Barth 1976, 90.

Vaters die Contenance. Am 29. Juli ließ sie sich das Bett im Salon neben Liszts Zimmer richten.

Als die mit Liszt befreundete Adelheid von Schorn anbot, ihn zu pflegen, lehnte Cosima mit der Begründung ab, sie wolle die Pflege allein mit ihren Töchtern übernehmen. Isolde und Eva hatten dazu aber wenig Lust. Auch Lina Schmalhausen wurde weiterhin nicht zu ihm gelassen, obwohl er nach ihr verlangte.[53] Lina Ramann vermerkte dazu spitz, dass Liszt als Sterbender von Verwandten gepflegt wurde, »die ihn nie erkannt und nur in den Weihefestspielen ihren Lebensinhalt und ihre Lebensaufgabe erblickten«.[54] Liszt kannte die Kälte, die seine Tochter umgab, seit sie sich für Richard Wagner entschieden hatte.

Am 31. Juli 1886 verstarb Franz Liszt in Cosimas Gegenwart. Sie hielt die Totenwache ab. Der Sarg stand direkt vor der Büste Wagners. Links standen Cosima, Eva und Isolde, rechts Daniela, ihr Mann Henry und Siegfried. Isolde wurde von der Anstrengung nach einigen Stunden ohnmächtig. Die Familie zog sich daraufhin zurück.

Cosima bestand darauf, ihren Vater in Bayreuth beerdigen zu lassen, zum großen Ärger von dessen Anhängerschaft. In einem Brief an den Großherzog Carl Alexander, der gerne Liszts sterbliche Überreste in Weimar beerdigt hätte, wo dieser so viele Jahre verbracht hatte, behauptete sie, dass Liszt den Samen für das gesät habe, was eines Tages in Bayreuth blühen würde: sie stellte ihren Vater somit als Diener oder Vorarbeiter Wagners hin. Die Beerdigung fand am 3. August 1886 statt. Dem Leichenwagen folgten Liszts Dienerschaft, die Geistlichkeit sowie zwei Kutschen mit der Familie. Dahinter ein langer Zug von Freunden und Künstlern. Es gab so gut wie keine Musik, außer in der Kirche, wo Anton Bruckner auf der Orgel ausgerechnet eine Auswahl von Themen aus dem *Parsifal* spielte. Damit war erneut die symbolische Rangordnung gewahrt: Der Verstorbene sollte

53 Vgl. Maier 2013, 35.
54 Seidl 1983, 374.

hinter Wagner den zweiten Rang in der Musikgeschichte einnehmen.

Der Einweihung des Liszt-Museums in Weimar einige Monate später blieb die Familie fern, denn die Eröffnung fand zufällig an Wagners Geburtstag statt: undenkbar, diesen Tag umzufunktionieren. Cosima kam Wochen später mit Eva, schaute sich die Exponate an und bemerkte: »Ich hätte gerne gewußt, warum mein Vater diese Dinge nicht seiner Familie vermachte.«[55]

Waren die Wagner-Kinder glücklich mit ihrem Leben? Es war keine Bilderbuchfamilie, die in Wahnfried lebte. Daniela war eine intelligente Frau, die nie über die für sie schmerzhafte Dreiecksbeziehung zwischen ihrer Mutter, ihrem Vater Hans von Bülow und Richard Wagner hinwegkam. Ihr Ex Libris zeigte Vögelchen im Nest, die von ihrer Vogelmutter versorgt werden; darüber sind zwei Hände zu sehen, die Mutter wie Kinder schützen: ein Wunschbild? Auch Blandine hatte als Kind die Spannungen zwischen den Erwachsenen erfahren, sie entzog sich später dem Einfluss der Mutter durch ihre Verheiratung nach Sizilien. Eva erwarb sich Meriten, indem sie die Mutter betreute. Siegfried musste mit der Bürde fertig werden, die ihm die Eltern auferlegten. In diesen Jahren wird er gespürt haben, dass ihn Männer erotisch anzogen. Mit seiner nach außen gerichteten, zu Scherzen bereiten Wesensart kaschierte er seine inneren Konflikte. Und Isolde nahm sich ihre Freiheiten und geriet dadurch oft in Widerspruch zu ihrer Mutter, blieb aber unbeirrt in ihrer Suche nach einem Lebensinhalt.

55 Walker 2002, 191 f. Von Liszts Hausverwalterin übermittelt, die die beiden durch das Museum führte.

6. JAHRE DER VERWIRRUNG 1890-1899

Die 25-jährige Isolde befand sich in einer Phase der Verwirrung und Verunsicherung. 1889 hatte Siegfried sein Abitur bestanden und vor ihm lagen nun alle Ausbildungswege offen, er konnte sich in jede Richtung entwickeln. Daniela und Blandine waren verheiratet, Eva hatte ihren Platz an der Seite der Mutter, Isolde jedoch hatte kein Ziel und keine Position. Während Siegfried in seiner Autobiographie betont, er sei nie wegen seiner Ausbildung von seiner Mutter unter Druck gesetzt worden, lehnte Cosima die Künstlerlaufbahn für ihre Töchter kategorisch ab. Als Hans Richter einmal meinte, Eva könne mit ihren stimmlichen Fähigkeiten zur Bühne gehen, erwiderte sie, dann sei Eva für sie »verloren«.[1] Singen war gestattet, aber nicht öffentlich. Isolde durfte malen und Kostüme entwerfen, aber eine berufliche Ausbildung war ausgeschlossen. Sie überlegte, für immer nach Sizilien zu Blandine zu ziehen, und schrieb an Eva: »Du wirst wohl vom lieben Adolf gehört haben, dass ich mich nun schließlich doch noch für Palermo entschieden habe. Ich that es, weil ich einfach nicht wußte, was ich ihm auf seine Anfrage erwidern sollte, und ich Unglückswurm überhaupt nicht mehr weiß, was ich möchte oder nicht möchte. Als Kind wußte ich es so bestimmt, jetzt bin ich ganz verwirrt – ein Schaf!!...«[2]

Ihr Plan zerschlug sich, weil sie in Palermo an einem typhösen Fieber erkrankte, vermutlich Malaria. Dort wurde ihr bewusst, wie sehr Blandine unter ihrer Ehe mit Biagio litt. Nach

1 CW I, 269.
2 Isolde an Eva, 6.2.1890 (NA, Hs 15/378).

ihrer Rückkehr nach Bayreuth Mitte 1890 schrieb sie ihr voller Mitgefühl: »Ach, möchte sich das viele Leid und die vielen Entbehrungen die Du, Ärmste, in diesen 8 Jahren durchgemacht hast, doch endlich in Freude und Glück, das Du so vor allem verdienst, umwandeln! [...] Mich übermannt häufig eine solche Sehnsucht nach Dir, namentlich Nachts, wenn ich in der Stille wache, daß ich bitterlich zu heulen anfange.«[3]

Isoldes Bedrücktheit hatte wohl mit einer eigenen Liebesenttäuschung zu tun. Bisher konnte sie unbeschwert lästern, wie jüngst mit Eva in Frankfurt, wo sie ihre Bewerber »das Falstaff'sche Heer« nannte: »Einen kleinen Husaren: Herr von Jagemann, der sich um mich bewarb u. der mir anfänglich gefiel, habe ich, zu Fidi's großem Entsetzen, vorgestern in einer recht hübschen Soirée den Laufpaß gegeben, weil er sich als namenlosen Esel entpuppte u. einem anderen Tischnachbar: Graf Schimmelpenick, der ja leider verheirathet ist, mir so viel besser gefiel. Es ist ein rechtes Mißgeschick u. ich fange an zu glauben, daß ich auch ein rechter Pechvogel bin.«[4] Es muss eine heftige Auseinandersetzung Jahre zuvor in Palermo gegeben haben, als »die ganze Familie mich zu einer reichen Heirat nöthigen wollte u. ich mich deshalb von ihr schon lösen wollte«.[5] Damals war sie 17 Jahre alt.

Von Palermo kommend, reiste sie mit Eva über Karlsruhe nach Baden-Baden zu einer Aufführung des Kapellmeisters Albert Gorter, der *Des Teufels Anteil* von Auber dirigierte. »Dieses veraltete Werk hätte uns recht gelangweilt, wenn nicht Gorter uns von seinem Dirigentenpult mit den unglaublichsten Späßen amüsirt hätte. Er war so lieb und reizend, daß ihm nicht, auch wenn mit ›einer Brust von Eis u. einem Herzen von Stahl‹ bepanzert, zu widerstehen war.« Sie nannte sich »ein rechtes Unglückswurm« und Blandine erfuhr, dass der Dirigent »mein Herz – Dir allein gestehe ich es – wieder ganz gefangen nahm«. Sie fügte et-

3 Isolde an Blandine, 22.8.1890 (STAM, Gravina-Nachlass).
4 Isolde an Blandine, 24.1.1890 (STAM).
5 Isolde an DT, 26.3.1915 (STAM).

was melodramatisch hinzu, dass sie am liebsten in Blandines Armen gestorben wäre.[6] Albert Gorter (1862–1936) hatte seit 1882 in Bayreuth gearbeitet. Ab 1894 war er in Karlsruhe unter Felix Mottl tätig. Die Liebe war wohl einseitig. Der Wunsch zu sterben, den Isolde in ihrem jugendlichen Unglück aussprach, deutet auf eine ernsthafte Enttäuschung hin. Sie war durchaus bereit, sich zu binden, aber ihre Hoffnung auf eine Liebeserfahrung schwand, je älter sie wurde.

»Kreuzkieseldonnerwetter noch einmal! Jetzt heißt's sich resolut in den Altjungfernsang einzuflechten …«, schrieb sie an ihrem 26. Geburtstag. Sie sprach von dem »sehr schwierigen Entrée«, um hinzuzufügen: »Eigentlich müßte ich sagen: 27te, aber diese Zahl weise ich noch sehr ab!« Das würde ihr aber nicht mehr so bedrückend erscheinen wie früher, da sie sich in der Rolle der Tante gut entwickeln würde. »Wie darf ich's wagen über altJungfern zu spötteln, bin ich doch selber eine ganz ausgesprochene!!« Sie zeigte durchaus Standesbewusstsein, denn es empörte sie, dass eine Bekannte einen »Oberlieutenant« heiraten wollte. »Wie kann man einen Premier-Lieutenant heirathen? Ich preparire mich schon ganz zur alten Jungfer, denn wenn Du, wenn Biagio mir nix ausfindig macht, bin ich verloren!«[7], schrieb sie Blandine. Auch Daniela fragte die jüngere Schwester: »Hast du denn endlich dein Herz verloren? Oder hast du gar keines?«[8] Als Isolde erfuhr, dass Prinz Ernst von Meiningen, der bei einem Fest bei Lenbach viel mit ihr getanzt hatte, mit einer geschiedenen Frau durchgegangen war, klagte sie: »Solche Schandweiber die finden immer gleich Männer – die feinsten selbst, und unsereins darf sich mit seinem Anstand Ewigkeiten abplagen!« Sie nannte die Männer »rechte Schlappeter« und meinte: »Ich sehe schon ganz entschlossen mit Würde meinem tragischen Schicksal: der alten Jungfernschaft entgegen – es bleibt mir nix andres übrig!«[9]

6 Isolde an Blandine, 8.10.1890 (STAM).
7 Isolde an Mary Fiedler, 11.4.1891, an Blandine, 22.8., 23.6.1890 (STAM).
8 10.4.1890 (NA, Hs 15).
9 Isolde an Blandine, 9.10.1889 (STAM).

Aus Frankfurt, von ihr despektierlich die »Schumannweibstadt« genannt, weil Clara Schumann dort wohnte und unterrichtete, schilderte sie Blandine eine Soirée bei Heinz und Daniela. Um 30 Leute seien gekommen, »alle Sorten Adelige, Geldprotzen«, und sie ergänzte: »Mein Magen u. meine Augen genießen mit Wonne den kolossalen Reichthum, aber mein armes Herzla findet hier keine Nahrung, junge Leute giebt's hier gar nicht.« Sie riet Blandine, der es schlecht ging, Champagner zu trinken: »mach's wie wir und posaune das Deinen Freunden u. Bekannten aus! Neulich haben wir gewissenhaft bei Eisens den ganzen Champagner-Vorrath geleert u. waren schließlich allemitsamt stock betrunken, regelten [= räkelten] uns auf Sofa's herum, lachten u. schwoften, so daß ich glaube, daß ihre edlen Verwandten [...] sich über uns etwas ›alterirt‹ haben.«[10]

Eine unverheiratete Frau galt damals in den Augen des Bürgertums als Versagerin. Wer keinen Mann »abbekommen« hatte, geriet bald in den Ruch, ein Blaustrumpf zu sein, galt als hässlich oder verschroben. Oft sorgten alleinstehende Töchter für die Eltern wie Eva, die einmal von ihrer »altjungferlichen Energie« sprach: Auch sie setzte sich mit einer Zukunft als Ledige auseinander. Über Sexualität wurde geschwiegen, was die Situation weiter erschwerte. Unabdingbar war die sexuelle »Reinheit«, das Kriterium weiblicher Ehre.

Einer, der sich für Isolde interessierte, war der britische Autor Houston Stewart Chamberlain. Er lebte in Wien und besuchte seit 1882 regelmäßig die Festspiele. Zwar publizierte er erst 1888 seinen ersten deutschsprachigen Artikel, hatte aber schon längst die Aufmerksamkeit der Kreise um Cosima geweckt. Sein 1899 erschienenes Werk *Die Grundlagen des 19. Jahrhunderts* begeisterte sie, und er schien ihr wie ein neuer Stern am Himmel. Zuvor hatte er zwei Bücher über Wagner verfasst. In seinem Bemühen, sich der Familie anzudienen, näherte er sich Isolde, die ihn zurückwies, und Cosima schrieb Daniela: »Ich will nicht sagen, daß

10 Isolde an Blandine, 11.1.1890 (STAM, Ana 471).

ich Deinen Ärger bez. Mr. C. theile – ich glaube aber, daß Loldi zugleich unrecht und unklug handelt – unklug weil ihr das Leben, wie sie es bei mir hat, doch nicht zusagt, unrecht, weil sie, Äußerlichkeiten wegen, den tiefen Gehalt manches Menschen nicht würdigen wird.«[11] Dass Isolde auf seine Flirtversuche nicht einging, verzieh er ihr nie.

Bayreuth war außerhalb der Festspielzeit kein Pflaster für eine standesgemäße Verbindung. Dazu dienten die Reisen, die die Töchter unternahmen. Ein wichtiges Merkmal der gehobenen Schicht war das Kleidungsritual. Insbesondere für ledige Frauen war die adäquate Garderobe ein breit diskutiertes Thema. Auch mit den Frisuren mussten sich Frauen ausgiebig beschäftigen. Das Haar wurde aufgesteckt und mit Nadeln in Form gebracht. In der wärmeren Jahreszeit gehörte ein Fächer zum Accessoire, ebenso wie Handschuhe und meist auch ein Sonnenschirm, weil Sommersprossen oder gebräunte Haut als unfein galten. Der Reifrock wirkte um 1888 bereits altmodisch und Cosimas Töchter trugen ihn ebenso wenig wie die sogenannte Tournüre, bei der die Hinterpartie des Kleides mit Fischbein, Rosshaar oder einem Gestell aus Stahl aufgepolstert wurde. Isolde war 15, als die Tournüre verschwand. Die Kleider reichten aber nach wie vor bis zum Boden. Die Oberteile wurde mit der Zeit körpernah, darunter verbreiterte sich der Rock, der glatt und glockig fiel. Mit der sogenannten Blusentaille entstand der Eindruck eines locker sitzenden Oberteils, obwohl sich darunter ein steifes Futter befand.

Viele Fotos zeigen die Schwestern mit Puffärmeln, die ab 1893 modern wurden. Aber trotz einiger Erleichterungen engten die Kleider weiterhin die Bewegungsfreiheit ein. Auf einem Frauenkongress 1896 in Berlin beschwerte sich eine Rednerin über die bodenlangen Röcke: »Welche Unbequemlichkeit ist das permanente Kleideraufheben! Wie ermüdend ist es, immerwährend an

11 11.9.1887 (STAM 84/1995), vgl. auch Gertrud Strobel: Tagebuch, 29.6.1946 (handschriftlich, NA), die dies 30 Jahre später kolportierte.

das Kleid denken zu müssen!« Es schmerzte sie, wenn Frauen »sich diesem Zwange unterwerfen – wie die Puppen dahinschreiten, der Welt zeigend, wie unselbständig das weibliche Geschlecht im Denken ist …«.[12]

Da es sich um Maßanfertigungen handelte, war der Wert der Kleidungsstücke hoch. Oft wurden sie wieder aufgetrennt und neu verarbeitet. Zu ihrem 26. Geburtstag bekam Isolde neben Büchern und Blumenstöcken eine gestreifte Bluse aus Batist »und last but not least – Bon-Marché'sche Seiden für die Woche u. Festspiel-Toiletten, in denen wir jetzt herumwählen und kolossale Debatten führen«. Man sei übereingekommen, »daß wir ein weißes Crêpe de chine-artiges Kleid für die Festspiele wählen; den Ausschlag dazu gaben weiß und bräunlich carrirte [sic] Sonnenschirme, die nun der liebe Adolf aus Frankfurt mitbrachte u. die sich halt nur zu weißen Kleidern eignen«. Von Adolf Groß' Ehefrau Marie erhielt sie ein Paar durchbrochene schwarze Seidenstrümpfe und Handschuhe. Blandine erfuhr: »Wir hatten unsere entzückenden Durand'schen Kleider an (Eva zum erstenmal – es saß natürlich wie [an]gegossen), die sehr bewundert wurden. Überhaupt sind wir jetzt in Toilettensachen wonnig versehen. – Das muß ich noch einschalten, weil's dich gewiß auch interessirt: unsere rothen (aus Mama' Sammetkleid mit Seide), in Mailand bei einer nicht theuren Schneiderin angefertigten Kleider mit dazu passenden auch in Mailand besorgten Chapeaux fermés (zu je 20 L.) sind sehr elegant geworden u. haben bei Generals alle verblüfft u. die olivgrünen Straßenkleider, die wir jetzt nach einem Pariser Meister bei Rom's (bei denen wir neu wieder eingekehrt sind, da sie wirklich sehr hübsche Modelle hatten) mit gleichfarbiger, sehr langer Jacke mit sehr anmuthigen Puff-Ärmeln machen lassen, versprechen auch sehr fein zu werden. Und so ausgestattet rücken wir voller Bewußtsein im Januar in Berlin, wohin wir, um unsere Eleganz zu erhöhen, den Georg mitnehmen und diesmal im vornehmen Kaiserhof absteigen werden,

12 Zit. bei Tibbe 2018, 31.

ein.«[13] Das waren die Maßstäbe der oberen Schicht, die ihr anerzogen worden waren. Die Repräsentationsaufgaben der Festspiele erforderten von der »kulturellen Elite«, als die sie und die Familie betrachtet wurden, eine entsprechende Garderobe.

Cosima mischte sich oft mit Anordnungen in die Diskussion ein: »Ich bin auch nicht für Soirée-Toiletten, die man Tags anzieht, weil der ganze Schnitt ein wesentlich verschiedener sein muß. Kannst Du schon Crêpe de chine im Juli tragen, so bestelle 2 Kleider (Abend) für Dich und Eva. Auch für Eva wird eine Mustertaille hierfür beigegeben. Eva wird dann sonst sich ein Tageskleid [für] zum Theater hinauf u. etwaiges Frühstück zu der Gräfin, Besuche bei der Erbprinzessin etc. etc, in München besorgen.«[14]

Isolde ließ sich zuweilen aus Langeweile zu teuren Käufen verleiten, was Siegfried ironisch kommentierte: »Loldi ist gestern wieder reich mit neuen Kleidern, Blousen, etc, etc. von München heimgekehrt. Ihr Geldbeutel ist leer, das geniert sie aber nicht. Mit neuer Kraft beginnt sie dann von Neuem mit Einkäufen und verwechselt dabei nur negativ und positiv.«[15] Den sorg- und ahnungslosen Umgang mit Geld hatte Isolde von ihrem Vater geerbt. Cosima war darüber besorgt und schrieb ihr aus Meran: »Du denkst auch ein Bissel daran, daß wir gar nicht reich sind u. daß wir eine Pflicht haben. 500 fr. ist für uns, in einer Saison, Toilette viel zu viel […] Jeden Augenblick müssen wir auf Ausfallen von Einnahmen u. Zufallen von extraordinären Ausgaben gefaßt sein. Ich kann, ich darf nicht anders als bitten diess zu bedenken. Mama.«[16]

Isoldes Unzufriedenheit mit dem Leben in Bayreuth spürte die Mutter wohl. Neben den vielen Reisen drehte sich ihr Leben zentral um die Festspiele. Sie engagierte sich in Gesprächen mit den Künstlern, beobachtete die Proben und hatte durchaus eige-

13 Isolde an Blandine, 9.4.1891, 10.11.1892 (STAM).
14 CW an Isolde, 18.3.1894 (NA).
15 SW an MvM, in: Zinsstag 1956 (11.5.1897).
16 CW an Isolde, 27.4.1892, Diktat Eva (STAM, CgM 8405).

ne Ansichten. Sie beriet auch ihre Mutter. »Isolde hat mir Vorzügliches von dem jungen Mikorey gesagt u. mich daran erinnert, daß sein Vater im Jahre 1882 hier mitgewirkt hat«, schreibt Cosima einmal an Hermann Levi.[17]

Cosima hatte ihre Rolle als Herrin von Bayreuth nach einigen Jahren gefestigt. Die Schulung der äußeren Gebärden reichte ihr nicht, sie wollte die einzelnen Rollen nach deren geistigem, seelischem, dramatischem Inhalt mit dem jeweiligen Künstler durchgehen. Alles, was Richard Wagner in der Partitur vermerkt hatte, sollte präzise befolgt werden. Sie achtete darauf, dass man die Notenwerte genau einhielt und wenig Vibrato einsetzte. Aufnahmen mit den Gesangsstimmen aus Bayreuth von 1876-1906 machen deutlich, dass nicht alle diese Regeln befolgten, im Gegenteil: den KünstlerInnen wurde eine gewisse Freiheit der Interpretation gestattet. Dennoch ermöglichte die lange Dauer der Proben die Entstehung eines Bayreuther Stils. Rosa Sucher, die von 1886 bis 1899 verschiedene Rollen in Bayreuth sang, erlebte Cosima über mehrere Jahre. Es wurde alles besprochen: »… jede ihr nicht richtig erscheinende Bewegung bis auf die Haltung der Finger, Ausdruck des Gesichtes, Augen und Betonung. Man lernte Sparsamkeit der Gesten, was einem sehr gesund war, da man darin viel gesündigt hatte. Vielleicht ging man etwas zu weit darin, aber später sah ich doch ein, wie gut es war, Maß halten zu lernen.«[18] Dass Cosima auch mit Widerstand zu kämpfen hatte, zeigte sich bei Lilli Lehmann, der Brünnhilde im *Ring* von 1896. Sie erschien mit einer roten Perücke, was Cosima entsetzte, da Brünnhilde stets braunes Haar trug. Cosima war bereit, schwarze Haare zuzulassen, doch Lehmann blieb hart. Ihre Kollegin Ernestine Schumann-Heink schreibt: »Sie war die einzige Person, die jemals Cosima Wagner trotzte – und das will was heißen, das kann ich Ihnen sagen. Aber es geschah nur einmal.«[19]

17 Steil 2018, 673 (26.12.1893). Franz Mikorey, Dirigent und Komponist, Sohn von Max Mikorey.

18 Sucher 1914, 47.

19 Lawton 1928, 179f.

Mit einem beispiellosen Willen, Ausdauer und innerer Kraft machte Cosima die Weiterführung der Festspiele zu ihrem Lebensziel. Als Ehefrau Bülows hatte sie in Berlin unzählige Theater- und Musikaufführungen besucht und dadurch eine Kompetenz für das Theatralische erworben. Die genaue Kenntnis der Musik als Pianistin und später die Erfahrung als jahrelange Gesprächspartnerin Wagners kamen ihr zugute, und sie spornte damit die Künstlerschar zu schauspielerisch-musikalischen Höchstleistungen an. Ein zeitgenössischer Kritiker schrieb: »Ihre Phantasie findet für alles vornehme Formen, sie dämpft ab, sie zeigt, daß auch das Theater durchaus nicht immer grobkörniger derber Effekte bedarf, um den Zuschauer in seinen Bann zu ziehen. Es leuchtet ein, wie wichtig dieser Zug ihrer Regiekunst ist durch den Einfluß, der dadurch auf andere Bühnen geübt werden kann.«[20] In der Theatergeschichte bleibt ihr Verdienst beim künstlerisch-organisatorischen Aufbau und bei der Verstetigung der Festspiele einzigartig, wobei sie sich stets als eine Dienende begriff. Die Fortsetzung der Festspiele nach Richards Tod ist im Nachhinein als imponierende Leistung zu bewerten.

Trotz der langen Proben blieb immer auch Zeit für Erholung. Die Mitwirkenden, die in dem kleinen Hotel »Zum schwarzen Roß« ihr Logis hatten, nannten sich »Die schwarze Roß-Bande«. Nachmittags, wenn keine Proben waren, fuhren sie zur Fantaisie oder zur Eremitage, und da wurde viel Unsinn getrieben. »Wir waren ausgelassen wie die Kinder«, erinnert sich Rosa Sucher. »Abends war meist Empfang in Wahnfried. Wie ich am ersten Tag zu Tische war, wurde mir von Frau Wagner der Stuhl des Meisters angeboten … Jedes Zusammensein mit Frau Wagner und der ganzen Familie war stets ein Ereignis für mich.«[21]

Wagners Stellung war in der Operngeschichte noch nicht gefestigt, die Begeisterung keineswegs einhellig, es gab weiterhin einflussreiche Gegner. Zu ihnen gehörte Elisabeth von Her-

20 Großmann-Vendrey 1983, Bd. 3.1, 198.
21 Sucher 1914, 48f.

zogenberg, die Ehefrau des Komponisten, die mit Clara Schumann und Johannes Brahms eng befreundet war. Trotz Levis Bemühungen, sie in die Musik Wagners einzuführen, entwickelte sie eine starke Abneigung. *Parsifal* nannte sie »eine Blutrünstigkeit und Weihrauchmuffelei, eine schwüle Sinnlichkeit mit heilig ernsthaften Geberden in Schwere und Schwülstigkeit«. Sie fand die viel diskutierten Blumenmädchen niedlich und unschuldig: »überhaupt da wo sie hingehörte steckt die Sinnlichkeit in der Oper nicht, sondern in dem geistlichen Hocuspocus der garnichts weiter ist wie sinnlich weichlichste Gefühlsschwelgerei und ungesunde Wundenmal-Verzückung; für einen an Bachsche Kost gewöhnten Magen fast ein Brechmittel«.[22]

Für das Festspieljahr 1891 waren *Parsifal*, *Tristan* und *Tannhäuser* geplant. Cosima hatte den 1864 geborenen Dirigenten und Komponisten Richard Strauss entdeckt und sein Talent erkannt. Zusammen mit Siegfried traf das Trio wichtige künstlerische Entscheidungen. Strauss verbrachte Ostern in Bayreuth, was Cosima als schönste Feiertagsgabe empfand: »Wir denken immer mit Freude daran und daß wir zwölf Stunden hintereinander zusammen plauderten.«[23] Ihr war bewusst, dass dieser hochbegabte junge Mann für Bayreuth ein Gewinn wäre, und sie hatte wohl insgeheim die Hoffnung, einen künftigen Schwiegersohn aus ihm zu machen. Daraus wurde bekanntlich nichts. Ausgerechnet Levi, eine bedeutende Stütze der Festspiele, wurde nun beiseitegeschoben. Das traf ihn schwer. Während Strauss Levi anfeindete und mit seinem Antisemitismus nicht sparte, mäßigte ihn Cosima: »Ich bin doch zu dem Schluß gekommen, daß nur die Art uns fremd ist, nicht aber die Absicht feindselig. Helfen Sie mir hier bei dem Werke des Friedens, mein Freund, ich glaube, wir werden es alle nicht bereuen.«[24]

Den Töchtern erlaubte sie, bei ausgesuchten Proben anwesend

22 Brief vom 7.8.1889, in: Sattler 1962, 327ff.

23 Trenner 1978, 87 (16.4.1891).

24 CW an Strauss, 6.12.1890 in: Trenner 1978, 69.

zu sein, und Eva schreibt an Richard Strauss 1891, dass sie und Isolde zum ersten Mal einer Morgenprobe beiwohnen durften. »Und zwar gab's zuerst: Vorspiel, Venusberg mit Ballettpersonal, wo Mama bereits Wunder gewirkt hat.«[25] Es bleibt unverständlich, warum sie dem inzwischen erwachsenen Nachwuchs nicht einen ständigen Zugang zu den Proben gestattete. Richard hatte den Kindern stets das Zuschauen erlaubt.

Bayreuth sah zur Festspielzeit inzwischen wie ein Wallfahrtsort aus. »Händler mit Wagner-Andenken säumten den Weg zum Theater und versperrten sogar das Tor zum Grab. Wagner-Köpfe auf Flaschenkorken, Wagner-Medaillons, Wagnernadeln, Wagnerbrieftaschen und Gralstauben wurden feilgeboten.«[26] So empfand es der Autor Romain Rolland, der von Malwida von Meysenbug nach Bayreuth mitgenommen worden war. Positiv war hingegen, dass die Festspiele 1891 wider Erwarten ohne Defizit zu Ende gingen, was Freude und Zuversicht auslöste.

Cosima reiste nach den Festspielen nach Luzern, um sich von den Anstrengungen zu erholen. Sie war sogar auf der Rigi, wo bereits 1871 die erste Bergbahn Europas eröffnet worden war und »wo der herrliche Anblick der Alpenkette uns inmitten der Licht-Alben versetzte«. Sie kritisierte die »ausgeprägten Fremdlinge, welche unter der Maske von Engländern, Franzosen, Italienern ihre beängstigende Unruhe und Hastigkeit an den Tag legen«, und nutzte die Zeit für anspruchsvolle Lektüre, las den ganzen *Faust* wieder, die Memoiren von Talleyrand und historische Dramen von Shakespeare.[27]

Beim Jahreswechsel 1891/92 war Strauss wieder dabei und nach seiner Abreise feierte man weiter. Es gab ein improvisiertes Lustspiel, wo Siegfried ihn als »Musiker Blitz« imitierte. »In drei Sprachen wurde gesprochen, und alle haben ausgezeichnet gespielt«,

25 Eva an Blandine, 23.6.1891.
26 Rolland 1949, 120.
27 HL-B 8f. (6.9. und 13.10.1891).

schrieb Cosima an Strauss. »Sie lieben eine Herzogin, die Sie verschmäht! Montemaggiore war Anarchist, meine Tochter Gravina eine Nihilistin, ich habe unendlich viel Vergnügen an der Sache gehabt und finde, daß man viel derlei Zeug treiben sollte. Nun sind die meisten fort. Siegfried in London, nahe beim Einschiffen, Gravinas und Isolde in Rom. [...] Es war so lieb von Ihnen, zu unserer Weihnacht zu kommen!«[28]

Der erwähne Marquis von Montemaggiore war ein Freund des Grafen Gravina aus Sizilien und zwei Wochen lang über Weihnachten zu Besuch. Die Familie wollte Isolde in eine Ehe mit ihm drängen, aber sie wehrte sich. Die 26-Jährige wollte kein »Mauerblümchen« sein und auch nicht lebenslang bei der Mutter bleiben – diesen Platz hatte ohnehin Eva bereits eingenommen. Sie wünschte sich jedoch eine Liebesheirat, und keine aus Konvention. »Die jungen Mädchen [waren] luftdicht vom Leben abgeschlossen unter die Kontrolle der Familie gestellt, in ihrer freien körperlichen wie geistigen Entwicklung gehemmt«, schreibt Stefan Zweig über die Situation der Frauen um die Jahrhundertwende.[29] Erst als sie auf das dreißigste Lebensjahr zuging, entwickelte sie Widerstandsgeist gegenüber der Mutter.

Isoldes Bestreben, sich von Bayreuth zu entfernen und zu reisen, erinnert an ihren unsteten Vater: Richard liebte trotz seiner pekuniären Knappheit das Reisen und kannte große Teile Europas. Cosima spürte, dass sie mit ihren Weisungen und Mahnungen bei Isolde im Gegensatz zu Daniela nicht weiterkam. Unter dem Eindruck dieser Einsicht schrieb sie an Mary Fiedler: »Das Verständnis für dämonische Naturen, wie zum Beispiel Isolde eine ist, ist nicht immer ganz leicht.«[30] Sie versuchte eine Erklärung für ihr Verhalten zu finden: »Am schwersten zu erkennen, weil der Natur am nächsten stehend, ist Isolde. Sie hat keine Genia-

28 Trenner 1978, 113 f. (22.1.1892).
29 Zweig 2013, 126.
30 CW an Mary Fiedler, CWZ, 286 (14.2.1892).

lität, aber Genie (was ich unter Genie verstehe). […] Viele Talente und keine Freude an der Ausübung derselben. Gar kein Verständnis für Ironie und unendlich viel Humor. Wenige Menschen werden mit ihr etwas anzufangen wissen, aber die Tiere verstehen sich mit ihr, und noch heute höre ich das Lachen, womit sie mich in ihrem Kinderwagen empfing, wobei sie sich kerzengrad aufrichtete und wie eine Walküre wieherte. Man hat mir immer vorgeworfen, daß ich sie vorzog; das tat mein Vater, dem sie am ähnlichsten (auch in der verschwenderischsten Generosität) ist. Ich habe sie nur erkannt und wünschte ihr einen Mann, den sie liebte. Das wird aber schwer sein, denn sie versteht nur das Absolut-Männliche, alles andere zieht sie nicht an, und da sie gar nichts will, fürchte ich, daß mein Wunsch ein frommer bleibt.«[31]

Was meinte sie damit, wenn sie Isolde »viele Talente und keine Freude an der Ausübung derselben« nachsagte? Hatte sie nicht begriffen, dass zur Entwicklung von Begabung die Unterstützung und die Erwartungen der Umwelt eine Rolle spielen? Isolde hatte mit ihrem Vater viel gemein. Wie er, vermengte auch sie oft die Realität mit Fiktion, und sie besaß seine leidenschaftliche Heftigkeit. Vielleicht färbte Cosimas Missfallen über Isoldes emphatische Ablehnung eines Heiratskandidaten und ihren Wunsch, sich stärker von zu Hause abzusetzen, ihre Ansichten. Sie suchte jedoch den Kontakt zur Tochter und lud sie im Februar nach Nürnberg zu einer *Meistersinger*-Aufführung ein. Am Tag darauf statteten sie dem Operndirektor einen Besuch ab und sahen sich das Rathaus, die Märkte, Plätze und Gassen, Kirchen, auch einen Friedhof an. Cosima nahm sich die Zeit, um sie mit der Tochter zu verbringen.[32]

Trotz der Liebe der Mutter zur Tochter, ebenso der Tochter zur Mutter, spürte Isolde einen inneren Abstand von der Familie, der sich in dem Bedürfnis nach Unabhängigkeit manifestierte.

31 CW an CH, 23.11.1893 in: Pretzsch 1934, 253.
32 CW an SW, 1.3.1892. Isolde war dabei (CWZ, 811).

Sie wollte ihren eigenen Weg finden, was Cosimas Vorstellungen zuwiderlief. In einem Geburtstagsgruß, den sie Isolde aus Meran schickte, erinnerte die Mutter sie an ihre Kindheit, ihre Fügsamkeit und Menschenfreundlichkeit. Damals sei sie so leicht lenkbar gewesen. Dann fügte sie hinzu:»Nun bist Du mir wie entschwunden, bei jedem Worte, was ich spreche, frage ich mich, ob Du mich denn vernimmst, und an heftigen Erwiderungen, die Du mir gegeben, mußte ich mir wohl sagen, daß das nicht mehr sei, was mir einst so unaussprechlich viel gewesen […] Ich glaube, daß einer seltenen Natur, gerade von der Art der Deinigen, die Begegnung mit der Welt nicht taugt und daß sie Dich eigentlich aus Deinem Geleise gebracht.

Fühlte ich Dich befriedigt, glaube mir, mein Kind, ich spräche so nicht zu Dir. Aber Du hast Dich gleichsam außer dem allgemeinen Gesetz gestellt. Du verlangst und denkst nicht daran, aus welcher Gegenseitigkeit alle Beziehungen bestehen. Aber mir ist es, als ob jetzt der Augenblick gekommen wäre, wo der Irrnis Wege für Dich ihrem Ende entgegengingen, ich wähle Deinen Geburtstag, um Dir die Bedingungen unseres besonderen Daseins zurückzurufen.

Bayreuth, das ist unser Boden, von da aus kommt uns der Segen, von da aus aber auch kommt alles, was uns an freundlicher Beachtung zuteil wird.« Und weiter: »Nirgends außer Bayreuth und den Filialen von Wahnfried haben wir das geringste zu suchen, und unser Stolz muß darin bestehen, das zu wissen. […] Willst Du wie Eva mit mir aushalten, mir in meinem Werke beistehen und helfen, willst Du die Häuslichkeit, oder willst Du *Dein* Leben nun führen, wobei ich überzeugt bin, daß das Wesen, was in Dir ist und was nur falsche Vorstellungen trüben konnte, zu neuer schönster Blüte kommen würde.«[33] Trotz einer scheinbar wertfreien Frage hat Cosima mit dem Urteil »falsche Vorstellungen« ein Leben Isoldes außerhalb der Festspiele bereits als unrealistisch dekretiert. Die entfremdete Tochter sollte zurück-

33 CWZ, 296ff. (10.4.1892).

kehren und sich dem mütterlichen Schutz und den damit verbundenen Aufgaben stellen.

Isolde antwortete ihrer Mutter:

»Aus vollem Herzen danke ich Dir, meine einzige angebetete Mama, für die ernste, so liebevolle Mahnung bei Gelegenheit meines Geburtstages, sie hat mich tief erschüttert, und wie aus beängstigenden Träumen fühle ich mich erwachen, indem ich mit Dir auf meine selige Kindheit zurückblicke u. mir dabei bewußt werde, was eigentlich meine Bestimmung war. Nun befrage ich mich, was denn die Ursache gewesen ist, die mich auf dem Abwege gerathen ließ? Ich glaube es war die mich fast vernichtende Enttäuschung die ich durchmachen mußte, als ich zum ersten Mal mit meinem ganzen Sein, tief leidenschaftlich liebte. Da ich schwachen Charakters bin, unterlag ich u. suchte mir durch weltliche Zerstreuung aufzuhelfen, wohl in der thörichten Hoffnung, dort finden zu können, wonach ich mich so sehr sehnte; ich bin aber nicht für die Welt geschaffen, das sehe ich jetzt wohl ein, u. das was ich so suchte, konnte ich daher dort nicht finden. Das hat mich – wenn ich es mir bis jetzt auch nie eingestehen wollte – gegrämt und mir alle Lebensfreudigkeit genommen. Ich habe noch immer ein so leidenschaftliches Verlangen zu lieben (nicht nur geliebt zu werden), daß ich das Gefühl hatte, zu Grunde gehen zu müssen, wenn ich nur aus Theilnahme, Dankbarkeit und Vernunftsgründen eine Ehe eingehen sollte; ich arbeite aber an mir herum und suche diese Empfindung zu bekämpfen u. werde sie auch besiegen, wenn mir Zeit dazu gegönnt wird. Steh mir bei, heißgeliebteste Mama (Du kennst mich ja besser als ich mich selbst) und führe mich zurück zu meinem früheren Wesen und das vor allem zu Dir, denn wie ich Dich vergöttere, mich nach Dir sehne und durch unsere scheinbare Entfremdung – die ich mir nie erklären konnte – gelitten habe, ahnst Du kaum.«[34]

Cosima blieb dabei, dass Isoldes Streben nach Freiheit ein Irrweg war. Als Levi im Mai 1888 den »Brüderbund« mit Siegfried

34 Isolde an CW, 16.4.1892 (NA).

besiegeln (= sich duzen) wollte und Assisi als Ort vorschlug, erwiderte Cosima den Spaß: »Da müßten Sie und meine Isolde jeder auf das Beste unter die Haube gerathen sein. Ich überlasse es Ihnen den Sinn dieses Unsinnes zu finden.«[35] Cosima nahm die Metapher der Haube als Zeichen des Eintritts in den Orden der Franziskaner oder der Klarissen wie auch für die Eheschließung. Sie hielt also Isoldes Verheiratung für ebenso unwahrscheinlich wie eine Heirat Hermann Levis. In beiden Fällen sollte sie sich irren.

Im Mai 1892 reiste Isolde wieder zu Blandine. Sie fuhr vermutlich von München über Bregenz, dann via Zürich durch den Gotthard, der 1882 eröffnet worden war, bis nach Chiasso. Weiter ging es nach Mailand, Rom und von Neapel nach Salerno. Von dort erreichte sie mit dem Schiff Sizilien. In Palermo begegnete sie Blandines Vater Hans von Bülow sowie dessen zweiter Frau Marie, einer Schauspielerin. Die Begegnung war für beide Parteien recht emotional, denn Hans von Bülow hatte nie einen Fuß nach Bayreuth gesetzt, auch nicht nach Wagners Tod. Er war 1886 weder zur Hochzeit Danielas mit Henry Thode noch 1882 zu Blandines Hochzeit eingeladen worden; Isolde hatte er 24 Jahre lang nicht gesehen. Beide konnten ihre Aufregung nicht verbergen. Sie berichtete nach daheim von dem Treffen und dem Abschied: »Heute sei Euch nur noch gesagt, daß die 12 Tage Hierseins H v B's zu den schönsten Erinnerungen meines Lebens gehört. Er war unsäglich gütig von Anfang bis Ende gegen mich, voll der zartesten Aufmerksamkeit und Theilnahme (auch an der Totogeschichte). Er frug Blandine gleich am ersten Tage ob er mich duzen dürfe, ich that des Gleichen; wir kamen uns von Tag zu Tag näher u. ich lernte ihn von Herzen lieben und bewundern […] Hätten wir doch Seinesgleichen in Bayreuth, an ihm hätte das arme Mutterleben wirklich eine Stütze – einen Mann, die anderen sind alle Weiber!«[36] Die selbstverständliche Autorität

35 CW an Levi, 4.6.1888, in: Steil 2018, 417.
36 Isolde an Eva, 24.5.1892 (NA, Hs 15/3).

Bülows imponierte ihr, ebenso wie sein gewaltiges Klavierspiel.[37] In einem Brief an Daniela viele Jahre später erinnerte sie sich noch einmal an diese Begegnung: »Mir ist als senkten sich die Augen Deines erhabenen Vater's, dem Du so innig verwandt bist, wieder – in großer Liebe u. Wehmuth – wie einst, als wir für immer von einander Abschied genommen hatten: er auf dem abfahrenden Schiffe stehend, ich im Boot, von namenlosem Schmerz erfaßt, an das Ufer Palermo's zurückkehrend, – auf mich herab. Dieser Blick lebt ewig in meiner Seele.«[38]

Die »Totogeschichte« bezog sich auf eine Affäre, die Isolde in Palermo mit einem Mann dieses Namens erlebte. Sie hatte ernsthaft an eine Ehe gedacht, war dann aber abgewiesen worden. Blandine machte derweil keinen Hehl aus ihrer gescheiterten Ehe. Die Folgen waren Schlafstörungen und körperliche Beschwerden. Sie wollte allein zu den Festspielen im Sommer reisen, »denn fort von hier muß ich auf ein paar Wochen u. das Zusammenleben mit B[iagio] auf ein Weilchen unterbrechen«. Sie gab zu, dass sie eine geradezu krankhafte Antipathie gegen ihn entwickelt hatte, die sie aber zügeln wollte. Ihre Wohnung war feucht, und sie wünschte sich ein kleineres, sonniges Heim, ohne viel Treppensteigen. Biagio konnte sich das nicht leisten und musste zusehen, wie ihre Ehe zu Bruch ging.

Blandines Schicksal hatte Isolde nachdenklich gestimmt, und sie konzentrierte sich im Sommer wieder auf die Festspiele. Die Proben verliefen nach einer bestimmten Ordnung, an der man festhielt und die Levi vorher schriftlich festlegte. Morgens um 9 Uhr holte Cosima ihn ab, oder sie ließ ihren Wagen schicken. Bis 12.30 wurde gearbeitet, Mittagessen gab es in der Restauration, wo Cosima Mottl, Strauss und Siegfried traf (Mottl dirigierte *Lohengrin*, Strauss *Tannhäuser*, Siegfried assistierte). Nachmittags wurde wieder geprobt. Abends blieb man bis 21 Uhr im Festspielhaus zusammen, »meist in größerer Gesellschaft, mit

37 Poppenberg 1905, 649.
38 Isolde an DT, 24.8.1916 (NA).

einigen Sängern und den Töchtern von Frau Wagner«, schrieb Levi. »Nachdem in diesem Winter einige durch elende Klatschereien entstandene Mißverständnisse zw. Frau Wagner und mir durch gründliche Aussprache beseitigt sind, ist unser Verhältniß das denkbar schönste.« Levi neigte dazu, Cosimas Spitzen gegen ihn zu verdrängen, und lobte sie lieber: »Frau Wagner hat Wunder der Inscenierungskunst vollbracht.«[39] Auch die Sängerin Lilli Lehmann wurde eingeladen, und ihr zufolge ging es abends ungezwungen und heiter zu. Sie verehrte Cosima als »bedeutende, willensstarke Frau«, kritisierte sie aber auch: »Viele Wege führen nach Rom – nach dem heutigen Bayreuth nur mehr ein einziger: sklavische Unterwerfung!«[40] Während Richard eher dafür bekannt gewesen war, Anweisungen am Tag darauf wieder zu verändern, standen die Dinge für Cosima unverrückbar fest.

Nach den Festspielen verwaiste die Stadt regelmäßig. Equipagen verschwanden, man sah »höchstens einen Wagen mit Kühen bespannt, überall das beginnende Reinemachen der Wohnungen. Unheimlich ruhig war's am Bahnhof, wo sonst ein riesiges Leben und Treiben war.«[41] Und so versuchte auch Isolde durch Reisen der Langeweile zu entkommen. Sie war im September in Gardone am Gardasee, wo Adolf und Marie von Groß sich von den Festspielstrapazen erholten und Blandine mit ihrem Mann hinzukommen wollte. Gardone war von einem Fischerdorf zu einem beliebten Kurort geworden.

Siegfried brach im Januar 1892 mit seinem englischen Freund Clement Harris zu einer längeren Asienreise nach Indien und China auf. Nach seiner Rückkehr entschied er sich endgültig für die Musik und legte die Idee eines Architekturstudiums ad acta. Aber was blieb Isolde?

Malwida von Meysenbug muss Isoldes Orientierungslosigkeit gespürt haben, denn sie schlug Cosima vor, der Tochter eine

39 Steil 2018, 367f. (6.7.1894).
40 Lehmann 1920, 407.
41 Sucher 1914, 68.

Ausbildung als Sängerin zukommen zu lassen, und meinte, ihre »prachtvolle Stimme« eigne sich für Bayreuth.[42] Davon überzeugt, dass eine berufliche Tätigkeit für Mädchen gut sei, schrieb Malwida: »Am besten aber scheint mir, daß Isolde anfängt mit Kniese zu singen und ihrem Leben keinen Traum – sondern einen realen Inhalt gibt.«[43] Cosima war überraschenderweise einverstanden und schrieb zurück, sie freue sich »auf Loldis Bestimmung«. Sängerinnen, die in Bayreuth auftraten, reisten oft alleine umher und verhandelten meist selbständig ihr Honorar. Das hätte Cosima Isolde nie gestattet; vermutlich dachte sie an eine Karriere als Konzertsängerin. Aber als Tochter Richard Wagners durfte man niemals mittelmäßig sein. Vielleicht war es der zu erwartende Druck von außen, der Isolde von einer professionellen Laufbahn abhielt. Wie gerne sie aber sang, wird in einem Schreiben Danielas an den Heidelberger Musikdirektor Philipp Wolfrum deutlich. Dort sollte die Bachsche *Johannespassion* aufgeführt werden, und Daniela fragte an, ob ihre Schwester, die musikalisch sicher sei und einen hellen, starken Sopran besitze sowie die *Passion* schon studiert habe, bei den Proben mitmachen dürfe: »Sie wäre glücklich darüber.« Es kam aber nicht dazu, denn Isolde wurde in Bayreuth gebraucht: »Ich bin bei der *Schöpfung* auch nöthig, u. die Erzväter Haydn-Kniese lassen mich nicht los.«[44]

Hier kam ein anderes ihrer Talente zum Einsatz. »Gestern war meine Tochter im Kloster Michelfeld und besorgte dort die Ausführung des von ihr entworfenen neuen Costümes der Kundry«, schreibt Cosima.[45] Das ehemalige Kloster in Auerbach (Diözese Bamberg) wurde ab 1885 von einer Stiftung zur Betreuung von Menschen mit Behinderungen genutzt. Isolde ließ dort das von ihr für Anna von Mildenburg entworfene Kostüm schneidern, das dann aber bei den Festspielen nicht zum Einsatz kam.[46]

42 29.9.1894, MvM an CW, (NA).
43 3.11.1894 MvM an DT (NA).
44 DT an Philipp Wolfrum, 25.10.1897; Isolde an unbekannt, 12.2.1898 (ER).
45 28.5.1897 (HL-B, 153).
46 CW an MvM, 27.12.1897 (NA).

Zwischen den Festspielen blieben für die Schwestern die Reisen zu Siegfrieds Konzerten und Uraufführungen ein besonderes Vergnügen. 1893 reiste Isolde deshalb nach Berlin und kam bei dem Ehepaar Helmholtz unter. Der Universalgelehrte Hermann Helmholtz hatte 1863 das Buch *Die Lehre von den Tonempfindungen als physiologische Grundlage für die Theorie der Musik* veröffentlicht, das ihn in der Musikwelt weithin bekannt machte. Am Ende des Konzerts war Isolde erzürnt, weil der Applaus für das Werk ihr zu lau erschien. Helmholtz' Ehefrau Anna meinte später, dass man erst etwas leisten müsse, um Applaus zu ernten, und schrieb ironisch: »Das arme Isolden Herz empfand das anders – u. machte ihrer Schwesternliebe, ihrem Stolz und ihrer Gesinnung Ehre. – Ich hoffe, sie ist zufriedener erwacht, als sie entschlief mit ihrem heißen Herzen.«[47]

Es war ein großes Ereignis, als Siegfried Ende 1893 in Leipzig sein erstes öffentliches Konzert im Lisztverein dirigierte: die *Holländer*-Ouvertüre, *Les Préludes* und *Tasso* von Liszt sowie ein Auszug aus Humperdincks *Hänsel und Gretel*. Eva berichtete Blandine über Siegfrieds Erfolg. Die Konzerthalle war mit 2600 Menschen gefüllt, Richard Strauss und viele andere Bekannte waren dort. »Beim ersten Auftreten unseres Fudel applaudirte und rief etwas laut hinter mir, der Ausdruck! [= Cosimas Spitzname für Strauss] u. inszenierte somit einen ganz respektablen Empfang [...] manche zarte amerikanische Blume war sehr dabei [...] seine Stirne leuchtete über Alles hinweg«, schrieb Eva. Ob Strauss seinen Jubel ernst meinte, bleibt angesichts seiner eigenen Fähigkeiten offen. Aber er wollte dem Freund beistehen. Cosima war begeistert, als sie von Siegfrieds Erfolg erfuhr. »Sie hatte einen jener ächt wahnfriedlichen Abende mit Knieses (hier fehlte der Champagner nicht) arrangirt, u. konnte nicht genug von jeder Minute erfahren.«[48]

Als Kniese mit Isolde Ende 1894 das Gesangsstudium besprach,

47 Werner/Irmscher 1993, 46 (30.12.1893).
48 Eva an Blandine, 8.12.1893 (STAM, Ana 471).

stand auch ein Klavierbegleiter zur Verfügung: Der Schweizer Musiker Franz Beidler arbeitete als musikalischer Assistent bei den Festspielen. Es ist gut möglich, dass Siegfried den begabten Musikstudenten bei seinem erfolgreichen Konzert in Leipzig 1893 kennengelernt hat. Er war ein großer Liszt- und Wagnerverehrer und ein ausgezeichneter Pianist, der damals an der Leipziger Musikhochschule studierte. Er wird sich Siegfrieds Konzert nicht entgehen lassen haben, zumal er Richard Wagners Musik bewunderte.

Der junge gutaussehende Mann, geboren am 29. März 1872 im Schweizerischen Aargau, absolvierte die Schulzeit in St. Gallen, wo seine musikalische Begabung auffiel. 1889 kam Franz für das Vorstudium im Fach Klavier an die Musikschule in Weimar und hatte dort mindestens zwei Auftritte als Pianist. Kurz nach Studienbeginn nahm er als Cellist an einem öffentlichen Konzert teil, bei dem das Septett op. 79 von George Onslow präsentiert wurde. Sein Spiel hatte demnach schon zu Studienbeginn professionelle Qualität. Nach wenigen Monaten wechselte er an die renommierte Hochschule in Leipzig, wo er von Bruno Zwintscher, Salomon Jadassohn und Carl Reinecke ausgebildet wurde. Sein Klavierlehrer Zwintscher bescheinigte ihm, einer seiner begabtesten Schüler zu sein. Mit seinem Schweizer Kollegen Hermann Suter saß er häufig stundenlang am Klavier und sie analysierten Wagners *Tristan und Isolde.*[49] In einem Zeugnis hielt Jadassohn fest, dass Franz Beidler mit großer Intelligenz in den Fächern Harmonie und Kontrapunkt arbeiten würde, allerdings habe er in den letzten 18 Monaten seine Theoriestunden nicht mehr besucht. Als leidenschaftlicher Verehrer der Musik Franz Liszts handelte er sich am Leipziger Konservatorium Missfallen ein, als er auf einem von Liszts Klavierkonzerten als Prüfungsstück bestand.[50] Seine Neigung, gegen den Strom zu schwimmen, indem er das Studium in Weimar mitten im Semester beendete,

49 Naegele/Ehrismann 2013, 59.
50 CWZ, 554 (15.11.1900).

seinen Theorieunterricht schwänzte und gegen den Willen der Professoren Liszt spielte, weisen bereits auf seinen widerständigen Charakter hin, der ihm später in dem hierarchisch ausgerichteten Bayreuth schaden sollte. Zugleich wurde seine außerordentliche künstlerische Begabung sichtbar.

Beidler wurde von der Hochschule weg engagiert und arbeitete ab 1894 in Bayreuth. Dort angekommen, schrieb er seinem Onkel Hausmann, einem in St. Gallen bekannten Geschäftsmann, der Apotheken und Spitäler besaß: »Seit gestern bin ich hier, auf Kosten des Verwaltungsrates der Bühnenfestspiele hierher berufen, und habe heute die Stelle an der ›Wagner'schen Stilbildungsschule‹ erhalten (den genauen Titel der Schule weiss ich noch nicht bestimmt.) Herr Musikdirector Julius Kniese ist Director. Gestern wurde [ich] Herrn Siegfried Wagner, Sohn des grossen Meisters, vorgestellt u. heute dort zu Tische geladen. An der Schule habe ich täglich 3 Stunden zu arbeiten, den Sängern Rollen einzustudiren u. sie mit den Werken eingehend bekannt zu machen. Im Sommer werde ich zu den Festspielen am Theater mitzuarbeiten haben, bei Frau Wagner öfters Kammermusik spielen müssen etc. u. steht mir ein Orchester zur Verfügung, wo ich mich im Dirigiren versuchen kann. Gehalt 2100 Mark; das Leben u. Logis sei hier billig. Jährlich 13 Wochen Ferien. Am 1. November muss ich schon hier eintreten, und werde ich mir heute noch ein Logis suchen. Ich werde im Sommer mit den grössten deutschen Dirigenten: Levi, Richter, Strauss, Mottl etc. bekannt werden u. so mir sehr nützliche u. angenehme Bekanntschaften machen.«[51]

Das Korrepetieren mit Sängern und Sängerinnen schloss das Herumreisen und Proben ein. Verwaltungsaufgaben gehörten auch dazu. Dass Franz Beidler die Möglichkeit bekam, das Dirigieren zu üben, stachelte seinen Ehrgeiz an. Durch seine auffallend künstlerische Leistung und seine Verehrung der Neudeutschen Schule um Liszt errang er Cosimas Sympathie. Da die

51 FB an seinen Onkel Friedrich Hausmann, 24.10.1894 (AB).

Stilbildungsschule nicht besonders erfolgreich war, konzentrierte er sich auf die Aufführungen.

Ende März 1896 bat Cosima ihn, ein von Siegfried dirigiertes Konzert im Nürnberger Rathaussaal zu besuchen, um die Akustik zu prüfen. Siegfried »macht sich ein Vergnügen daraus, Ihnen die Reise und Aufenthalt zu entschädigen. Machen Sie ihm also die Freude und gehen Sie hin! Friedrich geht auch. Herzlichsten Gruß. C. Wagner. Ich werde Kniese um Erlaubnis für Sie bitten.« Isolde besuchte ebenfalls das Konzert, und sie schrieb hinterher an Levi: »Es war sehr schön u. in dem Rathhaussaal klang- u. stimmungsvoll.«[52] Ohne es zu ahnen, hat Cosima damit ihren Teil zur Entstehung der Beziehung zwischen Isolde und dem attraktiven Mitarbeiter Franz beigetragen.

An ihrem 31sten Geburtstag weilte Isolde wieder bei Blandine in Sizilien, und Cosima gratulierte ihr, nicht ohne Siegfried überschwänglich zu loben. »Fudel ist nun 8 Tage bei uns, heimisch und traulich u. segensvoll wie ein Hausgott! Es wird uns schwer werden ihn zu missen, aber ich habe mir fest vorgenommen, ihn nicht zurückzuhalten, um dieses wundervolle Naturell, welches ganz von selbst sein Gesetz sich schafft u. ihm gehorcht u. mit der Ruhe u. Sicherheit eines Sterne's wandelt, nicht zu beunruhigen.« Das »wunderbare Naturell« scherte sich wenig um Cosimas erhabenen Ton und schrieb der Schwester: »Gehorsamster Deckel, himmelbombenhafte Gratulationen zum hoch bedeutenden Geburtstag! Und noch allerhand andere Wünsche (hie hie hie).«[53]

Im Sommer 1896 wurde mit der ersten Wiederholung des *Ringes* seit 1876 ein Grundpfeiler im Spielplan gesetzt, und in den späteren Jahren im Wechsel ein weiteres Werk (*Holländer, Tannhäuser, Lohengrin, Meistersinger*) hinzugenommen. Es mussten also die einzelnen Teile der *Ring*-Tetralogie mit neuem Personal besetzt und einstudiert werden. Die Leitung von Bühne und Chor

52 CW an FB, 27.3.1896 (AB); Isolde an Levi, in: Steil 2018, 737 (4.4.1896).
53 CW an Isolde, 6.4.1896, Zusatz von SW (STAM, Cgm 8405).

hatte Kniese inne. Franz Beidler und Michael Balling, die späteren Dirigenten, assistierten ihm. Die Regie führte wie bisher Anton Fuchs. Man musste sich umstellen, da für den *Ring* im Vergleich zu 1876 inzwischen eine bessere Bühnentechnik zur Verfügung stand.

Siegfried wohnte allen Proben bei, um das Dirigieren zu erlernen, und er durfte Bühnenproben leiten, bevor er den zweiten Zyklus als Dirigent übernahm. Cosima versuchte, ihn anderen Bühnen zu empfehlen, hatte aber in Wien bei Gustav Mahler kein Glück, der seine Absage hinter höflichen, blumigen Umschreibungen versteckte. Sein vermeintliches Lob wurde von Cosima irrtümlich für bare Münze genommen und sie freute sich. Mahler hatte wohl erkannt, dass Cosima alles lobte, was Siegfried produzierte, ob Opernkompositionen oder Dirigate. 1896 hatte Mahler zum ersten Mal die Festspiele besucht und erlebte den *Ring*, von Siegfried dirigiert, der damit im Festspielhaus debütierte. Richard Strauss fand Siegfrieds Leistung »miserabel«, was vielleicht auch mit einer »denkwürdigen Unterredung« mit Cosima zu Jahresbeginn zu tun hatte, die dazu führte, dass er nicht mehr von Wahnfried-Bayreuth eingeladen wurde.[54] Daher konnte er sich fortan frei äußern.

1897 wurden *Parsifal* und der *Ring* gegeben: ein überaus anspruchsvolles Vorhaben. »Indessen füllt sich die den gekrönten Häuptern vorbehaltene sogenannte ›Fürstenloge‹«, schreibt ein Besucher. »Auch Frau Wagner erscheint in ihrer Loge. Ihr aristokratisches Profil zeichnet sich scharf gegen den Hintergrund ab. Mit ihren anmutigen Töchtern nimmt sie in der ersten Reihe Platz.«[55] In dem Programmbuch ist Beidler unter der Rubrik der »Solorepetitoren und musikalischen Assistenz auf der Bühne« genannt.

Es war ein schwerer Schlag für die Familie, als sich Biagio Gravina im September 1897 in Palermo erschoss. Cosima und

54 Vgl. Reeser in: Blaukopf 1983, 216.
55 Albert Lavignac: Das Leben in Bayreuth (1897), in: Barth 1976, 87.

Isolde reisten sofort zu Blandine, um ihr beizustehen. Sie war bereits durch die Depressionen ihres Ehemannes und die schwierigen Lebensverhältnisse nervlich belastet. Er hinterließ einen Schuldenberg. Es waren Entscheidungen bezüglich Wohnort und Erziehung der Kinder zu treffen, und Cosima beschloss, die erst 34-Jährige mit den vier Kindern mitzunehmen und so rasch wie möglich nach Gardone zu reisen, wo sie sich mit Adolf von Groß und Siegfried über die Zukunft der Tochter beraten wollte.[56] Blandine plante, sich – versehen mit einer Rente, die ihr Groß bewilligte – in Florenz niederzulassen. Zurück zu ihrer dominanten Mutter wollte sie nicht, denn sie hatte sich von der Atmosphäre in Wahnfried mit all den zugehörigen Verpflichtungen innerlich befreit. Biagio sei seinem Leiden erlegen, so schrieb Cosima an Malwida. Seinen Suizid verschwieg sie, wohl aus Scham.

Der Kontakt zwischen Franz Beidler und Siegfried Wagner war in den ersten Jahren burschikos und von Siegfrieds Humor geprägt, der bis zum Vulgären ging (»Hühnerleiter vollgekakt«). Ein Schreiben wurde an den »Herrn Clavierhocker Franz Beidler genannt Cantique d'Amour« adressiert.[57] Im April 1899 bat Cosima Franz, mit den Proben anzufangen und besonders auf die Aussprache einer Sängerin zu achten, die meist in Norwegen gelebt hatte. Solche Anweisungen waren an der Tagesordnung, denn er war als Befehlsempfänger eingestellt worden und hatte sich zu fügen, aber ihm lag daran, bald auch als kreativer Mitarbeiter betrachtet zu werden. Damals gab es an den Musikhochschulen keine Ausbildung für Dirigenten, man wuchs in das Amt hinein, und sein Ehrgeiz war geweckt. Die Mitarbeiter wussten ihn zu schätzen, wie Felix Mottl, der ihn einlud, an zwei Flügeln mit ihm zu arbeiten: »Lieber Herr Beidler! Komme am 30ten Mittags hier an. Paßt es Ihnen den *Mazeppa* an diesem Tag mit mir durchzuspielen? Ich erwarte Sie also (mit den Noten) Diens-

56 CW an MvM, 2.10.1897 (NA).
57 Zettel o.D. (AB).

tag d. 30ten um 6 Uhr bei Steingräber.«[58] Liszts Sinfonische Dichtung vierhändig vom Blatt zu spielen war pianistisch anspruchsvoll und ermöglichte Beidler, sein Repertoire zu erweitern.

1899 fand die Uraufführung von Siegfried Wagners erster Oper *Der Bärenhäuter* am Hof- und Nationaltheater München statt. Isolde fertigte Figurinen für alle Partien an, die dem Kostümbildner Joseph Flüggen bei der Anfertigung als Vorbild dienten.[59] Alle Welt wollte wissen, wie begabt der Sohn Richard Wagners war, und etwa 35 Bühnen führten das Werk auf.

Im gleichen Jahr besuchte Gustav Mahlers Ehefrau Alma zum ersten Mal Bayreuth und sah *Parsifal* und *Meistersinger* auf der Bühne. Sie kam gut vorbereitet, da sie Kompositionsstudien betrieb und Wagners Musik verehrte. »Um 3 Uhr wurde hinauf gepilgert. [Ich] mustere 1 Stunde lang die Leute. Gegen 4 Uhr traten 4 Fanfarenbläser heraus und bliesen das Gralmotiv. Dann rechts und links Hinaufgetrappel auf primitiven Holztreppen. Eintreten in den Zuschauerraum. Menschen nicht erkennbar. Sitze amphitheatralisch hinaufgebaut. Großer Lärm und erwartungsvolles Gemurmel. Auf einmal Verfinsterung des Zuschauerraumes, großes Gepolter mit den niedergeklappt werdenden Bänken, hierauf feierliche Stille. Der 1. Ton – die Kälte kommt einem in den Rücken – und sofort eine Erregung nach der andern, ein Gefühlstaumel nach dem andern. Diese großartige Macht und Leidenschaft, diese echte Poesie. Mir schlug das Herz bis zum Halse. Ich hörte, sah, träumte hörend, erblindete sehend – eine andere Sphäre. Ein Himmel that sich vor mir auf.« So wie ihr erging es vielen anderen: die überwältigende Akustik, die pechschwarze Dunkelheit und die Musik, die naheging: das alles wirkte ergreifend.

Nach der Aufführung saß sie an einem Tisch mit Cosima, Siegfried und einigen Darstellern, und dann richtete sich Cosima an die Gäste. Sie bat darum, den Sohn hochleben zu lassen, »›der die hohe Ehre hat, *seinen* Namen zu tragen […]. Unsere ganze

58 Felix Mottl an FB, 25.7.1901 (AB). Steingraeber war ein Flügelgeschäft.
59 Pachl 1988, 153 (ohne Quellenangabe).

Hoffnung ruht auf ihm. Er ist der Stern meines Alters. Ich hänge ab von allen meinen Anhängern, denn ich habe nichts. Mein Sohn Siegfried ist meine Zuversicht. Der Richter weiß, was diese Geburt für mich bedeutet hat.‹ [Der Dirigent] Richter, der die ganze Zeit Cosimas Hand unter dem Tisch festgehalten hatte, küßte sie bei diesen Worten. ›Mein Sohn Siegfried lebe hoch!‹ Ein lautes Gebrüll erfüllte den Saal.«[60] Spätestens zu diesem Zeitpunkt hätte Franz merken müssen, dass er niemals gleichberechtigt neben Siegfried würde arbeiten können.

60 Mahler-Werfel 1998, 334.

7. FRAUENBEWEGUNG UND ANTISEMITISMUS ISOLDE IN MÜNCHEN

»Hochgeehrter Herr und Freund«, schrieb Siegfried Wagner, »meine Schwestern sind noch in München.«[1] In keiner Stadt war Isolde häufiger zu finden als dort; sie fuhr schon als Teenager hin. In der bayerischen Hauptstadt strahlte alles viel heller als in dem von den Schwestern oft als langweilig empfundenen Bayreuth. Dort zu sein bedeutete Treffen mit Freunden, Soiréen, spektakuläre Geschäfte, elektrisch betriebene Trams neben den Pferdefuhrwerken, künstlerische Anregungen, Akademiekonzerte im Odeon (die sogenannten Odeons-Konzerte), Theater und Oper – ein anregendes Leben tat sich auf, das mit dem beschaulichen Bayreuther Alltag wenig gemein hatte. »Wir konnten nicht, wie wir es geplant hatten, gleich München verlassen«, schrieb Isolde an Blandine. »Wir verlebten diese Tage in Saus und Braus mit Heinz und Lulu, die jetzt wieder in Frankfurt sind, sahen im Theater den *Heinrich IV.* und *Fidelio* (den Frl. Cernina, die uns sehr fesselte, obwohl sie stimmlich leider gar nicht hervorragend ist, sang) und außerhalb die lieben Sporck's, Ritters, [Richard] Sträussle, der auf Ferien da war.«[2] Kulturelle Erlebnisse, vermischt mit vielfältigen Begegnungen, stimulierten sie.

Junge kunstbesessene Menschen strömten nach München, ehe viele von ihnen nach Berlin weiterzogen. Unternehmungslustige Frauen hofften, in der bayerischen Metropole Freiheiten zu genießen, die sie anderswo nicht fanden. Eine neue bürgerliche Frauengeneration wuchs heran, die die geltenden Restriktionen

1 SW, wohl an Angelo Neumann, 10.2.1889. Schmolt Auktion Nr. 39 (2018).
2 Mai 1890 (STAM, Ana 471). Lulu = Daniela, Heinz = Thode.

nicht mehr hinnehmen wollte. 1890 wurde die *Gesellschaft für modernes Leben* in München gegründet, der zahlreiche Intellektuelle, KünstlerInnen und Frauenrechtlerinnen angehörten, und die Stadt entwickelte sich zu einem Zentrum der bürgerlichen Frauenbewegung.

Cosima wünschte, dass ihre Kinder in der Großstadt vornehmlich mit Menschen aus Großbürgertum und Adel verkehrten. Sie bestimmte Hermann Levi zum Aufpasser der Mädchen. Er sollte eine soziale Selektion vornehmen, die sie aus der Ferne steuerte. Der Dirigent organisierte Bälle in seiner Wohnung, wo sie die Töchter sicher wähnte. Für ihn war es ein Vergnügen, ihnen das wuselige Leben in der Stadt zu zeigen. »Sonnabend Abend gab uns Levi wieder eine Soirée«, schreibt Isolde. »Humperdinck spielte nämlich zuerst aus dem *Parsifal* vor, Levi, mit dem ich mich durch heimliche Zeichen verständigt hatte, unterbrach ihn im Spiel, holte Bach und einige wunderbare Fugen darauf vor und bot uns schließlich seine Loge an, in der ich morgen den *Orpheus* anhören werde.«[3] Ihr war Bachs Musik also angenehmer als die von Wagner, die sie zum Überdruss kannte.

Regelmäßig erhielt Hermann Levi von Cosima Instruktionen: »Wollen Sie den Kindern sagen, Loldchen möchte es mit der Reise nach Genua u. Palermo doch recht überlegen.«[4] Er sollte über die Freundin Mary Fiedler dafür sorgen, dass das Tanzen verboten und überhaupt alle »unruhige Zerstreuung« verhindert wurde. Dennoch unternahm man zuweilen Gewagtes, das Isolde nie vergaß: »Mit einer gewissen Wehmuth gedenke ich der Zeiten, da wir unter Levi's genialer Leitung u. vom edlen Fiedler geschützt, unsere Streifzüge in die Münchner Küchen und Keller unternahmen. Oh, holde Jugendzeit!!!«[5] Zwei »Aufpasser« mussten bei den Unternehmungen dabei sein, darauf achtete Cosima.

3 Isolde an Eva, 19.5.1884 (NA, Hs 84/VI).

4 Steil 2018, 479 (2.2.1889).

5 CW an Levi, in: Steil 2018, 400 (2.2.1888).; Isolde an Eva, 16.3.1908 (NA).

Einmal sollte Levi Isolde und Eva auf ein Kostümfest begleiten; er antwortete, sie »scheinen sehr aufgeregt in der Erwartung des heutigen Abends«.[6] Kostümfeste waren große Mode, man historisierte gerne mit der Verkleidung, und es wurde viel Zeit auf deren Herstellung verwandt.

Isolde wäre 1898 gern zum Besuch der Münchner Karnevalsveranstaltung »In Arkadien« gereist: »Bereits hatte ich mein Costüm gewählt – ganz mütterlich ›Demeter‹ aus dem Berliner Museum [...] Mama liebt diese Art Festlichkeiten nicht und hat mir gesagt, daß sie mich in Costüm-Angelegenheiten hier brauchen wird.«[7] Isolde verbarg ihre Enttäuschung, denn sie verpasste ein spektakuläres Fest, an dem die Elite der Münchner Künstlerschaft teilnahm. Es gab prächtig dekorierte Räume, und Max von Schillings hatte die Musik zu einem großartigen Schauspiel geliefert. Man sah Mänaden mit aufgelöstem Haar, bekränzte Epheben, Satyrn und zahlreiche ägyptische Kostüme. Lenbach hatte das Fest ausgerichtet und wurde gebührend gefeiert. Doch Cosima hatte wohl Angst vor schlüpfrigen Witzen und enthemmtem Verhalten.

Als Siegfried Wagner die Uraufführung seiner Oper des *Bärenhäuters* in München 1899 dirigierte, war Isolde selbstverständlich dabei. Auch Cosima reiste an, und man speiste mehrmals bei Hermann Levi. Nach der Aufführung fanden sich 50 bis 60 Personen in seiner Wohnung ein, was er als Auszeichnung empfand: »Zwischen Wagner's und uns ist die denkbar größte Intimität, Frau Wagner strahlt in Schönheit und Glück!«[8] Kein Wunder, denn das Werk war erfolgreich. Hermann lobte Isoldes Skizzen, die sie für die Aufführung eingereicht hatte,[9] und Isolde blieb, um weitere Aufführungen zu sehen. Eva war mit der Inszenierung zufrieden, Isolde hingegen »erging sich in den stärksten Ausdrücken der Entrüstung über die verlotterte Inscenirung, wobei manch

6 CW an Levi, in: Steil 2018, 495 (21.2.1889), Levi an CW, 499 (24.2.1899).

7 Isolde an Mary Fiedler, 26.1.1898 (STAM, Leviana II, 3).

8 Levi an Wilhelm Lindeck, 20.1.1899, in: Steil 2015, 395.

9 CW an Levi, in: Steil 2018, 816 (4.1.1899).

werthvolles Wörtlein und manche Sentenz von allgemeiner Bedeutung mit unterlief (›nur keine Maskeraden, die Bühnenwirkung kann nicht drastisch genug sein‹ …).« Cosima antwortete launig: »Die Entrüstung der ›junonischen Gestalt‹ über die Regie denke ich mir gut aus, aber Sie haben Recht, sie hat sehr vortreffliche Gedanken und vor Allem einen sicheren Blick.«[10]

Zu dem Netzwerk der Bekannten gehörte Mary Fiedler, Ehefrau des Kunsttheoretikers und Mäzens Conrad Fiedler. Die begeisterte Wagnerianerin, Tochter von Julius Meyer, Direktor der Berliner Staatlichen Sammlungen, war gebildet, konservativ eingestellt und aus Cosimas Sicht eine ideale Freundin für die Töchter. Fiedlers waren ihrerseits mit dem Bildhauer Adolf von Hildebrand befreundet, der zwar in Florenz lebte, aber München oft besuchte. Für ihn war nicht Wagner das Maß aller Dinge, sondern Beethoven, worin ihm Levi zustimmte. Fiedler schrieb ironisch an Hildebrand: »Levi hat jetzt beständigen Hofdienst bei Cosima, die hier ist.« Über Isolde und Eva meinte er, sie seien »eigentlich ganz nette Mädchen, wenn nur die komische Prinzessinnenrolle nicht wäre, die sie spielen müssen«.[11] Töchter eines berühmten Komponisten zu sein ließ einen gewissen Dünkel entstehen. Dennoch wirkte Isoldes Lebhaftigkeit und Gesprächsbereitschaft positiv, so schrieb Hildebrand einmal: »Mit der Isolde habe ich mich gut verstanden […] und ich glaube wir würden rasch weiterkommen.«[12] Im Gegensatz zu Eva sagte sie stets mutig ihre Meinung.

Mary Fiedler war als junge Frau in Hermann Levi verliebt gewesen. Als Conrad Fiedler 1895 verstarb, beschlossen die beiden, zu heiraten. Cosima war überrascht, ließ sich das aber nicht anmerken, und Levi bedankte sich für ihr »verständnisvolles Erfassen« seiner Verbindung. Er fügte hinzu, dass er formell aus dem Judentum ausgetreten sei, »von dem ich innerlich von je mich

10 Steil 2018, 825 f. (23.4. und 25.4.1899).
11 Fiedler an Hildebrand, in: Sattler 1962, 291 (30.1.1886).
12 Hildebrand an Fiedler, in: Sattler 1962, 309 (21.9.1887).

getrennt fühlte«.[13] Diese kleine Retourkutsche für Cosimas antijüdische Vorbehalte bereitete ihm sicherlich Genugtuung.

Auch den Maler Franz Lenbach kannte Isolde gut, weil sie ihm für ein Porträt gesessen und ihm ihre Zeichnungen gezeigt hatte. Er hatte damals auch Cosima und Richard porträtiert, und besaß ein Haus mit vielen Prunksälen: »Es schwirrt Einem förmlich vor den Augen, vor all den Gobelins, Brokaten, Muschelgrotten, Antiken, alten Holländern, Marmorpilastern, Tizians, ausgestopften Schmetterlingen, Kirchenstühlen und Imperatorensesseln, zwischen denen der einfache Mann mit dem biederen oberbayerischen Dialekt so schlicht herumwandelt«, schrieb der Kunstsammler Harry Graf Kessler, um hinzuzufügen, dass Professor Pringsheim ähnlich eingerichtet war, »nur dass Alles wenigstens echt ist«.[14]

Das Ehepaar Pringsheim spielte in München eine wichtige gesellschaftliche Rolle. Alfred Pringsheim war mit Hedwig, geborene Dohm verheiratet. Sie hatte eine Ausbildung als Schauspielerin in Meiningen bei der Freifrau von Heldburg (früher Ellen Franz) genossen, einer Schauspielerin, mit der Cosima während ihrer Ehe mit Bülow eng befreundet gewesen war und beide oft zu Gast in deren Salon waren. Hedwig Pringsheims Mutter war die bekannte Berliner Frauenrechtlerin Hedwig Dohm, die als eine der radikalsten Kämpferinnen ihrer Zeit gilt. Hedwigs kämpferische Äußerungen missfielen der bürgerlichen Cosima schon damals, und sie riet der jungen Schauspielerin Ellen Franz dringend von einem Besuch des Salons ab: »In gesellschaftlicher Hinsicht mußt Du Deine Bekanntschaften sehr bedacht auswählen [...] Frau D[ohm] ist weder in intellektueller Hinsicht, noch moralischer oder in ihren Manieren eine Person, deren Vertrautheit Du Dir erhoffen kannst.«[15] Fehlende Moral und schlechte Manieren waren heftige Vorwürfe. Sie steigerte ihre Kritik noch: »Sie ist vulgär

13 Steil 2015, 381 (2.11.1896).
14 Zit. b. Heißerer 2009, 24.
15 Goltz/Müller 2014, 190.

und das ist von großer Bedeutung.«[16] Dohm hatte zwar noch kein Werk veröffentlicht, aber sie wird ihre Meinung kundgetan haben, was Cosima zu dem Urteil führte, Hedwig sei der falsche Umgang für die Freundin. Gleichheit in der Beziehung zwischen den Geschlechtern wurde einem Sittenverfall gleichgestellt.

Hedwig Pringsheim musste in München mit dem »Makel« umgehen, eine Frauenrechtlerin als Mutter zu haben, worum sie sich jedoch wenig scherte. Ehemann Alfred Pringsheim war ein feuriger Wagnerianer. Der wohlhabende Mathematiker und Kunstmäzen, ab 1879 Privatdozent an der Münchner Universität und zugleich ein begabter Musiker, spendete in generöser Weise für Bayreuth. Nachdem er 1876 an der Eröffnung der Festspiele teilgenommen hatte, begleitete seine Frau ihn fortan dorthin, aber das Verhältnis zur Wagnerfamilie war gestört. Schuld daran war ein Eklat, weil Pringsheim bei der Eröffnung der Festspiele seinem Gesprächsgegner aus Wut über dessen Wagnerkritik einen Bierseidel ins Gesicht schlug, so dass er eine Narbe davontrug. Die Wagners distanzierten sich von einer solchen Handgreiflichkeit. Schwerer wog die Veröffentlichung eines kritischen Aufsatzes von Constantin Frantz gegen Bismarck in den *Bayreuther Blättern,* der Pringsheim so erboste, dass er aus dem Förderverein der Festspiele austrat. Das Ehepaar durfte Wahnfried nie wieder betreten, das Verhältnis blieb frostig, und sie gingen während der Festspiele »der Wagner-Clique möglichst aus dem Wege«.[17]

1889 kam es zu einer kurzen Begegnung bei den Festspielen. Pringsheims hatten zum Souper eingeladen, und Cosima war mit den Kindern erschienen. Hedwig schreibt: »Auch mit Siegfried und Isolde gesprochen. Nach der Vorstellung in derselben Gesellschaft wie gestern soupiert, diesmal wir die Wirte. Am Künstlertisch höchst merkwürdige Rede von Cosima, bei der der ganze Tisch Tränen vergoß.«[18]

16 A.a.O. 194 (24.3.1860).
17 Herbst 2013, Bd. 1, 329; Jens 2006, 61.
18 Herbst 2013, Bd. 3, 197 (1.8.1899); 1, 472f.

Die Pringsheimsche Distanz zur Wagnerfamilie hat den Austausch zwischen Isolde, Eva und der jungen Hedwig in München nicht gerade befördert, im Gegenteil: »Demonstrativer Besuch bei Mary [Fiedler], direkt nach der Abreise der Wagner-Prinzessinen«, schreibt Hedwig ironisch. Sie ärgerte sich, weil sie Mary vorher nicht besuchen durfte. Das konnte nur Levi entschieden haben, was durch Hedwigs Reaktion ein Jahr darauf bestätigt wird: »Nun werden wir definitiv nicht eingeladen zu Eu's Diner mit den Wagner-Mädchen, da Levi es streng verboten hat – zu dumm!«[19] Hedwig war eigenwillig und mutete sich viel zu. Sie ritt, radelte, unternahm mit ihrem Mann bis zu acht Stunden lange Wanderungen in den Schweizer Bergen (vermutlich in einem bodenlangen Rock), und war Mitglied des 1894 gegründeten Münchner *Vereins zur Förderung der geistigen Interessen der Frau* (der heute noch als *Verein für Fraueninteressen* besteht). Man wollte die Ideen der Frauenbewegung vor einem größeren Publikum diskutieren.

Es wird Cosima irritiert haben, dass der Verein, dem auch einige Männer angehörten, überkonfessionell war und jüdische Frauen selbstverständlich aufgenommen wurden. Man pflegte einen lebendigen Austausch mit künstlerisch und literarisch interessierten Personen, strebte danach, alte Strukturen und überkommene Regeln der bürgerlichen Gesellschaft aufzuheben, und konzentrierte alle Hoffnungen auf die »Moderne«, die auch die Frage nach der Selbstbestimmung der Frau aufwarf. Eine solche Nähe zur linksliberalen und sozialdemokratischen Politik war Cosima zutiefst suspekt. Sie wird mit Argwohn auf diese Ideen reagiert haben, denn sie fürchtete die »Emanzipation«. Dieser Begriff wurde zuweilen als das Recht auf freie Liebe interpretiert, und das steigerte den Ruch des Verbotenen. Als Daniela sich einmal Visitenkarten drucken lassen wollte, protestierte die Mutter: »Mit Karten bist Du emancipirt und ungefähr wie eine 30jährige Häßliche gestellt.« Das umfasst in einem Satz alles, was

19 Herbst 2013, Bd. 1, 219, II, 288. Eu (oder Ey) war eine Freundin.

heiratsfähige Frauen damals nicht sein durften: hässlich, alt und emanzipiert. Sie erklärte ihr, wie sie »das Beste des weiblichen Wesens« erreichen könne: »Wenn Du nur mit höchster Sorgsamkeit das Mädchenhafte Dir wahrst, das Bedingte, Bescheidene, sich willig Unterordnende.«[20]

Nicht nur in adeligen Kreisen, auch in gutbürgerlichen Familien fand man es unschicklich, wenn Frauen einer Tätigkeit nachgingen – und gar selbständig wurden. Gegen diese Tendenz wehrte sich auch der 1912 gegründete *Bund zur Bekämpfung der Frauenemanzipation.* Als Daniela einmal von Marie von Schleinitz, auch Gräfin Wolkenstein genannt, davor gewarnt wurde, alleine zu verreisen, schrieb sie ihrer Mutter: [Die Gräfin] »meint, allein könnte ich nicht so weit reisen, wenn ich nicht zum Zielpunkt ein Zusammentreffen mit Großpapa nähme, es sähe zu emanzipiert aus«.[21] Und noch mit 35 Jahren schrieb Daniela aus Berlin ihrer Mutter, sie habe »unbändige Lust«, in die *Walküre* zu gehen. »Wenn sie's wünscht, daß ich nicht hingehe, werde ich es natürlich unterlassen, aber sie wird es nicht wünschen– und dann muß sie bedenken, wie wenig ich gehört habe, den *T[annhäuser]* neulich sah ich zum zweiten Male in meinem Leben.«[22] Psychologen bietet ein solcher Text reiches Material für Spekulationen: Buhlte Daniela um die Liebe der Mutter? War sie so von ihr abhängig, dass sie unselbständig blieb? Spielte sie der Mutter etwas vor? Ob Cosima den Besuch der Oper gestattete, ist unbekannt.

Die Vorbehalte Cosimas gegen freiheitsliebende Frauen trugen dazu bei, dass der Geschlechterdiskurs um 1900 trotz häufiger Aufenthalte in München völlig an Isolde vorbeiging. Dabei gärte es in Deutschland. Die Klassenstrukturen des Kaiserreichs waren vielen ein Dorn im Auge, und die Benachteiligung von Frauen aller Schichten wurde zunehmend sichtbar. »Wie kaum in einer

20 Waldberg 1933, 240, 248 (12. und 29.11.1881).
21 DT an CW, 4.5.1885 (NA).
22 DT an CW, 7.8.1885 (NA).

anderen Epoche der deutschen Geschichte stoßen hier Tradition und Moderne hart aufeinander.«[23] Die Frauenbewegung kämpfte weiterhin für eine freie Berufswahl. 1891 forderte die sozialdemokratische Partei vergeblich das Frauenwahlrecht. Auch das Recht auf Bildung war Frauen nur unzureichend gewährt, so durften sie in Deutschland erst ab 1900 studieren. Sie blieben Gasthörerinnen, weil es noch keine Prüfungsordnung für sie gab. 1908 kam es in Deutschland zur Vereinsfreiheit für sie – etwas, wofür die Frauenbewegung energisch gekämpft hatte. Nun konnten Frauen auch Parteimitglieder werden.

München war um die Jahrhundertwende von einer Atmosphäre der Ungezwungenheit und der sozialen Freiheiten geprägt. So eröffnete Anita Augspurg mit ihrer Freundin Sophie Goudstikker ein Fotostudio und konnte davon anscheinend gut leben. Einige Jahre älter als Isolde, trug Anita bald eine Kurzhaarfrisur, Reformkleidung und verzichtete auf Hüte. In ihrem Studio ließ sich Hedwig mit ihrer Tochter Katia, der späteren Ehefrau Thomas Manns, fotografieren. Frauen gehörten auch zur ambitionierten Gruppe jüngerer Engagierter, die die Kunst neu gestalten wollten – das wäre eigentlich für die kunstbegabte Isolde ein ideales Feld eigener Betätigung gewesen. Doch vor einem Schritt in Richtung »Emanzipation« stand Cosima, aber auch Isolde selbst mit den von ihr verinnerlichten Geboten und Verboten: Der Kreis ließ sich nicht durchbrechen.

Viele dieser jungen, mutigen Frauen suchten nach sexueller Selbstbestimmung und beruflicher Lebensplanung. Dass Isolde künstlerisch begabt war, hatte sie bereits als 15-Jährige mit ihren Zeichnungen zu Wagners Leben gezeigt, und sie hatte Theaterkostüme entworfen, die auf der Bayreuther Bühne umgesetzt wurden. Die Beschäftigung mit neuen Kunstformen hätte ihren Horizont erweitern können, doch wurde ihr dieser offene Blick verwehrt. Wie wenig Cosima den neuen Entwicklungen abgewinnen konnte, verriet sie dem Kunsthistoriker und späte-

23 Winzen 2010, 11.

ren Leiter der Berliner königlichen Nationalgalerie, Hugo von Tschudi. Er versuchte, sie für die moderne Malerei zu begeistern, worauf sie konterte: »Mit Ihren lilafarbigen Impressionisten ist mir sehr schwer zu gehen! Und ich kann mir kaum vorstellen, daß man plötzlich die Natur entdeckt. – Ich liebe Violett in meiner Umgebung, es hat etwas Beruhigendes, aber in der Malerei scheint es mir falsch wie Galgenholz!«[24] Als sie mit Siegfried in Florenz weilte, traf sie Irene von Hildebrand, die Ehefrau des Bildhauers, und bei einem Besuch der Uffizien entspann sich ein Streit über die Bewertung der Kunst. Irene fand Cosimas Standpunkt altmodisch: »Wagners vertreten natürlich den fanatisch religiösen Empfindungsstandpunkt in der Kunst. Für sie besteht die Schönheit eines Bildes mehr im Was als im Wie, der Stoff ist Alles. Raffaels Madonnen sind das Höchste was die Kunst je hervorgebracht hat etc. [...] Frau Wagner scheint gar nichts zu sehen, sie ging an den schönsten Sachen vorüber und bewunderte nur religiöse Stoffe.« Ihr Ehemann schrieb daraufhin an Hermann Levi: »Der Mangel an naivem Herangehn an die Dinge ist besonders bei Siegfried stark, er ist ganz eingekapselt in bestimmte Doktrinen.«[25] Auch Isolde fand keinen Zugang zu neuen Kunstrichtungen. Zudem waren die Akademien den Frauen bis 1919 verschlossen. Private Malschulen nahmen Frauen auf (ab 1882 existierte eine »Damenmalakademie des Münchner Künstlerinnen-Vereins«), aber sie wurden als »Malweiber« belächelt.

Verstärkt wurde diese konservative Tendenz bei der Beurteilung moderner Kunst durch Danielas Ehemann Henry Thode, der sich als Kunsthistoriker gegen die fortschrittlichen Strömungen stellte. Künstler wie Jawlensky, Kandinsky, Gabriele Münter waren verpönt, hingegen wurden Arnold Böcklin und vor allem Hans Thoma gepriesen, für den Daniela schwärmte. Thode sah in Thomas Werk die einfache Größe des deutschen Volkes.[26]

24 CWZ, 343 (11.6.1893). Galgenholz ist dem Wetter ausgesetzt und deshalb brüchig = verlogen.

25 Sattler 1962, 459ff. (14.11.1897).

26 Mommsen 1994, 57.

Als er mit Daniela, Isolde und Richard Strauss in München war, besuchten sie gemeinsam die Pinakothek, »wo Heinz uns einen riesig wissenschaftlichen Vortrag über die lieben langweiligen Deutschen Meister hielt, was Sträussle und mich nicht in so leidenschaftliche Bewunderung versetzte, wie den mich mit vorwurfsvollen Glühaugen ansehenden Mohren [Daniela]«, schrieb Isolde ironisch.[27]

Eine beeindruckende Münchnerin war auch Elsa Bernstein, die Tochter von Wagners Assistent Heinrich Porges, der bei den Proben zu der Festspielöffnung 1876 alle Regieanmerkungen des »Meisters« getreulich für die Nachwelt notierte. Als Zehnjährige war sie bei den Festspielen dabei, die Wagner-Kinder kannten sie (der Handschlag Richards mit Elsa, die später nach Theresienstadt deportiert worden war und durch Glück nicht ermordet wurde, zeigt die erschreckende zeitliche Nähe der Geschehnisse). Mit 16 Jahren war sie bereits Schauspielerin am Magdeburger Stadttheater. Sie kannte mehr als 30 Stücke genauestens und profitierte davon später schriftstellerisch. Als sie zu erblinden drohte, zog sie sich von der Bühne zurück und heiratete 1890 den Anwalt Max Bernstein. Zwischen 1891 und 1910 schrieb sie 14 Theaterstücke. Sie benutzte stets das Pseudonym Ernst Rosmer, anders wäre keines ihrer Stücke zur Aufführung gekommen. Immer wieder thematisierte sie die Konflikte von Frauen, die vergeblich gegen die Zwänge der Konvention anliefen.[28] Mit ihrem Mann und der Schwester baute sie ihren Salon zu einem bekannten literarischen Treffpunkt in der Stadt aus. Levi hütete sich, Isolde und Eva dorthin mitzunehmen, vermutlich wegen der offen diskutierten Themen. Besucher wie Ludwig Thoma, Ludwig Ganghofer, der junge Thomas Mann, Franz von Stuck, August von Kaulbach, Hans Pfitzner und viele andere ließen sich gerne dort sehen. Es kam lediglich zu zufälligen Begegnungen zwischen Isolde und Elsa, so als Siegfrieds Lehrer Engelbert Humperdinck aus Elsas Theater-

27 Isolde an Blandine, Mai 1890 (STAM Ana 471).
28 Bake/Kiupel 1999.

stück *Königskinder* eine Oper machte, und Eva und Isolde nach der Uraufführung am 23.1.1897 zur »großen Cour« in ihrem Salon erschienen. Hedwig Pringsheim ging einmal mit Elsa Bernstein sowie mit Mary und Hermann Levi zu einer Veranstaltung in den Frauenverein, wo Anita Augspurg sprach. Cosimas Arzt Schweninger und Levi gingen wohl nur dorthin, weil Kritik an der Frauenbewegung angesagt war. Aber selbst dorthin fanden die Wagnertöchter keinen Zugang.

Wären Isolde diese Verbindungen gestattet gewesen, hätten sich ihre Ansichten über Kunst verändert, sie hätte ihre judenfeindlichen Überzeugungen hinterfragen müssen, die Diskussionen über die von progressiven Frauen wie Männern heiß diskutierte Parole »modern sein« hätte ihren Horizont erweitern können. Aber die aufgeschlossenen Frauen führten ein Leben à la bohème, waren am Heiraten nicht interessiert und wollten über sich selbst bestimmen. Für Cosima waren Künstlertum und Weiblichkeit nicht kompatibel. Der ideen- und mentalitätsgeschichtliche Umbruch im Kopf, der erforderlich gewesen wäre, um mit den modernen Frauen mitzuhalten, war Cosima nicht möglich.

War aber ihre Übernahme der Festspiele in Bayreuth nicht ein emanzipatorischer Akt? Sie tat nach Wagners Tod alles, um sein Vermächtnis weiterzutragen, und führte einen riesigen Betrieb – ein damals unerhörter Vorgang für eine Frau. Aber sie ließ ihren Namen nie im Programm abdrucken: Ihre Arbeit sollte einzig als Dienst an Wagners Werk zu verstehen sein. Gleichzeitig war ihr alles, was mit der Moderne zusammenhing, ein Greuel, und das vermittelte sie den Kindern, ebenso wie ihren Antisemitismus.

Möglicherweise hat die Tatsache, dass zahlreiche jüdische Frauen dem Münchner *Verein für Fraueninteressen* angehörten, Isolde irritiert. Auch jüdische Männer wie Porges, Bernstein und Pringsheim waren Mitglieder.[29] Die antisemitischen Bemerkungen der Wagnerkinder gingen über das in zeitüblicher Manier

29 Elferich 2018, 63.

Herablassende hinaus. Siegfrieds Freund Franz Stassen berichtet, dass Siegfried der Rassenfrage »brennendes Interesse« entgegenbrachte: »... es ging immer mit ihm, und alle Begegnenden schaute er daraufhin an.«[30] Einem Brief an Siegfried ist ein Satz angehängt, der von Blandines Sohn Manfred stammen könnte, als die Familie in Riva Ferien machte: »Tante Loldi mit ihren Juden-Recherchen bereitet dem Onkel u. mir lustige Augenblicke. Sie sieht überall ›Nagods‹ [= Hassbegriff für Juden] und selbst im Dunkel im Park erkennt sie sie. Das neueste ist daß sie herausbekommen hat, die ›Charlotte‹ vom ›Werther‹ sei eine gewesen!!!!! Der Onkel meint sie spinnt!!«[31] Der Onkel war Henry Thode. Während Siegfried die Meinung vertrat, Juden würden Aufführungen seiner Werke verhindern, blieb Isolde bei einer diffusen Ablehnung, die jedoch nicht als oberflächlich abgetan werden kann: Dazu gehörte auch, zu behaupteten, man könne Juden zwangsläufig schon von weitem erkennen.[32] Das Verhältnis der Wagnerkinder zu Levi war von übergriffiger Respektlosigkeit begleitet, und er beschwerte sich bei Cosima darüber. Sie antwortete mit dem altbekannten Argument, dass sie die besten Freunde unter Juden habe, als könne sie damit den systematischen Antisemitismus beiseiteschieben[33], und dachte nicht daran, die Töchter zu maßregeln. Auch Mahler hatte übrigens das Gefühl, von Cosima und ihren Kindern ziemlich kühl empfangen worden zu sein, als er 1895 in Bayreuth weilte und in der Wagnerschen Familienloge saß.[34]

Als Malwida den Schriftsteller Romain Rolland um 1890 nach Bayreuth mitnahm, war er erstaunt, wie freundlich man ihn auf-

30 Franz Stassen: Erinnerungen 1938, 26, masch.schriftlich (NA), zit.b. Hamann 2005, 91.

31 CW an SW (dikt. DT) mit Zusatz von fremder Hand, 26.8.1889 (STAM). Da Manfred zu diesem Zeitpunkt erst sechs Jahre alt war, ist das Datum vermutlich fehlerhaft.

32 Horvilleur 2020, 16.

33 Steil 2018, 678 (22.1.1894).

34 Blaukopf 1983, 214.

nahm. Aber es schockierte ihn, wie die Familie einen »selbstverständlichen Antisemitismus« pflegte: »er erfaßte alles in der Welt, was nicht in Bayreuth die Weihe erhalten hatte; man beschnitt sogar Saint-Saëns und Massenet! Aber was mir in der Atmosphäre von Wahnfried am bedrückendsten schien, war ein unerträglicher, germanischer Übernationalismus […] Als später der Berchtesgadener Anstreicher Bayreuth als sein Eigentum beanspruchte, war ich nicht überrascht. Es war in der Tat eine der ersten Zellen des Hitlerismus.«[35] Diese Mischung aus Antisemitismus, übersteigertem Nationalismus und Antifeminismus führte dazu, dass Isolde keinen Weg fand, der Mutter entschieden zu widersprechen oder ihre eigenen Vorurteile zu bekämpfen. Es macht nachdenklich, dass schon damals die Linie von Wagner über die Familie zu Hitler zu erkennen war – etwas, das gelegentlich heute noch bestritten wird.

»Die kulturbefähigte Rasse ist die germanische und daher zum Herrschen bestimmt«, stellte Cosima einmal fest. Sie erlebte jede Festspielzeit als einen »Sieg über die herrschende materielle Geistesrichtung« und fand es unschätzbar wichtig, »in einer Zeit, wo der Zeitungsreporter und der Börsenspekulant sich die Herrschaft der Welt theilen, und wo an allen Enden dem Deutschthum Feinde erwachsen, der Nation alljährlich durch ihre heimische Kunst die Antwort auf die Frage: ›Was ist deutsch?‹ ertheilen zu können«.[36] Damals galten die Zeitungsredaktionen und das Finanzwesen als von Juden durchsetzt und damit kontaminiert. Von Richards Heroisierung des Sohnes geprägt, machte sie ihn zum arischen Helden und schrieb an Levi über den 20-Jährigen: »Ein vollständig germanisches Original ist Fidi, das ist kein Zweifel, u. nichts wie Güte, u. Sinn für das Rechte.« Und später: »Fidi ist überhaupt ein ganz unergründlich edles, hohes, unschuldiges Wesen.«[37]

35 Rolland 1949, 120. Der Obersalzberg, Hitlers Ferienort, liegt im Berchtesgadener Land.

36 HL-B 45, (8.4.1893), 5f.

37 CW an Levi, in: Steil 2018, 335, 479 (2.9.1887 und 2.2.1889).

In den Zeichnungen, die die 15-jährige Isolde für den Vater anfertigte, findet sich ein Hinweis auf Wagners Schrift *Das Judenthum in der Musik* von 1850, die 1869 in einer den Standpunkt verschärfenden Neuedition erschienen war. Der Aufsatz war ihr somit bekannt. Hatten die Eltern ihn den Kindern vorgelesen? Richard Wagner sah die *Bayreuther Blätter* als sein Hausblatt und schrieb über 20 Artikel, von denen die meisten germanophile und antisemitische Positionen beinhalteten, die letztlich auf die Vertreibung der Juden hinauslaufen.[38] Es wäre billig zu behaupten, Cosima, später Siegfried, seine Frau Winifred und Wagners Töchter hätten Wagners Musik dem Nationalsozialismus ausgeliefert, es war umgekehrt: Richard Wagner verabschiedete sich in seinem Aufsatz *Erkenne dich selbst* vom Judentum als Religionsgemeinschaft und setzte die Rassengemeinschaft an deren Stelle, was von den Nationalsozialisten begeistert aufgegriffen wurde. In diesem Aufsatz wird auch deutlich, dass seine *Ring*-Tetralogie politisch gemeint war, denn er schrieb: »Der verhängnisvolle Ring des Nibelungen, als Börsen-Portefeuille dürfte das schauerliche Bild des gespenstigen Weltbeherrschers zur Vollendung bringen.«[39] Mit den rassistischen Inhalten seiner Aufsätze für die *Bayreuther Blätter* prägte er die Zeitschrift und schuf damit ein kohärentes ideologisches Weltbild.[40]

Es entspricht nicht der Realität, wie oft kolportiert wird, dass es damals allgemein zum »guten Ton« gehörte, auf Juden herabzuschauen. Malwida von Meysenbug etwa bemühte sich immer wieder, eine andere Ansicht zu vermitteln. Mit Richard stritt sie sich oft genug, und häufig schnitt Cosima die Rassenfrage an, stieß bei Malwida aber auf sanft formulierten, jedoch entschiedenen Widerspruch. Cosima und Richard waren von Gobineaus vierbändigem Werk über *Die Ungleichheit der Menschenrassen* begeistert, in dem die weiße Rasse, besonders die »Arier«, als den

38 Hein 1996, 103 ff.

39 RW, »Erkenne dich selbst«, in: SSD X, 268.

40 Erst der Regisseur Barrie Kosky hat 2019 diese Verbindung in seiner Bayreuther Inszenierung der *Meistersinger* eindringlich gezeigt.

»schwarzen und gelben Rassen« kulturell überlegen bezeichnet wird, und Malwida widersprach. Vieles sei geistvoll, »aber Vieles ist auch lückenhaft und nur auf geistreiche Hypothesen gestützt«.[41] Sie ging in einem Brief auf die gesellschaftlichen Bedingungen der Ungleichheit ein, was Richard empörte, und Cosima notierte: »Ein Brief von Malw. Meys. erregt seinen Ärger wegen seiner Auslassungen über Gobineau. Das Wort: ›die Gesellschaft‹, erregt immer seinen Ärger!«[42] Bekanntlich fühlte sich Richard Wagner in den 1850er Jahren von Juden abhängig, ob das der Verleger Schlesinger war, der Komponist Halévy oder Mendelssohn und Meyerbeer, und griff an erster Stelle sie an. Er attackierte mit ihnen die angebliche Kommerzialisierung der Kunst und schob den Juden die Schuld an dem ›verdorbenen Publikumsgeschmack‹ zu. Die Gründe für den Hass auf Juden hingen stets davon ab, was man in sie hinein zu projizieren beliebte.

Vergeblich versuchte Malwida, Cosima von ihrer starren Meinung abzubringen, und einmal schrieb sie: »[Es] haben insbesondere Juden, zum Theil gewiß auch als Folge der langen Unterdrückung, Vieles entwickelt, was antipathisch wirkt. Aber die arischen Christen? Was erleben wir nicht unter ihnen, und wie klein ist die Minorität derer, die wir wirklich ganz lieben können!«[43] Eine Verständigung hierüber war jedoch nicht möglich.

Jüdische Intellektuelle haben sich trotz Wagners antisemitischer Hetzschriften ausgiebig mit seiner Musik befasst. Einerseits herrschte bei ihnen eine distanziert liberal-kühle Bewertung vor, andererseits benutzten sie Wagners Musik als rettende Brücke zum Deutschtum, was durchaus eine deutschnationale Färbung annehmen konnte. Dieser Prozess war oft mit einer verinnerlichten Geringschätzung des eigenen Jüdischseins verbunden. Dass besonders gebildete »West«-Juden diese Selbstverachtung übernahmen und sich ambivalent verhielten, erschwert

41 MvM an DT, 1.-2.4.1898 (AT).
42 CW II, 1105 (2.2.1883).
43 Abschrift eines Briefes von MvM an CW, 4.3.1889 (AT).

es, den damaligen Antisemitismus in seiner Komplexität zu begreifen. Hedwig Pringsheim pflegte zu sagen: »Und ach, wie abscheulich sind doch Juden en masse.«[44] Vielleicht lag das daran, dass Alfred Pringsheim sich christlich assimilierte und die Familie sich nicht als jüdisch verstand. Elsa Bernstein dachte eurozentristisch und ließ die osteuropäische jüdische Kultur links liegen, wie damals oft üblich. Als Autorin wählte sie einen nichtjüdischen Namen, gleichzeitig versteckte sie ihre weibliche Identität. Sie lehnte den Judaismus und den Zionismus ab. Wie ihr Vater Heinrich Porges bewunderte sie Wagners Musik, war in Wahnfried zu Besuch und hatte damit gute Kontakte zu NS-Parteigängerinnen wie Winifred Wagner. Eine solche Haltung war keineswegs die Ausnahme unter jüdischen Intellektuellen. Sie grenzten sich nicht nur gegenüber den unteren Klassen ab, sondern auch gegenüber unliebsamen jüdischen Personen. Und sie verehrten Wagners Musik trotz seiner kränkenden Aussagen über Juden.

Die Überzeugung, dass man die Last, Jude zu sein, durch eine herausragende Leistung ablegen konnte, bestätigte implizit die allgemeine Vorstellung, wonach die jüdische Rasse der arischen unterlegen sei. Das wusste auch Hermann Levi, der Cosimas Meinung hinnahm, weil er akzeptieren musste, dass es eine landläufige Ansicht von der jüdischen Minderwertigkeit gab. Nicht nur einmal beschwerte er sich über seine Behandlung: »Ich glaube, auch hier [in Bayreuth] ist alles von einem Punkte aus zu begreifen: ich bin Jude, und da es in und um Wahnfried zum Dogma geworden ist, daß ein Jude so und so aussieht, so und so denkt und handelt, und daß vor allem eine selbstlose Hingabe für einen Juden unmöglich ist, so beurteilt man Alles was ich tue und sage von diesem Gesichtspunkte aus.«[45]

Es ist übrigens auffällig, wie sehr Forscher und Autoren noch heute, nicht ohne eingeschliffene Vorurteile, Levis Judentum hervorheben. Nicht erwähnt bleibt dann seine – ebenso jüdische –

44 Jens 2006, 96.
45 Brief an CW (22.5.1894), in: Haas 1995, 348.

fröhliche Grundnatur. Er feierte »tolle Gelage« in einem Försterhäuschen bei Bayreuth, und Siegfried war gerne in dessen Münchner Wohnung zu Besuch: »Es ging heiter angeregt zu. Alles, was es an besonderen, geistreichen Menschen in Europa gab, war in seinem Hause zu Gast [...] Man lachte, disputierte, man zankte sich wohl auch, aber man schied stets in heiterster Laune.«[46] Mit der Wiederholung negativer Projektionen wird das Denken des 19. Jahrhunderts reproduziert und der ganze Mensch mit seinen Lebensleistungen, Fehlern und Eigenschaften ignoriert.[47] Siegfried tat es, als er über Levi schrieb: »Die Kundrynatur stak auch in diesem wie in Joseph Rubinstein.«[48] Man war unfähig zu sehen, dass diese vermeintlich andersartige Natur projiziert wurde: in Wirklichkeit gab es sie gar nicht. Auch Houston Chamberlain behauptete, Levi habe lebenslang mit seiner jüdischen Herkunft gekämpft.[49] Dass aber Levi von Wagners dauernd auf seine angeblich jüdischen Defizite hingewiesen wurde, war das eigentliche Problem. Nach seinem Tod verriet Isolde, wie sehr sie ihn gemocht hatte. Sie vermisste das Lachen am wahnfriedlichen Tisch, »um alle weltliche Wehmut von mir abzuschütteln, wie es der alte Major so gerne that. Denke, ich besuchte in aller Stille sein Grab u. gedachte des Guten u. Außergewöhnlichen, was man ihm zu danken hatte. Welch eine Persönlichkeit!«[50]

Der Widerstand gegen die Emanzipation der Frauen war mit der Abneigung gegen die Emanzipation des Jüdischen verzahnt. Isolde traf nicht die mutigen, aktiven Frauen, die mitten im Leben standen. Sie befand sich daher in einer Lage, aus der sie sich nicht befreien konnte. Schon ein Hinterfragen des Antisemitismus hätte eine Abkehr von ihrem Zuhause bedeutet. Ein künstlerischer Beruf hätte zudem der Mutter missfallen, es blieb daher nur eine gute Heirat übrig.

46 Eva an Blandine, 27.7.1894 (STAM, Ana 471); SW 2010, 28.

47 Vgl. Dreyfus 1994, der dies ausführt.

48 S. Wagner 2010, 14, vgl. auch Bermbach 2015, 294.

49 Zit. b. Bermbach 2015, 294.

50 Isolde an Eva, 22.9.1911 (NA, HS 15/23).

Man würde meinen, dass eine junge Dame aus dem Wagner-Clan eine gesuchte Heiratskandidatin war; es fanden sich aber wenige Bewerber für Isolde oder Eva, obwohl die Festspiele eigentlich ein idealer Ort zum Kennenlernen von kulturell interessierten Persönlichkeiten waren. Man kann nicht sagen, dass die Töchter sich nicht bemühten. 1891 zum Beispiel, an einem Abend in Wahnfried zur Probenzeit spielten Mottl und Paumgartner abwechselnd oder vierhändig Walzer auf dem Flügel, wozu getanzt wurde. »Wagners junge Damen machten den Anfang und die Übrigen folgten, wenn auch nur ein Teil, da über 100 Menschen anwesend waren.« Es gab ein Buffet mit Delikatessen.[51] Tanzen, Flirts und erotische Begegnungen waren in der Villa Wahnfried gestattet, wo man unter sich blieb. Um München und andere Städte wurde hingegen ein unsichtbares Kontrollsystem gewoben, das bestens funktionierte.

51 Albertine Zehme an Felix Zehme, 13.7.1891 (SML, A/2014).

BILDTEIL

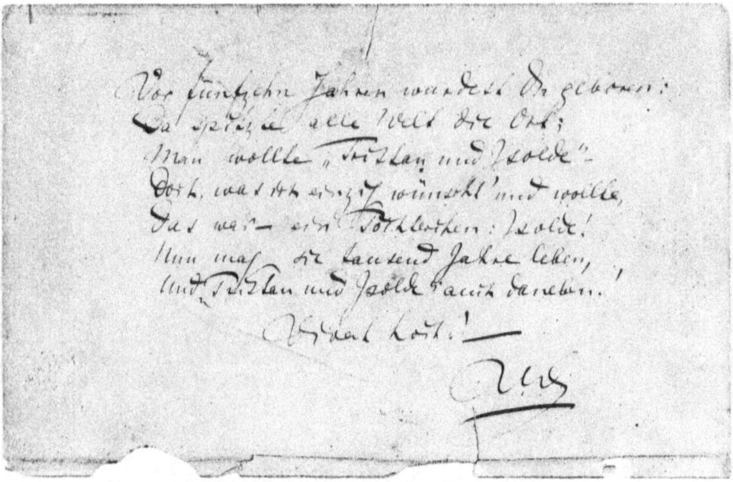

Vor fünfzehn Jahren wardest du geboren:
Da spitzte alle Welt die Ohr;
Man wollte „Tristan und Isolde" –
Doch, was ich einzig wünscht' und wollte,
Das war – ein Töchterchen: Isolde!
Nun mag sie tausend Jahre leben,
Und Tristan und Isolde auch daneben!
Vivat hoch! —
RW

Abb. 1: Gedicht von Richard Wagners Hand
zum 15. Geburtstag seiner Tochter Isolde, 10. April 1880

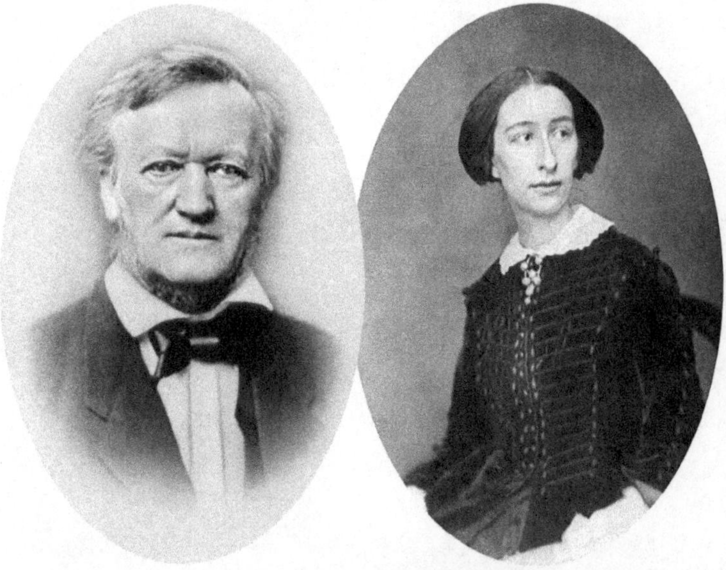

Abb. 2: Er war 51, sie 27: Cosima von Bülow und Richard Wagner,
die sich 1864 vereinten

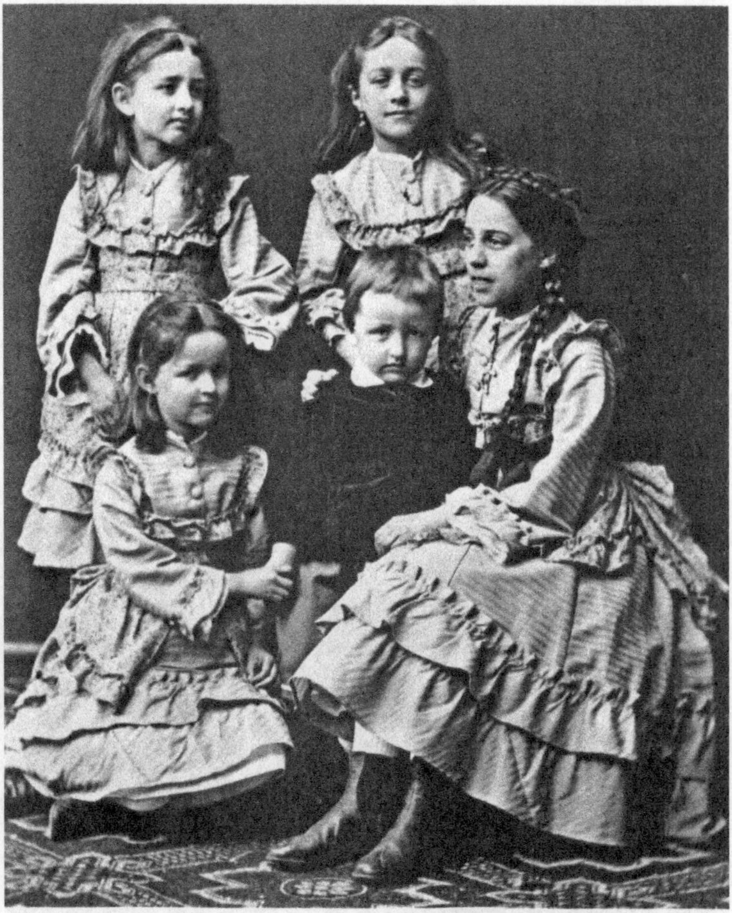

Abb. 3: Isolde (links oben) mit den Geschwistern Blandine, (unten von links) Eva, Siegfried und Daniela

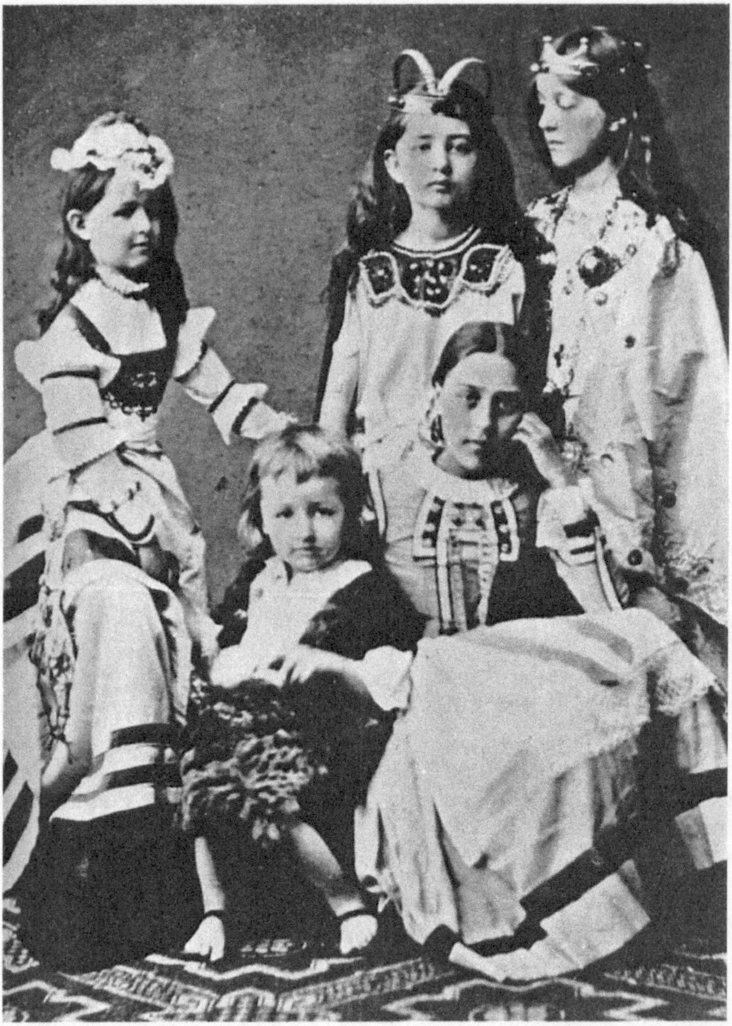

Abb. 4: Zum Geburtstag des Vaters spielten die Kinder Rollen aus seinen Opern: hintere Reihe (von links) Eva, Isolde und Blandine, vordere Reihe (von links) Siegfried und Daniela

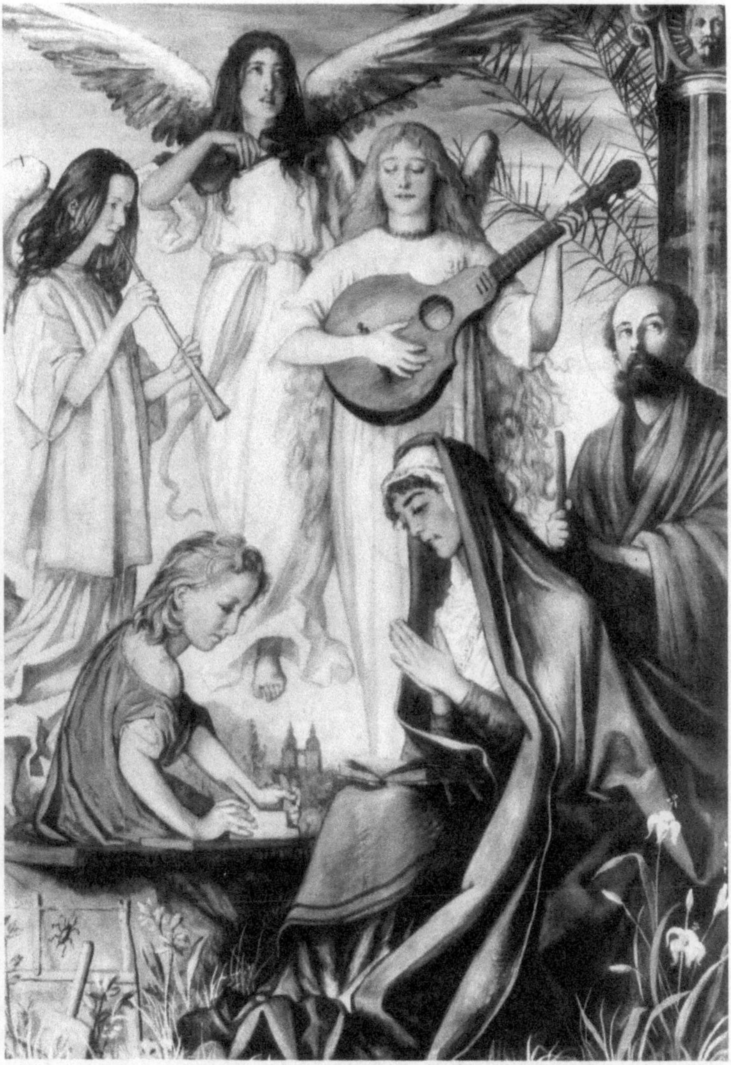

Abb. 5: Paul von Joukowsky: Die heilige Familie. Obere Reihe: Blandine, Isolde und Eva, darunter Siegfried als Jesus und Daniela als Maria, und Joukowsky als Joseph (auf der Säule Arthur de Gobineau, der den Rassismus salonfähig machte)

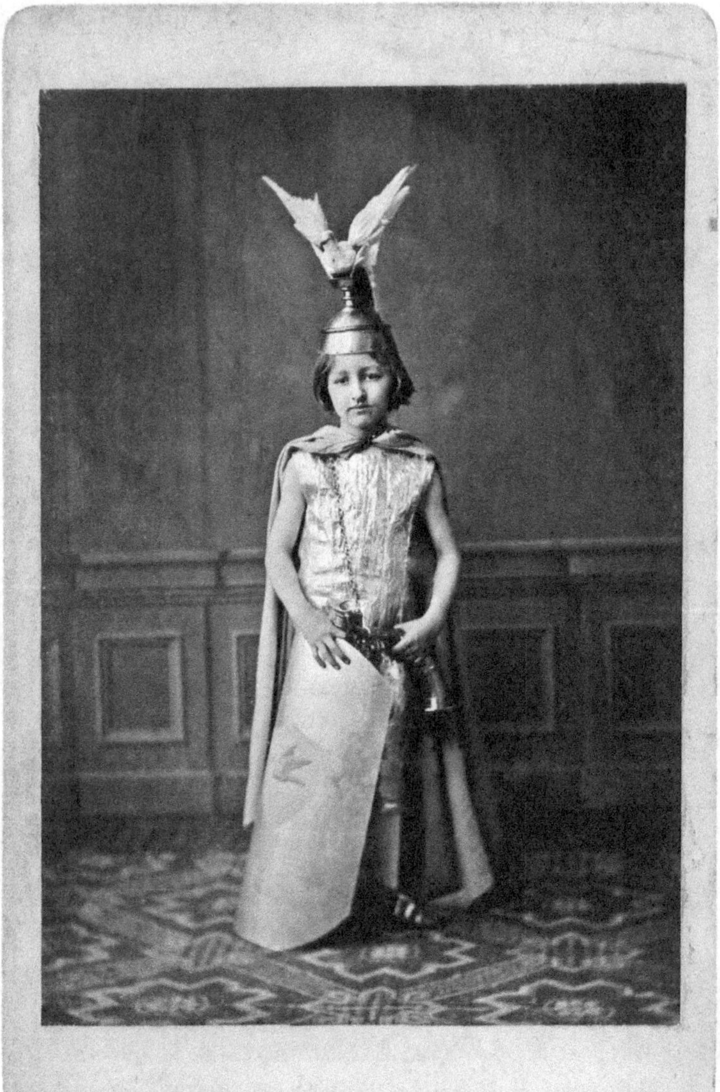

Abb. 6: Siegfried Wagner als »Siegfried«
in der gleichnamigen Oper, mit Schild, Horn und
kleidsamer Kopfbedeckung, ca. 1874

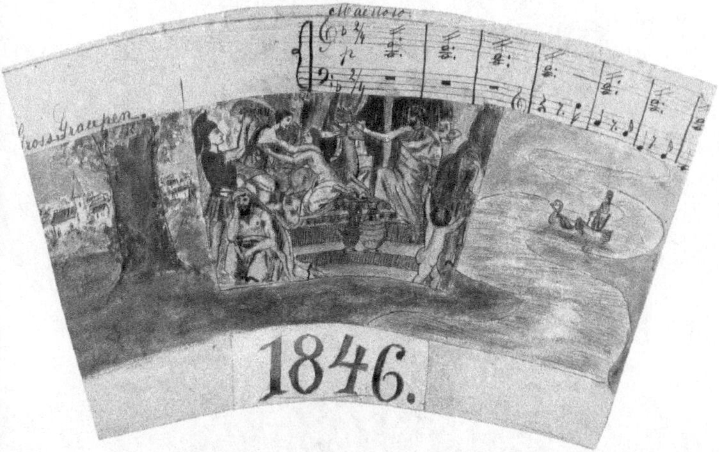

Abb. 7: Zeichnung von Isolde zu Wagners Geburtstag 1880:
für jedes Jahr ein Bild, das an das betreffende Jahr erinnerte.
Hier: die Aufführung von Glucks »Iphigenie in Aulis«, das Dirigat der IX. Sinfonie von Beethoven und der Besuch des Ortes Großgraupa

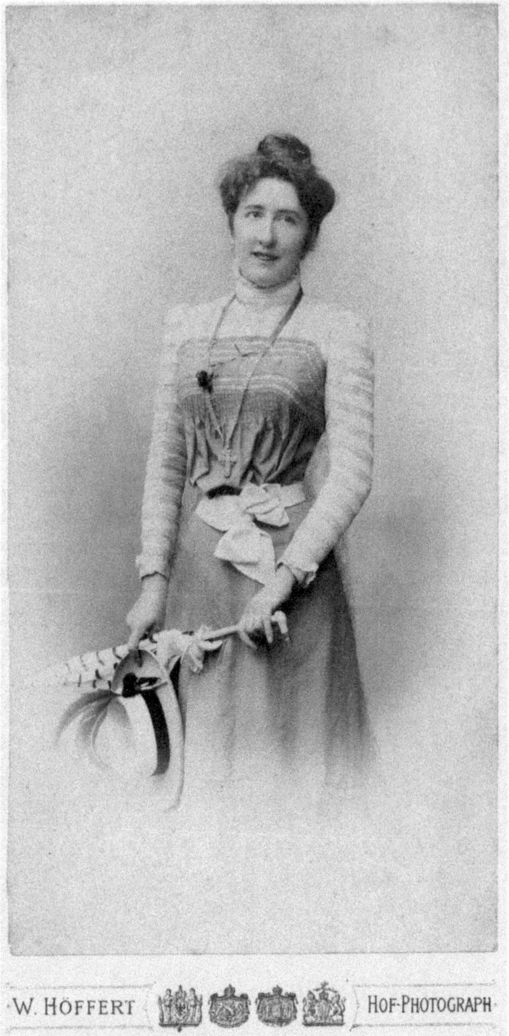

Abb. 8: Eine junge Dame:
Isolde mit Schirm, ca. 1883

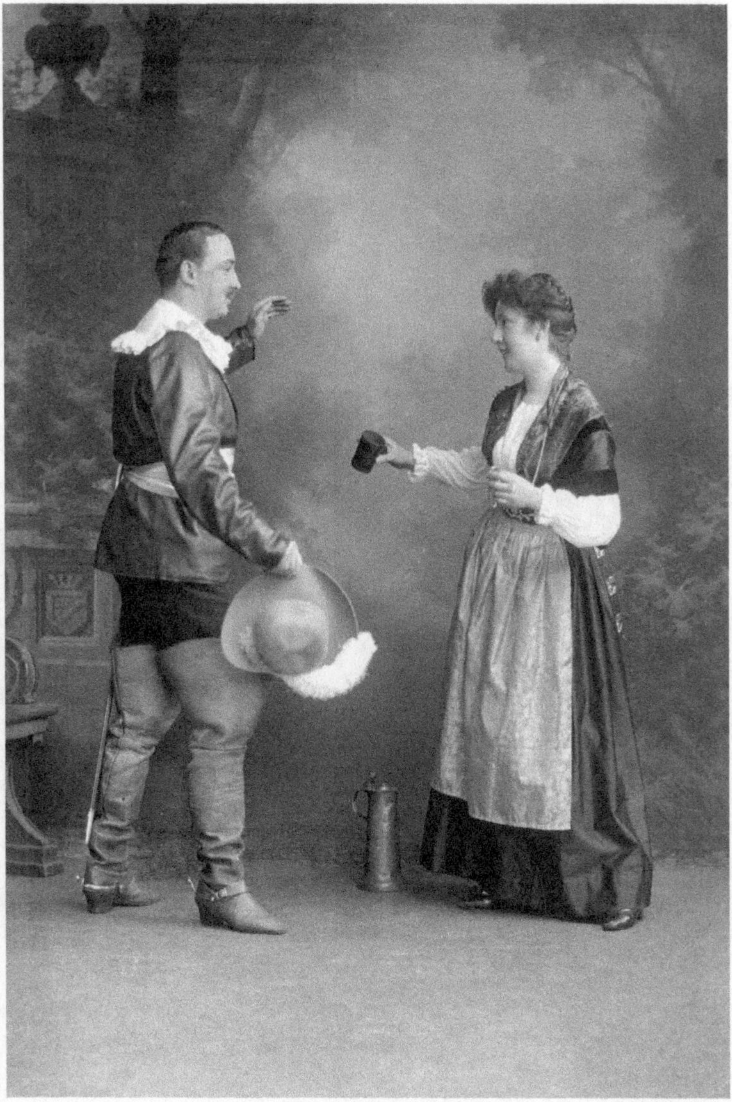

Abb. 9: Isolde auf der Bühne, ca. 1885

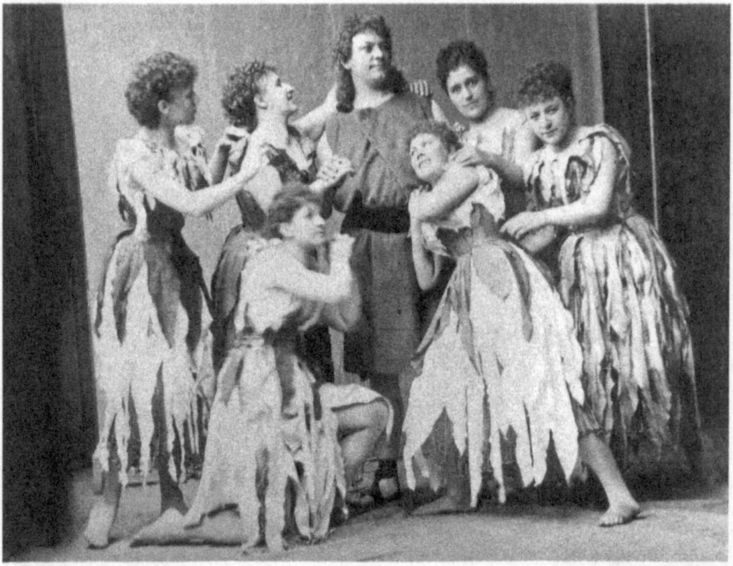

Abb. 10: Isoldes Kostüme der Blumenmädchen aus »Parsifal«, 1882-83

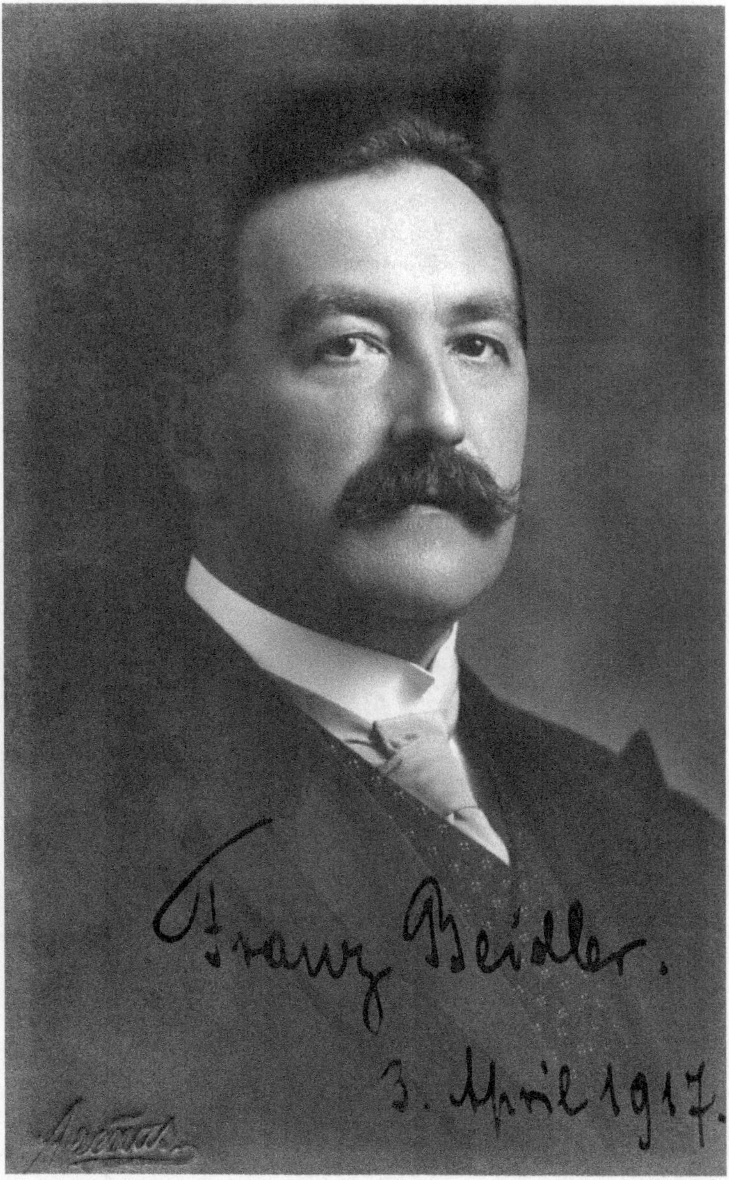

Abb. 11: Franz Beidler, signiertes Porträt

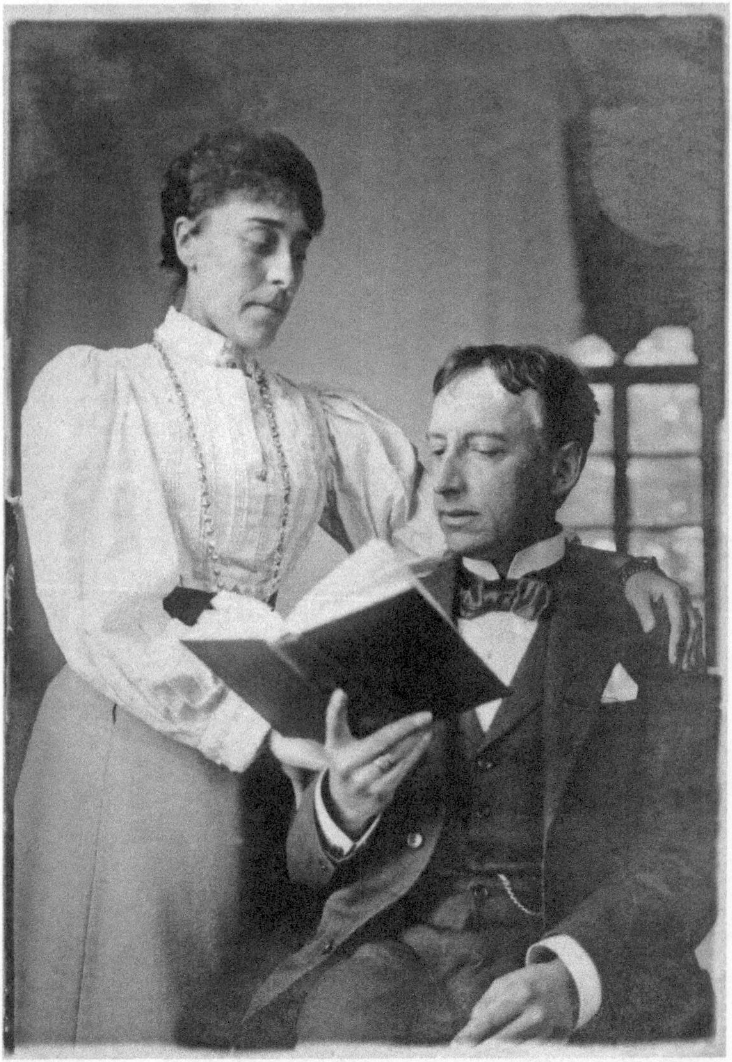

Abb. 12: Isoldes Halbschwester Daniela
mit ihrem Ehemann Heinz [Henry] Thode

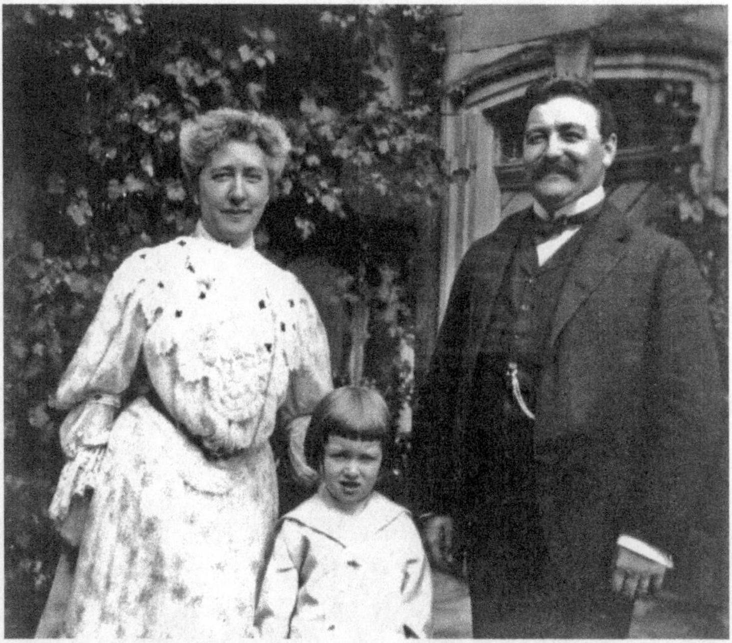

Abb. 13: Isolde, Franz und der Sohn Franz Wilhelm, ca. 1905

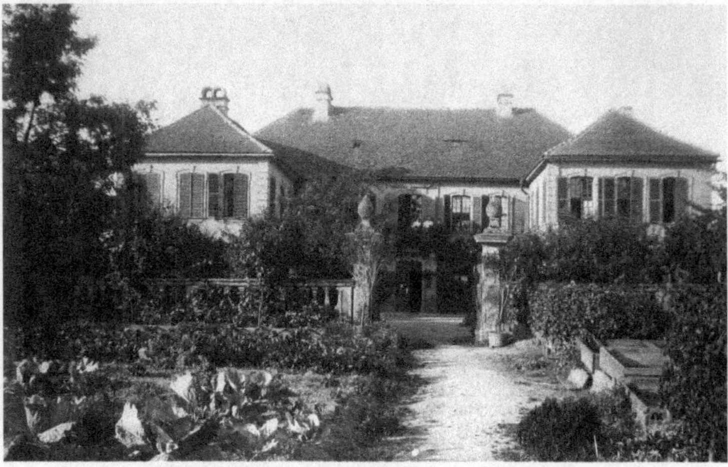

Abb. 14: Colmdorf, ein gediegener Wohnort für Franz und Isolde, bis sie 1910 Bayreuth verlassen mussten und nach München zogen

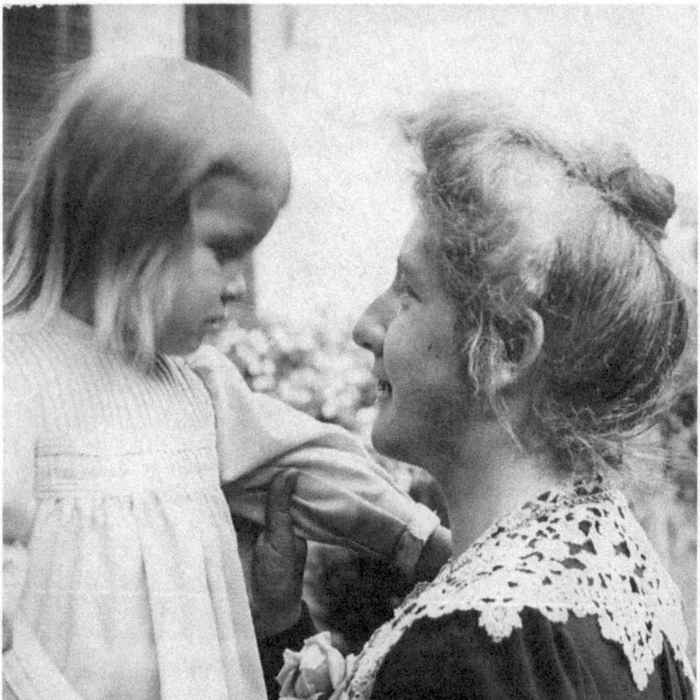

Abb. 15: »Da der schlimme Papa nicht bei ihnen ist so eilen Bubi u. Mama zu ihm …« Zeilen aus Isoldes Hand an Franz Beidler, der oft auswärts weilte, um zu dirigieren oder mit SängerInnen probte

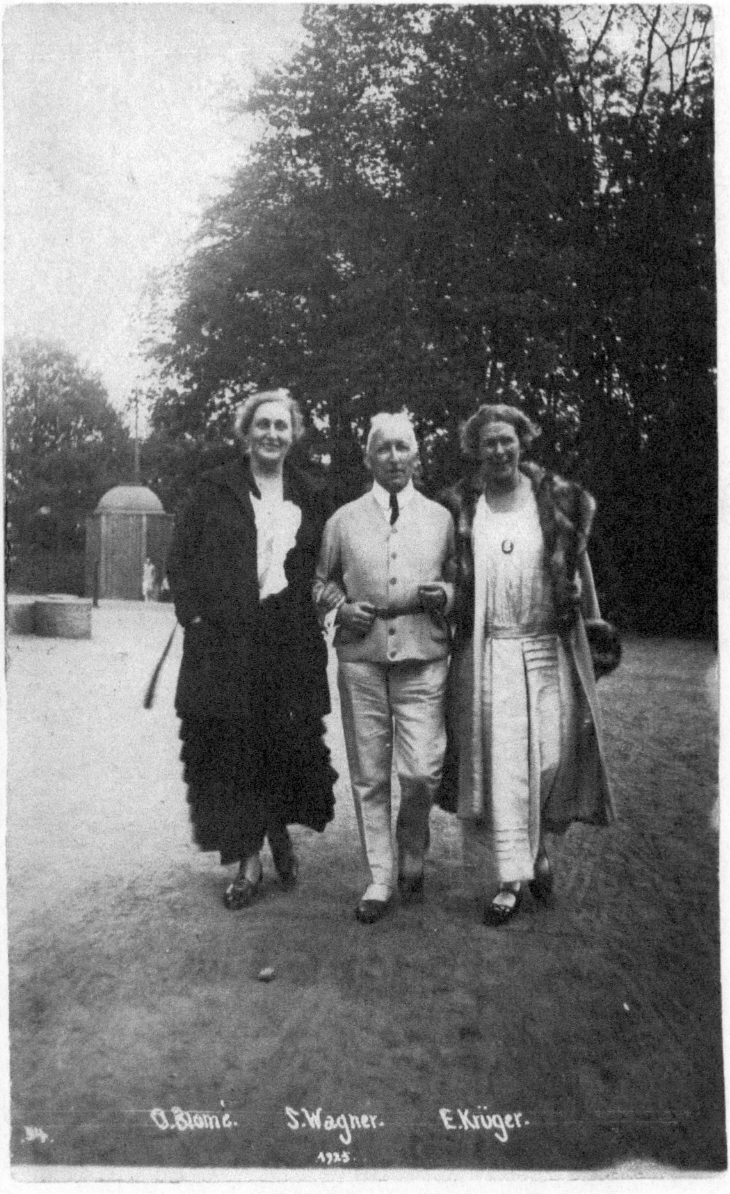

Abb. 16: Siegfried Wagner,
begleitet von den Sängerinnen Ola Blomé (links)
und Emmy Krüger, 1924

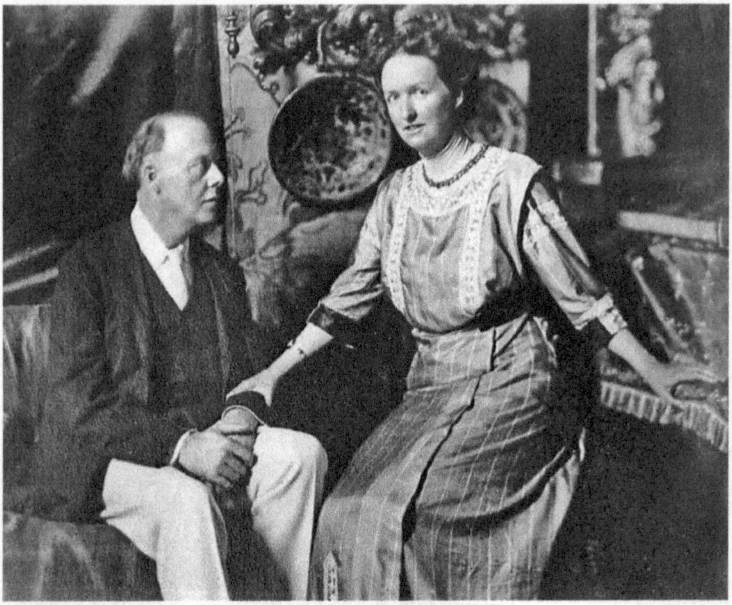

Abb. 17: Eva Wagner und Houston Chamberlain, seit 1909 ein Paar

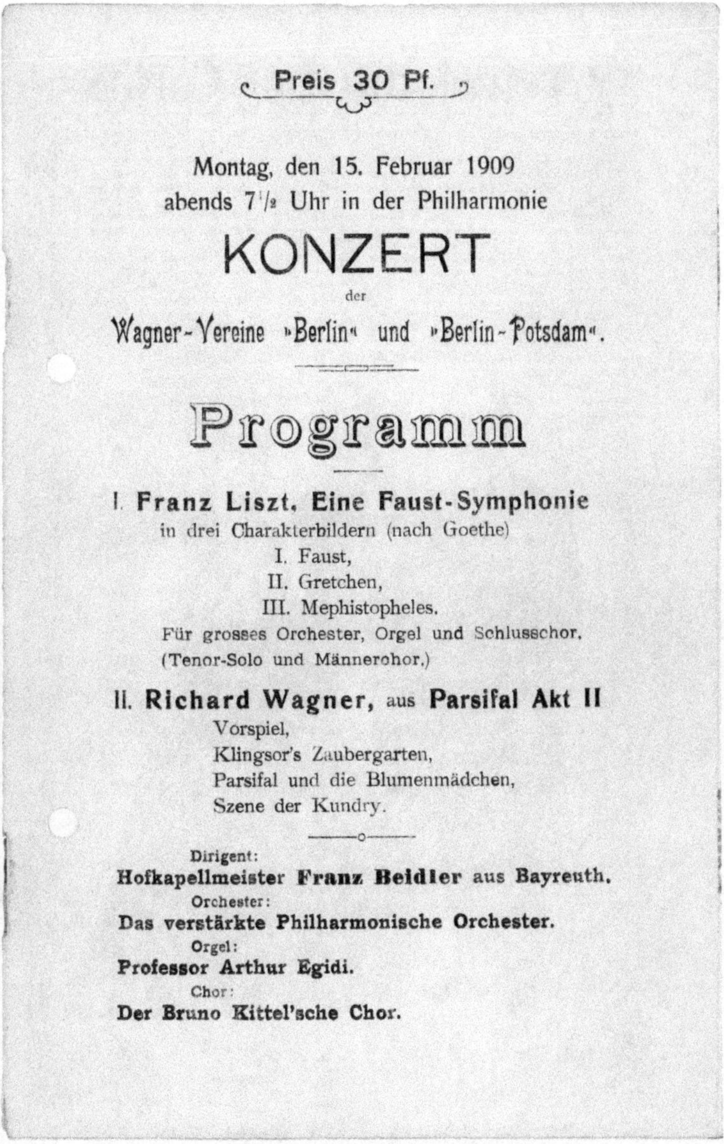

Preis 30 Pf.

Montag, den 15. Februar 1909
abends 7½ Uhr in der Philharmonie

KONZERT

der

Wagner-Vereine »Berlin« und »Berlin-Potsdam«.

Programm

I. **Franz Liszt, Eine Faust-Symphonie**
in drei Charakterbildern (nach Goethe)
I. Faust,
II. Gretchen,
III. Mephistopheles.
Für grosses Orchester, Orgel und Schlusschor.
(Tenor-Solo und Männerchor.)

II. **Richard Wagner,** aus **Parsifal Akt II**
Vorspiel,
Klingsor's Zaubergarten,
Parsifal und die Blumenmädchen,
Szene der Kundry.

Dirigent:
Hofkapellmeister Franz Beidler aus Bayreuth.
Orchester:
Das verstärkte Philharmonische Orchester.
Orgel:
Professor Arthur Egidi.
Chor:
Der Bruno Kittel'sche Chor.

Abb. 18: Programm der Berliner Philharmoniker
unter Franz Beidler, 15.2.1909

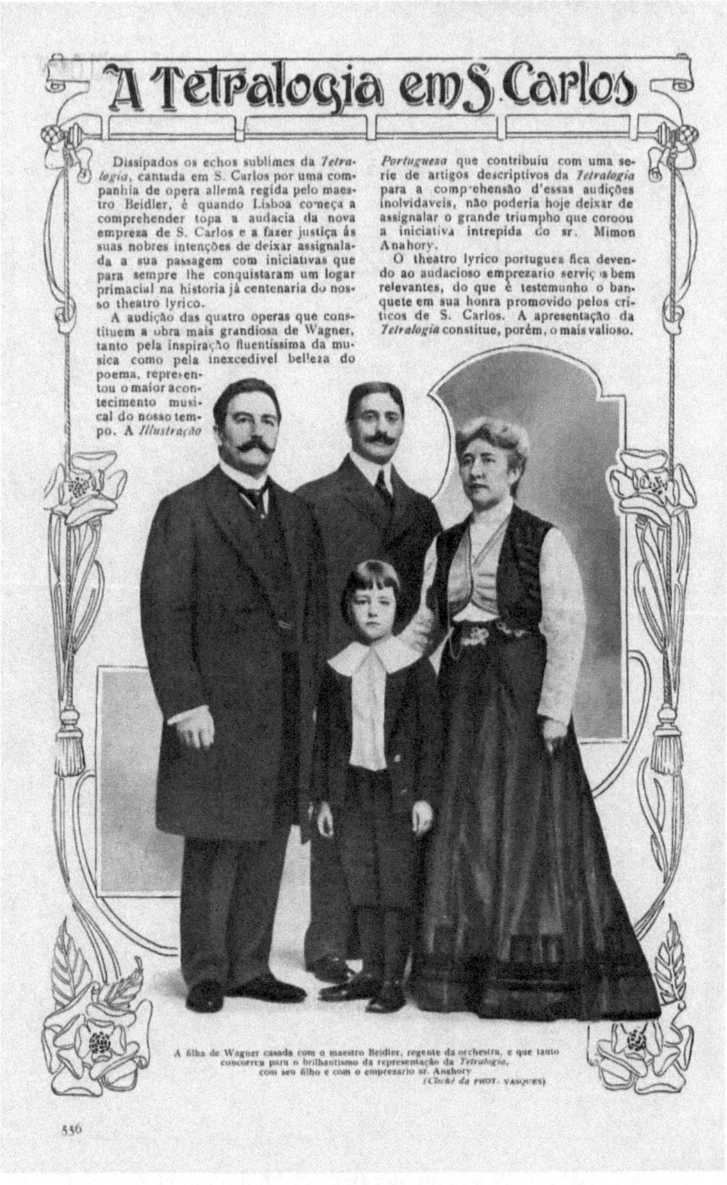

A Tetralogia em S. Carlos

Dissipados os echos sublimes da *Tetralogia*, cantada em S. Carlos por uma companhia de opera allemã regida pelo maestro Beidler, é quando Lisboa começa a comprehender toda a audacia da nova empreza de S. Carlos e a fazer justiça ás suas nobres intenções de deixar assignalada a sua passagem com iniciativas que para sempre lhe conquistaram um logar primacial na historia já centenaria do nosso theatro lyrico.

A audição das quatro operas que constituem a obra mais grandiosa de Wagner, tanto pela inspiração fluentissima da musica como pela inexcedivel belleza do poema, representou o maior acontecimento musical do nosso tempo. A *Illustração Portugueza* que contribuiu com uma serie de artigos descriptivos da *Tetralogia* para a comprehensão d'essas audições inolvidaveis, não poderia hoje deixar de assignalar o grande triumpho que coroou a iniciativa intrepida do sr. Mimon Anahory.

O theatro lyrico portuguez fica devendo ao audacioso emprezario serviços bem relevantes, do que é testemunho o banquete em sua honra promovido pelos criticos de S. Carlos. A apresentação da *Tetralogia* constitue, porém, o mais valioso.

A filha de Wagner casada com o maestro Beidler, regente da orchestra, e que tanto concorreu para o brilhantismo da representação da *Tetralogia*, com seu filho e com o emprezario sr. Anahory

(Cliché da PHOT. VASQUES)

536

Abb. 19: Von der Presse gefeiert: Isolde, Franz und Franz Wilhelm, (im Hintergrund) Impresario Anchory, in Portugal, 1909

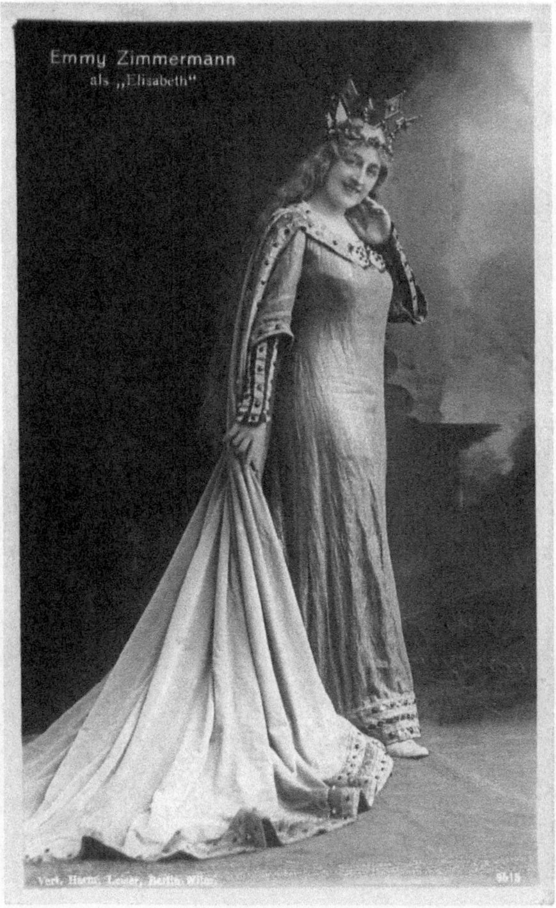

Abb. 20: Emmy Zimmermann, mit der Franz Beidler eine Affäre mit Folgen hatte

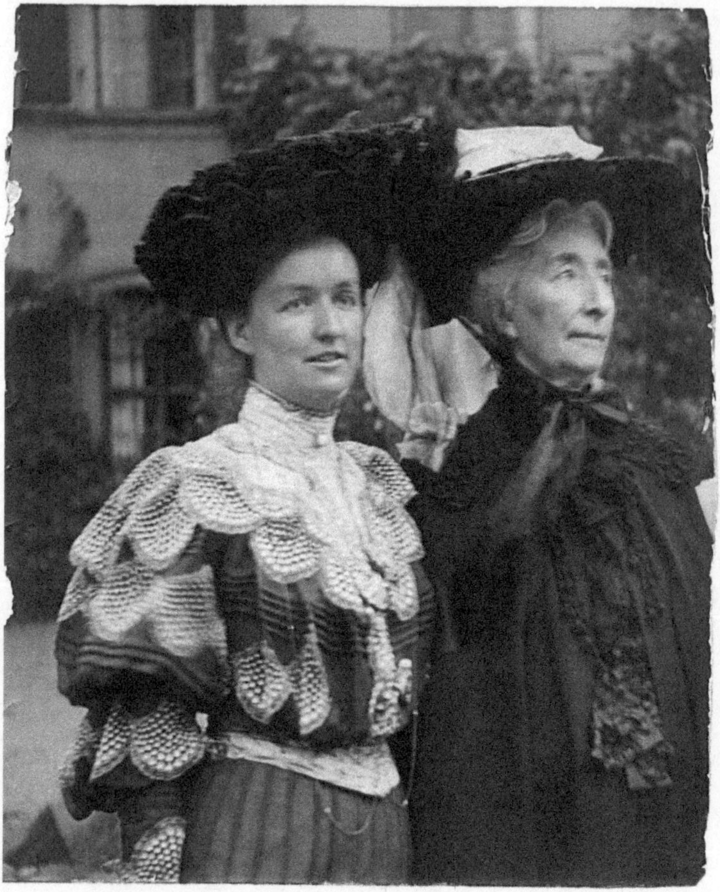

Abb. 21: Cosima mit Eva Wagner, Isoldes Schwester

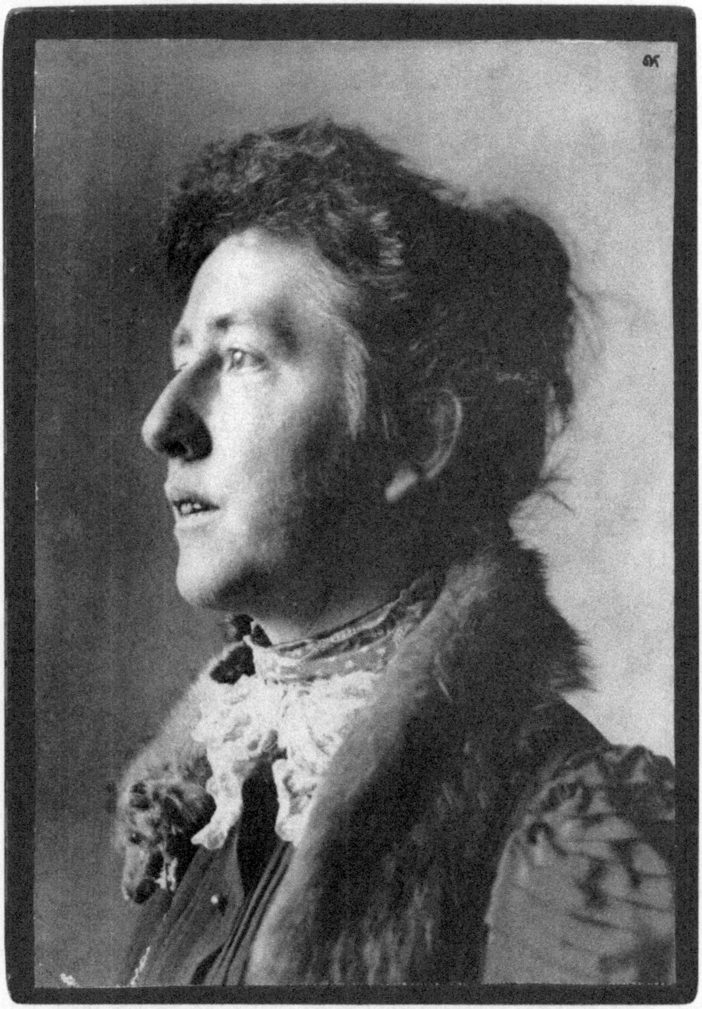

Abb. 22: Isolde, bereits krank (um 1909)

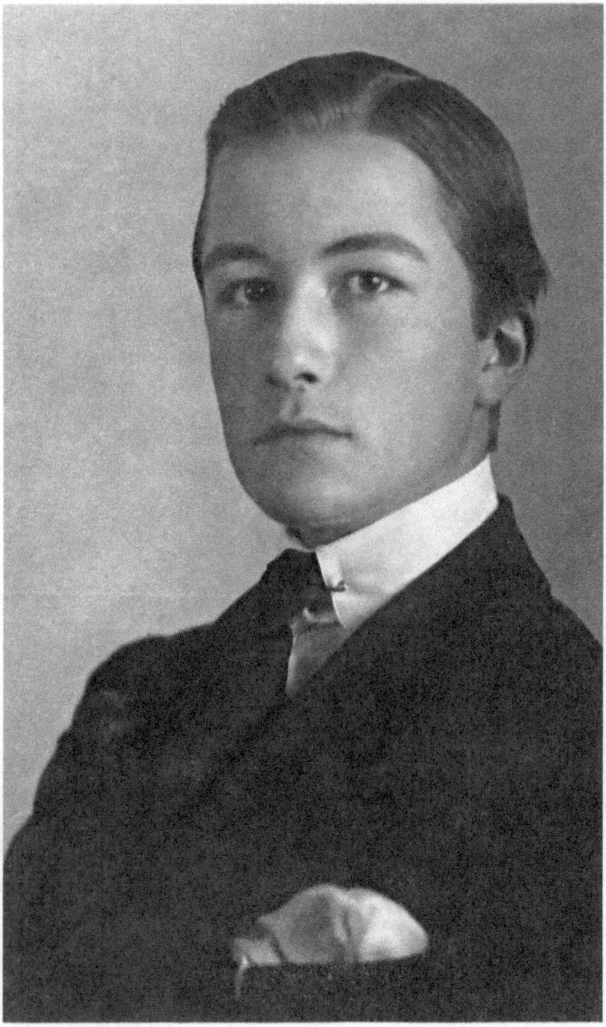

Abb. 23: Franz Wilhelm Beidler in jungen Jahren

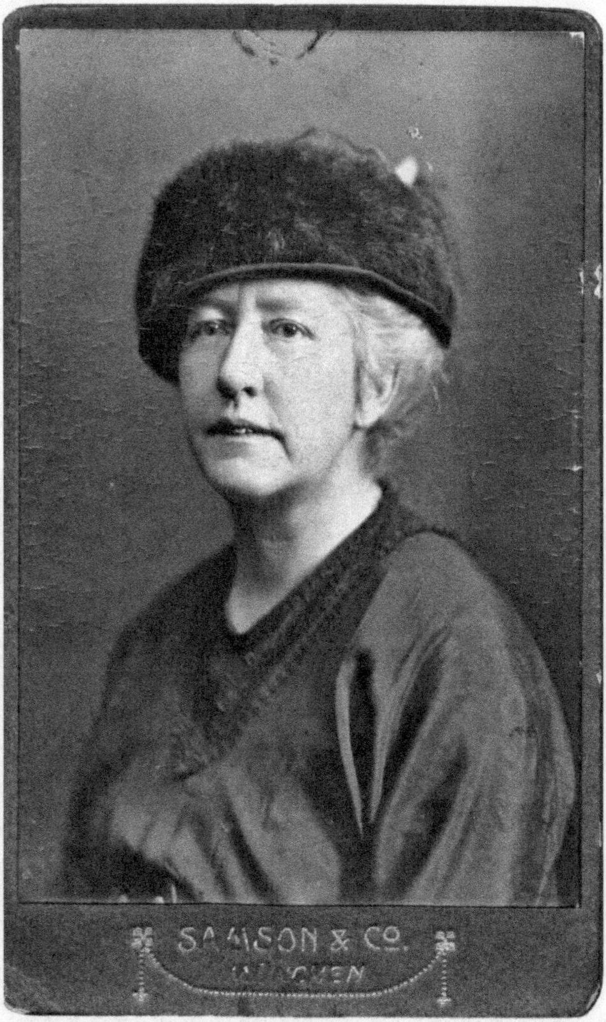

Abb. 24: Isolde im Alter

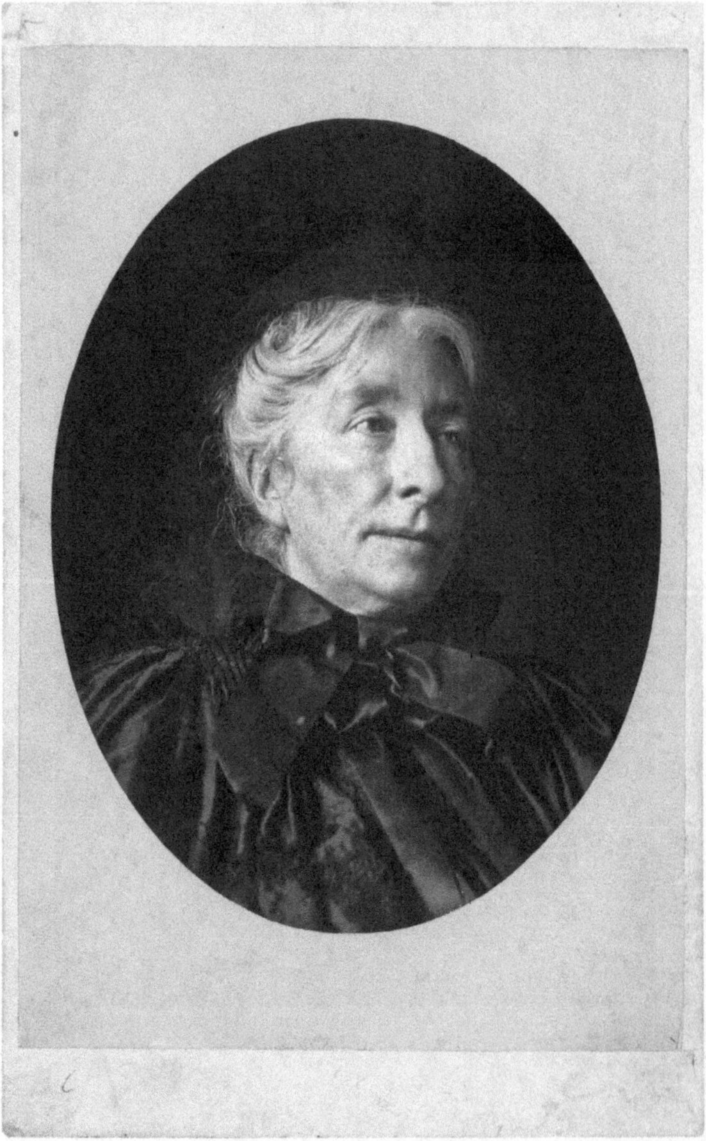

Abb. 25: Cosima Wagner im Alter

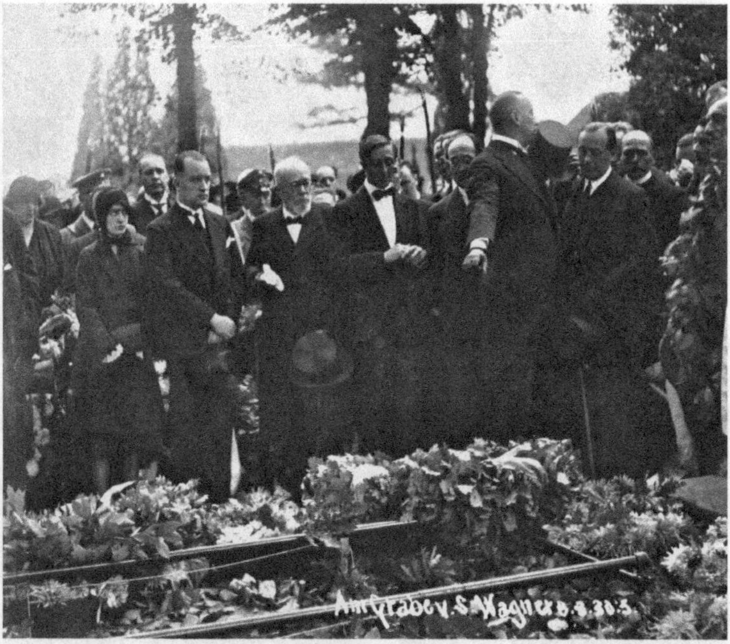

Abb. 26: Franz Wilhelm und seine Frau Ellen Beidler (links vorn) am Grab Siegfried Wagners, 1930

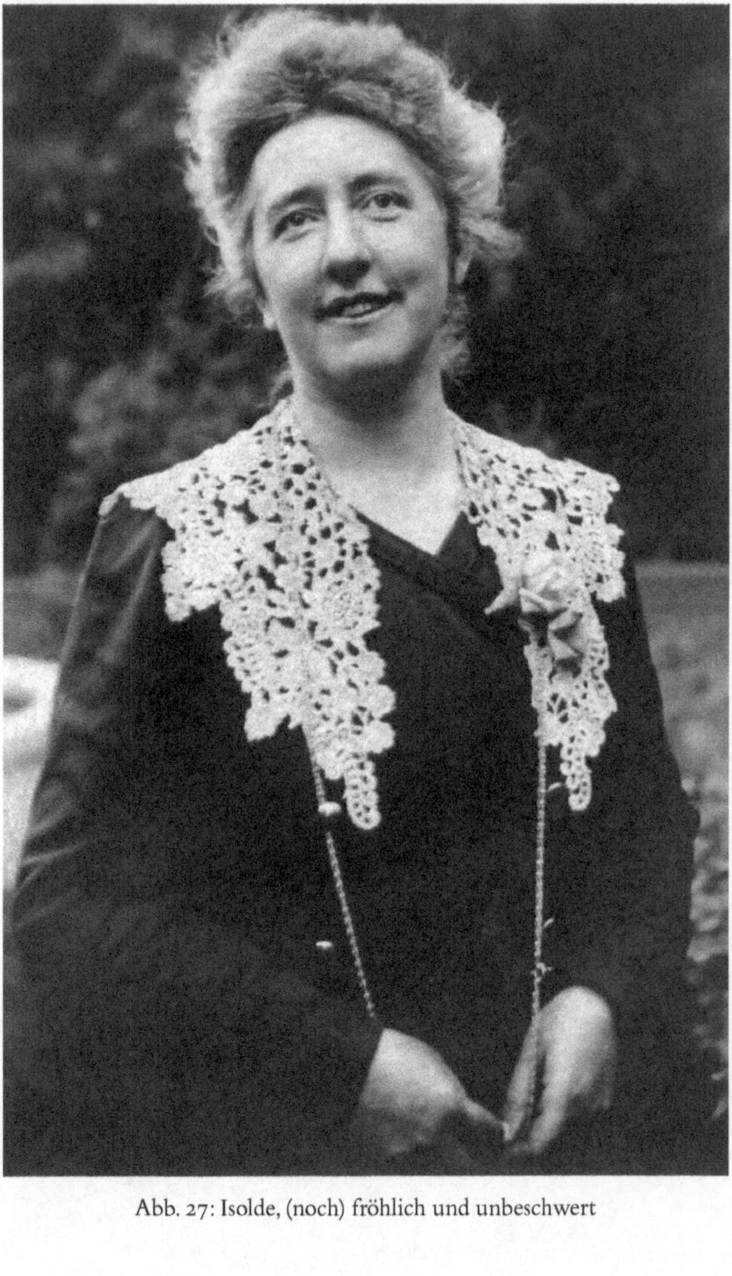

Abb. 27: Isolde, (noch) fröhlich und unbeschwert

8. »DAS GEFÜHL DER AUSGESCHLOSSENHEIT« 1900-1902

Isolde und ihre Geschwister erfuhren von Cosima immer wieder, dass sie zu Wahnfried gehörten. Das wurde Isolde gegenüber emphatischer betont, weil sie Trennungswünsche gezeigt hatte, als sie nach Sizilien zu Blandine ziehen wollte. Die Mutter war überzeugt, dass Isolde ledig bleiben und Wahnfried als ihr Eigentum empfinden würde – dann könnte sie die weltanschaulichen Ideen des »Meisters« vertreten, die er in Wort und Ton niedergelegt hatte. »Ich weiß es, daß auch Du in Wahnfried einzig frei athmest«, schrieb sie der Tochter. »Von unsrem Kloster aus wirst auch Du aber Dein Leben Dir bauen, und das wird ein schönes, reines, edles, friedenfreudiges Leben sein, wie Du selbst bist [...] So sei ruhig, friedlich, in Dir selig, mein seliges Kind, in Dir wenn Du Dich darin anschließt, findest Du Alles – das All und Eine! – wieder, darin wir sind, darin wir leben, darin wir vergehen, ertrinken, versinken, unbewußt, höchste Lust!«[1] Dass Cosima den Text aus dem Schlussteil von *Tristan und Isolde* zitiert, der – wenn man die Musik mit ihren wellenartigen Steigerungen bis zum Höhepunkt hinzunimmt – als »das Höchste der Gefühle« gedeutet werden kann, lässt vermuten, dass sie dem Gesagten einen besonderen Nachdruck geben wollte. Isolde strebte jedoch nach einem eigenen Leben, und die Gleichsetzung einer erotisch-orgiastischen Stelle aus einer Oper ihres Vaters mit einem asketischen Leben in Bayreuth wird sie kaum begeistert haben.

Im Herbst 1900 wurden die Bande zwischen ihr und dem angehenden Dirigenten Franz Beidler enger, der sie bei ihren Ge-

1 CW an Isolde, undat., vermutlich 1897 (STAM, CgM 8406).

sangsübungen oft am Flügel begleitet hatte. Sie kannten sich bereits seit 1894, als Franz engagiert worden war, um in Bayreuth zu assistieren. Man ging dazu über, Lektüre auszutauschen, so einen Artikel des Bach-Experten Philipp Wolfrum. Beidlers erstes erhaltenes Schreiben an sie vom Oktober 1900 begann noch recht förmlich:

»Hochverehrtes gnädiges Fräulein,

Mit vielem Dank erlaube ich mir, Ihnen den Wolfrum'schen Artikel über Bach, der mich sehr interessirte, zurückzusenden. Das Herz blutet einem, wenn man sich immer wieder vor Augen führt, wie der grosse Meister – u. mit ihm fast alle grossen – verkannt von der kurzsichtigen Menge seiner Zeit, gelitten u. gekämpft hat, getragen von einem alles überwindenden Idealismus u. einer Schaffensenergie, die eben nur das Genie besitzt, u. die Zeit seines Ruhmes u. der Anerkennung nicht mehr erleben durfte. Das Leben der grössten Meister ergreift uns immer wieder von neuem.«

Der formelle Ton änderte sich zu einem emotionaleren, als er im gleichen Brief von seinen Erfahrungen sprach. Er hatte in München einer Aufführung des *Fliegenden Holländers* beigewohnt und listete Isolde seine Vorbehalte gegenüber der Inszenierung auf. »Kein Leben, keine Kraft, keine Grösse, keine Vornehmheit, kein Styl. Röber dirigirte! Diese Tempi – entsetzlich! – ich erinnere nur an den Schluss des Vorspieles, die Arie des Daland, die Cavatine des Erik etc. etc. – so werden Sie genug wissen! Fräulein [Milka] Ternina bot als Senta eine vornehme Leistung, aber es fehlte der Gestalt sowohl die nötige Kraft als auch die Innerlichkeit u. Wärme.«[2] Das zeugte von einem fundierten Urteil, aufgrund seiner jahrelangen Tätigkeit in Bayreuth auf Sachwissen gestützt, zugleich von Begeisterung für das Werk getragen. Schon am folgenden Tag hatte man sich gegenseitig die Liebe gestanden, auf einer romantischen Wanderung durch den Wald den Jägersteig entlang nach Warmensteinach. Beide kannten nicht nur jeden Takt der Musik, sondern jede Zeile in

2 FB an Isolde, 1.10.1900 (AB); in FBs Briefen: Schweizer Orthographie.

Richard Wagners Opern, und so kommunizierte Franz über ihre Liebe mit Anleihen daraus, wie die folgenden Zeilen zeigen:

»Meine Liebste!

Bitterer Abschied von Bayreuth, grosses Sehnen. Iso's Brief bringt Balsam auf die blutende Wunde ... Das kleine Feuer, das wir Naturkinder in heiterstem Übermute auf der unvergesslichen Partie nach Warmensteinach anfachten, das zum verbrennenden Brande weitergedieh – noch sehe ich die züngelnden Flammen zum Himmel aufsteigen – ›es sollte ja der aufgehende Mond sein‹ – die Brunst wuchs zur verzehrenden Glut u. brennt mir nun in der Brust – es war die aufgehende Sonne! Ja, Liebste, es wird hoffentlich nicht mehr lange dauern, dass wir Verstecken spielen müssen. [...] Was in meiner Macht steht, werde ich tun, Deiner Wert zu erscheinen.«[3]

Die Wanderung gehörte zu Isoldes schönsten Erinnerungen. Noch blieb die Beziehung geheim. Franz schrieb ihr 1900 aus München, wo er bei seinen Eltern lebte: »Jetzt fehlt mir noch ein Bild en face von Dir, dass mir Deine lieben, treuen seelenvollen Augen ganz wiedergibt u. mir gönnt, in dieselben hineinschauend, mich in sie zu versenken, fühlend dabei, wie Dein Blick dem meinen begegnet, als wenn Du selbst aus dem Bilde heraus mich anblicken würdest, mir Herz u. Sinn labend.« Er versprach, Bilder von sich zu senden, und erwähnte eines aus der Zeit, als er für eine private Aufführung eines Stückes in Wahnfried seinen Schnurrbart opfern musste.

Als sich das Paar öffentlich zueinander bekannte, war Cosima überrascht, doch ihr erstes Schreiben an Franz war liebenswürdig:

»Lieber Freund,

nachdem ich Ihre Zeilen gelesen, befrug ich meine Tochter, ob auch sie eine Neigung für Sie hätte u. da sie mir diess mit

3 FB an Isolde, 2.10.1900 (AB). Im *Parsifal* wird die blutende Wunde von Amfortas mit Balsam behandelt, und im 3. Akt *Siegfried* ist die Rede von »blühender Brunst«, ein »zehrendes Feuer« ist entzündet, die »Glut brennt in der Brust«.

Ja erwiederte, gebe ich Ihnen Beiden meine Zustimmung und meinen Segen! Ich habe Sie als einen ernsten, tüchtigen, guten u. begabten Menschen erkannt u. das genügt mir um mir zu sagen, daß Ihre gegenseitige Neigung eine Entscheidende u. daher heilbringende sein wird! Ich freue mich dauernd für unsere Sache einen festen Mitarbeiter zu gewinnen u. bei meinem Sohn einen brüderlichen Helfer zur Seite zu wissen. Ich erkenne Gottes Fügung in dieser Vereinigung u. diess genügt mir nun ohne Bangigkeit in die Zukunft zu sehen, wenn auch für den ersten Augenblick die Verhältnisse bescheidener Art sein mögen.«[4]

An Adolf von Groß schrieb Cosima: »Ich brauche Dir nicht zu sagen, daß ich recht wohl die Bescheidenheit seiner Lage und Loldi's Eigenthümlichkeiten erwäge. [...] Über B[eidler]s Zukunft werde ich Dir mündlich meine Gedanken sagen.«[5] Nach außen wirkte sie gefasst, aber Isolde zählte später zahlreiche Gelegenheiten auf, bei denen sie gespürt hatte, dass Cosima an der Verbindung zweifelte: »Niederlassung in Bayreuth mußte ich erzwingen da wir schleunigst fort (Karlsruhe oder Koburg) sollten.« Warum diese Eile, das Paar vom Bayreuther Umfeld fernzuhalten? Und an Daniela: »Meine Reise [mit Cosima] zu Franzens Eltern nach München, auf der sie kaum ein Wort mit mir sprach, ihre eigenthümliche Zurückhaltung, als ich mit ihr am Hochzeitstag zur Kirche fahrend, ihr sagte, ich sei überzeugt, daß Papa meinen Entschluß segne.«[6] Dennoch war Cosima bemüht, ihre Gefühle nicht zu zeigen, und nahm Franz freundlich in die Familie auf.

Als Isolde plante, zusammen mit Blandine in Frankfurt Siegfrieds Dirigat seines *Bärenhäuter* zu erleben, schrieb Franz seiner Braut: »Der urgelungene, köstliche Brief u. das famose Telegramm Deines lieben Bruders freut mich riesig, ich sende Dir beide inliegend mit bestem Dank zurück. Ebenso wohl tut es mir,

4 CW an FB, 7.10.1900 (dikt. Eva) (AB).
5 CW an Adolf von Groß, 7.10.1900 (NA).
6 Isolde an CW, 2.8.1902; an DT, 18.7.1907 (AB).

zu hören, daß Deine liebe Schwester Eva mir gut gesinnt ist u. freudigen Anteil an unserem Glücke nimmt. […] Ich denke immer an Dich u. sehne mich nach Dir.«[7]

Man hatte entschieden, die Verlobung in Frankfurt zu feiern. Das Menü des Verlobungsmahls im gediegenen Restaurant Malepartus war mit Austern, Schildkrötensuppe, Zicklein-, Poulet- und Fasanenfleisch, Eis, Gebäck, Früchten, Kaffee und Likören recht üppig. Siegfried kam aus Montreux, wo er gerade seine Oper *Herzog Wildfang* beendete, und hielt eine Ansprache. Isolde erinnerte ihn neun Jahre später wehmütig an »die schönen Worte, die Du zu unserer Verlobung in Frankfurt sprachst. Worte, die sich tief in mein Herz gruben u. meinen Franz zu Thränenströmen erschütterten. Welch' ein tückischer Geist vermochte dies Alles, im Verlauf einiger Jahre so vollständig umzuwenden?!«[8]

Von Houston Chamberlain, der sich früher um Isolde bemüht hatte, aber zurückgewiesen worden war, kam aus Wien mit Verzögerung eine hochgeschraubte Gratulation zur Verlobung: »Sie haben ein Ewiges beschlossen; denn unser Thun umfaßt alles was war und alles was sein wird, – und Sie haben groß u. weise, wenn ich nicht fürchtete mißgedeutet werden zu können würde ich sagen kühn ›gethan‹.«[9] Er hatte Grund, sich beliebt zu machen, denn kurz zuvor hatte Isoldes Schwager Heinz Thode eine deutliche Kritik an Chamberlains Bestseller *Die Grundlagen des 19. Jahrhunderts* veröffentlicht. Thode hatte bemängelt, dass Chamberlain Gedanken von Wagner übernommen habe, ohne ihn zu erwähnen. Das provozierte den Autor zu einer gereizten Replik, warum er kein Plagiator sei; die Wagnerschen Ideen gehörten zum europäischen Kulturgut.[10] Dieser Streit trug zu einem jahrelangen Konflikt bei, den besonders Daniela zu spüren bekam.

Cosima teilte nun FreundInnen und nahen Bekannten mit, dass ihre Lieblingstochter sich verlobt habe, »ganz nach ihrem

7 FB an Isolde, 15.10.1900 (AB).
8 Isolde an SW, 23.11.1909 (STAM, Cgm 8405).
9 CH an Isolde, 29.11.1900 (Kopie, AB).
10 Vgl. Schüler 1971, 116f.

Herzen und zu meiner Freude, indem der junge Musiker, Franz Beidler, den sie erwählt hat, uns schon ein tüchtiger Mitarbeiter gewesen ist und für unser Bayreuther Werk von immer größerer Wichtigkeit werden wird«.[11] Dass der Bräutigam »jung und tüchtig« sei, war ein eher zurückhaltendes Lob für den künftigen Ehemann.

Zur Hochzeitsfeier waren Bekannte angereist, so Reinhard und Anna Kekulé aus Berlin, das Ehepaar Humperdinck sowie Eduard und Elise Küchler; Letztere waren Freunde von Thodes und Wagners aus Frankfurt. Die Eltern des Bräutigams waren nicht anwesend: warum, ist unklar. Die Kirche war mit neugierigen Bayreuthern gefüllt, andere standen am Straßenrand. Julius Kniese hatte Musik von Beethoven, Bach und *Lohengrin* einstudiert. In der Halle von Wahnfried wurde ein Festessen veranstaltet, und es gab Reden. Heinz Thode sprach zuerst, gefolgt vom Oberbürgermeister, der den Stolz der Stadt auf das Haus Wagner betonte. Siegfried erinnerte an die Flucht der Salzburger Protestanten, die in Bayreuth vom Markgrafen und seiner Frau aufgenommen wurden, und verglich dies mit seinen »kunstflüchtigen« Eltern, die 140 Jahre später in Bayreuth Aufnahme gesucht und gefunden hätten. Er konzentrierte sich damit auf seine Eltern, anstatt auf das Brautpaar. Abends lud das Hochzeitspaar zum Tee in ihre Wohnung im ländlichen bei Bayreuth gelegenen Colmdorf ein. Am Tag darauf spielte Franz den Gästen den 1. Akt aus Siegfrieds Oper *Wildfang* am Klavier vor.[12] Damit zeigte er seine Anerkennung dem Schwager gegenüber, was auch als eine Huldigung an die Schwiegermutter zu werten ist.

Das Paar residierte in einer Etage eines »Schlösschen« genannten Gebäudes, das in Wirklichkeit ein stattliches Landhaus war, das heute noch steht und seit 2021 besichtigt werden kann. Es befindet sich einen Spaziergang entfernt von der sogenannten

11 CW an Marie Gräfin von Bülow, in: CWZ, 550 (13.11.1900); vgl auch Brief v. 18.11.1900 (D-HVfmg).

12 CWZ, 566f. (28.12.1900).

Eremitage mit einem alten und einem neuen Schloss. Man kann in dem großen Park die Brunnen mit Wasserspielen und Nixen, Meerwesen und Faunen, eine Grotte und ein Ruinentheater bewundern und sich auf den verzweigten Spazierwegen erholen, was die Festspielkünstler in ihrer Freizeit während der Proben gerne ungestört tun. Das Paar wird oft genug dort angenehme Zeiten verbracht haben.

Isolde war jetzt Herrin über ein Anwesen, das über repräsentative Räume verfügte und ihr in einer größeren Stadt manche Chance geboten hätte, beispielsweise einen Salon oder eine lockere Form der Geselligkeit zu etablieren. Sie war belesen, sprach Englisch, Französisch und Italienisch. Man muss nicht gleich an die berühmten Berliner Salons einer Rahel Varnhagen oder Henriette Herz einhundert Jahre zuvor denken, aber es gab zu Isoldes Lebzeiten beispielsweise in Weimar Soireen, die Anna und Helene Stahr veranstalteten und »Musikalischen Kaffee« nannten. Die Schwestern, ehemalige Schülerinnen von Franz Liszt, waren über Weimar hinaus bekannt. Aber Bayreuth war weder Weimar noch Berlin, und Franz suchte nach anstrengender Arbeit Ruhe. So blieb man unter sich.

Cosima machte ihren Einfluss geltend, um dem Mann ihrer Lieblingstochter eine Dirigentenlaufbahn zu ermöglichen. Sie hatte seine besondere Begabung erkannt und wollte ihn fördern. An Mottl schrieb sie: »Es läge mir viel daran, daß er gerade in Ihre Schule käme, an sich erstens, und dann, weil er die größte Bewunderung für Ihre Leistungen hat.« Einen Tag später: »Es liegt mir daran, daß er in die Dirigententätigkeit sich begibt.« Sie schrieb Gustav Mahler, sie könne ihn sich als Assistenten an der Wiener Hofoper vorstellen.[13] Hätte Mahler zugestimmt, wäre Beidlers Karriere sicherlich anders verlaufen. Der in Wien tätige Dirigent und Komponist wird aber vermutet haben, Cosima wolle ihm einen Künstler unterschieben, der noch Anfänger war, und er ging auf das Angebot nicht ein. (Ebenso hatte er Cosima

13 Zit. b. Voss 1976, 38; CWZ, 557f. (19.11.1900).

gegenüber ein Dirigat Siegfrieds in Wien höflichst abgelehnt, da ihm – wie auch Richard Strauss – dessen *Ring*-Dirigat 1896 nicht gefiel). Cosima schrieb an Hans Richter: »[Franz] ist ein ausgezeichneter Musiker, hat einen festen Rhythmus und wird Ordentliches leisten. [Angelo] Neumann will ihn engagieren, und er soll im Mai mit dem *Holländer* sein Probedebut dort machen. Er wird zu den einfachen Kapellmeistern gehören, was, glaube ich, bei uns recht Not tut.«[14] Der Begriff »einfacher Kapellmeister« deutete seine Unerfahrenheit an; er sollte zuerst das Handwerk lernen. Zu einem Engagement mit der reisenden Truppe von Angelo Neumann kam es nicht.

Es war keine platte Oberschichtmentalität, die Cosimas Zurückhaltung Beidler gegenüber zugrunde lag, Sie kannte Franz bereits seit sechs Jahren und wird in dieser Zeit gespürt haben, dass er nicht leicht zu vereinnahmen war, denn er ließ sich nicht gern Befehle geben. Obwohl er Cosima bewunderte, machte er als Schweizer die überzogene Verehrung der Meisterin nicht mit, küsste ihr nicht die Hand und vertrat seine Ansichten offen. Cosima spürte, dass er von ganz anderem Schlag war als zum Beispiel Felix Mottl, der ein fast erotisches Verhältnis zu ihr entwickelte. Mottl versicherte ihr in seinen Briefen, »daß ich Sie treu und innig liebe und daß mein ganzes Herz nach Bayreuth gehört für ewig …«.[15] Eine solche Abhängigkeit war Franz fremd. Cosima war jedoch zufrieden, dass nun auch Franz »zu den Vertretern unserer Sache gehört, Fidi zur Seite stehen wird, eine Bestimmung hat, u. das unermessliche Glück, einer Sache zu dienen u. in ihr aufzugehen«.[16] Sie zweifelte nicht, dass er sich in die Wagnersche Weltanschauung einfinden und sie vertreten würde, da er, »ganz hier ausgebildet, nun auch mit Bewußtsein das vertritt, was der Wagnerianer als bayreuthisch in der Kunstausübung erkennt«.[17] Es gäbe »hier keine Partei, sondern eine Sache, welcher

14 30.12.1900, zit. b. Voss 1976, 38.
15 1887, zit. b. Haas 2006, 81.
16 4.2.1902, (NA).
17 CW an Christoph Krafft Graf von Crailsheim, 1.3.1902 (CWZ, 610f.).

man angehört.« Für eine Partei konnte man stimmen, hier aber war einem die Entscheidung abgenommen, man gehörte einer Gemeinde an. Damit verlieh sie den Festspielen nicht nur einen ethischen, sondern einen religiösen Anstrich.

Cosima legte Franz gegenüber die Richtlinien für die Zukunft fest. »Da dem Manne die Führung des Hauses zukommt, wirst Du monatlich bei Adolf von Groß 800 Mark erheben, Loldis Rente und Dein Gehalt vereinigt.« Sie riet ihm, davon etwas zurückzulegen und die Einkünfte durch Unterrichten zu vermehren. »Unter dem ›Vertrauen‹, was ich Dir anfangs wiederholte, verstehe ich, daß ich Deiner männlichen Fertigkeit gewiß bin und weiß, daß es Dir am Herzen liegt, zu dem Wohlstand u. dem ehrenvollen Ansehen Eurer Ehe, das Deinige beizutragen. Unter ehrenvoll verstehe ich Arbeit jedwede sie sei, denn die Ehre kommt uns nicht von außen, und so freue ich mich schon, daß Du die Chöre zu der *Missa Solemnis* einzustudiren bekommst, u. daß sich Deine Schüler melden. Ferner erwarte ich von Dir, dass Du deine Frau in der Führung des Lebens lenkst, wie es dem Manne zukommt u. der Frau heilsam ist. Das Reale ist ihr noch nicht geläufig, das mußt Du vertreten; sie wird Dir willig folgen, Deine Vernunft einsehend.

Und so segne ich Dich, mein lieber Franz, und nehme Dich ganz als meinen Sohn auf u. freue mich dessen u. weiß, dass Gottes Segen auf denen ruht, die reinen Willens sind!

Von Herzen Deine Mama.«[18]

Diese Zeilen werden Franz befremdet haben. Trotz seiner Verheiratung galt er weiterhin als Subordinierter, was er aus Cosimas Sicht tatsächlich war. Es stand ihr aber nicht zu, ihm das Sparen nahezulegen, das war Sache des Ehepaares. Dass er diesen Wunsch nicht würde erfüllen können, weil Isolde mit Geld nie auskam, musste Cosima wissen. Als Isolde noch daran gedacht hatte, Bayreuth zu verlassen und selbständig zu leben, hatte die Mutter sich besorgt über deren Schuldenmacherei gezeigt und

18 CWZ, 565 (17.12.1900).

ihr mitgeteilt, dann erhielte sie 7000 Mark.[19] Jetzt sollten aber 9600 Mark jährlich für zwei Personen ausreichen. Warum trennte Cosima nicht die Bereiche? Dass sie ihm »Arbeit jedwede sie sei« zumutete, machte eine Ablehnung von bestimmten Tätigkeiten zu einem moralischen Versagen. Hier liegt ein Grund für den späteren Streit, denn Franz verehrte und liebte Wagners Musik, akzeptierte auch die Bayreuther Hierarchie mit Cosima als Oberhaupt und seinem Schwager als geplantem Nachfolger, wollte aber nach sechs Jahren nicht weiterhin auf der untersten Stufe der Karriereleiter ausharren. Und er verstand nicht, warum er die Chöre einstudieren sollte, die Kniese bei der Aufführung leiten würde. Cosima erwartete jedoch von dem Stab ihrer fachlichen Mitarbeiter neben der Übereinstimmung in künstlerischen und politischen Fragen »absolute Loyalität, ein geschickt austariertes Verhältnis von Unterwürfigkeit, Beharrungsvermögen und Eigeninitiative, die Verinnerlichung der in Wahnfried geltenden Hierarchie und Sprachregeln und, nicht zuletzt, de[n] Wille[n], die eigene Schaffenskraft ganz in den Dienst der Bayreuther Sache zu stellen«.[20]

Als Julius Kniese Franz kurz nach der Hochzeit bat, ihm bei der Einstudierung des Chores behilflich zu sein, sagte Franz ab. Er hatte genug zu tun und sah nicht ein, warum er die Proben übernehmen sollte, die fernab vom Festspielbetrieb liefen und insofern nicht zu seinem Arbeitsgebiet zählten. Das konnte Cosima nicht gefallen und es kam zu einem unerfreulichen Gespräch zwischen ihr und Franz, worauf Cosima ihm schrieb.

»Mein lieber Franz!

Ich habe mich vorhin entfernt, weil ich sah, daß unsere Auffassung der Frage eine so verschiedenartige war, daß nur eine Mißverständniss erregende, für mich nicht würdige Diskussion entstehen konnte. […] Was nun die Sache selbst anbetrifft, so habe ich geglaubt, daß es Dir von größtem Interesse sein dürfte, Dich

19 CW an Isolde, 31.1.1901 (Abschrift, AB).

20 Fritz 2017, 284f.

mit der *Missa* so zu beschäftigen, wie man es nur beim Einstudiren kann – und wenn dieses Interesse da ist, dann fallen alle Nebenbetrachtungen weg. [...] Lies im X. Band *Heldenthum und Christenthum*, insbesondere die Worte über Herakles, in der Botmäßigkeit unter seinen Brüdern, u. Du wirst darin unsere Anschauungen kennen lernen – von denen ich überzeugt bin, daß Du mit der Zeit und von selbst Dich zu ihnen bekennen wirst. Es ist nicht möglich, daß Du sofort in eine Art der Betrachtung Dich findest, die nicht die übliche genannt werden kann, – ja, die vielleicht dem was Du als Männlichkeit empfindest, entgegen ist; auch bist Du jung, und ich bin alt. Ich finde es ganz gleichgültig ob man für das was man leistet anerkannt wird oder nicht, wenn man nur leistet – ich habe meinen Vater die Pauke in der IX. Symphonie unter einem unfähigen Dirigenten schlagen sehen, und sämtliche Proben, als ob er ein kleiner Conservatorist wäre, halten [...] Solche Beispiele sind meine Lehren gewesen, und es ist mir unmöglich geworden, jemals irgendetwas übel zu nehmen [...] Nun aber lebe wohl – der Vorfall existirt für mich schon nicht mehr – und so wirst Du nie ein Wort von mir darüber hören.

Von Herzen grüßt Mama.«[21]

Weshalb sie ausgerechnet einen Aufsatz Wagners zur Lektüre empfahl, in dem der Verderb der weißen, edlen Rasse durch das unedle (jüdische) Blut vorausgesagt wird, bleibt unklar. Die empfohlene Stelle über Herakles heißt: »Arbeiten, welche [Herakles] aufgegeben sind, verrichtet er in stolzem Gehorsam und befreit dadurch die Welt von den grausamsten Plagen.«[22]

Einen Tag darauf versuchte Cosima, seine Mitwirkung doch noch zu erlangen. Obwohl sie ihm die Entscheidung überlassen hatte, änderte sie jetzt ihr Vorgehen und übte Druck aus. »Eine Mendelssohn'sche Ouverture in diesem selben Conzert wäre noch frei. Ob Du sie wolltest? Adolf [Groß] rieth anzunehmen und unter allen Umständen. Die morgige Chorprobe zu halten,

21 CW an FB, 5.1.1901 (dikt. Daniela) (AB).
22 SSD X, 277.

diess dem Präfekt Geyer sofort in der Früh zu melden. Was mich betrifft, so weißt Du, daß für mich das Interesse an dem Beethoven'schen Werk das Einzige ist, was hier zu sprechen hat. Stellst Du andere Dinge voran, so hast Du eben kein Interesse. Dies die letzten Worte zur Klärung! Die Sachen liegen sehr einfach u. Kniese hat gewiß absichtlich hier nichts verbrannt noch übel bewirkt.

Mit herzlichen Grüßen an Euch Beide, liebe Kinder! CW.«[23]

Franz, der Wagners Aufsätze gut kannte, wehrte sich. Sein Schreiben existiert nicht mehr, aber Cosima fühlte sich daraufhin veranlasst, ihre Kritik zu verschärfen. Keine Partei wollte nachgeben.

»Mein theurer Franz,

Ich nehme nie etwas übel, Dir am allerwenigsten, u. ich werde mich doch Dir gegenüber nicht stellen wie Du gegen Kniese. Du bist im glücklichen Nachtheil jung zu sein, daher unreif. – In einiger Zeit wirst Du die Dinge betrachten wie ich und die Wichtigthuerei belächeln, durch welche Du das Wichtige versäumtest. Ich verlange nicht von Dir Christ zu sein; aber frei und stolz, und Du hast beschränkt und kleinlich gehandelt. Es kommt gewiß der Augenblick, wo Du erkennen wirst, worin die vornehme Gesinnung unseres Hauses besteht [...] Du hast moralisch unrecht gethan mich die Zeit über im Glauben zu lassen, Du würdest diese Proben dirigiren; im Gleichen nicht so viel Rücksicht auf einen von mir gehegten Wunsch gehabt, vermeinte Beleidigung zu übersehen; ferner lieber eine edle Thätigkeit aufzuopfern, wo möglich ein gutes künstlerisches Werk zu vereiteln, als mit noblem Humor über etwaige Ungehörigkeiten hinwegzusehen. Dieses moralische Unrecht z.B. die Rücksichtslosigkeit gegen mich, die in grellstem Gegensatz zu dem Benehmen Siegfrieds gegen mich steht, müßte ich sehr ernst nehmen, wenn ich auch nur den geringsten Gehalt darin fände.

So ist es eine Kinderei – die nicht gerade günstig für Dich

23 CW an FB (6.1.1901) (AB).

u. Deine Entwicklung ist, aber die ich als belanglos ansehe. Du hast nun Deinen Willen gehabt – mögst Du daran Vergnügen finden – Ich hätte es männlich gefunden, wenn Du zu Kniese gegangen wärst und ihm gesagt hättest, worin er Dich gekränkt hat, zugleich aber hinzugefügt: mit Vergnügen übernehme ich nichtsdestoweniger die Proben. […] Lasse Loldi aus dem Spiel, sie kann ja nicht anders als Dich vertreten – ihre Gesinnung ist aber die unseres Hauses, u. schon ihretwegen hättest Du Dich zu wahrer überlegener Männlichkeit aufschwingen sollen. Und nun Gott befohlen, laß uns guter Dinge sein, und möglichst viel Humor auch in der Behandlung der unangenehmen Erfahrungen bewahren.

Treulichst Mama.«[24]

Trotz des um Kulanz bemühten Tones sind Beleidigungen in dem Schreiben enthalten, die Franz treffen mussten. Er sei unreif, wichtigtuerisch, beschränkt und kleinlich, sein Verhalten stehe im »grellsten Gegensatz« zu Siegfrieds, und er besitze nicht die »vornehme Gesinnung«, die in Wahnfried herrsche. (Neben diesem Begriff und auch sonst setzte Franz etliche Ausrufzeichen, denn er misstraute der angeblich edlen Geisteshaltung.) Er habe moralisch unrichtig gehandelt, und es fehle ihm an noblem Humor. Er habe sich rücksichtslos, wenig überlegen und unklug benommen. Gleich zweimal wird ihm Unmännlichkeit vorgeworfen, was einen frisch verheirateten jungen Mann besonders treffen musste. Mit der verletzenden Attacke waren die Probleme vorprogrammiert, denn Isolde rieb sich auf an ihrer engen Bindung zur Familie sowie an dem nach Stärkung des Selbstwertgefühls strebenden Ehemann. Kurz darauf wurde Franz nach Berlin geschickt, um mit Emmy Destinn die Rolle der Senta und mit Ellen Gulbranson die Brünnhilde im *Ring* zu erarbeiten. Auch Ernst Kraus (Siegmund, Siegfried und Erik) und Paul Knüpfer sollten mit ihm proben. (Im Programmheft der Festspiele ist Franz als Solorepetitor und musikalischer Assistent

24 CW (Diktat) an FB, 7.1.1901 (AB).

aufgeführt.) Er sollte zudem eine Frau von Bleichröder in ihrem Heim besuchen und privat ihren Gesang begleiten.[25] Aus der Hauptstadt schrieb er Isolde seine Sehnsucht von der Seele. »Wie schmerzlich vermisse ich Dich [...] nichts freut mich, an allem gehe ich teilnahmslos vorüber.« Er besuchte eine Aufführung des *Bärenhäuter* und ging dann in die prächtige neobarocke Villa der Frau von Bleichröder, deren Ehemann Hans der Sohn des Bankiers Gerson von Bleichröder war. »Nach dem Essen wurde auf Leben u. Tod musicirt wie es ja immer ist, wenn ich mit Frau v. Bl. zusammen bin u. sie sagte mir, so lange ich hier in Berlin sei, jeden Tag mit mir zu musiciren [...] Sie erkundigte sich auch, ob Du noch fleissig singest.«[26]

Er fühlte sich von einigen Künstlern herumgeschoben, die wenig Lust hatten zu proben, und mit einer wohlhabenden Frau vierhändig zu spielen, so angenehm das war, brachte ihm wenig ein. Er beherrschte inzwischen alle Facetten des Korrepetierens, ob es sich um die Einübung von SängerInnen, Dirigate oder Beihilfe zur Regie handelte. Sein Können als Dirigent überzeugte die Musiker, und er wollte auf dem Gebiet vorankommen. Selbst seine Verliebtheit konnte seine Verdrossenheit nicht auf Dauer überdecken. Er litt unter der Arbeitssituation und versuchte, sich in einem Brief an Isolde für Spannungen zu rechtfertigen, die durch seinen beruflichen Ärger entstanden waren.

»›Alles pflegt schon längst der Ruh‹[27] – es ist gerade die Stunde herangebrochen, in welcher wir vor einem Jahre die Wanderung in die Dunkelheit des Waldes antraten auf welcher Frau Minne es in die Hand nahm, unser Lebensgeschick zusammenzuführen. Und alle die unendliche Wonne ihrer seligen Stunden wieder durchlebend kann ich Dir heute, leider gerade an diesen Erinne-

25 Es könnte sich um Karoline Marie-Luise von Bleichröder (1859-1917) oder Marie Harriet v.B., geb. Alexander handeln. Letztere wurde 1902 von James von B. geschieden (Dank an Jörg Waßmer, Jüdisches Museum Berlin, für diese Auskunft.)

26 FB an Isolde, 6.3.1901 (AB).

27 Zitat aus der Arie Agathens, 2. Akt *Der Freischütz* von C. M. von Weber.

rungstagen fern von Dir weilend, nur sagen, dass ich diese für unser Schicksal so entscheidende Stunde aus vollem Herzen preise. Und heute, nach einem Jahr, das mir viel brachte, was ich vorher nicht geahnt hätte, was ich wünschte, nicht hätte durchmachen zu müssen, heute diese vielen Unannehmlichkeiten vergessend, stehst nur Du vor meinen Augen, nur Deine mich beglückende, beseligende Liebe u. Treue [...] Sollte ich Dir vielleicht öfter den Eindruck gemacht haben, anders geworden zu sein, so denke an die vielen, vielen Misslichkeiten, an die hässlichen Ereignisse, die mich, obwohl ich dagegen ankämpfte, doch sehr in Anspruch nahmen u. bei meiner Gereiztheit den Schein nach aussen gaben, ich sei nicht mehr derselbe, wie vor einem Jahre.

Dann denke ferner an die Sorge um Dich, Deine Gesundheit, unser zukünftiges Kind, die mich verfolgte u. mich Qualen erleben liess, da wo ich hätte können Wonnen geniessen. Denke an alle diese Umstände u. Du wirst meine Gereiztheit verstehen u. mild beurteilen.«[28] Man spürt, wie sehr die Konflikte mit Wahnfried das Paar belasteten.

Franz war bei den Festspielen 1901 stark eingebunden. Das Pensum war mit *Parsifal*, *Holländer* (Bayreuther Erstaufführung) und dem *Ring des Nibelungen* umfangreich. Isolde wird sich im Hintergrund gehalten haben, denn sie war schwanger, und nach damaliger Sitte schämten sich angehende Mütter ihrer Figur. Kurz vor der Geburt griff Cosima eine Aussage von Gräfin Schleinitz auf und schrieb der Freundin: »Deiner genialischen Auffassung der Unbeträchtlichkeit des Vaters war ich in Gedanken so zuvorgekommen, daß ich Siegfrieds Wort für mich dahin veränderte: ›Du machtest wohl ohne Vater mich?‹ und sie in den Mund des zukünftigen Sprößlings legte.«[29] (Im *Siegfried* fragt dieser seinen Ziehvater Mime: »Du machtest wohl ohne Mutter mich?«) Mit dieser Verächtlichmachung zeigte Cosima ihre wahre Meinung über den Schwiegersohn. Sie erwähnte auch, dass

28 FB an Isolde, 25.9.1901 (AB).
29 Moulin Eckart II, 668.

Isolde einige Zeilen in glücklichster Stimmung mit Schilderung ihrer Vorkehrungen schrieb, »wobei wir an unsre Neufundländerin in ähnlichem Falle erinnert wurden«. Cosima meinte den körperlichen Aspekt des Gebärens und verglich Isoldes Freude am Körperlichen mit dem Verhalten eines Hundes – eine merkwürdige Betrachtungsweise biologischer Vorgänge einer Mutter von fünf Kindern. Vermutlich war sie erstaunt, dass Isolde so selbstverständlich mit ihrem Körper umging.

Als am 16. Oktober 1901 der Sohn Franz Wilhelm, genannt »Bubili«, »Bubi« oder »Schnigger«, zur Welt kam, war das eine große Freude für die Familie, trotz der »grausamen Schmerzen«, die die Geburt Isolde verursacht hatte. Dem Wagner-Philologen Wolfgang Golther schrieb Cosima: »Das ist ein kleiner Bayreuther, der hoffentlich ein echter, tüchtiger, entrüstungs- und begeisterungsfähiger sein wird.«[30] »Isolde will sich von dem Kinde gar nicht trennen, nährt es selbst, und sie könne das Wohlgefühl nicht schildern, wie das Kind ihre Brust gefaßt hätte«, berichtete sie Marie von Schleinitz,[31] wiederum erstaunt über Isoldes Bejahung der sinnlichen Empfindung. Der Wagner-Biograph Carl Friedrich Glasenapp gratulierte zum »jetzt einzigen Enkel des Meisters«, und auch Richard Strauss gratulierte Cosima »zur Geburt des jüngsten Bayreuthers, dem wir das stilvollste Gedeihen von Herzen wünschen«. Cosima konterte: »So Gott will, kommt auch Stilett-Schärfe der Intelligenz zum körperlichen Wohlsein!«[32] Noch hatte Strauss seine Einakter *Salome* und *Elektra* nicht geschrieben, die Bayreuth so schockieren sollten.

Nachdem ein geplantes Engagement in Prag sich zerschlagen hatte, erhielt Franz für das Frühjahr 1902 das Angebot, Wagneropern in Moskau zu leiten, wobei die *Walküre* erstmals in russischer Sprache dargeboten werden würde. Siegfried hatte ihn als Dirigenten vorgeschlagen. Auch Felix Mottl und Hans Richter

30 CWZ, 594 (24.10.1901).
31 Moulin Eckart II, 672.
32 Trenner 1978, 243 (30.10. und 3.11.1901).

schätzten seine Fähigkeiten und hielten ihn für geeignet, und als er angenommen wurde, war Cosima selig. Sie meinte, »daß Etwas in ihm steckte, was er selbst nicht wußte u. was an den Tag kommen mußte um ihn zu befreien. Wir haben gewußt u. mir kam es nur darauf an, daß er sich bewährte. Daß es so glücken würde, habe ich mir nicht vorgestellt, ich wollte nur daß er sich selbst bewies was er kann. Nun lebe das Glück noch dazu!«[33]

Sollte Franz sich in Russland künstlerisch bewähren, könnte sie sein Engagement in Bayreuth nach außen hin rechtfertigen, denn die Bayreuther Dirigate waren begehrt. Aber es spielte auch der Wunsch mit, Franz einige Monate lang von Isolde zu trennen. Man denke an Cosimas Satz: »Isolde kann ja nicht anders als Dich vertreten – ihre Gesinnung ist aber die unseres Hauses.«[34] »Als ich mich entschloß, mit ihm nach Moskau zu gehen, brach ein Sturm gegen uns los«, erinnerte sich Isolde später. Sie litt noch einige Wochen lang an den Aufregungen.[35]

Franz lernte in kurzer Zeit die russische Sprache, und Mitte Januar reiste das Paar ab. Den Säugling betreute ein Schweizer Kindermädchen daheim. In Moskau angekommen, stürzte Franz sich sofort in die Proben zum *Lohengrin* sowie der *Walküre*. Tagelang wurde solistisch gearbeitet, gefolgt von Klavier-Bühnenproben, Proben mit den Bläsern und dem ganzen Orchester, bis hin zur russischen Erstaufführung des *Lohengrin*. Der berühmte Tenor Ernest van Dyck, der den Siegmund in der *Walküre* sang, sah in Franz einen der allerbesten Dirigenten Deutschlands und wollte ihn nach London bringen.[36] Isolde schrieb stolz, Franz habe alle Wasser- und Feuerproben glänzend bestanden, der *Lohengrin* habe ihm große Ehren eingetragen.[37] Ungestört von Familieneinflüssen, ging es dem Paar gut. Franz schrieb später, dass er immer mit einer gewissen Wehmut an die Zeit in Moskau

33 CW an Isolde (Diktat Eva), 13.2.1902 (STAM).

34 CW (Diktat) an FB, 7.1.1901, (AB).

35 FB an CW, 12.5.1902 (AB).

36 Isolde an DT, 31.12.1902 (NA).

37 Isolde an Mary Fiedler, o.D. (STAM, Leviana II,3).

zurückdenke: »Wir waren doch so gemütlich zusammen, es war eine schöne Zeit für uns!«[38]

Isoldes Gratulation zum Geburtstag ihrer Mutter liest sich fast wie eine Parodie, war aber ernst gemeint. Ihre glückliche Stimmung über Franz' Erfolge spiegelt sich in enthusiastischen Worten. »Meine innigstgeliebte Mama! Zum ersten Mal ist es mir versagt Deinen Geburtstag, diesen Tag der Gnade, mit Dir zu feiern! Welche Entbehrung!! Doch keine Klage sollte an diesem Tag zu Dir dringen u. so will ich meinen Geist über das irdische Jammerthal […] erheben, wo mein inneres Auge Deine hehre Gestalt, die wunderbare Verkörperung göttlicher Fügung, erblickt, deren Gewahrwerden mich mit Trost u. Seligkeit erfüllt – und so nahe ich Dir heute entrückt, in andachtsvollem Gebet. – so sind wir beisammen auch ohne zusammen zu sein!«[39] Trotz der gespreizten Sprache verrät sich in diesen Worten eine starke seelische Abhängigkeit. Cosima spürte das: »Ihre Existenz in Moskau gehört wieder ganz der Traumhaftigkeit ihres Wesens.«[40]

Wladimir Teljakowsky, der letzte Direktor der Moskauer Hoftheater, lud Franz ein, im Herbst mehrere Werke Wagners in Petersburg einzustudieren und zu dirigieren. Er hatte rühmende Berichte über dessen Wirken in Moskau gehört. Franz nahm das Angebot dankend an, das sich aber zerschlug.[41] Seitens der Konkurrenz wurde er abschätzig als Ehemann von Wagners Tochter bezeichnet, der von Teljakowsky protegiert werde, so der russische Geiger V.G. Walters, der in einer Biographie über den Dirigenten Eduard Napravnik behauptete, Teljakowsky habe Beidler für eine Aufführung der *Götterdämmerung* in Petersburg engagieren wollen, was aber durch Napravnik vereitelt worden sei.[42]

38 FB an Isolde, 7.4.1902 (AB).

39 Isolde an CW, 21.12.1902 (NA).

40 CW an MvM, 24.10.1902 (AT).

41 Isolde an ihre Familie, 10.2.1902 (NA, Hs 15/388).

42 »Eduard Francovich Napravnik und seine Zeitgenossen« von Vladimir Eduardovich Napravnik (»Эдуард Францович Направник и его современники«, 1991). Dank an Mikhail Kuchersky für den Fund.

So war Beidlers Nähe zur Wagnerfamilie Segen und Fluch zugleich.

Isolde war beglückt über Franz' Arbeitseifer, zumal ihm die Wahnfriedler Trägheit vorgeworfen hatten. »Wie würdet auch Ihr Euch freuen, wenn Ihr Franz bei seiner Arbeit beobachten könntet u. es mit ansähet, wie frei, kühn u. bestimmt sich seine großе Begabung hier entfaltet und entfalten kann, da ihm alle Freiheit dazu gewährt wird [...] weil man vollstes Vertrauen zu ihm gewonnen hat u. daher auch seinen Einordnungen bis ins kleinste Detail willig gefolgt wird. (Dies bezieht sich nicht nur auf Orchester u. Sänger, sondern auch auf Regisseure, Dekorationsmaler, Maschinist – kurzum: Alles!) Die bayreuther Lehren sind Franz wahrhaftig – wie Wenigen – in Fleisch u. Blut übergegangen – davon wird die *Holländer*-Aufführung, die in vierzehn Tagen statt finden wird, ein lebendiges Zeugnis abgeben. Schade, daß niemand von Euch dabei sein kann – Ihr würdet besser davon überzeugt werden, als durch meine dumme Schreiberei!«[43] Der Hinweis auf die freie Entfaltung seiner Fähigkeiten war wohl eine Ermahnung an Cosima, ihn nicht zu vereinnahmen.

Ein russischer Rezensent war in einer von Beidler dirigierten Aufführung des *Holländers* mit den Sängern unzufrieden, lobte aber die Darstellung: »Inszeniert wurde die Oper prachtvoll. Die elektrischen Effekte sind erstaunlich. Das Orchester klingt gut, obwohl an bestimmten Stellen der sich bemühende Dirigent diesem zum Nachteil der Sänger viel zu viel Klang entlockt.«[44] Franz' in die Inszenierung investierte Arbeit zeigte also Wirkung; über die unzureichende Qualität der in Moskau engagierten Sänger war er selber unglücklich. Isolde tröstete ihn: »Was sollst Du Dich auch in Moskau viel plagen u. schinden, mit solch miserablen Sängern. Hast Du Dir die Sache mit Carlsruhe überlegt?«[45] Sie

43 Isolde an ihre Familie, 13.11.1902 (NA, Hs 15/57).

44 Horche: *Der fliegende Holländer* Wagners im Bolschoi Theater, in: Russische musikalische Zeitung (Русская музыкальная газета), Nr. 40 (1903), Spalten 936-937. Dank an Mikhail Kuchersky für den Fund.

45 Isolde an FB, 20.9.1903 (AB).

spekulierte wohl auf Mottls Weggang aus Karlsruhe, der tatsächlich 1903 nach New York und von dort nach München wechselte. Ein Jahr später erhielt Michael Balling Mottls Stelle an der Großherzoglich Badischen Hofkapelle.

Nach seiner Rückkehr Ende Februar 1903 brauchte Franz dringend eine Erholungspause, denn er sollte im August wieder nach Moskau fahren und sieben Monate lang dort arbeiten. Er reiste im April zu den Eltern nach München, bereits zuvor hatte er um den Ausstieg aus seinem Arbeitsverhältnis mit Bayreuth gebeten. Geld hatte er in Moskau genug verdient. Im Mai begannen die Vorbereitungen für die Festspiele, und Cosima vermisste Franz. Sie hatte vergessen, dass er das Dienstverhältnis für beendet erklärt hatte. Das ganze Lob seiner Moskauer Leistungen zerschmolz nun zu einem Nichts in einem Brief an ihn:

»Mein theurer Franz,

Loldi sagt mir, Du wünschest von Deiner Arbeit am *Parsifal* enthoben zu werden. Warum hast Du das mir nicht selbst gesagt? Ich will Dir dafür sagen, weshalb ich sie von Dir erwartet habe:

Weil Du bei mir angestellt bist u. Deinen Gehalt erhebst. In der ganzen Welt wirst Du sehen, daß wo das geschieht, man dafür Arbeit leistet.

Und vor allem, weil ich geglaubt habe, daß Dir daran läge, indem eine solche Arbeit Dich fördert u. zu Deiner anderen steigernd stimmt.

Weil 2 Stunden am Tag (ich rechne reichlich!) sehr wenig sind u. Dir noch mindestens 8 Stunden zur übrigen Arbeit, welche die Unsrige nicht unterbricht u. Dir noch dazu einen gesunden Spaziergang verschafft, bleiben.

Weil Du schon über 2 Monate aus Moskau zurück bist u. in dieser Zeit schon Manches hinter Dir haben könntest. (Ich fürchte aber, daß sich das wiederholt hat, was von den Festspielen bis vorigen Weihnachten stattfand: Mangel an geregelter Thätigkeit u. dadurch großer Zeitverlust.)

Weil ich annahm, daß Du als Sohn unseres Hauses vor Allem mit Begeisterung unserer Sache dientest. Es wäre ebenso pflichtgemäß als natürlich, daß Du mindestens bis zu Knieses Rücktritt (Sonnabend) weiter mit mir gearbeitet hättest. Ich stelle Dir das aber frei. Sage mir Deine Entscheidung telephonisch.

In jedem Übel giebt es ein Gutes. Das Gute hier ist, daß Du gewiß einsehen wirst, daß jeder Mensch einem Gesetze zu gehorchen hat u. sich eine Lebensregel aufstellen muß. Mein Vater begann bis in sein spätes Alter seinen Arbeitstag um 6 Uhr früh. Du wirst es an Dir selbst spüren wie unerquicklich Deine Lebensführung ist. Du hast keine Heiterkeit, kein Vertrauen, keine Offenheit. Das wird Dir alles kommen, wenn Du die Pflichterfüllung kennen lernen wirst. In Moskau wirst Du ja Zwang erfahren. Ich hätte gewünscht, Du hättest die Freude der Selbstbestimmung zum Rechten Dir gegönnt! Bei mir kannst Du auf grenzenlose Geduld gefaßt sein, weil ich auf Deine gute Natur baue und hoffe.

Laß nur das Mißtrauen fahren und wisse Dein Glück zu schätzen!

Herzlichst Mama«[46]

Franz antwortete, dass er nach seiner Heimkehr ihr und Adolf von Groß mitgeteilt habe, dass er die Zeit für die Vorbereitung auf seine neuerliche Reise nach Moskau benötige. »Du batest mich dann, während Knieses Abwesenheit die Arbeit zu übernehmen, bis mein Nachfolger komme, was ich ja auch mit Vergnügen tat. Aber gerade diese Bitte konnte mir auch nur bestätigen, dass die Sache abgemacht u. ich nicht mehr angestellt war. [...] Dass Du nun nachträglich bei Besprechung unserer Finanzen beschlossest, uns den Gehalt noch ein Jahr weiter zu geben, um Schulden damit zu decken, fasste ich als grosse Güte von Dir auf, uns helfen zu wollen, aber nicht als starre Verpflichtung, an meine Stelle gebunden zu sein, sonst hätte ich es dankend abgelehnt und nicht annehmen können. [...] Du weißt, wie glücklich ich immer war, wenn ich mit Dir habe arbeiten können, weil mich das gefördert hat, aber ›Rhythmus‹ einem Sänger bei-

46 11.5.1902 Cosima an FB (AB).

zubringen, das ist wirklich keine Förderung mehr für mich, denn sonst stünde es schlecht um mein Dirigiren.

Du hast wohl recht, dass eine andere, ganz geregelte Zeiteinteilung vielleicht besser wäre, aber schliesslich muss doch jeder so arbeiten, wie es ihm am besten entspricht, die Hauptsache ist doch, dass die Arbeit getan ist, das Wie u. Wann ist gleichgültig. Nicht jeder Mensch kann nach einer Schablone arbeiten. Die ganze Sache läge auch anders, wenn ich nicht den langen Weg zur Stadt hätte.

Also auch Du zweifelst, wie seinerzeit Siegfried mir in einem Brief so verletzend schrieb, an meiner Begeisterung für die Werke u. die grosse Sache. Was soll ich heute wieder darauf antworten? Gottlob weiss ich, wie es in meinem Innern damit aussieht! Schon längst, bevor ich Dein Schwiegersohn wurde, hing ich mit Leib und Seele an den Werken u. die Berufung nach Bayreuth traf mich schon in dem Entschlusse, mich diesen Werken ganz zu widmen, wo u. wie ich nur könne.

Da Du weiter von Pflichtgefühl sprichst, so muss ich Dir sagen, dass gerade dieses Pflichtgefühl meiner neuen Stellung gegenüber es ist, das mich zwang, Dich zu bitten, mich meiner Stelle zu entheben, um arbeiten zu können, damit ich in Moskau meine Stelle pflichtgemäss, also gewappnet mit allem, was man von mir verlangt u. was an mich herankommen kann, auszufüllen imstande bin.

Du sprichst mir also heute so ziemlich alles ab, was zu der Ehre eines Mannes gehört u. dies nicht zum ersten Mal. Da ich mir das nun wirklich nicht mehr sagen lassen kann u. die wenigen Monate vor der Trennung von Heim, Kind u. ev. auch meiner Frau, in Ruhe u. Frieden leben möchte, zudem der Ansicht bin, dass jemand, der nicht die Begeisterung für die Sache habe, nicht nützlich u. für andere förderlich sein kann, bitte ich Dich, mich bei den diesjährigen Festspielen ganz ausserhalb zu lassen u. von der Mitwirkung bei denselben zu entheben. Ich möchte nicht noch einmal das erdulden, was ich voriges Jahr erlitten habe, auch während dieser Zeit, an Uneinigkeiten in meinem Hause [...]

Und nun habe ich noch eine Bitte an Dich, auch im Interesse Deiner Tochter u. Du wirst doch begreifen, dass ich noch diese kurze Zeit wenigstens in Frieden leben möchte u. das ist in letzter Zeit wieder nicht der Fall. Alle diese unerquicklichen Erörterungen – beinahe jeden Tag kommt etwas anderes – bringen nur getrübte Stimmung ins Haus u. Unfrieden. Wenn alles, was ich tue u. auch keine Eigenschaft an mir Dir recht ist, so beachte mich eben gar nicht, nur störe nicht immer den Frieden zwischen meiner Frau u. mir. Und wahrlich, ich sage Dir, ich bin nicht mehr im Stande, weiterhin diese Aufregungen zu ertragen u. es ist doch nicht zu viel verlangt, wenn ich nur bitte um Ruhe, Ruhe!

Du sagst mir, ich hätte keine Heiterkeit! Kann ich unter diesen Umständen heiter sein? Mangel an Vertrauen könnte ich doch eher Dir vorwerfen, da Du mir ja gar keines schenkst, nicht einmal soviel, dass Du mir wirklich glaubst, wenn ich Dir etwas sage, wie die Angelegenheit betreffend meiner Arbeit hier zeigt. Offenheit habe ich bewiesen, indem ich Dir vor 2 Monaten alles sagte; aber nun wird mir geantwortet, ich sei noch angestellt! Wie das? […] Gönne mir noch diese 4 Monate Ruhe, denn ich halte es sonst länger nicht aus u. bin es meiner Gesundheit schuldig.

Mit herzlichsten Grüssen Dein Schwiegersohn Franz«.[47]

Ihm wurde zunehmend klar, dass er und Isolde zusammenhalten mussten, um die Gefühlskälte, die ihm entgegenschlug, zu parieren. Das Ehepaar hatte oft heftig gestritten, weil Isolde, die durch die Spannungen selbst in Erregung geriet, versuchte, ihre Familie in Schutz zu nehmen. Während Franz begriff, dass es sich seitens Wahnfried um einen Machtkampf handelte, wurde Isolde zwischen den Parteien hin- und hergerissen. Aber sie befolgte Cosimas Regel nicht, sich nach dem Mann zu richten und ihn über alle Dinge zu stellen, sondern sie begegnete Franz auf Augenhöhe.

47 FB an CW, 12.5.1902 (AB).

Cosima gab nicht nach und übertrug Franz weitere Aufgaben. So sollte er Ballings Tätigkeit während der Arbeit am nächsten *Holländer* übernehmen, damit Balling sich der Aufführung widmen konnte; außerdem war das Programm der nächsten Soirée auszudenken und auszuführen. Franz dachte jedoch nicht daran, reiste nach München zu den Eltern und erhielt von Cosima einen Brief, der wieder alte Wunden aufriss. Er schrieb Isolde: »Wir gehören zusammen u. ich trenne mich nicht von Dir, um mich in der Ferne vor Sehnsucht nach Dir, nach Deiner wohltuenden warmen Liebe zu verzehren. Nein u. abermals nein! Es kam auch noch ein anderer Factor dazu, der mitgeholfen hat, diesen Beschluss festzusetzen, u. ich preise aus diesem Grunde den heutigen Tag, nämlich ein Brief, den ich von Deiner Mutter selbst geschrieben erhielt. Ich lege Dir eine Abschrift bei, u. enthalte mich jedweden Urteiles darüber. Lies ihn u. rege Dich aber bitte nicht darüber auf! Ich hatte heute schon einen Brief an Deine Mama verfasst, aber ich werde ihn nicht wegsenden. Bitte, mein liebes Loldilein, nimm die Sache nicht zu tragisch, wie Du es immer rätst, rege Dich nicht auf u. sprich gar nicht darüber! Es liegt mir nur viel daran, dass Du den Brief in Händen hast, bevor Du Dich entschliessest, in die morgige Aufführung zu gehen, wohin Dein Mann nun keinen Schritt mehr lenken wird u. kann.«[48]

Cosima hatte ihm geschrieben: »Als angestellter Musikalischer Assistent mußt Du jeden Augenblick auf Berufung zur Arbeit sein (heute z.B. mit Frau Gulbranson); von ungefähr höre ich, daß Du fort bist, ohne uns ein Wort zu sagen. So unrichtig diese Handlungsweise ist, erkläre ich sie mir durch das Unbehagen, welches Du hier fühlen mußt.« Er habe sich außerhalb des Dienstes an »unserer Sache« gestellt, so Cosima: »Als Dein Vorgesetzter sehe ich Dir das Unbotmäßige Deines Benehmens nach, gebe Dich frei u. erwarte Dich nicht mehr auf unserem Hügel, weder zu Arbeit, noch zu Genuß, noch zu Beurtheilung. Als Deine Mutter verzeihe ich Dir Deine Art gegen mich, so weh sie mir

48 FB an Isolde, 3.7.1902 (AB).

tut u. entsende Dir meinen Abschiedsgruß u. meine Segenswünsche. Möchte Dir nur Gutes in Deiner Thätigkeit draußen begegnen. Sie wird Dir gut thun; im gezwungenen Dienst wirst Du den freiwilligen schätzen lernen. Lebe wohl, sei gegrüßt! Grüße Deine lieben Aeltern u. auch Deinen Onkel (der mir einen vorzüglichen Eindruck gemacht) herzlichst u. kehr, nachdem Du Dich draußen bewährt haben wirst und gereift zurück um hier als mein Sohn, wie Siegfried das Beispiel der schlichten Thätigkeit zu geben.

Froh im Verein, Selig mit Gutem! Mama.«[49]

Das war ein Rauswurf, wenige Monate nach dem großen Lob, das Cosima nach Moskau geschickt hatte. Wenn es um Bayreuth ging, blieb sie unerbittlich. Nach der Lektüre dieses Briefes konnte Isolde ihre Erregung nicht bändigen. Wutentbrannt holte sie zu einem Rundumschlag gegen die Familie aus:

»Soeben erhalte ich durch Franz Mama's Brief an ihn – hier meine Antwort [...] Kaum verheiratet wurde ihm herrisch mitgeteilt, er habe Knieses (der sich gerne als nicht freundlich in der Conzert-Angelegenheit hier für ihn gezeigt hatte) Chor-Arbeit zu übernehmen, dann sollte er mich verlassen u. zu Sängern reisen; wie Alles das Unmuth bei ihm hervorrief, wurden ihm die verletzendsten ja einem rechtschaffenen Mann die erniedrigensten Vorwürfe brieflich gemacht, indem ihm z.B. jedes Gefühl für unsere Sache abgestritten wurde (eine Erziehungsart, die wohl nicht christlich zu nennen ist). Mamas Briefe dorthin enthielten immer wieder Kränkendes für ihn, was er da, wo er sich auszeichnete, am wenigsten verdiente und zur Folge hatte: daß er unwillig heimkehrte, mit einem Wort, er ist scheu gemacht worden und das Vertrauen ihm genommen worden. [...] Unter den fortwährenden Reibungen u. Erregungen ist es dieses Frühjahr fast zu einem Bruch zwischen uns gekommen – Gottlob erkannten wir aber noch zur rechten Zeit, daß wir wahnbefangen waren u. ein Band unserer tiefen Liebe geschlossen war, das sich nicht

49 CW an FB, 2.8.1902, Abschrift (AB).

lösen läßt. Daß unter solchen Umständen keine Liebesthaten gewirkt werden können, das sollte bei gerechter Betrachtung der Sache wohl einleuchten, denn ›Lieben sollt ihr mich, Hunde‹ ist doch wohl hier nicht der Wahlspruch!«

Sie ging noch auf den Punkt von Franz' Bitte um Entlassung ein, der aber freiwillig weiterarbeitete, trotz ärztlichem Verbot mit dem Fahrrad zum Festspielhaus radelte, aber kaum beachtet wurde: »Fidi sprach nie ein Sterbenswörtlein mit ihm.« Sie schloss mit einer dramatischen Parteinahme für Franz: »Nun werdet Ihr uns Beide da nicht mehr sehen, denn wie Mottl so sage auch ich: wem mein Mann nicht gut genug ist, dem bin auch ich nicht gut genug. Auch habe ich nun beschlossen nach Moskau mitzugehen u. werde es dort wieder erleben, daß Franz da, wo er geachtet u. ihm mit Wohlwollen begegnet wird, Außerordentliches in unserer Sache leistet u. sich als wahrhaft ›verdienter Bayreuther‹ kund gibt. Hier wird er in Zukunft wohl leicht ersetzt werden.

Lebt wohl!«[50]

Franz wurde klar, dass Isolde eine komplette Trennung von Bayreuth nicht aushalten würde, aber auch Cosima wird nicht gewollt haben, dass Isolde anderswo ihren Kummer verbreitete. Es kam zu einer mündlichen Aussprache zwischen Cosima und Franz, wobei sie vieles zurücknahm, aber auch Franz war bereit, sich zu entschuldigen. Er bemühte sich um eine Versöhnung und schrieb Cosima einen Tag später einen Brief, der sein Bestreben um eine friedliche Lösung des Konflikts zeigt:

»Geliebte verehrte Mama! Es ist mir ein Bedürfnis Dir für Dein liebevolles Entgegenkommen gestern, das mich sehr gerührt hat, von ganzem Herzen zu danken, u. Dir zu sagen, dass es mir wohltat daraus zu ersehen, dass unser Einvernehmen nicht ganz zerstört ist. Ich erkenne vollkommen worin ich gefehlt habe und bin Dir für Deine Nachsicht dankbar, kann aber doch noch nicht zur Überwindung der in Deinem Briefe nach München enthaltenen tiefen Kränkung, die in keinem Verhältnis zu mei-

50 Isolde an CW, 2.8.1902. Abschrift durch FB (AB).

nem Fehler stand, kommen. Dass man dahin, wo einem die Türe gewiesen wurde, den Weg nicht leicht wiederfindet, wirst Du begreifen. Daher brauche ich es Dir wohl kaum zu sagen, dass ich es noch nicht über mich bringen kann, das Festspielhaus wieder zu betreten, weder zur Arbeit noch zum Genuss, noch zur Beurteilung. In diesem Sinne bitte ich Dich auch Siegfried meinen herzlichsten Gruss zu entbieten. Aus der freundlichen Art, wie er jetzt durch Dich zu mir spricht, schöpfe ich die Hoffnung, dass das leider zwischen uns bestehende Missverständnis sich in Zukunft wieder in Einverständnis wandeln wird.

Glaube mir, liebe Mama, nicht Trotz noch Bitterkeit ist es, die mir diese Zeilen diktieren, sondern das gekränkte Gefühl der Ausgeschlossenheit.

In herzlicher Ergebenheit grüsst Dich Dein Schwiegersohn Franz.«[51]

Hierauf antwortete Cosima:

»Habe Dank für Deinen lieben Brief, er hat mich sehr gefreut u. gerührt; dabei stets offen u. vertrauensvoll zu mir zu sein, dies ist mein ganzes mütterliches Verlangen! So auch kann ich Dir unbefangen antworten: Gesetzt (was Niemand außer mir so aufstellen müßte) – Du wärst berechtigt Siegfried (der hier Herr im Hause ist) ein Anliegen u. mir einen Wunsch zu versagen – so ist es unbegreiflich daß Du dafür kein Wort der Entschuldigung oder der Erklärung für uns findest, u. einfach fortziehst. So behandelt man nur die Menschen die man verachtet. Daher kannst Du nicht behaupten daß die Strafe in keinem Verhältnis zum Vergehen steht. Nun aber kommt noch Eines hinzu: daß ich glaubte Du bliebst die letzte Festspielzeit über fort!

Und dazu noch Eines: lies meinen Brief genau; ich gebe Dich darin frei, das heißt: Das was Du Dir nahmst schenke ich Dir um das Unrichtige deiner Handlung aufzuheben. Bliebst Du weg wie ich annahm so gab es keine Strafe, u. meine Worte stellten nur das richtige Verhältnis her, durch die – illusionische [sic] –

51 FB an CW, August 1902 (handschr. Entwurf) (AB).

Strafe wurdest Du frei vom Vergehen. Sobald ich hörte Du seiest zurückgekehrt, kam ich zu Dir. Obgleich mir dies als Mutter nicht zusteht, that ich den ersten Schritt. Ich habe keine Entschuldigung von Dir verlangt, u. Dir sogar eine von Siegfried übermittelt! Betrachte die Sache ruhig u. Dein Gewissen – besser gesagt – Dein Herz wird Dir sagen wie Du nun zu handeln hast. Und ein letztes Wort: ich bin alt, Gott weiß ob es noch Festspiele für mich geben wird, laß uns (hier denke ich an Loldi wie an Dich) sie noch erleben; lade keine Verantwortung auf Dich, und kostet Dich die Einsicht von den Dingen (u. das Benehmen in Folge der Einsicht), viel, so überwinde Dich, u. handele nach dem Herzen. Komm zu Arbeit, Genuß u. – Beurtheilung! …

Auf Wiedersehen also! Ich hätte noch viel zu sagen, aber da ich selbst schreiben wollte, mußte ich möglichst knapp sein. Sei mit Loldi u. Bubi von Herzen gegrüßt und gesegnet von Mama.«[52]

Die Kränkungen und das Gefühl des Ausgeschlossenseins nagten aber weiter an Franz und machten ihm das Leben in Bayreuth schwer.

52 CW an FB, 9.8.1902 (AB).

9. »… DER BITTERSTE KELCH, DEN ICH JE GETRUNKEN« DER EKLAT 1903-1907

Franz reiste im April 1903 doch alleine nach Moskau. Was Isolde bewog, daheim zu bleiben, bleibt offen. Wenn Cosima jedoch gehofft hatte, dass sich die Tochter stärker an Wahnfried binden würde, irrte sie sich. Es schien ihr, als würde sich Isolde immer weiter von ihr entfernen. Das beschäftigte sie, und in einem Brief an Marie Schleinitz versuchte sie, ein weiteres Mal das Wesen der Lieblingstochter zu umreißen. Die »arme« Isolde erfülle sie mit Sorge, schrieb sie und fuhr fort:

»Ich glaube, sie beginnt zu erkennen und sträubt sich gegen die Erkenntnis! Sie bleibt bei ihrem Knaben, ihr Mann zieht auf acht Monate nach Moskau. Die eigenartige Natur Loldis mit ihrer eudämonischen Genialität und Vornehmheit macht sie unfähig fürs Leben, unter den Bedingungen, welchen sie ihr seltsames Geschick unterworfen hat. Ich kann die Wirklichkeit dieses Verhältnisses noch gar nicht fassen, und lauter Bilder aus der Sagen- und Märchenwelt steigen bei mir empor, wenn ich sie sehe. Auch kann ich ihr nicht helfen, weil ihre Natur keine bestimmte Linie des Entschlusses zuläßt und sie jedem, noch so geringen Anschein des Freundlichen unterliegt. Da sie das Kind ist, welches ich zuerst als Kind der Liebe und Begeisterung begrüßte, und sie etwas in ihrem Wesen hat, was aus dem geheimnisvollsten der Dinge mich lieblich begrüßte, kannst Du Dir vorstellen, wie nahe mir dies geht.« Die Sorge um die Tochter würde ihre »Lebensader« berühren.[1]

1 Moulin II, 715 (ca. 1903). Eudämonisch = mit ausgeglichenem Gemüt.

Wünschte sie, Isolde möge sich von Franz trennen? Die Entfernung schien jedoch die Verbindung zwischen dem Ehepaar eher zu verstärken; in keinem Jahr schrieben sie sich so viele Briefe wie 1903. Franz fehlte sein »zärtlichst geliebtes Loldilein«. Ihre Korrespondenz war sein Trost während der Trennung, die ihm grausam vorkam. Er fühlte sich »einsam, ohne Dich, ohne mein geliebtes Weibelein«, schrieb er. »Morgen muss ich nun gleich einen Flügel besorgen u. dann müssen die Werke Deines Vaters u. die Arbeit mir Trost bringen so gut es geht.«[2] Er erhielt viel Lob für seine Beherrschung der russischen Sprache und beschrieb Isolde gegenüber die Leistungen der Künstler. Die Sängerin der Senta sei »langweilig zum Sterben, machte dumme Posen und ist einfach gerade das, was nicht in die Werke gehört«. Von Tschaikowskys *Pique Dame* war er angetan: »Ich möchte wirklich einmal die Oper dirigieren, die sollte etwas anders herauskommen u. wirken, das weiss ich gewiss!« Er erlebte Fjodor Schaljapin in Rachmaninows Oper *Aleko* und war begeistert: »Die Stimme klingt prachtvoll u. mächtig! Aber sonst das Ganze langweilig u. uninteressant.« Zu einer Aufführung von Bizets *Carmen* hieß es: »ohne Phrasierung, ohne Feinheit, ohne Geist u. ohne Gefühl, vom dramatischen Vortrag ganz abgesehen, was ihnen am allerfremdesten ist, diese Art des Dirigirens u. Musicirens demoralisirt u. verhunzt das Orchester.«[3]

Isolde sehnte sich ihrerseits nach Franz: »Oh Moggele, ich glaub' ich kann mich damit brüsten: die glücklichste Ehefrau der Erde zu sein! Das sind Wonnen, die nur Gott verleiht – ein solches ineinander Aufgehen, ein solch' gemeinsames Losgelöstsein von der Welt. Gott erhalte uns diese Himmelsseligkeit in alle Ewigkeit!«[4] Einen ersten Missklang gab es allerdings, als die Familie versuchte, sie zu einer Reise nach München zu überreden. Franz sah darin den Versuch, sie wegzulotsen. »Wenn man eben

2 FB an Isolde, 13.9.1903 (AB).

3 FB an Isolde, 26.9.1903 (AB).

4 Isolde an FB, 12.5.1903 (AB). Elsa besingt im *Lohengrin*, 3. Akt die »Wonnen, die nur Gott verleiht«.

verheiratet ist, so hat man Pflichten u. Gefühl für ein Kind, wie Du es bewiesen hast, indem Du bei Bubi bliebst, u. so sollen sie Dich in Ruhe lassen u. tun lassen, was Dir am besten erscheint [...] darum leide ich so darunter, dass wir verdammt sind, so in der Nähe von Wahnfried zu leben! Wenn aber das nicht aufhört, das Beeinflussen wollen, dann bin ich decidirt dafür, dass wir Colmdorf verlassen u. unsere Ruhe irgendwo anders suchen [...] Dieses Hineinreden in unsre Beschlüsse u. Angelegenheiten bringen (sic) nur Unruhe u. Unfrieden in unsere Ehe, u. ich verbitte mir das ein für allemal! [...] Mir steigen düstere Zweifel auf, ob Du nicht doch von ihren Phrasen u. von ihrem schlechten Einfluss auf Dich betr. unserer Ehe etwas verändern werden wirst u. manchmal könnte mein Glauben ins Wanken kommen. Oh, Loldilein, lasse Dich nicht umgarnen oder wenn, dann sage es mir offen! [...] Dir vertraue ich! Den Wahnfriedlern, um es kurz zusammenzufassen: nicht!«[5]

Die Zeilen zeigen, wie verfehlt die Gerüchte waren, die ihm nachsagten, die Leitung Bayreuths übernehmen zu wollen. Zuallererst ging es ihm um seine Liebe zu Isolde, den Aufbau einer Familie und um ein behagliches Zuhause. Isolde ahnte, welche Probleme die geplante Reise nach München mit sich gebracht hätte, und blieb zu Hause.

Franz fand Freude und Ablenkung in der Arbeit. In der Bewertung von musikalischen Leistungen verstand er sich gut mit seiner Frau. Die Kostümbildner hatten keine Ahnung von der Bayreuther Tradition: »Und nun das Allerschönste! Die Erda! Stelle Dir diese Scene vor, diese Erhabenheit, dieses Mysteriöse, Weihevoll-Grossartige u. dazu Erda mit einem kurzen ausgeschnittenen Costüm, aus hellblauem Stoff mit schwarzem u. gelbem Stickerei-Besatz, blosse Arme u. wie gesagt tief ausgeschnittenem blossem Hals, beides mit goldenen Spangen u. allerlei Schmuck angetan, auf der Brust ein grosses Bouquet roter grosser Mohnblumen! [...] Hast Du Worte dafür?« Er klärte den Kostümbild-

5 FB an Isolde, 1. und 9.11.1903 (AB).

ner über die Gestalt auf, so dass dieser zerknirscht in eine Änderung einwilligte. Im *Siegfried* habe er den Sänger des Mime und des Siegfried so weit, dass »der 1. Act voller Heiterkeit u. Leben u. die Darstellung sehr lebhaft ist [...] Die lachten sich alle wieder krank, wie ich den Mime vormachte, wie er auf das Lager, auf dem er vorher sass, heraussteigt, dort seine letzten Phrasen singt u. auf das Lager hinfällt, wie Siegfried den Amboss in zwei Stücke schlägt! Kurz u. gut, alle sind entzückt von ihren Aufgaben u. singen u. spielen sie mit grosser Freude u. Hingebung.«[6] Er arbeitete intensiv an der Regie, da er dank der Bayreuther Erfahrungen jede Geste kannte. Beim Treffen zwischen Brünnhilde und Siegfried im 3. Akt gab es viel zu erklären: »Es ist merkwürdig, wie viel man da Worte machen muss bis die Leute das verstehen, da sie gewöhnt sind in einer Liebesscene, dass zwei zusammenkommen u. sich meistens gleich umarmen, bald von der einen bald von der anderen Seite. Wenn aber die leidenschaftliche Umarmung kommt wie im *Siegfried*, dann fehlt das glühende Feuer, das die beiden beinahe verzehrt. [...] Aber solche Sachen sind ganz gut, man hat da Gelegenheit den Leuten alles gründlich u. detaillirt zu erklären, was ja bei der letzten Scene manchem Kapellmeister etwas schwer fallen dürfte!!! Auf diese Weise ist eben eine Aufführung wie der *Siegfried* wieder ganz in meinen Händen u. ich glaube, Du würdest mich überall herausfühlen, wenn Du die Aufführung (selbst ohne die Proben vorher miterlebt zu haben) hören u. sehen würdest. Das heisst, ich spreche da von mir nur als Vermittler, da ich ja doch alles in Bayreuth von Deiner lieben Mama gelernt habe u. von ihr gesehen, u. alles in der Partitur steht, das alles also nicht von mir selbst stammt!« Durch die Proben gewann er Festigkeit und Selbstsicherheit.

Zu den Freuden der Orchesterleitung kam die Begeisterung für das Wagnersche Werk hinzu. »Man kommt sich vor wie ein Gott u. wenn z.B. im Vorspiel 3. Act *Siegfried* es wirklich anfinge zu stürmen, blitzen u. donnern, so würde es mich nicht wundern,

6 FB an Isolde, 21.11. und 8.11.1903 (AB).

im Gegenteil, es wundert mich, dass nicht die Natur da selbst mitmacht, bei dieser unwiderstehlichen über alles erhabenen Gewalt u. Macht dieser Werke! O, könnte ich Dir alles sagen, was ich dabei empfinde.« Beim Vorspiel des *Lohengrin* »sehe ich alles vor mir, was Dein göttlicher Vater so wundervoll in der Erklärung dieses Himmelswerkes sagt u. bin davon so aufs tiefste ergriffen, empfinde ein so gewaltiges Gefühl seligster Rührung – die Wirkung des Grales – dass ich nicht anders kann als weinen, weinen!« Er könne es immer noch nicht fassen, dass sie die Tochter des Schöpfers sei, und er bedauere, Richard Wagner nie persönlich kennengelernt zu haben. »Wie war es nur möglich, solche Werke zu schaffen! Das frage ich mich immer, wenn ich sie dirigire oder spiele oder überhaupt nur darüber nachdenke.« Er musste zuweilen für Ordnung sorgen, um die Qualität zu halten: »Mein gestriges Auftreten u. der Rapport, den ich eingereicht habe gegen einen Hauptstänker im Orchester hat gewirkt: heute war das Orchester wieder musterhaft.«

Seine Berichte, die Isolde begeistert der Familie vorlas, trugen Früchte, denn er erfuhr, dass Cosima ihm im nächsten Jahr das Dirigat des *Tannhäuser* oder *Parsifal* anbieten wollte, und er war glücklich. »Hoffentlich werde ich mich dann so bewähren, dass ich im Leben auch noch dazu komme, *Parsifal* zu dirigieren. Ich muss Dir sagen, mir schwindelt der Kopf, ich kann es vor Freude noch gar nicht fassen u. – es selbst zu deuten, wag' ich kaum: ich fürcht' es mir vergeh'n zu seh'n! »[7] Er malte sich auch aus, mit Siegfried gemeinsam zu arbeiten, den Platz, den Cosima und Siegfried für ihn vorgesehen hatten, wollte er zu ihrer Zufriedenheit besetzen. Ihm wurde zunehmend klar, dass seine künftige Tätigkeit im Opernhaus und weniger im Konzertsaal sein würde.[8]

Bei der Aufführung des *Siegfried* in Moskau ging das Orchester begeistert mit. Franz schilderte einige Pannen, bei denen die

7 FB an Isolde, 13.11, 19.12, 31.12, 10.11.1903 (AB). Das Zitat stammt aus den *Meistersingern*, 3. Akt.

8 FB an Isolde, 12.11, 18.11.1903, (AB).

Sänger und sogar der Souffleur aussetzten, aber es gelang ihm, ohne Abbruch das Gleichgewicht herzustellen. Nach jedem Akt gab es stürmischen Applaus und sein Name wurde gerufen, worauf er nach dem 3. Akt mit den anderen vor den Vorhang ging. Fürwahr eine große Ehre für einen jungen Mann mit relativ geringen Erfahrungen; er wuchs mit seinem Amt.

Isolde schrieb beglückt: »Mit großem Stolz erfüllt es mich, daß ich Dich unserer Familie u. unserer Sache zuführte. Das u. das Bubili sind die besten Leistungen meines Lebens u. so werde ich dereinst ruhig die Augen schließen, denn ich war zu Etwas da, auf dieser Welt!«[9] Zugleich dachte sie an seine Zukunft, denn die Festspiele fanden oft nur alle zwei Jahre statt, und er brauchte eine feste Stelle als Dirigent. Auch Karlsruhe war im Gespräch; seine Schwiegermutter riet ihm, sich zu bewerben. »Du weißt, wie ich mich freuen werde für Dich, wie für uns Deine Fähigkeiten als Dirigent sich bestätigen zu sehen. Es wäre ein Jammer, sollten sie länger brach liegen; daher würde ich nicht schwierig für den ersten Posten sein, weil ich Deiner raschen Laufbahn sicher bin.« Sie erinnerte an Hermann Levi, der über Innsbruck, Rotterdam und Karlsruhe nach München gelangt sei. Franz war aber vermutlich durch Felix Mottl informiert worden, der Karlsruhe »zum Auswachsen öd und langweilig« fand und der von einer »Masse von Talentlosigkeit, deutscher Philisterei und widerwärtigster (sic) Klatschsucht« sprach. Mottl ging nach Amerika, um sich »dem gräßlichen Nest« zu entziehen.[10] Franz spielte mit dem Gedanken, weiterhin in Russland zu bleiben. Dabei hätte ihm das Großherzogliche Hoftheater in Karlsruhe einige Chancen geboten; das Orchester war durch Levis und Mottls Schule gegangen, und die Wagner-Inszenierungen waren bejubelt worden, so dass man schon von »Klein-Bayreuth« sprach.

Cosimas Wertschätzung des Schwiegersohnes stieg mit jeder Erfolgsmeldung. »[Mama] spricht immer mit großer Wärme von

9 Isolde an FB, 22.5.1903 (AB).

10 Mottl an Gräfin Thun, in: Toman 2016, 173 (15.9.1902).

Deiner großen, seltenen Begabung u. wie Du gerade berufen seiest an dem Werke hier mitzuwirken. Sie wird sicher dafür Sorge tragen, daß Du sobald es irgend möglich hier würdig einrückst, wo Du hingehörst, davon bin ich fest überzeugt.« Selbst Adolf von Groß war von den Berichten angetan und versprach scherzhaft Pelzmäntel für diejenigen, die nach Petersburg zu Franz' Aufführung reisen würden.[11]

Die Kontakte zu Wahnfried wurden wieder enger, und Isolde beschloss, mit dem Sohn dorthin zu ziehen, solange Franz in Moskau weilte. Wohl wissend um dessen Widerstand, rechtfertigte sie ihr Vorgehen mit dem Ausbruch der Pocken. Die Familie animierte sie, nach Stuttgart mitzureisen, um ein Konzert unter Siegfrieds Dirigat zu hören, worauf sie aber verzichtete: Sie wollte Franz keinen weiteren Schock versetzen. Sie war dennoch so unbedacht, ihm Cosimas Willkommensgruß zu zitieren, den diese ihr von unterwegs geschickt hatte: »Herzlichst willkommen in Wahnfried, mein Herz! Es ist uns ein traulicher Gedanke, Dich dort zu wissen! Du wirst Fidi zuerst wiedersehen u. seine Hausfrau sein.« Mit ihrer typischen Ahnungslosigkeit übermittelte sie ihm auch noch Evas übertriebene Begeisterung über ihren Umzug: »Gepriesen sei Dein Bleiben in Schilda. Ja, es giebt eine höhere Nothwendigkeit, die allem Zufall zum Trotz unsere Wege doch leitet.« Isolde fügte hinzu, dass das Gefühl, in der Stadt zu sein, sie angenehm belebe: »Appetit und Schlaf steigerten sich plötzlich.«[12] Erste körperliche Symptome zeigten sich aufgrund der sie quälenden Situation zwischen Ehemann und Familie: Unterleibsbeschwerden traten auf, und sie wurde ärztlich untersucht, wobei ihre Mutter zugegen war. »Ich mußte mich nur in den Kleidern hinlegen, die Bünde oben der Röcke alle aufmachen, um zu wissen, wo schmerzhafte Stellen seien u. dann schob er mit schneller Gewandtheit den Finger tief in kl. L--- hinein u. fand, daß da alles in allerbester Ordnung, gar nichts an unrechtem Ort

11 Isolde an FB, 2.10.1903 (AB).
12 Isolde an FB, 2.11.1903 (AB).

oder beschädigt sei, es sich also nur um einen Katarrh u. hauptsächlich ›psychische‹ Leiden handle, das hochgradige Erregbarkeit hervorgerufen, woran unsere Trennung wohl schuld sei.«[13]

Franz' erfolgreiche Arbeit in Moskau veranlasste Cosima, ihm an Neujahr 1904 einen lobenden Brief zu schicken. »Du hast dich prächtig bewährt, mein theurer Franz, und darfst mit Stolz auf das zurückgelegte Jahr blicken. Daß Du zu dem Musiker, der Du bist, auch als polyglott Dich bewährst und die schwersten der modernen Sprachen geläufig sprichst, das staunen wir einfach an. In jeder Hinsicht kam ich auf Dich für unsere künftigen Festspiele u. vertraue auf Deine Gesinnung ebenso als auf Deine Begabung.«[14] Er betrachtete das als Aussicht, bei den Festspielen weiter dirigieren zu dürfen.

Noch im April plante Cosima, Franz mit dem *Tannhäuser* für die Festspiele zu beauftragen. Dann aber beschloss sie, vermutlich auf Siegfrieds Wunsch, dem Sohn *Tannhäuser* und Franz den gesamten *Ring des Nibelungen* zu geben. Im Festspielführer konnten die Besucher nachlesen, dass Beidler die Leitung der Moskauer Symphoniekonzerte innegehabt hatte, die ihm reiche Ehrungen eintrug: so verlieh man ihm auch den Titel eines Hofkapellmeisters. Das waren rühmliche Würdigungen und zugleich ein Wagnis für Cosima, da ihm noch immer Dirigiererfahrung fehlte. Aber sie hielt ihn für einen »vorzüglichen Musiker«, der auch schnell die dramatischen Intentionen erfasse. Das, so schrieb sie Marie von Schleinitz, habe sie gemerkt, als sie mit ihm den *Tristan* durchnahm.[15] Sein dramaturgisches Talent war eine wichtige Voraussetzung für Bayreuth, und sie traute ihm eine Bewältigung der Aufgabe zu. Sie wurde nicht enttäuscht. Während Siegfried von allen Bayreuther Dirigenten des Werks für seinen *Tannhäuser* am längsten brauchte, blieb Franz in allen *Ring*-Akten genau im

13 Isolde an FB, 5.10.1903 (AB). Kl. L = wahrscheinlich Untersuchung der Vagina.

14 CW an FB, 1.1.1904 (Diktat Daniela) (AB).

15 Moulin Eckart II, 673.

Durchschnitt, was seine musikalische Sicherheit zeigt.[16] Während Cosima Siegfrieds Dirigat des *Tannhäuser* Chamberlain gegenüber als »das eigentlichste Bayreuther Werk« lobte, schrieb er ihr zurück, er habe erfahren, Herr Beidler habe sich als *Ring*-Dirigent »sehr bewährt«.[17]

Als Franz 1905 das nächste Mal nach Russland reiste, begleitete ihn Isolde. In Moskau studierte er den *Tannhäuser* ein, eine Aufführung, die sehr gelobt wurde. Am 17. Februar fiel der Großfürst Sergei Alexandrowitsch Romanow einem Bombenattentat zum Opfer, begangen von einem Mitglied der sozialrevolutionären Bewegung. Bis zur Trauerfeier und Beisetzung fanden deshalb keine weiteren Aufführungen statt. Am 21. März 1905 kehrte das Ehepaar aus Russland zurück und brachte vom Moskauer Vogelmarkt etwa 60 Seidenschwänze, Buchfinken, Baumläufer und Rotkehlchen mit, die sie in einer Volière in Colmdorf unterbrachten. Kurz danach reiste Franz nach London, wo er in der Queen's Hall für den erkrankten Hans Richter einsprang. Der Impresario Alfred Schulz-Curtius schrieb Cosima, Franz habe einen großen Erfolg gefeiert, und sie kommentierte: »Hoffentlich knüpft sich etwas für ihn daran. Sein Talent ist mir ganz sicher.«[18] Wenn auch das Publikum zufrieden war, der Korrespondent der Katalanischen Musikzeitschrift RMC sah die Sache etwas anders: »Präzision ist eine gute Sache, nicht aber, wenn man sie nach der Art eines Uhrwerks einsetzt.«[19]

Zurück in Colmdorf, litt das Ehepaar unter Geldknappheit. Franz versuchte zu trösten. »Die Rechnungen sollen Dich aber nicht so drücken, die müssen eben noch ein bisschen warten […] Also habe ich doch in Moskau ganz richtig gesagt, dass Du im October schon das Märzgeld erhoben hattest! Na, jetzt muss es eben wieder eingebracht werden! Lieber Gott, schick Geld he-

16 Vgl. Voss 1976, 97–101, der die jeweilige Dauer aller Bayreuther Aufführungen bis 1975 notiert.

17 CW an CH, 23.8.1904 (NA, Rot 96); CH an CW, 29.8.1904 (NA, Rot 96).

18 CW an Marie Schleinitz, 31.3.1905 (NA, Hs 190).

19 J. Bridgman in: *RMC*, Nr. 16, April 1905, 84f.

rab!« Er verwarf die Überlegung, ohne ein Zimmermädchen auszukommen, und versuchte sein »gutes Moggele« sanft zu einer sparsameren Lebensweise zu bringen: »Es würde gar nichts schaden, wenn Du hie u. da etwas mehr auf mich hören würdest.«[20] Isoldes Unfähigkeit zu wirtschaften erinnert an die österreichische Frauenrechtlerin und Autorin Rosa Mayreder, die es ihrer Erziehung anlastete, dass sie mit Geld nicht umgehen konnte: »Bis nach meinem zwanzigsten Jahr besaß ich nicht einmal eine Geldbörse.«[21]

Briefe von Siegfried an Franz sind selten, umso mehr erstaunen die Zeilen, die er der Schwester Eva diktierte. »Im Interesse einer ersprießlichen gemeinsamen Thätigkeit in Bayreuth halte ich es jetzt für unbedingt nothwendig, daß Du in Deutschland oder sonst einem europäischen Lande Dich möglichst bald bewährst! Von Deiner russischen Thätigkeit weiß man hier viel zu wenig; als Anfangsposten war Moskau gewiß außerordentlich günstig. Nun heißt's aber hinein ins Getriebe u. aller Welt zeigen, wer Du bist. Du mußt das Vertrauen unserer Bayreuther Gemeinde Dir erwerben; ich rede hier nicht äußerlich von guten Zeitungsartikeln u. dergleichen, sondern lediglich von der <u>dauernden</u> Anerkennung unserer großen, nicht leicht zu befriedigenden Gemeinde.« Franz sollte sich um eine Stelle irgendwo in Deutschland bewerben: »Du lieber Gott, glaubst Du wohl, daß ich es nicht lieber gehabt hätte meinen *Kobold* in der Wiener Hofoper aufgeführt zu sehen, als in der armen Volksoper draußen, mit einem mediocren Chor u. dürftigem Orchester (3 Bratschen!!!) daß ich statt München, Berlin mich mit Graz, Breslau begnüge. Aber, wenn man etwas erreichen will u. ehrgeizig ist, (denn ich bin ehrgeizig u. werde nicht eher ruhen bis ich sämtliche modernen Componisten Gespenster aus dem Feld geschlagen habe) so muß man in manche Holzbirne beißen!«[22]

20 FB an Isolde, 25.5.1905 München (AB).
21 Mayreder 1988, 92.
22 SW an FB, 9.2.1905, Diktat Eva (AB).

Mögliche Pläne für einen Ortswechsel wurden kurz nach Siegfrieds Rat durch den Tod des Bayreuther Chorleiters und Gründers der Stilbildungsschule Julius Kniese im April 1905 durchkreuzt. Franz kam als möglicher Nachfolger ins Gespräch, und Cosima bot ihm die Stelle an. »Vielleicht ist Manches darin Deinem Naturell nicht ganz gemäß, aber dafür könntest Du, glaube ich, eine hohe Genugthuung Dir erringen.« Sie schlug vor, dass er im Winter den Musikverein und den Chor übernehmen könnte. »So ließe sich diess, glaube ich, leicht bewerkstelligen u. Aufführungen wie der [Lisztsche] *Christus*, wie die Passionen würden Dir gewiß eine edle Befriedigung gewähren! Was den Gehalt anbetrifft u. das Verschiedenartige mit Kniese's Stellung Verbundene, so spreche ich mit Dir darüber, wenn Du Dich entschieden hast.« Sie war Adolf von Groß gegenüber überzeugt: »Künstlerisch ist er [Franz] fähig, den Posten einzunehmen, und ich glaube, daß sein ganzes Naturell sehr vorteilhaft sich entwickeln würde.«[23]

Das klang beinahe zu gut, um wahr zu sein: ein gehobener Posten mit interessanten Dirigier-Aufgaben, Aufführungen und viel Verantwortung, doch hatte Siegfried ihm kurz zuvor doch nahegelegt, Bayreuth zu verlassen, und war sicherlich verärgert über die Pläne der Mutter. Schließlich schrieb Adolf von Groß – beeinflusst von Siegfried? – an Cosima: »Franz ist ja der Berufenste und wäre ja sicher der Nächste, an den man denken soll; es ist ja überhaupt noch fraglich, ob Franz und Loldi das Amt Knieses übernehmen würden. Ich glaube, man müßte zuerst in Ruhe die Frage mit dem Ehepaare besprechen und eventuell gleich Bedingungen stellen ---.«[24] Was deutete er damit an? Cosima griff das Zögern von Groß auf und schrieb ihm: »Ganz und gar stimme ich auch mit Dir überein, da wir in e i n e m Menschen die Fähigkeiten und Eigenschaften nicht wieder finden werden, welche Kniese unvergleichlich machten. [...] Fidi teilt in dieser

23 CW an FB 30.4.1905 (NA Hs 15/168); Du Moulin II, 776.
24 Groß an CW, 2.5.1905, in Karbaum 1976, Teil 2, 40.

Frage Deine Ansicht, und er wünscht Karl Müller, den er erprobt hat. Bedingungen wären unter allen Umständen Franz zu stellen gewesen. Glaube mir, mein Adolf, das Hemmnis ist hier Loldi. Mit Franz würden wir sehr gut auskommen, und das ist das, was mich besonders und am tiefsten betrübt.«[25]

Cosima musste nun einen Rückzieher machen und tat dies Isolde zufolge so: »Mama kehrte heim u. ihr Sinn ward geändert. Zögernd trug sie mir Knieses Posten für Franz an, worauf ich hoch erfreut einging. Einige Tage hierauf mußte ich von ihr hören, daß dann das Dirigiren für Franz ausgeschlossen sei, das sei sie dem Andenken Knieses schuldig! Als ich dies hörte, ward ich tötlich getroffen. Franz, dessen junges Glück u. auch das Meinige seine Dirigententhätigkeit hier (der einzige Ehrgeiz, den wir auf dieser traurigen Erde noch hatten) u. die nach Mama's eigenen Worten an mich eine sehr gute gewesen, sollte davon abstehen u. damit Kund thun, daß er sich dafür nicht geeignet – nein, das war zu viel verlangt, auf diese Ehre mußte ich für Franz dann verzichten. Bitter frug ich mich, wie jetzt: ›Welches Unhold's List liegt hier verborgen?‹«[26]

Knieses Posten wurde daraufhin gestrichen und Karl Müller als Korrepetitor engagiert. Nach einiger Zeit erklärte Siegfried, dass Müller nicht nur Nachfolger Knieses werden sollte, sondern von Kniese selbst dafür bestimmt worden sei.[27] Dies entsprach nicht der Wahrheit, denn Kniese hatte sich kurz vor seinem Tod mit Franz getroffen, er hatte vor, gemeinsam mit ihm die Schule zu leiten und die Vorbereitungsarbeiten für die Festspiele zu organisieren. Franz war tief enttäuscht. Mit dem Dirigierverbot als Voraussetzung für den Posten und der Aufwertung von Müllers Stelle hatte Siegfried dem Schwager gleich einen doppelten Schlag versetzt.

25 Du Moulin II, 776. Isolde konnte hitzig sein, wenn ihr was nicht passte, das wusste Cosima.

26 Isolde an DT, 18.7.1907 (NA: Hs 15/73). Das Zitat stammt aus der *Götterdämmerung*, 2. Akt (Brünnhilde).

27 A.a.O.

Cosima streute noch mehr Salz in Franz' Wunde, als sie Julius Knieses Verdienste in einem Nachruf in den *Bayreuther Blättern* über Gebühr lobte. Da war zum einen die unbedingte Treue und Unterordnung unter die »Bayreuther Sache«: »Dies heißt, einer Sache dienen, lediglich um ihretwillen, Opfer bringen.« Er sei stets »der erste und der letzte auf dem Posten« gewesen, habe sich selbst Nebenarbeiten auferlegt, nie Ferien gestattet, sondern seinen Urlaub nach den Sängern ausgerichtet. Eine schreckliche Vorstellung für Franz, der sein Familienleben schätzte. Aber die höchste Hürde dürfte Cosima mit der Beschreibung des Verhältnisses von Kniese zu Siegfried errichtet haben. »Er wußte es, daß die Liebe und die Verehrung für den Meister die Teilnahme für dessen Sohn in sich schloß«, schrieb sie, und meinte damit die bedingungslose Treue und Loyalität gegenüber ihrem Sohn.[28]

Franz machte seinem Ärger in einem Brief an Isolde Luft: »Glaubst Du denn, Müller kommt nach Bayreuth für diese Gage u. gäbe alle seine Verpflichtungen in Berlin dafür her? Niemals! Also wird er bedeutend mehr bekommen müssen! Und nun kommt es dann schliesslich so heraus, (abgesehen davon, dass ich zur Familie gehöre, was eben bei solchen Anlässen gerne ausgespielt wird!!) dass der Correpetitor Müller eine bedeutend höhere Gage haben wird, als der Capellmeister u. Dirigent der Festspiele Beidler!!! Nein, ich habe dazu auch keine Lust! Immer zurückgesetzt zu werden! Nein! Und nun fällt ja in Bayreuth die horrende Gage von Kniese weg u. ich soll mich dann als Sparobjekt hingeben, nachdem ich doch eigentlich im Übrigen nur Unangenehmes u. Unfreundliches erfahren habe! [...] Ich sehne mich danach, Dich wahrhaft glücklich zu sehen, ohne diese widerlichen Anfeindungen von Seiten Deiner Angehörigen [...] Aber bleiben wir fest in unseren Ansichten u. fest im Zusammengehören wie Gott es wollte u. schuf!«[29]

28 Abgedruckt in CWZ, 670ff. Vgl. auch Naegele/Ehrismann 2013, 72f.
29 FB an Isolde, 25.5.1905 (AB).

Trotz des Ärgers teilte sich Beidler im Sommer 1905 mit dem neu berufenen Karl Müller die Vorbereitungsarbeiten für das kommende Jahr, und Cosima war recht angetan: »Mein Sohn und Beidler stehen mir tapfer zur Seite, und so brachten wir Einiges vorwärts.«[30] Es schmerzte Franz aber, im November zu erfahren, dass man ihm für die Festspiele 1906 nur zwei Dirigate des *Parsifal* zusprach, Karl Muck hingegen die anderen fünf. Hans Richter leitete den ersten und Siegfried den zweiten *Ring*, Felix Mottl und Michael Balling teilten sich die *Tristan*-Aufführungen. Isolde warf Cosima daraufhin heftig vor, Franz zu benachteiligen. Nachdem er jahrelang Sänger unterwiesen hatte, wollte er endlich eine wichtigere Rolle in Bayreuth spielen. Gleichzeitig verstand Isolde nicht, warum Cosima an Felix Mottl festhielt, der nach New York gefahren war und anschließend bei der Münchener Konkurrenz arbeiten wollte. Cosima verteidigte ihre Entscheidung: Mottl habe sich in Amerika gut benommen; »... dadurch, daß er den *Parsifal* nicht dirigierte, ist es ihm dort schlecht ergangen. Daß wir ihn nicht nehmen, weil er in München dirigirt, dürfen wir gar nicht aussprechen, ohne uns dort den unangenehmsten Dingen auszusetzen.« Isolde hielt Cosima vor, dass sie durchaus schon Künstlern den Auftritt verwehrt hatte, weil sie in München aufgetreten waren; Cosima ging darauf nicht ein. »Wenn ich nun Franz ankündigte, würde es heißen: so, man wirft Mottl heraus, der nichts verschuldete, um den Schwiegersohn daran zu bringen.« Hans Richter habe ihr empfohlen, neben Mottl jüngere Kräfte heranzuziehen, und nannte in diesem Zusammenhang auch Franz und Michael Balling: »Balling, wenn Muck übermüdet sein sollte, Franz, wenn die Arbeit für Siegfried übermäßig würde [...]. Mein Fehler ist gewesen, daß ich von meiner Absicht in Bezug auf Franz gesprochen habe, ich habe aber einen Gefühlsunterschied in der Familie gemacht u. auf volles Verständnis sowohl der Situation als meiner unverkennbar liebevollen Absichten gebaut.« Isolde reagierte empört: »Daß Du Franz

30 HL-B, 242 (15.8.1905).

nur im Falle, daß Siegfried die Arbeit übermäßig würde, zulassen willst, das stimmt mit Deiner ersten bestimmten Mittheilung mir gegenüber nicht überein, ebenso nicht mit der heutigen Unterredung. Diese ängstliche Art der Einführung meines Mannes, die noch mit keinem Dirigenten hier geschah […] finde ich unwürdig u. von vornherein Mißtrauen erregend […] Vor allem bringt es Franz ohne jegliche Schuld von seiner Seite in die peinliche Lage, in der Assistenz nicht auf der Liste stehen zu können u. andererseits durch das Fehlen in der Reihe der Kapellmeister compromittiert zu sein u. vor der Welt quasi außerhalb zu stehen.«[31]

Zwei Jahre später verriet Cosima, warum sie Mottl engagiert hatte: »[Ich] gab Siegfrieds eindringlichsten Bitten gern nach und berief Mottl vor zwei Jahren als Dirigent des *Tristan.*«[32] Ausgerechnet Mottl, dem Siegfried bereits 1904 vorgeworfen hatte, in Bayreuth alles »verschlampen« zu lassen und sich keine Mühe zu geben,[33] und der nach 1906 nie wieder in Bayreuth dirigierte, wurde eingeladen. 1906 wurden also, und das war einmalig in der Festspielgeschichte, sechs (statt zwei bis fünf) Dirigenten engagiert: Balling, Beidler, Mottl, Muck, Richter und Siegfried Wagner selbst. Wollte Siegfried verhindern, dass sein Schwager einen zu großen Teil des Dirigier-Kuchens bekam? Das würde auch Cosimas Zurücknahme ihrer ursprünglichen Zusagen für Franz erklären. Siegfrieds Ruf als Dirigent war in der Musikwelt nicht besonders groß; der Dramaturg Arthur Seidl sprach von der »würdelosen Laffen-Komödie mit dem Reise- und Gigerl-Dirigenten Siegfried«.[34]

In einem weiteren undatierten Brief wehrte sich Cosima gegen Isoldes Vorwurf, sie habe »Stiche« verteilt: »Eine Mutter giebt gewiß nie Stiche, sondern Rathschläge, u. nun können die Kinder diese Rathschläge für gut halten oder nicht u. danach handeln.« Sie gab zu, dass sie sich vermutlich missverständlich ausgedrückt

31 CW an Isolde, Isolde an CW, Entwurf, beide o.D. (AB).
32 CWZ, 710 (19.10.1908).
33 Zit. b. Hilmes 2009, 326 (Brief Mottls an Gräfin Thun v. 24.1.1904).
34 Zit. b. Schuh 1976, 427.

habe und schloss mit: »Ich darf sagen daß ich Dir mit dem Beispiel voran ging, denn dieser Sommer war grausam durch Dich für mich!«[35] Die Kritik ihrer Lieblingstochter konnte sie nur schwer ertragen; der Konflikt belastete beide Parteien.

Aus Moskau, wo er wieder zu dirigieren hatte, schrieb Franz im Frühjahr 1906 von seinen Kontakten zu dem international bekannten Komponisten Nikolai Rimski-Korsakow und dessen einstigem Schüler Alexander Glasunow. Bei einer Generalprobe hörte er die ein Jahr zuvor komponierte 3. Sinfonie (*Le Divin Poème*) von Skrjabin und hatte rasch eine Meinung dazu: »ein Moskauer Componist à la Richard Strauss. Mit 5 Trompeten, 8 Hörnern u. allen Chicanen, die es gibt [...] Ich sagte es schliesslich Rimsky-Korsakoff u. Glasunoff, dass das für meinen Begriff, ebenso wenig wie Strauss, keine Musik sei!!! Sie zuckten ja auch die Achseln darüber.«[36] Das war vermutlich eine diplomatische Geste der beiden in Cosimas Richtung. Im Lauf der nächsten Jahre änderte Franz seine Meinung über Strauss' Qualitäten.

Kaum war er wieder daheim, brachen erneut Differenzen auf. Cosimas Anweisung, den Proben und Aufführungen unter Hans Richters Leitung beizuwohnen, folgte Franz nicht. Er war seit elf Jahren im Hause tätig und hatte genügend gesehen und gehört.

Franz hatte durch einen Tausch Termine für seine beiden Aufführungen des *Parsifal* am 8. und 11. August erhalten. Er wurde wegen des erkrankten Karl Muck gebeten, am 7. August dessen Aufführung zu übernehmen, was er tat. Sein erstes *Parsifal*-Dirigat verlief gut und die Familie lobte ihn. Der portugiesische Komponist J. Vianna da Motta schrieb über diese Festspiele, dass sie »zu den glänzendsten und vollkommensten der Geschichte Bayreuths gezählt werden müssen«: ein Lob, das wohl auch für Beidler galt.[37] Eine Zeitung lobte seine Interpretation als »eine

35 CW an Isolde, o.D. (AB).

36 FB an Isolde, 23.2-8.3.1906 (AB).

37 J. Vianna da Motta in: Richard Wagner Jb., Bd. 2, Berlin 1907, 365f.

markante, eindringliche auf dem Niveau hoher künstlerischer Vollendung stehende persönliche Art der Ausarbeitung«.[38]

Beidlers Tempi entsprachen fast auf die Minute genau jenen von Balling.[39] Er hatte den Klavierauszug von Joseph Rubinstein mit Einzeichnungen ergänzt, die sich auf seine Partiturlektüre stützten, wobei er auch Eintragungen von Daniela, Cosima und anderen aus den Jahren 1897-1904 übernahm. Die Eintragungen zeigen ihn als »musikpragmatischen Gewährsmann«.[40]

Zermürbt durch die dauernden Zurücksetzungen, wurden Franz und Isolde misstrauisch. Sie vermuteten eine Intrige: Muck würde eine Krankheit simulieren, damit ein von Franz vor Beginn der Festspiele erbetener Termintausch rückgängig gemacht würde. Ein Verdacht, der ihnen zum Verhängnis wurde. Franz sagte am 8. August seiner Schwiegermutter nur unter der Bedingung zu, dass er seine eigene Vorstellung am 11. August behalten dürfe. Es wäre für Cosima eine Kleinigkeit gewesen, ihm die *Parsifal*-Aufführung am 11. August zuzusprechen. Keiner, der für einen anderen einspringt, muss im gängigen Theaterbetrieb dafür eigene Termine abgeben. Cosima hat den Vorgang so notiert: »Nachdem er [Franz] am 7. die Aufführung dirigirt hatte, trat er am 8. Vormittags mit der Erklärung auf, wenn ihm die am 11. stattfindende Aufführung nicht zugesichert werde, dirigire er an jenem Tage, dem 8., nicht; Dr. Muck möge sie übernehmen. Dieser war aber krank. So wurde Michael Balling [...] mit der Direktion am 8. in letzter Stunde betraut.«[41] Balling hatte in dem Jahr keine einzige Probe des *Parsifal* geleitet, führte aber alles »großartig durch«.[42] Der spätere Darmstädter Generalmusik-

38 *Bayreuther Tageblatt*, zit. b. Naegele/Ehrismann 2013, 75.

39 Voss 1976, 99f.

40 Moesch 2009, 193f., 203. Der Klavierauszug befindet sich im NA (Sign. A-M 52 01/I).

41 Schriftstück, Handschrift CW, o.D. (NA, Hs 15/169).

42 HL-B, 250. Vgl. auch CWZ, 685. Balling »bewährt sich hier tüchtig, ja ich glaube daß seine diesjährige Tätigkeit eine Epoche in seiner künstlerischen Wirksamkeit bilden kann«, schrieb Cosima kurz vor Beginn der Festspiele, in: Sattler 1962, 513 (12.7.1906).

direktor dirigierte regelmäßig bis 1925, also 19 Jahre lang in Bayreuth –, was nun Franz für alle Zeiten versagt blieb.

Es ist kaum vorstellbar, dass Beidler seine Aufführung hätte platzen lassen, so verwegen war er nicht. Es war ein Machtkampf par excellence, denn Cosima gab ihm danach den Termin des 11. August, obwohl er aus ihrer Sicht einen unverzeihlichen Vertrauensbruch begangen hatte. Franz erfuhr später von dem Münchner Pianisten und Juristen Alexander Dillmann, dass Siegfried eine recht eigenwillige Darstellung des Vorfalls verbreitete, »als wenn ich eines Tages einfach gekommen wäre u. unzufrieden mit 2 Aufführungen des *Parsifals*, eine 3. Aufführung verlangt hätte u. da man sie mir nicht gewährt hätte, ich am Aufführungstage um ½ 12 den Revolver auf die Brust setzend erklärt hätte, ich dirigire auch Nachmittags nicht«. Zwei Wochen später wiederholte Siegfried diese Version gegenüber Sophie Bergmann-Küchler, die sie Franz erzählte.«[43]

Im Grunde hatte Cosima ihn erpresst und nicht umgekehrt. Aber für sie stand fest: »Zum ersten darf und kann in Bayreuth nicht zugegeben werden, daß diese oder jene Aufführung von dem Dirigenten geringer geschätzt werde, als die andern. Ferner kann die Oberleitung der Festspiele es nicht gestatten, daß ihr ein Entweder-Oder seitens der Künstler gestellt werde. Endlich aber muß das Haus Wahnfried darauf bestehen, daß seine Mitglieder das Beispiel geben im Dienste der Sache sich zu stellen, und diese der Befriedigung persönlicher Wünsche voranstellen.«[44]

Wäre Cosima bei dieser kritischen Einschätzung geblieben, Franz hätte ihr zustimmen müssen. Stattdessen ließ sie wieder einmal ihrer Kritik am Charakter des Schwiegersohns freien Lauf:

»Du hast es übers Herz gebracht am Tage nach der Leitung des *Parsifal* in der Annahme, daß wir keinen Dirigenten für die abendliche Vorstellung hätten, eine dritte Aufführung dadurch

43 Notiz von FB, 27.7.1909, 12.8.1909 (AB).
44 Schriftstück, Handschrift CW, o.D. (NA, Hs 15/169).

uns abzunöthigen, daß Du mir erklärtest der erkrankte Muck möge dirigiren, Du thätest es nicht, wenn ich die am 11ten (elegantes Publicum!) Dir nicht verspräche. Ähnliches habe ich einst von Herrn Doehme[45] zur Zeit des *Lohengrin* hier erfahren; sonst nie und von Niemandem. Wenn wir hier nicht einen Künstler besaßen, dem die Sache über die Person ging [Balling], so war ich Dir preisgegeben. Er begab sich unter den Segen des Weihewerkes, den Du von dir wiesest.

Deine bejammernswerthe Frau nahm Alles auf sich und fand durch ihre Reue u. ihr Elend den Weg zu meinem Herzen. So gewährte ich ihr noch eine Aufführung. Wenn sie mich aber um meinen Rath befrüge, würde ich ihr dringend zureden sich von Dir zu trennen, da sie in eine Sphäre herabgezogen wird die ihre große Natur zu Grunde richten muß.

Ich gebe ein Beispiel für Viele: Ihr habt Beide geglaubt, daß der vornehme Muck seine schwere Krankheit fingire, um Dir einen Streich zu spielen! Man beurtheilt die Anderen nach sich, und derlei stammt nicht aus Wahnfried.

Hiermit beschließe ich die Berührung des Charakters und gehe zum Talent über. Wenn ich 5 Aufführungen Muck zudachte und Dir 2, so ist es, weil seine Leistung der Deinigen weit überlegen ist, schon durch seine Erfahrung u. durchgeistigte Reife. Du bist ein ausgezeichneter Musiker, Du hast die Anlage zu einem bedeutenden Dirigenten. Technisch fehlt Dir noch Einiges, weshalb ich wünschte, daß Du Richters Proben beiwohntest, von dem viel in dieser Hinsicht zu lernen ist, und daß Du Dich um einen Posten bewürbest um durch angestrengte Thätigkeit zu erreichen, was Dir noch abgeht. Du hast Präcision, Festigkeit und Gewalt, auch musikalisch-dramatisches Bewußtsein und den hier erworbenen Styl. Es mangelt die ideale Wärme, zartes Gefühl, Innigkeit und schwebende Entrücktheit. – Ob diese Gaben sich wie die Technik gewinnen lassen?

45 Zoltán Döhme hatte offensichtlich damals versucht, seine Mitwirkung beim *Lohengrin* zu erpressen.

Vielleicht lassen sie sich durch eine Wiedergeburt Deines Wesens gewinnen, wie die Erkenntniss unseres selbst aus der muthigen Betrachtung unserer Handlungsweise uns eine solche vergönnen darf. Auf diese möchte ich hoffen, meiner armen, ärmsten unglücklichen Isolde zu lieb.

Erlangst Du diese Wiedergeburt, dann wirst Du nicht mehr von dem Vermögen Deiner Frau in Unthätigkeit leben wollen, noch Dir die Schulden zahlen lassen von Menschen gegen welche Du dich benimmst wie gegen uns.

Dann auch wirst Du wissen, was unsere Sache bedeutet und wie man ihr zu dienen sich würdig erzeigen muß.

Bis dahin sind wir geschieden. C. Wagner« [46]

Während die Einschätzung seiner Leistungen realistisch erscheint, waren eine Trennung von Isolde und die Forderung nach einer »Wiedergeburt« für Franz unerfüllbar und unannehmbar. Dass Cosima ihm unterstellte, Isoldes Geld zu verprassen, war ein Angriff auf seine Würde. Ihm wurde die Hoffnungslosigkeit einer Versöhnung deutlich, und es vertiefte sich der innere Zwiespalt in Isolde, die mit ihrem Herzen, ihrer Erziehung, ihrem Denken und Fühlen mit Bayreuth verbunden war, aber andererseits ihren Ehemann leidenschaftlich liebte. Isolde wird Franz darin bestärkt haben, auf die Vorstellung am 11.8. zu bestehen. Sie, die sich selbst als »entsetzlich erregbar« beschrieb, hatte von ihrem Vater das Mitgefühl, aber auch die Leidenschaft geerbt, die mit dem Verlust taktisch-kluger Erwägungen einhergeht. Cosima erlebte sie als Kind einmal nach einem Verweis so außer sich, dass sie um ihr Leben fürchtete. [47]

Siegfried, mit Franz ohnehin verfeindet, warf ihm auch noch vor, dass er weder Wagners *Gesammelte Schriften* noch dessen Autobiographie *Mein Leben* kenne: »Du weißt also von dem, was Bayreuth ist, so gut wie nichts.«[48] Franz hatte aber viel von Wag-

46 CW an FB, 11.8.1906 (AB). Leicht veränderter Text in CWZ, 685.
47 Isolde an DT, 21.7.1907 (NA); CW I, 63 (27.2.1869).
48 Millenkovich-Morold 1937, 464.

ner gelesen, denn Isolde schrieb einmal aus Moskau: »Citate aus den gesamten Schriften [Wagners] fließen von seinen Lippen.«[49]

Siegfried und Cosima hatten jetzt einen Grund gefunden, um Franz endgültig loszuwerden. Es gab Proteste, Artikel und anonyme Briefe gegen seine Entlassung, denn man sah in ihm einen begabten Dirigenten, und er war schließlich der Schwiegersohn des Meisters. Man musste also gegensteuern, und Eva bat Blandine, den Wagner-Biographen Glasenapp gegen Franz zu beeinflussen: »[wir] halten es für geboten, wenn Du ihn in aller Ruhe von der Situation unterrichtetest, und ihm den eigentlichen Feind Fidi's entlarvtest«. Auch Daniela sah Franz als den Schuldigen an und vermutete, Schmähungen gegen Siegfried seien von Franz beeinflusst: »Über die Schandartikel, deren böses Gift, das Gift des Neides und Hasses, gegen Fidi gerichtet ist, kann man nur schweigen – der sie inspiriert richtet sich selbst in den Augen aller Anständigen und Edelgesinnten, deren es doch noch eine große Anzahl giebt – arme, arme, wehrlose Loldi, so der Gemeinheit ausgeliefert, um sie traure ich tief.«[50]

Ein Jahr später schrieb Isolde an Eva, sie habe das »Gefühl, daß ich nicht mehr zu Euch gehöre (ein Gefühl, das ich schon seit langen Jahren mit mir herumtrage u. das mich zu dem verzweifelten Entschluss im vorigen Festspieljahr trieb)«.[51] Erschüttert ließ sie eine Freundin wissen: »Ich fasse meinen ganzen Muth energisch zusammen, den bittersten Kelch, den ich je getrunken, zu überwinden. Daß mich – wenn mich auch Alles verläßt – mein Gott nicht verlassen wird, dieser Glaube giebt mir Kraft. Wenn ich Ihnen wieder begegnen sollte, so erzähle ich Ihnen, was mein Herz zernagt u. wie es dazu kam, daß ich den Verkehr mit meiner Familie abbrechen mußte (es war leider ein ›Müssen, ein Zwang‹) […] Es ist in Deutschland vor allem furchtbar schwer einen anständigen Kapellmeisterposten zu erlangen – der Andrang ist enorm.«[52]

49 Isolde an ihre Familie, 13.11.1902 (NA, Hs 15/57).

50 Eva an Blandine, 18.9.1906; DT an Blandine, 19.9.1906 (STAM).

51 Isolde an Eva, 22.12.1907 (Abschrift) (AB).

52 Isolde an Elsa Ziegler, 16.9.1906 (AB). Zitat aus *Meistersinger*, 3. Akt.

Isolde versuchte wiederholt bei der Mutter, Franz' Verhalten zu verteidigen. Cosima betonte, sie und Siegfried hätten ihn stets gefördert und Siegfried ihm bei den letzten Festspielen seinen *Ring* anvertraut. Sie verteidigte die Wahl des jungen Balling damit, dass sie der Orchester- und Chormitglieder aus Karlsruhe verlustig gehen würde, wenn sie ihn nicht genommen hätte. Und sie machte klar, dass sie die Kritik Isoldes nicht ertrug: »Ich bin nahe an 70 Jahren, und nachdem was mir beschieden war, mitgenommen. Ich kann nicht verhindern, daß solch ein Ausbruch, wie Du ihn gestern über uns ergossest, und jetzt so ziemlich alle zwei Monate, mich sehr angreifen. – Ich bekomme Herzbeklemmen, u. schlaflose Nächte. Da Du damit gar nichts erreichen kannst [...] so bitte ich Dich, die kurze Spanne Zeit, die mir noch übrig bleibt, mir das zu ersparen.«[53] Sie wusste andererseits sehr wohl um den Verlust, denn sie verlor zugleich einen hochtalentierten, vielseitigen Musiker für die Festspiele. Isolde hielt sich von nun an von Wahnfried fern, und Cosima schrieb ein letztes Mal der Tochter Zeilen von großer Intimität.

»Mein geliebtes Kind, heute vor 25 Jahren war die erste Aufführung von *Parsifal*; wir begehen diese Erinnerungsfeier auf unsere Weise still u. innerlich; Dich wünsche ich aber darin einzuschließen, u. so sende ich Dir zwei Briefe, welche Dir meine Stimmung verkünden werden.

Lies auch den Rückblick auf die Festspiele 1882. Es ist das Vermächtniss, in dessen Geiste wir zu leben u. zu wirken getrachtet haben u. trachten. Aus ihm ergiebt sich die Bedeutung von Kundry's letztem Worte: ›Dienen‹. Ich verstehe ja, ich ehre den vornehmen Zartsinn aus welchem Du in stiller Zurückgezogenheit Begegnung u. Verkehr mit den Künstlern meidest, die thätig auf einem Felde sind, von dem sich Dein Gatte für immer ausschloß. Dennoch möchte ich Dich bitten diesen Zartsinn zu überwinden u. unbefangen-freundlich wieder zu uns zu kommen [...] Sollte Dich leise aber störend die Ahnung einer

53 CW an Isolde, undatiert, z.T. unleserlich (AB).

Verschuldung anwandeln, verscheuche sie – verstockten Sinnes – nicht, viel mehr gieb Dich ihr überschwänglich hin. Diess war meine Hülfe, meine Befreiung durch das ganze Leben.

Das Vergehen Deines Mannes an unserer Sache u. unserem heiligsten Hort, war eine Prüfung für uns alle. Ich betrachte es als ein[en] Schicksalsspruch. Es raubte mir die Gesundheit, mit ihr mein Glück: die stille Thätigkeit an unserem Werk. Daß ich das mir auferlegte Kreuz willig in der Ahnung einer höheren Gnade dahin nahm, daraus erblühte mir ein Wundersegen: Das Wirken Deines Bruders u. sein Gedeihen! Das Glück gab ich dahin u. mir ward die Seligkeit!« Sie verarge es Franz nicht, dass er keine Reue zeige: »Laß uns, wenn Du kommst ruhig-gemüthlich über solchen Entschluß nur berathen, der vielleicht zu der erwünschten Bethätigung nach Außen führen wird; ist diese erlangt, dann […] findet sich auch die Möglichkeit eines Familien-Umganges wieder, welcher meines Bedenkens abseits der von Euch selbst preisgegebenen und nunmehr unmöglich gewordenen Betheiligung an den Festspielen sehr wohl und freundlich stattfinden kann. […] Sei für jedweden Entschluß meines liebevollsten Verständnisses überzeugt.

Dieses letzte Wort sage ich Dir, indem ich Dich an mein Herz drücke und mich in Gedanken unauflöslich mit Dir verbunden fühle.«[54] Die Liebesbezeugung hielt Cosima nicht von der nüchternen Feststellung ab, dass Franz endgültig den Festspielen fernbleiben müsse.

Adolf von Groß war mit der Entwicklung unglücklich. Er erinnerte Cosima an einen Vorschlag, den er vorgebracht hatte, um das Zerwürfnis zu vermeiden. Sie habe ihm zugestimmt, dann aber »seit Meran« ihre Meinung geändert. Dort hatte sie sich nach den Festspielen zur Erholung aufgehalten, und dort kam es durch Siegfrieds Gespräch mit ihr zu einer Verschärfung gegenüber Colmdorf, die Groß zu hart erschien. Isolde schrieb an Franz: »Unser Hauptfeind ist Fidi. Max [von Groß, Adolfs Bru-

54 CW an Isolde, 26.7.1907 (AB).

der] erzählte mir, daß als Adolf Mama seinerzeit in Meran erklärt habe: die Sache mit uns müsse schleunigst wieder in Ordnung gebracht werden, habe Mama ihm voll beigestimmt u. erklärt, die Sache bestimmt friedlich mit uns zu lösen. Überzeugt, daß nun alles wieder in Ordnung sei, kehrte Adolf hierher zurück. In dieser Zeit kam dann Fidi durch Bozen, hatte eine Begegnung mit Mama u. Eva u. die Sache verlief daraufhin wieder im Sand.«[55] Der Versuch Adolf von Groß', eine Befriedung herzustellen, endete darum ergebnislos. Gewiss hatte er dabei an den sechsjährigen Sohn von Franz und Isolde gedacht, der bei Siegfrieds zu erwartender Kinderlosigkeit als Erbe in Frage kam.

Es war somit tatsächlich Siegfried, der die Gelegenheit nutzte, um Franz loszuwerden. Das ärgerte Groß so sehr, dass er sogar einen Rücktritt erwog. Er war seit über zwanzig Jahren als Finanz- und sonstiger Berater im Dienste Cosimas, aber wenn Siegfried etwas wollte, gab seine Mutter sofort nach.

Cosima bat nun Groß, sich um eine Immobilie anderswo zu kümmern. »Irrtümliche Dinge«, die über den Fall Beidler gesprochen wurden, gelte es zu verhindern und vor allem, dass sie die Ehe habe trennen wollen. Es sollte kein Makel auf die Festspiele fallen, und daher durfte nicht der Eindruck entstehen, sie habe Franz kündigen wollen. Sie schloss in einem versöhnlich klingenden Tonfall: »Von ganzem Herzen bin ich bereit zu verzeihen und zu vergessen, unter der einzigsten Bedingung, daß ich darum seitens des Schuldigen gebeten werde und man mich nicht statt dessen mit den unberechtigsten Vorwürfen anklagt.«[56]

Isolde versuchte Daniela über ihre Sicht der Dinge aufzuklären. »Ich halte dies eisern bis an meinen Tod fest (u. wenn ich wie Michael Kohlhaas in der Verfechtung meines Rechtes zu Grunde ginge!), daß Ihr großes Unrecht an uns gethan. Wollt Ihr das nicht erkennen, so müßte Euch des Vater's Beispiel, der

55 Isolde an FB, o.D. (AB), Fragment.
56 CW an A.v. Groß, 17.11.1906 (NA).

zuletzt sogar noch Carl Ritter in Venedig aufsuchte, als Wegweiser dienen.[57] Das hieße im Bayreuther Geiste, der uns so oft vorgehalten wurde, handeln; aber von diesem Geiste ist Fidi weit, weit entfernt. Da, wo Liebe u. Gerechtigkeit hätte walten sollen, war das Gegentheil. Fidi hat heftige Sympathien u. Antipathien. Franz hat er nie gemocht. [...] Seine Arbeit wurde nie anerkannt u. Fidi erklärte öffentlich, auf einer Künstlerpartie u. in der Kneipe, daß Franz ein Faulenzer sei! Er hat eine bitter kränkende Zunge u. hat mit uns, wie mit vielen anderen, bösen Spott getrieben. [...] Das Mißverständniss war bereits im Gang u. erzeugte natürlicher Weise dann auch Mißtrauen in Franzens Seele, so daß, als dann von ihm verlangt wurde, er solle sich auf Monate von mir trennen, um in Rußland mit einem Sänger zu arbeiten, er das Gefühl hatte, daß man uns trennen wolle, (Mama hat mir auch thatsächlich zu verschiedenen Malen die Trennung nahegelegt) er darum bat, ihn davon zu entbinden, da er mich nicht gerne so lange verlassen möchte. Dies wurde von Fidi sehr übel genommen. Er schrieb in gereiztem Ton an Franz, daß er den Bayreuther Geist nicht in sich habe etc. In einem Brief an Mama schrieb er einst sogar: er gebe Franz noch ein Jahr, wenn er bis dahin nicht parire, müsse man ihn herauswerfen! [...] Wie Franz trotz dieser kränkenden Vorkommnisse Fidi gesonnen blieb, erfuhrst Du aus dem Brief über die *Herzog-Wildfang*-Aufführung in München, den ich Dir diesen Winter zeigte. [...] Mein Ehrgeiz in Betreff Bayreuths ist erstorben u. einsam werden wir unseren Weg nun weiter wandern.« Als sie Cosima versicherte, Franz bereue sein Unrecht, beteuerte sie, »daß damit alles gut sei, ich ihr nur Raum u. Zeit lassen möchte, damit alles wieder in's Gleichgewicht komme. [...] Ich unterließ inzwischen nichts, um für diese Versöhnung zu wirken, mußte aber zu meiner Verwunderung gewahren, daß von Cannes zurückgekehrt, Mama plötz-

57 Anscheinend suchte Richard Wagner eine Versöhnung bei einem Streit, aber sein früherer Wanderbegleiter und Freund Carl Ritter war nicht bereit, einzulenken.

lich anderen Sinnes, sie wieder entgegengesetzt beeinflußt worden war.«[58]

Cosima wurde durch den Konflikt zwischen Siegfrieds Wunsch, das Ehepaar aus Bayreuth zu verbannen, und Isoldes Leiden daran hin- und hergerissen. Die starke Festspielleiterin, die keinen Widerspruch duldete und die künstlerischen Dinge im Griff hatte, ließ sich verunsichern und gab mal Isolde Recht, mal Groß, meistens aber Siegfried. Sie sah nur einen Ausweg aus der unlösbaren Verknotung, nämlich eine Trennung Isoldes von Franz.

Weihnachten 1906 schien Siegfried erleichtert, das »Problem Franz« los zu sein, denn Cosima schrieb an Gräfin Schleinitz, er habe »mit seiner Heiterkeit und seinem liebevoll erfinderischen, kindlich ingeniösem Wesen« das Weihnachtsfest erhellt.[59]

Im Februar 1907 ließ Franz seinen Gefühlen freien Lauf. Seine Erschütterung über die verpasste Chance, weiter in Bayreuth zu arbeiten, war auch ein halbes Jahr später noch nicht abgeklungen, auch nicht der Schmerz über Cosimas Worte, die es ihm so schwermachten, sich zu entschuldigen. Er war froh, dass Isolde sich zu einer Kur entschlossen hatte und schlug ihr Würzburg vor, wobei er ihr humorvoll riet, nicht zu viel von den fränkischen Bocksbeuteln zu trinken. »Dass Du jetzt wieder so schlecht schläfst, hängt eben mit Deinen, durch das Leiden, abgesehen von den seelischen Erregungen unser[er] nun 6-jährigen Ehe (in der man Dich von seitens Deiner Familie nicht einmal im Wochenbette verschont hat mit Szenen und Nörgeleien!), herabgekommenen Nerven zusammen u. das wird u. muss sich natürlich bessern […] Würdest Du Dich nach dem Wunsche Deiner Familie von mir trennen, dann würden sie Dir Ruhe lassen, vorher nicht! O Loldi! Ich kenne alles viel besser, als Du denkst u. weiss Deinen Zustand ganz genau!«

58 Isolde an DT, 18.7.1907 (NA, Hs 15/73). Isolde verwechselt Meran mit Cannes, wo CW im April weilte.

59 CW an Marie von Schleinitz, 25.11.1905 (NA).

Er bedauerte, dass er nicht das Glück hatte, »Deinen grossen Vater gekannt zu haben. Hätte Dein Vater es noch erlebt, dass wir uns vermählten, so wärest Du gewiss auch glücklicher geworden, ich wäre in der Lage gewesen, Dich glücklicher zu machen, als Du jetzt sein kannst, es wäre eben dann ein Männerregiment gewesen u. nicht eine Günstlingswirtschaft u. Lobdienerei u. Kriechpolitik! Das tröstet mich oft, wenn ich daran denke, dass Dein Vater, wenn er von oben herabsieht u. in mein Herz schaut, mir vielleicht Gerechtigkeit widerfahren lässt u. mir nicht Vorwürfe machen wird, ich hätte nie Interesse an seinen Werken gehabt! Wie ich mich verheiratete, war mein einziger Gedanke, ich heirate, um Dich, meine Frau, glücklich zu machen; dass das nicht so geworden ist u. nicht so erfüllt werden konnte, wie ich es wollte, ist die Trauer meines Lebens u. von mir nicht verschuldet! Aber was ich auch an Enttäuschungen erlebt habe, was ich erlitten habe, Eines können sie mir nicht nehmen, dass Du die Tochter dieses grossen Mannes bist, für dessen Werke ich wirken u. leben will u. muss. Und dieser Gedanke tröstet mich u. in diesem Gefühle verehre ich Dich u. drücke Dich an mein Herz. Ich habe es gut gewollt, Gott verzeihe mir, wenn es anders geworden!«[60]

Die »Lobdienerei und Kriechpolitik«, die sich aus Cosimas alleiniger Verfügungsgewalt ergab, störte ihn zunehmend. Isolde wusste um seine grenzenlose Verehrung der Musik, um seinen Einsatz in Moskau und um das Talent, das er besaß, aber sie fand keine Lösung. Sie ertrug den Streit nicht. Es war ihr schon seit einiger Zeit gesundheitlich nicht gutgegangen, sie erhielt von Ärzten die verschiedensten Diagnosen, von einer Rippenfellentzündung bis hin zu einer Gebärmuttervergrößerung. Später wurde korrekt Tuberkulose diagnostiziert, aber in den Jahren davor handelte es sich wohl um diffuse Symptome, mit denen ihr Körper auf die seelische Belastung reagierte.

Als Cosima im Schloss Hohenlohe, wo sie im Dezember 1906 den Fürsten Ernst zu Hohenlohe-Langenburg besuchte, einen

60 FB an Isolde, 12.2.1907 (AB).

Kollaps erlitt, reiste Isolde sofort zu ihr. Sie schrieb einer Bekannten: »Das Schicksal hat nun mächtig eingegriffen u. was auf anderem Wege nicht möglich war, die Vereinigung mit den Meinigen, in der schweren Sorge um die theure Mutter, gewaltsam herbeigeführt.«[61] Isolde nahm einige Tage lang am Familienleben teil, aber sie gehörte nicht mehr dazu, das spürte sie. Ihr wurde bewusst, dass die Trennung von Wahnfried endgültig war. Ein Brief an Daniela zeigt ihr ganzes seelisches Elend, und ihr körperlicher Zustand verschlechterte sich. »Es ist doch etwas heilig Ernstes um das Leben u. Diejenigen die das Leben eines Menschen zerstören, ahnen wohl nicht, welch furchtbares Unrecht sie begehen – welchen Fluch sie auf sich laden! – Daß ich körperlich ziemlich angegriffen bin […] bekümmert mich wenig, da ich fühle, wo das viel bösere Übel, das der Körper nicht entkommen läßt, sitzt: ich bin seelisch schwer krank, mein Lülchen, und glaube kaum, dass ich wieder aufkomme.« Auf Danielas Rat, sie solle sich mit Siegfried und Eva treffen, meinte sie, es sei keine Verständigung mehr möglich. Sie würde von den Festspielen ferngehalten: »Ich habe keinen Theil an dem, was mein Alles war.« Blandine war in Wahnfried zu Besuch, wagte sich aber nicht nach Colmdorf: »Mein Haus wird von Wahnfried (u. das schon lange vor dem Bruch) gemieden, als sei es von einem Pestkranken bewohnt. Frau Reuss frug Frau Kniese kürzlich: ob sie es denn wagen könne zu uns herauszukommen!«[62]

Daniela versuchte zu vermitteln und schrieb Eva: »Als Menschen und Christen werden wir immer zu vergeben bereit sein, als Vertreter einer großen Sache haben andere Gesetze und Normen uns zu leiten.«[63] Das war edel gedacht, aber Eva hatte sich längst auf Siegfrieds Seite geschlagen.

Isolde erfuhr von Marie von Groß, die Familie glaube, Franz wolle Siegfried gleichgestellt sein, und Isolde hätte ihn bei diesem

61 Isolde an eine Unbekannte, 6.1.1907 (AB).

62 Isolde an DT, 15.7.1907 (NA, Hs 15/72). Luise Reuss-Belce, dramatische Assistenz.

63 DT an Eva, 31.7.1907 (NA).

Plan unterstützt. Sie erschrak: »Himmel – ist es möglich! Haben sie das wirklich von uns geglaubt! Daher also alle Kränkungen u. Zurücksetzungen. […] Wenn doch Fidi den einfachen u. natürlichen Weg der Auseinandersetzung mit Franz gesucht hätte, es hätte sich dann gar bald herausgestellt, wie unschuldig wir in dieser Beziehung sind, wie unehrgeizig Franz ist. Er erklärte mir immer u. immer wieder, daß er am liebsten die Musik an den Nagel hängen u. Landwirt werden möchte […] Als Mama erkrankte betete er innig für ihr Leben u. daß mir das Wiedersehen mit ihr gewährt werde. […] Und dieser Mensch wurde also in Wahnfried für einen intriganten Streber gehalten!«[64]

Franz übernahm Dirigate in Breslau, London und Berlin. Ende Januar 1907 leitete er in Plauen ein Konzert mit Werken von Beethoven, Saint-Saëns und Liszt, mit Martha Schaarschmidt als Pianistin. Eine regionale Zeitung schrieb: »Beidler ist ein begeisternder Orchesterleiter. Das merkte man an der Kapelle, die ihm aufs beste folgte und ihm willig zu seinem Siege verhalf.«[65] In einer weiteren Rezension wurde erwähnt, dass ein Vorstandsmitglied des ›Wagnervereins‹ versucht hatte, Beidlers Konzert abzusagen.«[66] Dies zeigt, dass sich die Kritik gegen Beidlers Person und nicht gegen seine Dirigate richtete. Die negative Einschätzung blieb an ihm haften und hat ihm in späteren Jahren geschadet.

64 Isolde an DT, 21.7.1907 (NA).

65 Stadtarchiv Plauen, 29.01.1907. Dank an Franziska Roth für die Übersendung.

66 *Neue Zeitschrift für Musik*, Bd. 74 (1907), Teil 2, 621.

10. DER BRUCH ZWISCHEN WAHNFRIED UND COLMDORF 1908–1909

Nachdem Franz der Zugang zu den Festspielen verwehrt war, erwies sich Hans Richter als helfende Hand. Er »benimmt sich groß u. edel gegen uns u. bezeugt das größte Vertrauen in Franz, indem er ihn als seinen Nachfolger in England hinstellen will«, schrieb Isolde freudig an Daniela. »Draußen wird Franz – dessen bin ich gewiß – die Anerkennung finden, die ihm hier versagt wurde.«[1] Richter, der seit 1877 in Großbritannien dirigierte, leitete neben dem Hallé Orchester Konzerte des London Symphony Orchestra sowie Opernaufführungen in Covent Garden, wo er bemüht war, das Repertoire zu erweitern.

Der Plan, Franz nach Manchester zu holen, wurde umgesetzt, und er übernahm Ende 1907 bereits erste Dirigate. Kurz darauf begab er sich nach Barcelona, wo er in dem ehrwürdigen Gran Teatre del Liceu den *Tannhäuser* in der anspruchsvolleren Pariser Fassung einstudierte. Mit Joaquim Pena, dem Leiter des dortigen Wagnervereins, verstand er sich auf Anhieb gut. Penas Aufenthalte in Bayreuth und München bestimmten dessen weiteren Weg zur zentralen Figur im *Wagnerisme* im Musikleben Kataloniens und letztlich auch Spaniens. Schon als Student wehrte er sich gegen den Geschmack des konservativen Opernpublikums, für das Unterhaltung und Selbstdarstellung vorrangig waren. Wagners Musikdramen wurden ihm zum Ansatzpunkt, um ausgerechnet in einer mediterranen Hafenstadt den Hebel gegen den italienischen Belcanto und die benachbarten Franzosen an-

1 Isolde an DT, 18.7.1907 (AB).

zusetzen. Als Gründungspräsident der »Associació Wagneriana« nahm er 1901 die Fäden der beginnenden Rezeption Wagners in die Hand und führte dessen Werk zu ungeahnten Erfolgen.[2]

Pena zeigte Franz zunächst die Stadt. Sie fuhren mit einer elektrischen Bahn auf den Tibidabo Berg und schauten in einem Park zu, wie der katalonische Nationaltanz Sardana präsentiert wurde. Er war von der Größe des Opernhauses mit seinen 3500 Sitzen beeindruckt: »Die Logen in Privathänden u. von den Aktionären des Theaters nach ihrem eigenen Geschmack geplant sind pompös, mit Ölgemälden in dem Salon, Wascheinrichtung etc. etc. Das Orchester hat 80 Mann.« Trotz mancherlei Schwierigkeiten leitete er eine triumphale *Tannhäuser*-Aufführung. Als er sich auf der Bühne verbeugte, »ging ein Sturm los, von dem bis auf den letzten Platz besetzten Theater u. man rief wie toll ›maestro solo solo maestro solo!‹« Ein Journalist bezeichnete ihn als den besten Dirigenten, der je dort dirigiert habe, und das, obwohl Prominente wie Nikisch und Weingartner hier schon am Pult gestanden hatten.[3]

Daheim quälten Isolde weiterhin gesundheitliche Probleme. Der Bruch zwischen Bayreuth und Colmdorf führte bei ihr zu psychosomatischen Störungen. Insofern war es wohltuend für sie, als ein Jahr nach Franz' Entlassung aus dem Bayreuther Dienst eine zaghafte Annäherung an die Mutter, aber auch von Cosima zu ihr erfolgte. Franz hatte ihre Zerrissenheit gespürt und war erleichtert: »Möge Alles so werden, wie Du Dir es wünschest!« Derweil kämpfte er in Barcelona um die Verbesserung des künstlerischen Niveaus. Die ersten Proben ließen den Mut sinken. »Vor allem sage Bubili, er soll etwas Gescheidteres werden, als Capellmeister«, schrieb er Isolde. »O Moggele, ich schinde mich hier ab, so viel ich kann, das Resultat ist wohl für hiesige Begriffe ein Gutes, aber ich bin deprimirt u. müde dieser Musiziererei! Das Orchester ist, obgleich sie sich alle Mühe geben, einfach erbärm-

2 Janés i Nadal 1983, 189-195. Dank an Michael Pfeiffer für die Übersetzung.
3 FB an Isolde, 8.12.1907 (AB).

lich. Nicht einmal, dass sie die Noten im Gedächtnis behalten u. die schwierigeren Passagen ordentlich technisch spielen können, geschweige von dem Vortrag, den ich ihnen jetzt fordere, so lange ich hier bin u. dann der unnoble Klang! Es ist eigentlich eine Qual für mich u. am liebsten reiste ich ab!«

Er kam aber nur mühsam voran: »Ich bin durch Bayreuth, Moskau etc. halt doch riesig verwöhnt u. durch Bayreuth, d.h. Deine Mutter, die, u. das werde ich ihr ewig danken u. nie vergessen, den Grund dazu gelegt hat, gewöhnt, die Sache dramatisch, dichterisch zu bringen, wozu alle Mittel zu Gebote stehen müssen, um das zu erreichen. Ich kann nicht hören, wenn selbst ein Pizzicato-Accord nicht in dem Orchester der betr. Stelle passt, ob der Accord pizz. oder energisch, lang, oder länger, ob ein Tremolo dramatisch erregt, sehr dicht ist oder ob es ruhig verklärt!! Und wenn ich das [...] nicht erreichen kann, so ist mir die Musik unerträglich u. ich leide u. leide! In dieser Beziehung habe ich schon riesig viel verloren, nicht mehr in Bayreuth zu dirigiren, weil man mit dem Orchester alles das machen kann!«

Nach intensiver Arbeit aber spürte er, dass er etwas bewegen konnte. »Die Elisabeth macht ihre Sache sehr gut, nur Tannhäuser ist zu viel italienische Schmachtfetzen-Singerei gewöhnt, um das Dramatische zu erfassen, er hat sich zwar noch geschont heute. Aber die Leute verstehen immer nicht, dass man auch im Piano oder Mezzoforte leidenschaftlich u. enthusiastisch singen kann, sie glauben immer, brüllen sei Leidenschaft allein! Ich wünschte nur, so eine Arbeit mit dem Orchester u. mit den Sängern wie z.B. hier hätte Deine Mutter einmal hören können, ich glaube, sie würde dann nicht mehr von Faulheit bei mir sprechen u. mich etwas anders beurteilen!«[4]

Das Theater war ausverkauft und die Resonanz ungewöhnlich groß. Es wurden Dirigate in Madrid und Lissabon mit Beidler abgeschlossen, seine Erfolge hatten sich herumgesprochen.[5]

4 FB an Isolde, 22.12, 28.12.1907 (AB).

5 MT, 1.2.1908.

Isolde bemühte sich daheim weiterhin um eine Annäherung zwischen Franz und ihrer Mutter. Sie erzählte Cosima, wie dankbar er für sein Studium mit ihr war, was Cosima rührte. Sie bedauerte nur, dass sie nicht Gelegenheit gehabt hatte, auch noch Mozartsche Werke u. anderes mit ihm durchzunehmen. »Auch ›über die neunte Symphonie‹, meinte sie bescheiden, ›hätte ich ihm vielleicht Gutes mittheilen können, von dem was mir durch Papa u. Großpapa zu Theil wurde.‹«[6] (Liszt hatte alle Sinfonien Beethovens für Klavier bearbeitet.)

Franz fand Isoldes Versuche, ihn zu einem Versöhnungsangebot zu bewegen, müßig. »Dass es für mich der Inbegriff des Höchsten war und ist, in Bayreuth zu dirigiren, weißt Du u. dass ich dort *Ring* und *Parsifal* dirigirt habe, war der Höhepunkt meines Lebens. Dass ich das Gefühl habe, dass es nie wieder dazu kommen wird, das weißt Du auch. Und warum auch soll ich mich aufdrängen? Es ist Siegfried ja so recht, dass ich fern bin u. der Mortimer starb ihm gelegen! Eines weiss ich, man hat mir in Bayreuth Unrecht getan, wie ich es bitterer nie u. nirgends erfahren habe u. erfahren konnte.« Er fuhr fort: »Meine Interpretation stützt sich auf das von mir Gelernte, vor allem aber auch auf das von mir als richtig u. wahr Empfundene und Gefühlte, begründet auf der Art, wie Dein Vater sich ausspricht über Vortrag u. wie Deine Mutter mir Unterweisung gegeben hat. Und wenn jetzt auch eine andere Strömung in Bayreuth eingezogen ist, u. einzieht u. vielleicht Deine Mutter, schwach u. beeinflusst, wie sie leider in ungeheurem Masse ist, sich jetzt auch nach dieser Seite hin ändert, so bleibe ich u. das halte ich ewig.« Er schätzte Siegfrieds Werke nicht hoch ein und sah im künstlerischen Empfinden eine »unüberbrückbare Kluft« zwischen Mutter und Sohn.

»Ich fühle mich zwar riesenstark getragen u. gehalten durch die Begeisterung für die Kunst, die man mir in Wahnfried nie zutraute. Aber Freiheit brauche ich dazu, keine Knechtung, kein Druck u. kein Ducken u. kein hämisches Misstrauen.« Das gan-

6 Isolde an FB, 3.1.1908 (AB).

ze Unglück liege »an der ›Gottherrlichmachung‹ Siegfrieds [...] Und nun, liebstes Loldilein, kommst Du heute mit Deinem Vorschlage, durch irgendein unbestimmtes Gespräch an der Theetafel in Wahnfried dazu gedrängt, ich möge Siegfried die Hand reichen, die Hand, die er gar nicht will, die er hasst, weil sie ihm unbequem, u. weil sie Evas impotenter Liebe [= Chamberlain] nicht passt. Auch den andern Familienmitgliedern nicht passt, weil ich nicht, wie die andern zumeist Schmeichler u. Speichellecker bin u. war u. nicht schnell hineinkrieche!! [...] Und auch unbequem weil ich nicht in den Familien-Cultus einstimme. Und da soll ich diese Hand an den Pranger stellen! Ich der ich geschmäht, verachtet, zurückgesetzt u. gekränkt wurde, im Princip des Duckungssystems, wie keiner dort; ich, dem man suchte das Leben zu verbittern, dem man suchte, teuer bezahlen zu machen, dass er die Tochter der Familie bekommen hat, da er doch eigentlich in niedere ›Sphären‹ gehört.«[7]

Trotz der schweren Arbeit gefiel es Franz in Barcelona. Als er Anfang 1908 nach England zurückkehrte, war das laut Isolde ein Sprung »von Mont Serrat's sonnigen Höhen in Nibelheim-Manchester's Tiefe«. Sie bangte um seine Gesundheit in der rußgeschwängerten Luft der Industriestadt. Am 16. Januar dirigierte er die Ouvertüre zu *Tannhäuser* und das Cellokonzert op. 129 von Robert Schumann, gespielt von dem später weltberühmten Pablo Casals, sowie Dvořáks *Waldesruhe*.

»Dein Franz hat alle Sympathien gewonnen«, schrieb Hans Richter an Isolde, und er machte ihr Mut für den Herbst: »Franz wird den größten Theil der Concerte in Manchester u. beinahe alle in der Provinz dirigiren, so daß sich sein Einkommen bedeutend erhöhen wird. Das wird mein letztes Jahr in M[anchester] sein u. in der Season 1909-10 wird er allein sein.«[8]

Richter ahnte nicht, dass es unter der Oberfläche brodelte, weil sich das britische Musikleben vielfältig entwickelt hatte.

7 FB an Isolde, 27.1.1908 (AB).

8 Hans Richter an Isolde, 4.3.1908 (NA).

Neue Chöre, Operngesellschaften und Orchester entstanden, die Zahl öffentlicher Konzerte nahm zu, und Charles Hallé, der die britische Staatsangehörigkeit erworben hatte, gründete in Manchester das erste professionelle Orchester des Landes. Auf der Insel hatte sich die Qualität der Aufführungen verbessert und man war darauf zu Recht stolz. Was die Briten aber ärgerte, war die deutsche Überheblichkeit. Hans von Bülow, der nie ein Blatt vor den Mund nahm, fand das Orchester in Liverpool schlecht und machte sich über den Komponisten Sterndale Bennett lustig. Auch der Kritiker Eduard Hanslick zog in seinen Artikeln in der Wiener *Neuen Freien Presse* über englische Musiker wie Bennett her und erkärte, er sei ein schlechter Dirigent, aber Arthur Sullivan sei noch schlechter.[9]

Richter konnte sich zunächst auf die große Vorliebe des britischen Publikums für deutsche Musik stützen. Er war überzeugt: »Den Bach lieben sie jetzt viel mehr, als den guten Hallelujah-Händel, was ich meinem 10jährigen hiesigen Wirken zuschreiben darf.«[10] Die schleichende Ablehnung deutscher Musik sah er nicht, und auch nicht, dass das einen national-politischen Hintergrund hatte. Er weigerte sich, manche englischen Komponisten wie Vaughan Williams oder Frederick Delius zu dirigieren. Französische Musik mochte er auch nicht sonderlich, und seine in kümmerlichem Englisch gemachte überhebliche Aussage »Der ees no French music« blieb an ihm hängen. Er blieb konservativ, während die Henry Wood's Queen's Hall Promenade Concerts in London neben den Werken britischer Komponisten auch fortschrittliche Musik etwa von Schönberg und Mahler aufführten, wodurch sie sich fest im Konzertbetrieb etablierte.

Ausgerechnet in dieser schwierigen Zeit wurde Franz Beidler als Richters Protegé nach Manchester geschickt. Dies geschah über die Köpfe des Orchesterkomitees hinweg – ein grober Fehler, wie sich herausstellen sollte. Sich seiner Verpflichtung zum

9 Mackerness 1964, 219f.
10 Hans Richter an Blandine, 25.10.1910 (STAM).

Dank gegenüber dem englischen Publikum nicht bewusst, übergab Richter 1908 die Leitung des Festkonzerts zum 50-jährigen Bestehen des Orchesters an Franz, weil er im Londoner Covent Garden das Dirigat des *Rings des Nibelungen* übernommen hatte. Diese Taktlosigkeit wurde zwar ihm angekreidet, aber Beidler war letztlich der Leidtragende. Es hieß nun in der Presse, man habe ihn nur genommen, weil er Wagners Schwiegersohn sei.[11]

Beidler hatte schon einen schwierigen Einstieg, als er auf Betreiben Richters Mendelssohns Oratorium *Paulus* leitete. Das heizte die ohnehin schwelende Debatte über die Präsentation älterer Werke auf Kosten neuerer Musik weiter an. Man wollte gerade von den alten steifen Oratorienkonzerten weg. In der Zeitschrift *Truth* entspann sich parallel zu seinen Dirigaten eine Diskussion um die Nachfolge Richters in Manchester, die unglücklich verlief.[12] Man kritisierte den Vorschlag, Beidler zu nehmen, bevor man ihn überhaupt kannte. Damit wurde Franz in einen Streit hineingezogen, an dem er schuldlos war. Der Verdacht blieb im Raum stehen, Richter wolle jemanden unterschieben und damit den Beirat des Orchesters übergehen. So hatte Richter sich das tatsächlich vorgestellt.

Währenddessen wurde 1908 in Bayreuth der *Lohengrin* erstmals seit 1894 wieder aufgeführt und frenetisch bejubelt. Die traditionelle Abschlussfeier der Festspiele, die nach dem Eklat 1906 abgesagt worden war, fand wieder statt, und Siegfried ergriff als neuer Leiter das Wort. Er würdigte seine Mutter und sagte, es habe in diesem Jahr ein guter Stern gewaltet. Ob Isolde dabei war oder daheim blieb: beides wird für sie kränkend gewesen sein, denn sie gehörte nicht mehr dazu.

Wie geplant reiste Isolde mit Franz Wilhelm nach Manchester zu ihrem Mann. Die Familie kam in Bowdon unter, einem damals noch außerhalb der Stadt gelegenen historischen Dorf mit einer Eisenbahnstation. Im oberen Stockwerk ihres Heimes

11 Kennedy 1960, 138f.

12 *Truth* LX III, Jan.-Juni 1908, 40.

gab es ein helles Schlafzimmer und einen Ankleideraum, unten einen kleinen Empfangssalon und eine Speisestube, in der das Klavier stand. Isolde mochte die Wohnung, die Erinnerungen an Tribschen in ihr wachrief. Sie kaufte auch selbst ein: »Auf diese Weise übe ich mein sehr verrostetes Englisch auf's Beste.« Das »Seidenpapier Englisch« wurde eingesetzt, als sie zwei Töchter der in England beliebten Autorin Elizabeth Gaskell traf, die in Verbindung mit Autoren wie Charles Dickens, John Ruskin, Harriet Martineau, Harriet Beecher Stowe und anderen gestanden hatte.

Franz stellte die Konzerte nicht selbst zusammen und dirigierte mit Mozart, Rossini, Goldmark, Cherubini, Bizet und Grieg ein buntes Allerlei. »Die Kritik rühmt Franz sogar auffallend, verlangt aber energisch bessere Programme«, schrieb Isolde. »Franz hat diese Mißstimmung wahrgenommen u. Besseres in Vorschlag zu bringen versucht. Es herrscht aber in dieser Beziehung eine große Hartnäckigkeit.«[13] Zu den Konzerten kam auch Eugenie Schumann, die Tochter von Robert und Clara Schumann, zusammen mit ihrer Lebensgefährtin Marie Fillunger, die als Konzertsängerin ihren Lebensunterhalt verdiente. Fillunger hatte 1904 eine Stelle als Gesangspädagogin am Royal College of Music Manchester angenommen, und das Paar blieb bis 1912 dort.[14] Das Verhältnis zur Schumannschen Familie blieb frostig, wie umgekehrt auch. Isolde schrieb an Eva: »Theile Daniela auch u.a. mit, daß ein alter indischer Shawl-Mantel der edlen Clara Schumann, auf den Schultern ihrer Tochter u. im Geleite eines Anhanges saurer Papstgesichter, in allen classischen Conzerten an mir hier vorbei streifte!«[15] Aber auch Isolde bediente sich kleidermäßig bei ihrer Familie: zu einem Konzert trug sie ein Kleid ihrer Mutter, Evas Mantel, dazu eine geschenkte Kette von Siegfried und ein Halstuch von Daniela.

13 Isolde an Eva, 23.10.1908 (Hs 15/12).
14 Vgl. Rieger 2002.
15 Isolde an Eva, 22.11.1908 (NA, HS 15/14).

Es gab auch Musiker, die Franz' Fähigkeiten erkannten und ihn gerne behalten hätten. Der Kritiker des *Manchester Guardian* lud Franz ein: »Es sind da Pläne, die geschmiedet werden, hier eine Oper zu gründen u. sie möchten mich als Kapellmeister dafür haben!! Es fehlte nur am nötigen Geld. So blieb ich dort bis gegen 8 Uhr, zum Abendbrot.«[16] Der Journalist war Ernest Newman, späterer Verfasser einer vierbändigen Wagnerbiographie, die erste ihrer Art in England. Er hatte keinen großen Respekt vor Richters Ruf und konnte beißende Kritiken schreiben. Im Februar 1906 legte er ein Budget für die Aufführung des *Rings des Nibelungen* in Manchester vor.[17] Beidler erschien ihm als der geeignete Dirigent, um ein solches Vorhaben zu realisieren, was bei Newmans Kompetenz als großes Lob gelten kann. Aus finanziellen Gründen zerschlug sich der Plan, der Beidlers berufliche Zukunft zum Besten verändert hätte.

Der Eindruck, Richter wolle Beidler fest als Nachfolger einsetzen, hielt sich hartnäckig, und im März 1909 hieß es: »Mottl, Nikisch, Weingartner, Fiedler und H.J. Wood wurden eingeladen, die Konzerte im nächsten Jahr zu übernehmen, wenn Richter nicht mehr da ist. Dies scheint darauf hinzuweisen, dass die Proteste, die durch das Vorhaben entstanden sind, Herrn Beidler zu nominieren, sich ausgewirkt haben.«[18] So wurde Franz zum Spielball eines Diskurses, bei dem es weniger um ihn als vielmehr um die unselige Art und Weise ging, wie Hans Richter ihn eingeführt hatte. Um diesen Streit zu beenden, beschloss Richter, für weitere drei Jahre in Manchester zu bleiben, damit endlich Ruhe eintrat. »Es stimmt dies allerdings nicht mit dem zusammen, was er uns noch wenige Tage vorher auf das Allerbestimmteste erklärt hatte«, schreibt Isolde, aber Franz sei einverstanden und sogar erfreut, dadurch nicht zu sehr gebunden zu

16 FB an Isolde, 29.1.1908 (AB).
17 Watt 2017, 113.
18 *Truth* LXV 1909, Januar-Juni, 721 (24.3.1909).

sein. Er hoffte auf weitere Engagements in Lissabon, Barcelona und Berlin.

Zu dieser Zeit erfuhr Isolde, dass ihre 41-jährige Schwester Eva sich mit dem 53-jährigen britischen Schriftsteller und langjährigen Freund Wahnfrieds, Houston Chamberlain (1855-1927) verloben wollte. Houstons handschriftlicher Brief, mit dem er Eva während der Festspiele 1908 Avancen machte, ist seltsamerweise in Isoldes Nachlass zu finden. Er wollte »incognito« in Bayreuth eintreffen und lud Eva zu einer Tasse Tee ein. »Das wäre nun recht der stille ungestörte Augenblick um sich in Ruhe zu sehen – falls es Ihnen sonst konvenirt und Sie meine Empfindungen theilen, wie ich es aus Ihrer Karte entnehmen darf. Für mich (nicht für Sie allerdings) reichen die Erinnerungen zurück bis ins Jahr 1884, wo ich Sie zum ersten Male an einem großen Empfangsabend in Wahnfried sah – ich könnte Ihnen noch genau beschreiben wie Sie aussahen!«[19] Vier Monate später heiratete das Paar, und Chamberlains Tante Anne Guthrie war empört: »Wie ein Mädchen einen verheirateten Mann akzeptieren kann, bevor er geschieden ist, überrascht mich unangenehm, und es zeigt eine sehr laxe Ansicht von der Ehe – aber gewiss liegt das an ihrer Erziehung.«[20] Und Baronin von Spitzemberg, die mit ihrer spitzen Zunge ihrem Namen gerecht wurde, kommentierte: »Eva Wagner, nahe der Vierzig, heiratet Mr. Chamberlain, den Schriftsteller, der von seiner sehr gräßlichen Frau seit zwei Jahren geschieden ist – welch ein Herd für Antisemitismus!«[21] (Die Scheidung fand tatsächlich kurz vor der Trauung statt). Es musste alles rasch gehen, und Houstons erste Frau Anna wurde nach 30-jähriger Ehe von seinem Scheidungsgesuch völlig überrascht.[22]

Es bleibt unklar, ob Chamberlain eine größere Nähe zur »Hohen Frau« Cosima suchte, um im Zentrum des »Wagnerschen

19 CH an Eva Wagner, 31.7.1908 (AB). Wie dieser Brief in Isoldes Nachlass geriet, bleibt unklar.

20 Field 1981, 348.

21 Vierhaus 1961, 497.

22 A. Chamberlain 1923, 200.

Geistes« zu sein oder ob er Eva wirklich liebte. Vielleicht war beides der Fall. Cosima kannte er seit 1888. Zunächst von ihm angetan, machte sich später ihm gegenüber ein gewisses Unbehagen bemerkbar. Anscheinend sprach er so gehoben, dass es selbst Cosima zu viel war: »Man erhebt die Stimme, aber sie trifft nur mehr das Ohr u. man findet nicht mehr das rechte Wort zu einander.«[23]

Eine leidenschaftliche Beziehung war es nicht, Eva betonte, das höchste Ziel der Eheleute sei es, Cosima zu dienen. Houston nannte seine Braut folgerichtig in Anlehnung an die Oper *Tannhäuser* »meine heilige Elisabeth«[24] und versetzte sie damit in den Heiligenstand. »Daß wir für einander bestimmt waren – diese Ahnung lag schon seit vielen Jahren uns halb unbewußt im Herzensgrund; jetzt kam die Stunde des sonnigen Bewußtwerdens.«[25] Auch Evas Sprache in der Ankündigung der Heirat war merkwürdig blumig: »Die Wende der Noth fügten die Sterne, und ergriffen von dieser göttlichen Vollziehung, künde ich Dir, meine herzliebste Loldi, mein reines Glück.«[26] Und an Houston schrieb sie: »Es dämmert der Rheingoldtag heran! Tief bewegt und – ach! – unaussprechlich beglückt drücke ich die Freundeshand.«[27] In einer Liebesbeziehung drückt man normalerweise nicht eine »Freundeshand«. Da Eva weiterhin als Sekretärin für Cosima arbeitete, lebte das Paar in Wahnfried und zog später in ein gegenüberliegendes Haus.

Houston Chamberlain machte mit seiner schriftstellerischen Arbeit den Arier- und Germanenkult salonfähig und hatte 1899 mit der Studie *Die Grundlagen des 19. Jahrhunderts* bei großen Teilen des Bürgertums Erfolg. Das Werk sollte den rassistisch-ideologischen Antisemitismus scheinbar wissenschaftlich bewei-

23 CW an Gräfin Schleinitz, 1905 (NA).
24 Zit. b. Field 1981, 348.
25 Zit. b. Hilmes 2007, 362.
26 A.a.O.; Eva an Isolde, 9.12.1908 (STAM).
27 Eva an CH, 25.7.1908 (NA).

sen und wurde zum zentralen Werk der völkisch-antisemitischen Literatur. Während er in seinen Büchern über Wagner zunächst mit Recht davon ausging, dass Wagner in erster Linie dramaturgisch dachte und sich auf die Aufführung seiner Werke konzentrierte, ging Chamberlain in seinen weiteren Veröffentlichungen auf dessen späte Aufsätze (Regenerationsschriften genannt) ein, die gehäuft antisemitische Beleidigungen enthalten, und betonte diese Elemente.

Siegfried hatte 1908 seine ersten Festspiele zufriedenstellend geleitet und entsprechendes Selbstbewusstsein erlangt. Er zeigte sich gerne in seiner neuen Rolle als Festspielleiter. Viele empfanden allerdings die atmosphärischen Veränderungen als ungut, so der Komponist Alban Berg, der 1909 eine Aufführung des *Parsifal* erlebte. Seiner späteren Frau Helene schrieb Berg: »Rechts und links vom Festspielhaus stehen zwei Baracken, ein Festbierhaus und ein Festspeisehaus; als ich in andachtsvoller Stimmung hinauf zum Theater kam, fand ich schon eine Art Jour des gesamten Publikums, das sich in den Gasthäusern vergnügte, an der Spitze Siegfried Wagner mit seiner Gesellschaft.« Er »hielt sich überall auf, wo man Autogramme von ihm verlangen kann, und ist überhaupt voll der Weihe«. In der zweiten Pause hatte Siegfried, »der nun statt im schneeweißen Tennisanzug, wie in den ersten zwei Akten, in einem Drapéanzug erscheint, vor Autogrammschreiben kaum Zeit, sein Filet à la Parsifal mit Reis und Kompott zu verzehren; denn schon ruft die Weihe des dritten Aktes«.[28] Auch wenn in dieser Beschreibung eine zeitübliche Verachtung für Siegfrieds Homosexualität durchscheinen mag, zeigen Bergs Worte, dass die Stimmung der entrückten Erlösungsideologie, die Wagner zufolge vom Werk ausgehen sollte, kaum mehr zelebriert wurde.

1909 war für Franz ein Jahr der Arbeit in mehreren Ländern. Zu Jahresbeginn war er mit Isolde und Sohn Bubi in Manchester. Er besuchte ein »smoking concert« im Herrenclub Spring

28 Zit. b. Barth 1976, 109.

Gardens, das Männern vorbehalten war. Aber auch Frauen waren in dieser Zeit nicht tatenlos, er lernte das von der Geigerin Edith Robinson gegründete Damenstreichquartett kennen; damals eine Seltenheit. Der Kritiker des *Manchester Guardian*, Samuel Langford, gratulierte ihm zu seiner Interpretation von Haydns *Schöpfung* und entschuldigte sich für seine Besprechung, denn im Nachhinein sei ihm klar geworden, was Beidler mit dem Orchester geleistet habe. »Es schien doch eine Opposition vorhanden zu sein. Man erkannte daran, wie schwer es ist, einem Publikum zu gefallen, das jahrelang nur eine bestimmte Interpretation kennt.«[29]

Franz erschien nach einer stürmischen Schiffsüberfahrt verspätet in Berlin, wo er vom Berliner Wagnerverein zu einem Konzert mit den Berliner Philharmonikern engagiert worden war. Nach intensiven Proben führte er am 15. Februar in der Philharmonie die Faust-Sinfonie von Liszt sowie Teile aus dem II. Akt von *Parsifal* auf. Kurz danach ging es nach Barcelona, wo Franz ein Konzert mit Beethovens 9. Sinfonie, der Ouvertüre h-Moll von Bach und Werken von Tschaikowsky dirigierte. Er reiste anschließend mit der Familie weiter nach Lissabon ans Opernhaus São Carlos, wo er in der neuen, unbekannten Umgebung eine *Ring*-Aufführung zustande bringen sollte.

Bei der wissenschaftlichen Aufarbeitung der Anfänge des Wagnerisme in Portugal bleibt Beidlers Name bis heute ungenannt. Vermutlich wurde der Erwähnung seines Namens in Bayreuth, wohin Portugiesen zu den Festspielen pilgerten, mit Verstummen oder Abweisung begegnet, so dass man sich mit der Zeit daran gewöhnte, ihn zu übergehen. Damals war aber die portugiesische Presse sehr an ihm interessiert. Man berichtete über die Ankunft der Familie, und ein Foto zeigt sie zusammen mit Mimon Anahory, auch Anchory genannt, dem Impresario, dem das Zustandekommen des Engagements zu verdanken war. Die Aufführung der Tetralogie war für die gebildete Schicht in Lissabon und für diejenigen, die aus der Ferne angereist kamen,

29 Samuel Langford an FB, 12.1.1909 (AB).

eine Sensation. Die Gesangssolisten waren aus Bayreuth und München rekrutiert.[30] Das Opernhaus São Carlos hatte sich bislang an französische und italienische Opern gehalten: »Snobismus herrscht wie ein Tyrann in São Carlos. Ein großer Teil des Publikums will sich anderen zeigen, miteinander flirten und den neuesten Skandal austauschen«, schreibt ein Journalist.[31] Diesmal müsse man sich aber umstellen, hieß es, und pünktlich erscheinen.

König Emanuel II. von Portugal war während der gesamten Ring-Aufführung anwesend; Franz machte dem letzten Monarchen des Landes in Lissabon seine Aufwartung. Es fanden zwei Zyklen mit insgesamt drei Aufführungen der *Walküre* und des *Siegfried* statt. Beim *Rheingold* lobte ein Rezensent die Leistung nach nur wenigen Proben: Maestro Beidler habe sich zu einem erstklassigen Dirigenten entwickelt und kenne die kleinsten Details. Zur *Walküre* hieß es: »Das Orchester zeigt sich noch sicherer als im *Rheingold* unter der Stabführung des geschickten Beidler.«[32] Die *Götterdämmerung* lief nicht gut, weil die Künstler »erschöpft und müde« waren. Der Kritiker fand dennoch erstaunlich, was das Orchester leistete, »was beweist, dass der Maestro ein guter Orchesterleiter ist«. Ein Rezensent war abschließend der Ansicht, dass das Theater in eine neue Phase eingetreten sei: Er sprach von einer qualitativen Verbesserung der Künste, was jahrelang vermisst worden sei.[33] Nach den Aufführungen gab es ein Bankett im Hotel Central zu Ehren des Ensembles, bei dem beschlossen wurde, ein Telegramm an Cosima Wagner zu schicken (ob sie sich darüber freute, bleibt offen).

Im Ensemble war auch die Sängerin Emmy Burg-Zimmermann (1878-1954). Sie war 13 Jahre jünger als Isolde und sang in der *Ring*-Aufführung die Sieglinde, den Waldvogel und die Gutrune. Die allseits versierte und gefragte Opernsängerin wur-

30 *O Século* v. 1.3.1909.

31 *A Illustração Portugueza*, Nr. 158, 1.3.1909, 278ff.

32 *O Occidente* v. 10.4. und 20.4.1909.

33 *Arte Musical* 10.(1909), 112f.; *O Occidente* Bd. XXXII, Nr. 1090-1092 (10, 20. und 30.4.1909). Dank an Diego Chavez für die Übersetzung.

de 1878 in New York geboren und begann ihre Bühnenlaufbahn in Rostock. Sie wechselte bald nach Hamburg und von dort zur Münchner Hofoper, wo sie bis 1912 blieb. Bis 1924 sang sie regelmäßig im Opernhaus Berlin-Charlottenburg. Als Beidler sie traf, war sie noch mit einem Herrn Burg verheiratet, der in Lissabon bei den Inszenierungen mitarbeitete und eine Leitungsfunktion innehatte.

Im Mai waren die Beidlers neun Tage lang touristisch unterwegs. Von Tanger, wo sie Maultierritte durch Stadt und Umgebung unternahmen, ging es in das Berberdorf Duwar und mit dem Schiff weiter nach Gibraltar. Auf Algeciras folgte Granada: »Sasso, die Wohnungen (Höhlen) der Zigeuner, alles besichtigt.« Über Bobadilla erreichten sie Córdoba mit der imponierenden Kathedrale. Nach Alcazar folgte Aranjuez, wo das Schloss und die Parks sie beeindruckten, um dann die Reise nach Toledo fortzusetzen. In Madrid war das Museo Prado ein Höhepunkt. Von Saragossa ging es dann zurück nach Barcelona: »Die Strecke, besonders dem Ebro entlang herrlich schön u. wild romantisch.« Die Rückreise nach Deutschland einige Tage später wurde per Zug unternommen, mit Halt in Cannes und Nizza. Über Genua, mit Rundfahrt und Übernachtung, ging es nach Mailand weiter, dann über den Gotthard nach St. Gallen, wo Franz' Verwandte auf sie warteten, bevor sie München erreichten. Da sie in den besten Hotels logierten, wurde ein erklecklicher Teil des Honorars ausgegeben, was die Familie aber nicht bereute. Am Tag ihrer Rückkehr sahen Franz und Isolde abends im Münchner Hoftheater eine Aufführung von *Tristan und Isolde* unter Mottl.

Zu den Festspielen 1909 hatte Franz keinen Zutritt, dafür ließen sich viele Gäste in Colmdorf blicken: Neben Gräfin Thun-Salm, Bankier Schwob und anderen kamen Freunde aus Manchester, Spanien und Lissabon zu Besuch. In seiner Agenda erwähnt Franz Ellen Gulbranson, Anna Mildenburg und Hermann Bahr, Davidsohns aus London und weitere. Es herrschte eine lebhafte Geselligkeit. Als Franz bei einem Ausflug nach München für ein Foto auf der Theresienwiese mit Sängern posierte, war Emmy Burg-Zimmermann dabei: »Frau Burg mir Vieles mitgeteilt!« Es muss zu einem Streit mit ihrem Ehemann gekommen sein, denn am 1. Oktober übergab Franz seinem Anwalt eine Klage gegen Burg, der »die Beleidigungen in dem fraglichen Brief« zurücknahm, worauf Franz die Klage zurückzog. Isolde erfuhr nichts hiervon. Mit seinem sich ankündenden Doppelleben musste Franz allein zurechtkommen.

In Wahnfried kränkelte Cosima, und ihr Arzt Schweninger empfahl ihr Ruhe. Isolde wollte sie im August 1909 besuchen, erhielt aber einen von Cosima diktierten Bescheid: »Herzenskind, seit meinem jüngsten Anfall bin ich ziemlich hinfällig. – - Dich zu sehen bewegt mich jedesmal mehr als ich es aussprechen kann. Wir wollen uns noch ein Weilchen gedulden; sobald ich mich fest fühle rufe ich Dich. – Im Geist sind wir vereint sonders Wahn und Weh. Mama.«[34]

Das waren die letzten liebevollen Zeilen an die Tochter, denn es sollte bald zum endgültigen Bruch kommen. Schon lange trug sich Isolde mit dem Gedanken, Cosima über Siegfrieds homosexuelle Abenteuer zu informieren. Immer wieder hatten sich Menschen bei Franz und ihr über Siegfried beschwert, und sie beschloss, in Wahnfried anzuklopfen und der Mutter von den Vorwürfen zu erzählen. Vielleicht geschah dies aus Frustration, weil Franz aus Bayreuth verbannt worden war und Siegfried dabei eine unrühmliche Rolle gespielt hatte, vielleicht war es der Schmerz über Cosimas Anordnung, sich von ihr fernzuhalten, der sie antrieb – vielleicht wünschte sie sich in ihrer Naivität einfach nur eine Befriedung. Der Schock war groß, denn Chamberlain hielt fest, welche Hektik ihr Besuch verursachte: »Sehr bewegter Tag, infolge der Berathungen über Isolden's Überfall am Sonnabend 30/10. u. üb. das jetzt einzuschlagende Verhalten; von 10 bis 11 ging ich mit M[ama] u. E[va] im Garten auf u. ab; von 11 Uhr wurde ich zu Groß'ens gesandt, konferirte erst mit ihr, dann mit ihm, um 11 ¾ war ich zurück u. berichtete; die Be-

34 CW an Isolde, 15.8.1909 (STAM).

schlüsse erhaltend von Stunde zu Stunde; […] um 7¼ erzählte mir dann Eva von der neuerlichen Wendung u. theilte mir M[ama]s Brf. mit.«[35]

Cosima war so entsetzt über die Intervention ihrer Tochter, dass sie ihr fortan das Recht absprach, sich als Tochter Richard Wagners zu bezeichnen, sollte sie ihre Beschuldigungen nicht zurücknehmen. Isolde wehrte sich: »Theure Mutter! Die Worte, die Du durch Adolph Groß an mich richtetest sind wohl sehr hart u. ungerecht, denn mit Stolz darf ich behaupten, daß ich es werth bin u. immer sein werde, meines Vater's Kind zu sein. Müßte ich nicht Rücksicht auf Deinen leidenden Zustand nehmen, so könnte ich es Dir ausführlich darlegen, daß sich die Dinge ganz anders verhalten, als Du sie in Deiner Abgeschiedenheit anschaust.«[36]

Groß bemühte sich um Vermittlung und informierte Isolde, dass es die Möglichkeit einer Versöhnung gebe, was sie in einem Brief an Cosima aufgriff. Sie schrieb Cosima: »Was mir aber tief in's Herz greift u. mich furchtbar erschüttert ist, daß Du Dich obwohl Du Dich u. unser Haus durch mich schwer beleidigt wähnst, gedungen fühlst uns den Frieden, um den auch ich heiße Gebete zum Himmel sandte, anzutragen. Gott hat mich also erhört! Damit ist alles Unrecht ebenso wie auch die, über menschliche Kräfte gehende Qual der Leiden, die wir gemeinsam erduldeten, getilgt. Laß uns nun, oh Mutter, über alles uns Trennende weise eine Brücke bauen u. unseren gütigen Gott über Recht u. Unrecht richten u. walten [lassen]! Nimm Dein nicht verlorenes Kind wieder liebend bei Dir auf u. glaube ihm wenn es Dir aus innerster Überzeugung zuruft, daß es diese Liebesthat verdient hat.«[37]

Franz schloss sich Isoldes Schreiben an – er hatte sich endlich zu einem Reuebekenntnis durchgerungen, aber er nannte auch die Gründe, warum er das erst jetzt tat. Er bat Cosima, Isolde

35 CH Tagebuch, 1.11.1909 (NA). Dank an Sven Fritz für diesen Hinweis.
36 Isolde an CW, 05.11.1909 (STAM).
37 Isolde an CW, Nov. 1909 (STAM).

wieder in die Familie aufzunehmen. »Ich weiss was sie durch die böse, unbegreifliche Trennung von Dir gelitten hat und wahrlich, sie verdient es voll und ganz, dass Du ihr alles nachsiehst und verzeihest und ihr wieder den Platz unter Deinen Kindern einräumst, der ihr gebührt. Dass sie manches that und sagte, was Dich gekränkt hat, rechne bitte der furchtbaren Erregung und dem entsetzlichen Zwiespalt, in dem sie lebte, an. Im Wunsch, Versöhnung herbeizuführen, ergriff sie vielleicht manchmal Wege und Gelegenheiten, die aber das Gegentheil befördert haben.«

Er kam dann auf seine eigene Lage zu sprechen. Um sie nicht aufzuregen, wolle er nicht darauf eingehen, was ihn bewogen habe, das Dirigat im August 1906 zu verweigern. Er kenne seine Fehler und bekenne sie gerne. »So gebe ich Dir willig zu, dass ich seinerzeit in der Erregung, in die ich eben durch die Verhältnisse gekommen war, in der Angelegenheit des *Parsifal* zu weit gegangen bin. Das habe ich immer zugestanden, nicht der Folgen wegen, die dieses Vorgehen für mich hatte, sondern der That selbst wegen, die ich nie beschönigt habe. Die That selbst hast Du wohl auch damals nicht so ungeheuer schwer beurtheilt, sonst hättest Du unter keinen Umständen mich wieder am 11. August 1906 im Festspielhaus am Pulte stehen lassen, *Parsifal* zu dirigieren, wenn ich mich so gotteslästerlich gegen das Werk und die hiesige Sache benommen hätte!« Ihr Brief habe ihn damals aber unversöhnlich gestimmt. Er konnte nicht um Verzeihung bitten, »was ich so gerne gethan hätte, da ich Unrecht, auch wenn es durch die Verhältnisse begreiflich erscheint, gerne wieder gut mache. Loldi [...] warf sich zu heftig auf meine Seite, obwohl ich es nie von ihr verlangte und ihr immer zu bedenken gab, was sie thun und nie vergessen solle, dass es sich um ihre Mutter, ihre Familie handelt.« Schließlich kam er auf Cosimas Forderung zurück, sich bei Siegfried zu entschuldigen. Er habe keine Differenzen mit ihm gehabt, »er stellte sich aber in einer solchen Weise gegen mich, dass es mir unmöglich war, ihm wieder zu begegnen. Dass wir, Loldi und ich, aber nichts anderes wünschen, als dass das, was

Du als Unwahrheiten im Betreff Siegfrieds hinstellst, auch wirklich sich als solche erweisen, brauchen wir Dir wohl nicht zu versichern, und werde ich gerne der erste sein, der seine Partei ergreifen wird.«[38]

Dieser letzte Satz wird den Hass Wahnfrieds auf ihn noch verstärkt haben, denn ein Abstreiten von Verfehlungen durch Siegfried hätte nur noch mehr Aufsehen erregt. Chamberlain bezeichnete die Zeilen als eine »Komödie von angeblicher Reue«.[39] Cosima war nicht bereit, Briefe von Isolde und Franz zu lesen, solange Franz sich nicht bei Siegfried entschuldigte, und da Siegfried die Briefe ohnehin zurückhielt, wird sie Franz' Zeilen gar nicht gelesen haben. Was sie wirklich glaubte, wissen wir nicht. Gräfin Thun war allerdings überzeugt, dass sie alles wusste: Cosima sei »viel zu gescheidt, um je Illusionen über ihren Sohn gehabt zu haben. Sagen kann sie das natürlich nicht.«[40]

Was sollte Franz dem Schwager schreiben? Er überlegte lange, entschied dann, ihm die Wahrheit zu sagen: »Deine Mutter erwartet von uns einen Reuebrief an Dich, wovon aber, was mich wenigstens anbelangt, nicht die Rede sein kann. Ich wüsste gar nicht, was ich Dir gegenüber zu bereuen hätte, denn ich hatte keine Differenz mit Dir u. die Angelegenheit des *Parsifal* vom August 1906 spielte sich lediglich zwischen Deiner Mutter u. mir ab [...] Dass ich nun doch an Dich schreibe, gibt mir Deiner Mutter Bemerkung Veranlassung, wir, Loldi u. ich, hätten Unwahrheiten über Dich ausgesagt. Ich muss dir gestehen, dass ich schon längst vorhatte, einmal zu Dir zu kommen, um mit Dir zu sprechen, aber Deine Stellungnahme gegen mich, die mir erst diesen Sommer wieder von den verschiedensten Seiten bestätigt wurde, die falschen Gerüchte, die Du über mich u. die Angelegenheit des *Parsifals* im August 1906 noch diesen Sommer wieder aussprachst, liessen es mir nicht zu, u. dadurch erst werde ich

38 Isolde und FB an CW, 5.11.1909 (STAM).
39 CH an Schweninger, 15.11.1909, zit. b. Hilmes 2009, 116.
40 Gräfin Thun an Felix Mottl (sie zitiert ein Gespräch mit Guido Adler), 20.1.1903 (Tomann 2016, 229.)

veranlasst, nachdem ich Jahre lang geschwiegen hatte, mir sagend, dass ich es mir selbst schuldig bin, nun auch nicht mehr zurückzuhalten.« Franz bestritt nicht, dass er Kenntnis von Siegfrieds Homosexualität hatte. »Du kannst Dir denken, dass seit unserer Entzweiung viele Menschen u. zwar glaubwürdigster Art zu mir kamen, wie auch zu Loldi, mit allerlei Mitteilungen, mehr als früher, wo man ohnehin solchen Dingen kein Ohr schenkte. Ich habe mir der Sicherheit halber u. um dem Gedächtnis zu helfen u. keine Missverständnisse oder Verdrehungen aufkommen zu lassen, alles sofort notirt u. habe nun ein Material beieinander, über das Du staunen würdest, wenn Du einen Einblick hättest. Ich kann Dir nur sagen, es handelt sich um Deinen Club u. für diesen musst Du etwas tun, wenn Dir nicht unabsehbarer Schaden erwachsen soll. Es ist nicht nur, dass man mir Mitteilungen machte, man hat mir eine ganze Reihe Zeugen gestellt. Du kannst versichert sein, dass wenn Du mir auf Ehr u. Gewissen erklärst u. den Beweis erbringen kannst, dass alle diese Anschuldigungen falsch sind, dass Du unschuldig bist, ich der Erste sein werde, der sich auf Deine Seite stellen u. gegen diese Äusserungen auftreten wird u. wenn Du es wünschest, Dir nach Möglichkeit zu helfen, diese Geschichten aus der Welt zu schaffen. Dass sie aber aus der Welt geschafft werden müssen, wenn sie nur falsche Gerüchte sind, halte ich für absolut notwendig, Dir selbst, Deiner Familie u. nicht zuletzt der hiesigen Sache wegen.

So nun verdamme mich erst recht, dass ich mir die Freiheit nahm, offen mit Dir zu reden, aber nur so ist eine Klärung möglich. Ich wurde angeklagt von Deiner Mutter u. musste Rede stehen. Du sollst auch meine Worte nicht als Gehässigkeit auffassen, sondern weil ich (sie), trotz der unsagbaren Kränkungen, die ich hier erfahren habe, in Deinem Interesse sage u. in diesem Falle gut meine. Also verzeihe die Offenheit Deinem Schwager Franz.«[41]

Zu Siegfrieds Lebzeiten und noch lange danach betrachtete

41 FB an SW, 6.11.1909 (AB).

man Homosexualität als Degeneration, weil sie die Fortpflanzung ausschloss. Richard von Krafft-Ebing brandmarkte 1886 in seinem Werk *Psychopathia sexualis* homosexuelles Verhalten als krankhafte Anomalie. Aber es gab auch andere Meinungen. Havelock Ellis publizierte 1896 *Das konträre Geschlechtsgefühl* und bezeichnete Homosexualität weder als Krankheit noch als Sünde oder Verbrechen. Auch Magnus Hirschfeld forderte bereits um 1896 Straffreiheit für Homosexuelle. 1899 erschien erstmals das *Jahrbuch für sexuelle Zwischenstufen*, das dem Wissenschaftler als Forum für die Verbreitung von Sexualforschung diente. Es hieß darin, es gäbe keine Notwendigkeit, Homosexuelle zu therapieren. Aber diese Theorie war weit entfernt von der öffentlichen Meinung, es blieb bei der Taktik des Verschweigens und des Abstreitens. Auch wenn im Opernfach das erotische Wechselspiel zwischen den Geschlechterrollen mit den entsprechenden Verkleidungen gang und gäbe war und man sich darüber amüsierte: im realen Leben spielte sich Sexualität zwischen zwei unterschiedlichen Geschlechtern ab, die sich gegenseitig anzogen. Homosexualität war strafbar und das Strafgesetzbuch trieb viele Homosexuelle, die darunter schwer zu leiden hatten, in den Tod. Obwohl Männer der oberen Schicht mit geringen Strafen rechnen konnten, blieb die Schande der öffentlichen Bloßstellung bestehen. Die Eulenburg-Affäre, bei der ein homoerotischer Kreis um Kaiser Wilhelm II. entlarvt und angeprangert wurde, lag zehn Jahre zurück und war noch in guter Erinnerung.

Peter Pachl verweist auf Unterlagen, wonach Siegfried sich außerhalb von Bayreuth auf erotische Abenteuer mit Männern einließ, die einer niedrigeren sozialen Klasse angehörten. Er bemühte sich um Anonymität, aber das gelang nicht immer. Es ist laut Pachl ebenso erwiesen, dass Adolf von Groß Erpressungsversuche durch Zahlungen abzufedern wusste.[42]

Wie wird aber Franz zu dem Material gekommen sein, wenn

42 Bahr/Pachl 2017, 18. Pachls Zitierweise ist etwas freizügig: er gibt zuweilen keine Quellen an.

sich alles außerhalb Bayreuths abspielte? Siegfried besaß ein eigenes Haus neben Wahnfried und war gesellig. Bemerkungen in einem Brief aus Paris wie: »2 Uhr Konzert, nachher Tee mit meinen vier Bayreuther Jünglingen, die mich beinahe erwürgten vor Begeisterung«,[43] lassen solche Treffen vermuten. Franz' Hinweis auf einen »Club« deutet auf einen einschlägigen Freundeskreis. Auch Danielas Aussage, wonach Siegfried ein »großer Schweiger« sei, »undurchdringlich für viele«, wonach vieles in seinem Innersten bleiben müsse,[44] lässt vermuten, dass er nicht nur auswärts ein geheimes zweites Leben führte. So landeten Beschwerden von Betroffenen oder Angehörigen bei Franz oder Isolde. Es gibt keinen Hinweis, dass Franz die Berichte dieser Menschen jemals veröffentlichen wollte – ein solcher Schritt hätte die Zukunft Bayreuths stark gefährdet, das hätte Isolde niemals zugelassen.

Isolde schrieb dem Bruder, ihr wäre eine Aussprache lieber gewesen, »denn gar schwer läßt sich das schreiben, was ich Dir zu sagen habe [...]. Ich erachtete es für meine Pflicht u. bin auch jetzt noch überzeugt, daß ich nicht anders handeln konnte, als Dich dringend zu warnen. [...] Glaube mir, mein Bruder, von einem schwer drückenden Alp werde ich befreit sein, wenn sich alles das, was ich erfuhr, als Lug u. Trug erweist.«[45]

Isolde sah sehr wohl, dass Franz' Entfremdung zwischen ihm und den Wahnfriedlern auch auf sein Verhalten zurückzuführen war. In einem behutsamen Brief an ihren Mann machte sie ihm das wieder einmal klar und listete viele Kleinigkeiten auf, die sich jedoch summierten. »Du bist furchtbar verkannt worden, das ist wahr; aber Du hast auch nichts gethan, um die Verkennung zu verscheuchen. Du hast Wahnfried zu schroff gemieden, das mußte Mißtrauen wecken [...] Und nach den Aufführungen, die Fidi dirigirte, hast Du nie ein Wort des Lobes gespendet, während Du

43 26.3.1900. zit. b. Kraft 1969, 98.
44 Kraft 1969, 101.
45 Isolde an SW, 14.11.1909 (STAM).

überschwenglich über Mottl warst. Das mußte kränken! [...] Fidi hat Dich mir und andern gegenüber immer gelobt. Zu Mottl sagte er von Dir, Dich empfehlend: ›Meinen Schwager kann man überall an die schwierigsten Proben hinstellen, er wird bestehen‹ und ich selbst hörte ihn einmal sagen: ›Beidler ist der Einzige in der Assistenz, der nie den Kopf verliert.‹ Auch war er es, als von Balling in Bezug auf Dirigirtalent (Eva hatte das Gespräch angeregt) dereinst in Wahnfried die Rede war (ich war damals noch nicht mit Dir verheiratet), der erklärte, er traue Dir viel mehr zu – Du habest viel mehr Stoff in Dir.« Isolde kam noch auf ihre Mutter zu sprechen, die durch Franz in ihrer Mutterliebe gekränkt wurde: »Sie meint, daß wir Stellung gegen ihren Sohn und Erben nehmen u. findet, daß ich – ihr Liebling – sie treulos verlassen habe. Gerecht, wie Du bist: versetze Dich in ihre Lage. Sie glauben, Dir viel Liebes gethan zu haben indem sie Deine Schuld an Frau Zollinger zahlten und Dich, obwohl Du in der Welt noch nicht bekannt warst, zum Dirigenten in Bayreuth machten u. Dir Hauptwerke anvertrauten. Sie wünschten mit Dir in den Soireen zu glänzen – Du versagtest es ihnen. Fidi inscenirte es sogleich, daß Du alle Clavierproben auf der Bühne (zum Kummer Knieses!) bekamst, damit man aufmerksam auf Dich wurde. Er warf sich auf Deine Seite gegen Richter bei den *Ring*-Aufführungen – Er hat uns natürlich undankbar finden müssen.

Es sind andere Elemente – glaub es mir – die hier bös, gar bös eingewirkt haben. Soll man ihnen den Triumph gönnen, das erreicht zu haben, was sie gewollt?!«[46] Während Franz sich von Bayreuth befreien wollte, war für Isolde eine Trennung von Bayreuth kaum denkbar. Sie fühlte wie weiland Wagners Ortrud im *Lohengrin*: »Hierher bin ich gebannt!«

Isoldes Plädoyer war vergeblich, es war zu spät. Siegfried wählte eine Strategie, der ganz Wahnfried folgte: Er zog zwischen ihr, der Verirrten, und Franz, dem Bösewicht, einen Trennungsstrich, stritt alles ab und bezichtigte Isolde der Lüge. Franz sei

46 Isolde an FB, 29.1.1908; Abschrift (AB).

daran schuld, dass »all diese Verdächtigungen und Unwahrheiten nicht in Dir entstanden sind, sondern daß Du nur das Gift ausgespritzt hast, was Dir unter vier Augen eingeflößt worden ist. Denn man ist sehr klug, man weiß, daß aus falschen Verdächtigungen recht Peinliches entstehen kann, man schweigt deshalb selber und wenn eine Unannehmlichkeit entsteht, kann man immer erwidern: ›für die Worte Isoldens bin ich nicht verantwortlich.‹ Das Odium sitzt auf Dir, Du bist die Lügnerin!! – Außerdem habe ich ja nach dem letzten Brief Deines Mannes, wo er von ›Material‹ spricht, das er ›schriftlich gesammelt‹, von Beweisen spricht, die er fordert, kurz ein höchst eigenartiges Schriftstück, welches sogar den Freunden die Augen öffnete, daß sie erklärten, keine Vermittlungsversuche mehr zu unternehmen. Ein Brief, von jedem anderen, nur von keinem Künstler herrührend, von einer erschreckenden Kälte, Härte, Empfindungsunfähigkeit! Das war der Erfolg der uns verkündeten Reue-Empfindungen.«

Siegfrieds Wut auf Franz ist angesichts der damals üblichen moralischen Verdammung der Homosexualität verständlich. Er blieb dabei, dass es sich um Verleumdung handelte, und hielt eine mündliche Aussprache mit der Schwester für zwecklos. »Betrachte doch die Situation zwischen uns nicht kleinlich, nicht als ein Resultat von Klatschereien! Wohl können sich selbst große Menschen vorübergehend trennen, wie einst Papa und Großpapa, doch ein Wort, ein Blick, ein Handschlag! und alle Dünste waren gewichen! So geht's zwischen wahren und mit Herz begabten Menschen. Herz und Nicht-Herz dagegen, da lassen sich Klüfte nicht überbrücken. für Dich gibt es nur eines: die Wahrheit schauen!«[47] Siegfried wollte also Isolde dazu bringen, sich von Franz loszusagen. Das konnte sie nicht, sie hätte ihr Gesicht vollends verloren und in das, wie sie es sah, Nest der Gehässigkeit und der Abhängigkeit von Chamberlain, Eva, Groß und Siegfried zurückkehren müssen. Isolde erwartete von Siegfried, dass

47 SW an Isolde, 18.11.1909 (STAM, Cgm 8405).

er seine Homosexualität öffentlich abstreiten sollte, und er verlangte von der Schwester, sich von ihrem Ehemann zu trennen: beides war ausgeschlossen.

Isolde betonte ihrerseits, dass Franz seinen Schwager nicht hasse; er hätte doch sonst dessen Musik nicht aufs Programm gesetzt, eingehend studiert und dirigiert. Sie habe Groß die Gewissheit gegeben, niemals gegen Siegfried einzuschreiten. Franz wünsche innigst, dass sie wieder mit der Familie versöhnt werde. Er bat sie noch vor seiner Abfahrt nach Barcelona telefonisch aus München, auf alles zu diesem Zweck einzugehen. »Begreift es doch endlich, daß ich diesem guten, außerordentlichen Manne, dem mich Gott angetraut u. dem ich ein wundervolles Kind verdanke, Treue bis zum Tod halten werde. Wer ein solches Eheglück wie das Meinige zerstören wollte, würde einen großen Frevel begehen!«[48]

Dass Franz Material besaß, das Siegfried diskreditieren konnte, war für Houston Chamberlain, Evas frisch gebackenen Ehemann, unerträglich. Ihm zufolge wäre es eine Schande, wenn Siegfried als Leiter des in Deutschland kulturell wichtigsten Privatunternehmens »verbrecherischer« Taten hätte bezichtigt werden können. Mit Siegfrieds Fall drohte die ultrakonservative Ideologie zusammenzufallen, die sich um Wagners Musik rankte. In seinem Buch *Die Grundlagen des 19. Jahrhunderts* schrieb Chamberlain: »Der Germane [...] ist der musikalischste Mensch auf Erden; Musik ist seine spezifisch eigene Kunst, diejenige, in welcher er unter allen Menschen der unvergleichliche Meister ist.«[49] Chamberlains These von der »zweitrangigen« Musik anderer Völker wertete zugleich die Menschen anderer Kulturen ab: eine Kettenreaktion, die letztlich zur NS-Ideologie führte (und sich bis heute mit der Überzeugung von der »white supremacy« bei Rechtspopulisten fortpflanzt). Die Überhöhung Wagners selbst, der als der neben Bismarck größte lebende Mensch bewundert wur-

48 Isolde an SW, 23.11.1909 (STAM, Cgm 8405).
49 Chamberlain 1937, 1143f.

de,[50] ging auf Schriftsteller von der Couleur Chamberlains zurück. Dieser baute die germanische Superiorität zu einer unabdingbaren Wahrheit auf; sein ganzes Werk fußte auf dieser Ansicht. Er benötigte Wagner als Zeugen für diese These und machte es sich zur Lebensaufgabe, dafür zu kämpfen.

Daher musste Siegfrieds Veranlagung um jeden Preis verschwiegen werden. Aus Houstons Sicht waren nicht die gesellschaftlichen Regeln schuld, die die Homosexualität als Perversität verurteilten, sondern Isolde und Franz mit ihrer böswilligen Unterstellung. »Wer mit Mama und den übrigen Mitgliedern des Hauses Wahnfried jetzt verkehrt, bezeugt dadurch, daß er keinerlei Beziehungen mehr zu jenen Unglücklichen unterhält«, schrieb er. Und er schickte am 14.9.1909 einen Rundbrief an »alle Freunde Wahnfrieds«, in dem er die »abseits Lebenden« angriff. Isoldes »Drohung, ihre Verleumdung persönlich Mama auszusprechen«, nannte er eine Handlung, die bei dem geschwächten Zustand der »edlen Frau« bedrohlich sei. Houston fuhr fort: »Daß Isolde krank ist und in die Pflege einer Psychiatrischen Anstalt gehört, war ihr nicht neu, und in einem gewissen Sinne kann man sagen, je greller die Symptome der geistig-moralischen Zerrüttung, um so befreiter athmet man auf in der Überzeugung, daß hier nicht entsetzlich naturwidrige Bosheit und Mangel an weiblichem Schamgefühl, sondern wachsende Unzurechnungsfähigkeit sich kundtut – systematisch ausgebeutet von einem Schurken.«[51] Der Schurke war Franz.

50 Schemann 1925, 112.
51 CH an A.v. Groß, Schreibmasch., 14.9.1909 (NA Hs 15/181).

II. FRANZ UND ISOLDE »WERKE DES TEUFELS«? 1910-1913

Ende 1909 verfasste Siegfried ein Schreiben, das zum endgültigen Bruch mit Isolde führte, denn er behauptete, das Ehepaar Beidler habe erklärt, nach Cosimas Tod gegen ihn vorzugehen. »Mit der mir eigenen Gelassenheit sehe ich diesem Ereignisse entgegen; wir werden uns also da wiedersehen: Ein merkwürdiges Wiedersehen und ein eigenartiger Fall, wie er wohl nicht einmal zur römischen Kaiserzeit und in der italienischen Renaissance zu finden ist. [...] Dem größten Könige aller Zeiten Friedrich dem Großen wurde auch Übles nachgesagt, und Preußen wurde groß und stark durch ihn! Also sorgt nicht! Ich entweihe das Festspielhaus nicht! (von dem ja Dein Mann diesen Sommer sagte, er würde nicht ruhen, bis Stein für Stein davon abgetragen ist.) – Ich werde dafür sorgen, daß Stein auf Stein bleibt!«

Mit der Erwähnung Friedrichs des Großen war dessen Homosexualität gemeint, die sich charakterlich nicht auswirkte. Er fuhr fort:»Mamas Gesundheit erfordert größte Vorsicht. Ich zeigte daher die Briefe nicht und las sie auch selbst nicht. Antworte mir nicht! – Was ist auch zu antworten? Vor allem hüte Dich vor einem überraschenden Eindringen! Es ist nicht zu spaßen! Wir wollen Gott danken, wenn der letzte Choc ohne erhebliche Folgen abgeht« (Cosima überlebte Isolde um elf Jahre). »Briefe von Euch an sie wies und weist sie unbedingt zurück.«[1]

Isolde war ihrerseits entsetzt über den Klatsch, der sie und Franz in ein falsches Licht stellte: »Mit heiligem Schwur bekun-

1 SW an FB, 14.11.1909 (STAM).

de ich Dir, dass NICHTS von dem, was Dir über uns hinterbracht wurde auf Wahrheit beruht. Gönne mir doch Gelegenheit vertraulich u. offen einmal mit Dir zu sprechen u. Du wirst sehen, daß mein Herz – trotz Irrens u. Leidens – das Gleiche blieb. Möge der Wirbelwind von dem Du sprichst, doch alle die bösen Geister, die sich zwischen uns gestellt, wieder in ihre Ecken bannen!«[2] Aber es war zu spät.

Houston Chamberlain übernahm die Führung in diesem Drama. Er verstieg sich zu der Phantasie, Franz »bis auf den vorletzten Athemzug durchzuprügeln«. Nach dem radikalen Bruch sei jetzt der Zeitpunkt gekommen, »um die Daumenschrauben aufzusetzen und nicht eher auszulassen bis die Thatsache des Wegzugs vollzogen ist [...] Jener Edle arbeitet grundsätzlich nicht und lebt mitsamt seiner Familie einzig von der der Frau gewährten Rente – nebst dem häufigen Schuldenzahlen.« Das war falsch – Franz hatte 1907/08 in Manchester und anschließend in Barcelona dirigiert, für 1909/1910 war er für Manchester vorgesehen, was aber nicht zustande kam. Anfang 1909 arbeitete er in Lissabon und war gegen Jahresende sieben Monate lang in Barcelona, wo er als Erster überhaupt in Spanien den *Ring* leitete und zahlreiche Opern, darunter Strauss' *Salome* im Februar 1910 als Erstaufführung in Spanien, einstudierte: ein Schlag ins Gesicht von Wahnfried, wo man mit Richard Strauss inzwischen gebrochen hatte. Man bedenke, dass Salome in ihrem Schlussgesang von ihrem »brünstigen Begehren« singt – aus Cosimas Sicht eine absolute Ungeheuerlichkeit für eine Frau.

»Wer den Brodkorb in der Hand hält, hat auch jede Macht ...«, schrieb Houston weiter. Damit war Cosima gemeint, die Isolde mit einem jährlichen Betrag unterstützte. »Furcht hat noch Keinem durch die Welt geholfen.« Er kritisierte damit Siegfried, Eva und Cosima, die noch zögerten, Isolde durch einen erzwungenen Umzug endgültig zu isolieren. Daher wandte er sich mit der Bitte um Hilfe an Cosimas Arzt Dr. Schweninger. Dass Franz und

2 Isolde an SW, o.D. (STAM).

Isolde Material über Siegfried besäßen, sei nur »Geflunker«. Dennoch müsse ihnen jetzt mitgeteilt werden, dass sie nur noch Geld erhielten, wenn sie Bayreuth verließen. Dann umriss er die Rolle, die er Schweninger zugedacht hatte: er solle in seiner Eigenschaft als Arzt von Groß verlangen, »die Entfernung dieser drohenden Gefahr von Ihrer Patientin zu bewirken. Sie dürfen so ernst und peremptorisch auftreten, wie Sie es bei Ihren sonstigen Anordnungen zu thun pflegen. Bitte nicht flüchtig, nicht bedingt oder verklausulirt.«

Der Arzt solle mit einer falschen Aussage über Cosimas angeblich schlechten Zustand den Druck auf das Paar verstärken, wobei er keinesfalls verraten dürfe, wer ihn dazu angestiftet habe. Er sollte vorschlagen, Isolde »in die Pflege einer psychiatrischen Anstalt« zu bringen. »Wer jetzt im Wege steht ist ein Mörder – wenn auch nur aus Dummheit«, schrieb Houston. Franz und Isolde waren ihm »Werke des Teufels«, die Siegfried, den »geborenen Forterhalter des Bayreuther Werkes, moralisch zu vernichten trachteten.« Franz war für ihn das Böse schlechthin, Isolde sei geistig-moralisch zerrüttet. Kleinliches Vermittelnwollen könne jetzt nicht helfen ...[3] Die Begriffe »Mörder, Teufel, Schurke, Heuchler, Zerrüttung« zeigen, wie er die Debatte führte.

In einem Brief an Adolf von Groß und Familienmitglieder wiederholte Chamberlain seine anmaßenden Angriffe und die Forderung, Isolde in eine psychiatrische Anstalt einweisen zu lassen. Schweninger sollte mit Hilfe seiner »unbegrenzten moralischen Macht« Cosima überreden, dem zuzustimmen.[4] In ein »Irrenhaus« kam man um die Jahrhundertwende schon bei auffälligem Verhalten; es galt weniger als Schutz für psychisch Gestörte, sondern war in Wirklichkeit eine Disziplinierungs- und Überwachungsstätte. Schon auffällig gewordene Trinker machten sich verdächtig, und die Bürokratie neigte rasch dazu, soziale

3 CH an E. Schweninger, 16.9., 15.11.1909, (BA, Schweninger Nachlass).

4 Adolf v. Groß, 14.9.1909 (NA, Hs 15/181); CH an Schweninger, 8.3.1911 (NA, ROT 196).

Probleme zu pathologisieren.[5] Ob Schweninger mit der Diagnose eines hysterisch-auffälligen Verhaltens eine solche Einweisung hätte erreichen können, muss offen bleiben.

Wusste Chamberlain, dass Schweninger und seine Gemahlin Magdalena zwei Jahre zuvor bei einem Gerichtsprozess eine unrühmliche Rolle gespielt hatten? Sie sagten vor Gericht gegen Graf Kuno Moltke, Stadtkommandant von Berlin, aus, der in den Verdacht geraten war, homosexuell zu sein. Das Ehepaar erklärte, Moltke habe »perverse geschlechtliche Anlagen«. Dem Gericht erklärte Schweninger: »Graf Moltke galt mir als süßlicher, weibischer Mann.« Gerüchte über ihn habe er schon lange gehört, »z.B. die Redewendungen, daß er an ›Frontverwechslung‹ leide [...] Die Ausdrücke: süßer Kuno, Tütü usw. waren mir schon lange bekannt und öfter auf den Grafen Moltke angewandt worden.«[6] Nun sollte eben dieser Arzt auf Wunsch Chamberlains genau das Gegenteil tun, nämlich Siegfried vom Verdacht der Homosexualität freisprechen und Isolde einsperren lassen.

Siegfried konnte sich ausmalen, dass Franz bei einer Einweisung Isoldes seine Unterlagen tatsächlich dem Gericht übergeben hätte, um seine Frau aus dem »Irrenhaus« zu befreien. Er wird daher Chamberlains Machinationen sofort unterbunden haben, zumal die Skandalprozesse um die Berater Wilhelms II. in der Bevölkerung zu Entrüstungsstürmen gegenüber Homosexuellen geführt hatten. Es ist im Nachhinein schwer nachvollziehbar, dass Chamberlain so töricht vorging und damit Siegfried in Gefahr brachte.

Im Wissen, wie eng die Beziehung zwischen der ersten Wagnertochter und der Mutter war, wollte Chamberlain den Kontakt weiter unterbinden. »Der edle Ritter [Franz] ist allein abgereist, die Frau hier zurückgeblieben für den Winter; wir haben also tägliche Überfälle zu fürchten [...] das Ziel lasse ich ebenso wenig aus den Augen, wie ein anständiger Bulldog den einmal erfaßten

5 Blasius 1980, 104.
6 Winzen 2010, 204.

Stierhals aus den Zähnen läßt. Diese Leute müssen aus Bayreuth weg, – sie müssen. Es ist für die Hohe, es ist für Siegfried, es ist für die Zukunft der Festspiele nöthig, ja, unumgänglich nöthig.«[7]

Wie in einem Spinnennetz gefangen, konnte Cosima sich kaum wehren. Daniela sah dies und schrieb über ihren Schwager Houston: »1908 begann unser Elend – mit Eva's Heirath – einem Haß begegneten wir, der in Stille unausgesetzt wirkend, keine Unwahrheit scheute, sein Ziel zu erreichen – keine falsche Beeinflussung, keine heimliche Kränkung, auf solchen Wegen, die nicht zu fassen waren. Bruch mit Beidlers [...] Im Anschluß schwere Kränkung von Adolf, größte Beleidigung von Marie Groß. Auf Eingreifen Th[ode]'s sein Schreiben zurückgezogen.« Sie brach zusammen, als sie von dem Plan erfuhr, Isolde in die Psychiatrie einliefern zu lassen, was auch Heinz missbilligte. Beide forderten die Zurücknahme des Schreibens, aber das Unheil nahm seinen Lauf. »Seither strebte CH[amberlain] unaufhörlich um die Aufnahme seines Rechtsanwaltes in die Familie. H[einz] und ich waren dagegen [...], auch Adolf Groß stand auf unserer Seite – noch im Herbst 1911.« Sie wusste auch durch Marie Groß, dass Houston eine Enterbung anstrebte; Marie habe es »gegraust, in eine solch schwarze Seele zu blicken«. Die Übersiedlung nach München, die Houston forderte, sei für Isolde eine Qual gewesen und die Folge jenes »unverantwortlichen Dokumentes« Chamberlains, das zum »Bruch mit Beidlers führte«.[8]

Cosima schien in die Fänge von Chamberlain geraten zu sein. Der Dirigent Felix Mottl schrieb der Gräfin Thun-Salm, wie er ihre Lage einschätzte: »Die Familienverhältnisse Wahnfried mögen wohl sehr wenig erquickend sein! Dieser Chamberlain mit seinem Froschgesicht und die in ihn verliebte Eva, – ein scheußliches Bild! Und alles Andere herum! Ach Gott, die arme Frau Wagner!« Er berichtete auch, dass es ein Herzenswunsch Cosimas

7 CH an Schweninger, 15.11.1909 (BA, Schweninger Nachlass).

8 DT an Henriette Schoen, o.D., (NA, Hs 15/163). Sie erwähnt, dass der Brief im Herbst 1910 geschickt wurde, kann aber nur Herbst 1909 meinen.

sei, sich mit Isolde noch vor ihrem Ende zu versöhnen, aber Siegfried erlaube es nicht.[9] Trotz aller Bemühungen, sie zu schonen, hatte sie von dem Streit einiges mitbekommen. Es bleiben Zweifel, ob sie Houston völlig vertraute, denn sie verhielt sich zuweilen »widerspenstig« gegenüber Eva und trank »nachts heimlich Champagner«.[10]

Gräfin Christiane Thun-Salm war mit Cosima befreundet, man duzte sich. Die Gräfin fand auch, es gäbe einiges, was »mich in diesem Kreise stört; also schweige ich lieber«.[11] Mit ihrer Intuition und Menschenkenntnis sah sie Cosimas Nöte und schrieb 1909 an Schweninger, von dem sie wusste, dass er die Verhältnisse gut kannte: »So wissen Sie auch genau, wie furchtbar die arme Frau unter ihrer ständigen Umgebung leidet, & umso tiefer leidet, als sie sich gegenüber Niemandem darüber aussprechen kann. Wie wenig sie mit ihren Kindern, im Grunde genommen, harmoniert & wie fremd sie ihnen innerlich gegenübersteht, das bedarf keiner Worte [...] Die Freunde, an denen sie hängt, kann sie nur sporadisch sehen; von ihrer Lieblingstochter ist sie geschieden; ihre übrigen Töchter bedeuten ihr nichts, gar nichts: und der Sohn – der ist ihr nichts mehr als eine Sorge, & der Himmel wolle verhüten, daß er ihr nicht noch eine Schande wird. Was bleibt denn dieser armen Frau auf dieser Erde übrig? Nichts!«[12] Adolf von Groß behauptete jedoch 1928, also Jahre später, dass Cosima von Siegfrieds »abnormalem Triebleben«, wie er es nannte, nichts wusste. Er, Groß, habe ihn Jahre zuvor von Erpressern freikaufen müssen.[13] Vieles spricht dafür, dass die Gräfin einen besseren Einblick in Cosimas Seele hatte als Groß.

Isolde wurde durch Houstons geschiedene Frau Anna über dessen »Schuftereien« informiert, aber dass er sie für psychisch

9 Felix Mottl an Gräfin Thun, 18.1.1911, in: Toman 2016, 448 (29.7.1909), zit. b. Hilmes 2009, 122.
10 CH an Schweninger, 8.9.1911 (Schweninger Nachlass, BA).
11 Moering 1999, 13, 52, 117.
12 Gräfin Thun-Salm an Ernst Schweninger, 29.7.1909, zit. b. Hilmes 2009, 121 f.
13 Adolf Zinsstag an Karl-Alfons Meyer-Hasenfratz, zit. b. Pachl 1988, 393.

krank erklärte, erfuhr sie nicht. Dafür musste sie in dieser ohnehin belastenden Zeit Franz' Geständnis seiner Untreue verarbeiten. Die Beziehung zu der Sängerin Emmy Burg-Zimmermann war zunehmend intensiver geworden. Er entschied sich für Offenheit, denn seine Mutter griff mit Kritik an der Nebenbuhlerin ein, und auch Wahnfried erfuhr bald von seinem Seitensprung.[14] Isolde antwortete ihm: »Dein ergreifender Brief war ein so lauteres Bekenntniss, daß, wenn ihm die Reue folgt, ja alle Schuld getilgt u. gesühnt ist. Wie schlecht wäre es von mir, wenn ich da nicht vergeben u. vergessen könnte!« Sie wählte den einfachsten Weg aus dem Dilemma, indem sie die Frau angriff. Diese sei »besonnen und raffiniert« mit ihren Verführungskünsten vorgegangen und würde jetzt versuchen, ihr Opfer aus der Ferne festzuhalten, »da sie es braucht, denn sie hat ihre verdiente Strafe durch Gott u. liegt auf der Gasse. – Es wird aber nicht allzu lange dauern, mein Franz, u. Du wirst dich dieses Abenteuers (nichts anderes ist es) in das Du nun durch momentan stark erregte Sinnlichkeit, die Dich blendet u. Dir falsche Bilder vorgaukelt, verstrickt bist, dann nicht mehr freuen, ja schämen! Du wirst aus diesem bösen Rausch erwachen (möge Gott es bald dahin führen!) das weiß ich ganz bestimmt, denn es kann Dir, wie Deine Mutter Dir sagte: dabei doch unmöglich wohl sein; dazu bist Du ein viel zu lauterer u. guter Mensch!«

Sie gab ihm darin Recht, dass Wahnfried die Hauptschuld an dem Zerstörungswerk trug. »Sie hatten es in der Hand unserem Glück eine ewige Stätte zu bauen (welcher Segen wäre ja auch ihnen daraus erblüht!) u. haben es vorgezogen uns zu verjagen u. in's Elend zu stoßen.«[15] Isolde erkannte, dass die sexuelle Enthaltsamkeit, die dem Paar aufgrund ihrer Krankheiten auferlegt war, Franz zu der Untreue veranlasst hatte. Sie schrieb mit Empathie und Verständnis, aber es gab auch Phasen, in denen sie schier

14 Henry Thode an FB, 23.12.1910 (AB).

15 Isolde an FB. 10.1.1910 (AB). »Sie liegt auf der Gasse«: vermutlich zahlte der geschiedene Mann nichts.

verzweifelte, denn nach dem Verlust der Familie drohte ihr nun auch der des Partners. Einer Freundin verriet sie: »Ich habe gar viel des Schwersten wieder durchgemacht u. an Statt, daß endlich etwas Licht in die Finsternis, die mich schon so lange umgiebt, dringt, steigt eine Nebelwolke nach der anderen herab und hüllt mich in noch größeres Dunkel ein. Wahrlich, es gehört ein fester Glaube u. außergewöhnliche Willenskraft dazu, auf dem Posten, auf den ich mich gestellt, stand zu halten u. besonders jetzt, wo mich meine angegriffene Gesundheit nicht mehr aufrecht halten will!«[16]

Trotz oder gerade wegen dieser Affäre beschloss sie, im März 1910 zusammen mit dem inzwischen neunjährigen Sohn nach Barcelona zu reisen. Noch siegte ihre Willenskraft über die schwächelnde Gesundheit. Das Gran Teatre del Liceu plante, den kompletten *Ring des Nibelungen* aufzuführen, und Franz sollte die Großtat vollbringen. Nicht mit auswärtigen Sängern und Sängerinnen, wie in Lissabon, sondern mit den dortigen Gesangskräften und dem Orchester. Zunächst dirigierte er *Lohengrin*, dann den *Fliegenden Holländer* und überraschte nicht nur das spanische Publikum, sondern vermutlich auch die Bayreuther, als er Richard Strauss' Oper *Salome* viermal zusammen mit der sinfonischen Dichtung *Tod und Verklärung* op. 24 aufführte. Die Oper hatte er bereits ein Jahr zuvor in Lissabon geleitet, und die erneute Aufführung war eine weitere Kampfansage an Bayreuth. Cosima fand *Salome* »nichtigen Unfug vermählt mit Unzucht«,[17] und Siegfried veröffentliche in der Zeitschrift *Der Turm* einen Text, in dem er es als »tieftraurig« bezeichnete, dass die Theater »durch die unheilschwangeren Werke von Richard Strauss verunreinigt sind«. Er sprach von »den Brettern, über die die ekelhafte *Salome* gegangen ist«. Nicht umsonst war er Ehrenmitglied des Werdandi-Bundes, der sich die »Gesundung der germanischen Kultur« zum Ziel setzte; auch Thode und Chamberlain waren

16 Isolde an Ida Vogl, 7.1.1910 (NA, Hs 15/178).
17 CW an Marie von Schleinitz, 14.6.1905 (NA).

Mitglieder.[18] Während Siegfried und Cosima von Unzucht, Ekel und Verunreinigung sprachen, erkannte Franz die herausragende Qualität des erst 1905 uraufgeführten Werkes.

Er dirigierte noch Amilcare Ponchiellis Oper *La Gioconda* und *Tiefland* von Eugen d'Albert. Auch Strauss' *Also sprach Zarathustra* war dabei, sowie die 7. Sinfonie von Bruckner und die 4. Sinfonie von Tschaikowsky. Zur Huldigung der Gastgeber führte er auch Werke von Cristòfor Taltabull, Felip Pedrell, Jaume Pahissa und Alfonso García Robles auf, und er hörte sich die 15 Jahre zuvor komponierte 2. Sinfonie von Mahler an, von Volkmar Andreae aus Zürich dirigiert. Damit bewegte er sich, im Gegensatz zu Siegfried, auf die Moderne zu.

Im Februar leitete Franz Konzerte im Palau de la Música Catalana. Der Komponist Joan Lamote de Grignon stellte sich Franz vor und spielte ihm einen Abend lang aus seinen Werken vor. Im 65 Kilometer entfernten Ort Manresa wurde Franz zu Ehren ein Konzert gegeben: Nirgendwo wurde er so gefeiert wie in Spanien und Portugal. Daneben begannen die Proben für die anspruchsvolle *Ring*-Aufführung, die bis zum April dauerten. Das war eine extrem kurze Zeit, um vier Opern zu stemmen. Die Bemühungen um den *Ring* in Barcelona waren von dem Musikkritiker und Wagnerliebhaber Joaquim Pena ausgegangen, den Franz von seinem letzten Aufenthalt in Barcelona kannte und mochte. Im Gegensatz zum Teatro Real in Madrid konnte das Opernhaus in Barcelona nur selten mit Subventionen oder Steuermitteln rechnen. Mit Franz Beidler verband ihn die Ehrfurcht vor dem Wagner'schen Werk, zusammen mit dem Wunsch nach höchster Qualität.

Aus ganz Spanien reisten Interessenten an, um die Tetralogie zu erleben. Pena freundete sich rasch mit Isolde und dem kleinen Franz Wilhelm an. Die Presse schrieb: »Zur Krönung des *Rings* weilte für mehr als zwei Monate Isolde Wagner in Barcelona, die Tochter des Kolosses, und dazu ein kleiner Schlaumeier, etwas

18 Zit. b. Trenner 1978, 280; Osterloh 2020, 62.

malerisch gekleidet, was ihm das Flair eines ›deutschen Torero‹ [torero alemán] gab. Dieser Bub ist der Enkel Wagners und daher der Urenkel von Liszt.«

Ende April unternahm die Familie in Begleitung des Komponisten und Pianisten Enrique Granados (1867-1916) einen Ausflug zum Badeort Sitges mit der Künstlerkolonie Cau Ferrat und dem Atelier und Museum von Santiago Rusiñol. Im lokalen Wochenblatt konnte man lesen: »Letzten Montag gaben sich viele renommierte Künstler ein Stelldichein in unserer Stadt, wobei besonders der herausragende Musiker Mtre. Beidler zu erwähnen ist, der gerade erst das Orchester des Teatre del Liceu in Barcelona dirigiert hat; seine Ehefrau, Tochter des unsterblichen Mtre. Wagner; der Sohn des Ehepaares sowie der bewundernswerte Pianist und geschätzte Komponist, Mtre. Granados.«[19] Granados trug spanische Tänze eigener Komposition vor. Um Isoldes Großvater in ihrer Gegenwart zu ehren, spielte er zudem Liszts Klaviersonate h-Moll.[20] Granados widmete sein sinfonisches Gedicht *Dante* Franz, der es aus der Handschrift heraus dirigierte und aufführte.

Mitte Juni war Franz wieder in Colmdorf, und er besprach mit Groß die Übersiedlung in die Münchner Prinzregentenstraße. Die verfahrene Situation deprimierte ihn. Isolde hielt sich bereits in München auf, und er riet ihr wieder einmal, sich mit ihrer Familie zu versöhnen: »Folge ihnen halt u. stille die Rachsucht Deiner Mutter u. Deiner Familie gegen mich, weil ich mich nicht habe tyrannisiren lassen, wohl aber die Jahre der Ehe verderben lassen musste u. mir viel zu viel schon habe gefallen lassen.« So verbittert sah er die Lage.

Dann ging er persönlich mit sich ins Gericht. Durch die jahrelange Tätigkeit in Bayreuth fehlten ihm die Repertoirekenntnisse der Kollegen. Er fühlte sich wie gelähmt von der »Sorge um Verdienst meinerseits auf der einen Seite, verbunden mit dem

19 *Baluard de Sitges*, Jg. 10, Nr. 446 (1.5.1910).
20 Hess 1991, 26.

mich belastenden, furchtbar bedrückenden Gefühl, Dir zur Last zu fallen und auf der anderen Seite: die große Angst vor einer Anstellung, »verbunden mit einem entsetzlichen Widerwillen dagegen«. Er habe derzeit nicht die Kraft, sich die Kenntnisse anzueignen; er sei durch sein zurückgezogenes Leben und die Einseitigkeit seiner Berufsarbeit und -ausübung durch die Berufung nach Bayreuth nicht auf dem Laufenden; »kurz, dass mein Leben was die Berufscarrière anbelangt, ein total verpfuschtes ist, nicht wieder gut zu machen!! Es gut zu machen, ist zu spät, ich bin zu alt, um neu anzufangen, mir eine Repertoire-Stellung zu schaffen! Wie lächerlich käme ich mir vor, wenn ich z.B. *Bajazzo* dirigiren sollte, den alle, Orchester Sänger u. Publikum auswendig kennen u. […] ich muss es mir erst aneignen u. kenne nichts von der Tradition!«

Er könne nicht in einer Scheinwelt ohne innere Überzeugung leben, und je näher die herbstliche Theatersaison rücke, desto größer werde die Angst davor. »Ich gebe zu, dass das vielleicht [eine] ganz ungesunde Ansicht ist, aber so geworden durch meine Einseitigkeit hier in Bayreuth u. die Gemüthserregungen in den letzten Jahren! Ich bin eigentlich, wenn ich es so offen sagen soll, fertig, ich kann nicht mehr, ich bin zu schwach oder krank oder was sonst!! Das [ist] das Geständnis meiner geplagten Seele, meines gequälten Herzens u. bitte nicht zu vergessen, des Schuldbewusstseins Dir gegenüber, dass ich Dich da hineinziehen musste, obwohl ich bei meiner Verheiratung mit Dir das noch nicht voraussah.«[21] Er ertrug die seelische Belastung nicht, die durch die Bayreuther Querelen entstanden war, und ihm fehlte der Lebensmut, sich neu aufzustellen und mit einem ihm fremden Repertoire eine alternative Karriere zu versuchen.

Der Umzug nach München mit vier Möbelwagen fand im Oktober statt. Kurz danach besuchte Daniela die Schwester, natürlich nur in Franz' Abwesenheit. Das neue Prinzregententheater, das sich unweit der Wohnung befand, wurde von der Bay-

21 FB an Isolde, Brieffragment o.D. (1909/10). (AB).

reuther Familie als unstatthafte Kopie ihres Festspielhauses und darüber hinaus als Konkurrenz gesehen (einige Merkmale waren auch tatsächlich vom Bayreuther Vorbild übernommen worden). Daniela sah darin »ein Spukbild unsrer Heiligthümer«. Sie fand Isolde in einer schlechten Verfassung vor. Wie oft hatte Cosima ihr vermittelt, sie gehöre zu Bayreuth – jetzt war sie verstoßen. Daniela rätselte: »Über ihren Seelenzustand, wie soll ich mich da freuen? Wahn umhüllt sie und sie vermag ihn nicht zu durchbrechen – dann erscheint sie mir wie irr – und ich ließ sie sprechen – dann wieder – bricht ihre wunderbare, große, geniale, vornehme und liebevolle Natur mit mächtigem Zauber hervor – und die Frage des warum steigt schmerzlich auf zu einem Gott, der unser Flehen hört. – Denke Dir, daß es Momente gab, in denen wir heiter waren und ihr altes Lachen kam – ich hoffe, daß mein Besuch ihr wohlthat, dass ich ihr aus eigenem Leiden Worte sagen konnte.«[22] Daniela hatte selbst depressive Schübe und neigte zu Dramatisierungen, aber sie erkannte Isoldes Probleme wohl richtig: zum einen Freude über den Besuch, zum anderen Verzweiflung über ihre Krankheit und ihre Situation als von der Familie im Stich Gelassene. Daniela konnte Adolf von Groß' Optimismus nicht teilen und schrieb, sie habe die Empfindung »eines zerrütteten Organismus«, Isolde sei nervlich am Ende.

Über Isoldes Bett hing ein großes Bild ihres Vaters und darüber ein Heiligenbild, das Liszt einst dem Prinzen Hohenlohe geschenkt hatte, der es ihr später zur Hochzeit schenkte. Liszt hatte es eigenhändig mit Noten verziert. Was sie mit den Arrangements festhalten wollte: kein Zweifel bestand daran, dass sie Tochter von Richard Wagner und Enkelin von Franz Liszt war. Sie wollte nicht mehr als Bülowtochter bezeichnet werden und erinnerte daran, dass durch Glasenapps sechsbändige Wagnerbiographie »die Wahrheit auf Mama's Wunsch in die Öffentlichkeit schon gelangt war«. Sie habe ebenso wie Eva, die auch auf den Namen Bülow getauft sei, ein Anrecht darauf, den Namen Wag-

22 DT an Eva, 1.11.1910 (NA).

ner zu tragen. Daniela bekam Ähnliches zu hören. »Es widerstrebt meinem u. Franzens Sinn, noch länger eine Unwahrheit aufrecht halten zu wollen, umsomehr als doch Glasenapp in der Biographie die Wahrheit schon verkündete. Ich sprach in diesem Sinne heute zu Adolf, er bedauert, daß ich schon früher zu derlei Unterschriften – ohne zu wissen, was ich damit that – veranlaßt wurde.« Sie endete mit: »Bei dem Trieb zur Wahrheit, der auch Dich beseelt, wirst Du mich verstehen.«[23] Dieser undatierte Brief zeigt, dass Phrasen, wonach »die eingebildete Demoiselle [...] Fräulein von Bülow, wie sie sich vor der Heirat arglos nannte«, zufrieden war, »solange die Apanage pünktlich überwiesen wurde«,[24] die Lage verfälscht. Im Gegenteil bemühte sie sich um korrekte Verhältnisse, schon lange vor dem Prozess, der später um ihre Abkunft geführt wurde.

Daniela machte Isoldes Bruch mit der Mutter zu schaffen, und sie lud die Schwester zu sich ein. »Komm' zu mir, lass' Dich hier gesunden – Du wirst die Ruhe wieder finden. [...] Von der Liebe lasse ich nicht – sie umschließt Dich ewig. Deine Lulu.« Isolde sagte zu und Daniela freute sich auf sie. »Wir berühren das Vergangene nicht – so hilfst Du mir, der noch immer Leidenden, die seit 2 Jahren am Rand der Schwermuth war, und ich Dir, so Gott mir hilft, den ich in vielen schlaflosen Nächten in heißem Flehen und Ringen um Dich anrief.« Sie bat die Schwester, sie am Gründonnerstag zum Abendmahl zu begleiten. »Oh Loldi, es wird noch alles gut – der Heiland sagt: Keiner von uns soll verloren gehen – und unsere Mutter soll einst in Frieden mit Dir scheiden!!« Solche Worte klangen ehrlicher als die gestelzte Sprache Evas, die auf Isoldes verzweifelte Bitten, die Mutter sehen zu können, antwortete: »Mama wünscht Loldi Heil zu ihrer Einkehr in sich u. zu ihrer Reue über ihre Schuld, die sie mit Gott nun versöhnen wird. Sie selbst hat ihre Zuflucht zum Schweigen u.

23 Isolde an FB, 3.1.1908 (AB); an DT o.D. (NA, Hs 15/65). Das Bild wurde 2020 der Stadt Bayreuth geschenkt.

24 Hilmes 2009, 88, 1, 25.

durch das Schweigen zum Vergessen genommen und will darin verharren.«[25] Ob die pseudochristlichen Zeilen wirklich von Cosima stammten, muss offen bleiben.

Isolde musste weiterhin Sanatorien aufsuchen, die Finanzierung der Behandlungen blieb ein ständiges Problem. Franz verdiente nicht genug. Sie wusste, dass Hans von Bülow ihr 40000 Mark vermacht hatte, und fragte sich, wo das Geld geblieben war. Groß hatte bereits 1890 Bülow für die Zusendung des Betrags gedankt: »Ich vermerkte mir, daß der Wert um 80000 von Ihnen je zur Hälfte Fräulein Isolde und Eva von Bülow als Schenkung unter Lebenden zuzuweisen ist, zur Abfindung aller Ansprüche, die an Sie bzw. an Ihren Nachlaß von denselben erhoben werden könnten. Ihrem Wunsch zufolge werde ich die anfallenden Zinsen den Beschenkten dazutun, ihre Kapitalien selbst aber nur nach Verehelichung oder nach wenigstens dem Dreißigsten Lebensjahr unternehmen.«[26] Mit den Legaten landete Bülow einen doppelten Coup: Zum einen konnten die Wagnertöchter keinen Anteil an seinem wachsenden Vermögen beanspruchen, zum anderen hatte er Cosima gegenüber seinen Großmut bewiesen, wussten doch beide, dass die Mädchen nicht von ihm stammten. Isolde bestätigte, ihre Mutter habe ihr erklärt, es handele sich um ihre Bülowsche Erbschaft, die sie nur »um der Form zu genügen unterschrieben habe, ich aber einzig Wagner'sche Miterbin sei u. sie nicht wünsche – wie wohl auch ich – dass ich die Bülow'sche Erbschaft antrete, daher werde sie die 40000 Mark für die Bülow'schen Töchter zurückhalten. – Hiermit alleine habe ich mich einverstanden erklärt. Alles andere ist Lüge.«[27] Als Cosima Groß einmal nach dem Testament fragte, informierte er sie, dass das, was Daniela und Blandine von Bülow erhalten hatten, abgezogen werden müsse.[28] Groß hätte somit durchaus Isolde ihren Anteil überweisen können.

25 DT an Isolde, 7.1 und 4.3.1911; Eva an Isolde, 11.2.1911 (NA).
26 A.v. Groß an H. von Bülow, 11.12.1890 (STAM).
27 Isolde an DT, 26.3.1915 (STAM.)
28 A.v. Groß an CW, 7.10.1902, zit. b. Karbaum 1976, Teil II, 39.

Isolde bat Siegfried, »von dem Vermögen, das mir einst zukommt, eine Summe vorzustrecken«. Sie plante eine Kur in Partenkirchen, steckte aber in München fest, »da alle Bemühungen meines Mannes (durch viele Agenten) um eine Anstellung scheiterten«.[29] Siegfried ließ 3000 Mark als »Vorschuss« schicken. Möglicherweise zögerten die Opernhäuser, Franz zu engagieren, weil er in Bayreuth zur persona non grata geworden war und man es sich nicht mit der Festspielleitung verderben wollte. Gleichzeitig erlebte Siegfried in Berlin mit einem »prächtigen arischen Publikum« rauschende Erfolge. »Ich steige kolossal in der Achtung der Agenten, Impresarios und Managers … Ich bin überhaupt mit dieser Wintercampagne sehr zufrieden. Habe auch nebenbei seit Januar 8400 Mark verdient, macht also seit Oktober 15 000. Gehört auch dazu.«[30]

Franz, der weiterhin an Isolde hing, kam sich privat und beruflich wie ein Versager vor, trotz eines Vertrages mit Barcelona für das folgende Jahr. Es quälte ihn, dass ihm im Inland so wenig gelang und er nur mit Unterrichten etwas verdiente. Im Wissen, dass Emmy Zimmermann schwanger war, schrieb er Isolde noch einen Brief, der seine Verzweiflung offenbart:

»Ich ganz besonders muss Dir danken für Deine so liebevolle Art gegen mich u. Dir sagen, dass ich wirklich tief gerührt bin durch Dein edles u. gar nicht mehr menschlich, sondern wirklich schon übermenschlich zu nennendes Wesen, ich, der ich so in gar nicht grell genug zu schildernden Weise sich schändlich u. abscheulich gegen Dich gehandelt, Dir so Schweres angethan habe u. gar nicht verdiene, dass Du mich überhaupt noch eines Blickes würdigst. Wie komme ich mir da niedrig u. elend vor u. wie bin ich innerlich beschämt u. mit mir zerfallen, mich selbst hassend. Wie bewundere ich auch, dass Du Dir trotz aller dieser unmenschlichen Erregungen u. Enttäuschungen, die Du seit Jahren u. Jahren durchzumachen hattest, noch diesen Humor u. diese

29 Isolde an SW, 6.7.1911 (NA).
30 Zit. b. Kraft 1969, 167.

zuversichtliche Stimmung, dieses religiöse Gefühl u. diesen Gottesglauben erhalten hast u. ersehe daraus, dass ein wirklich guter, edler Mensch, ein hochgesinnter u. wahrhaft christlicher Mensch dadurch belohnt wird! Und selten gut, edel, hochgesinnt u. wahrhaft christlich bist Du! Und wahrlich, Du hättest für diese Deine herrlichen Eigenschaften ein anderes Loos verdient!

Und dass ich an allem diesem Traurigen u. Furchtbaren schuld bin, aber ungewollt u. ich möchte sagen unbewusst, das ist es, was mir mein Leben verbittert u. mir keine ruhige Stunde mehr geben wird. Diese Schuld lastet auf mir u. ich werde ihr auch noch erliegen! [...] Und niemand kann die inneren Qualen fassen, die mir meine Lebensfreude u. den Lebensmuth rauben u. mein Leben vernichten! Und ich sehe keine Hülfe, keinen Ausweg!«[31]

Isolde sah, dass eine Tätigkeit die einzige Rettung war, »u. die bleibt ihm – trotz aller Bemühungen unbegreiflicher Weise versagt. Der arme Balling, dem wir das Feld in Bayreuth räumten, nimmt nun auch, durch Richter protegiert, das Feld in England ein!«[32] Dass Balling 1893 eine Musikschule in der britischen Kolonie Neuseeland gegründet hatte, ließ ihn bei den Zuständigen in Manchester punkten, die eigentlich keinen Deutschen haben wollten. Franz war in mehrfacher Hinsicht der Verlierer.

Isolde glaubte in ihrer weltfremd-arglosen Art weiterhin an eine Beilegung der Feindseligkeiten. Sie sah in Franz' Rückkehr nach Bayreuth die einzige Lösung und bat ihn nochmals, eine Aussöhnung »mit den Meinen zu erwirken u. einzig Du kannst das zuwege bringen, denn meine Versuche mußten alle an Deinem passiven Verhalten scheitern. Die Art und Weise, wie Du das nun thun willst überlasse ich ganz Dir u. Deinem Gutdünken, weiß ich doch, wie furchtbar schwer Dir dieser Schritt fallen muß u. bewundere ich es wahrlich, daß Du mir dieses große Opfer bringen willst. Aber – glaube mir – in dem Allen steckt eine Fügung Gottes.« Als sie erfuhr, dass der Dirigent Karl Mül-

31 FB an Isolde, 6.2.1912, Kopie (NA, Hs 15/30).
32 Handschriftlich von Isolde dem obigen Brief angefügt.

ler, der nach Knieses Tod von 1906 bis 1911 die musikalische Vorbereitung der Festspiele leitete, unheilbar krank war, schöpfte sie Hoffnung auf ein vakantes Amt. Sie schrieb sofort an Franz: »Es ist aber wirklich, als ob das Schicksal Dich wieder in Bayreuth haben wolle! Nun rühre Dich aber auch! Ich schrieb an Adolf, klugerweise aber nichts über Müller's Geschick erwähnend. Als wüßte ich nichts davon, damit es nicht absichtlich wirke. Daß Du schon längst die Absicht habest, Dich mit Fidi auszusöhnen u. daß ich die Überzeugung hege, daß Fidi darauf eingehen werde. Lass ja keine Zeit darüber verstreichen!«[33] Isolde wollte nicht begreifen, dass eine Zusammenarbeit zwischen Siegfried und Franz nicht mehr möglich war.

Franz wusste, dass Bayreuth ihm seinen »Fehltritt« mit Emmy Zimmermann nie verzeihen würde – trotz der zutiefst unbürgerlichen Verhältnisse, als Cosima selbst eine Zeitlang mit zwei Männern zugleich intim verkehrte. Seine außereheliche Tochter kam am 22.5.1912 zur Welt. Weil sie so gern Wagneropern sang, gab die Mutter dem Kind Namen von Wagners Protagonistinnen: Senta Eva Elisabeth. Die kleine Tochter, die Eva genannt wurde, wuchs in Berlin mit Wagnerklängen auf, später zog sie mit ihrer Mutter, die noch einmal geheiratet hatte, nach Mindelheim. In ihrer Autobiographie beklagt sich Eva, dass sie ihren Vater nie bewusst kennengelernt habe. Ihre Mutter verriet ihr, dass Beidler »die große Liebe ihres Lebens« gewesen sei. Aber Franz wollte keine Beziehung zu der Tochter aufbauen. Als Eva älter war und eine Freundin ihn in einem Café am Münchener Stachus entdeckte (wohl das Café Luitpold), hatte sie kein Bedürfnis, ihn anzusprechen: »Mein Vater, mein richtiger Vater saß da? Wer war das? Hatte er sich je um mich gekümmert, als ich ein Kind war oder später, als ich älter wurde?«[34] Eva heiratete später den Sänger Ernst Busch und floh 1933 zusammen mit ihm vor den Nazis. Sie wurde verhaftet und überlebte das KZ Ravensbrück.

33 Isolde an FB, 11.4. und 5.4.1912 (AB).
34 Busch 1991.

Jahrzehnte später lernte sie durch ihre Cousine Friedelind Wagner ihre Nichte Dagny Beidler in Zürich kennen.

Groß sah voraus, dass der Konflikt auch den Sohn als möglichen Erben der Festspiele treffen würde: »Der jetzige Zustand ist auch und in der Hauptsache für Euren begabten und herrlich veranlagten Sohn eine Gefahr …« Er drängte darauf, ihn in ein Internat zu schicken, was Isolde ablehnte.[35] Dies veranlasste Franz, Isolde alles anzubieten, was möglich war, damit sie wieder zu einem Frieden mit ihrer Mutter kam. Er dankte ihr für ihre unendliche Treue und dafür, dass sie ihm die Chance zur Buße gab. »Ich bin nun begierig, was die Sache betr. Bayreuth wird u. was Du Dir gedacht hast, dass ich betr. Siegfried unternehmen soll. Ich möchte eine mündliche Unterredung u. nicht schriftlich, wenn möglich aber auch nur, wenn ich die Aussicht habe, für Dich etwas zu erreichen, denn sonst täte ich diesen Schritt, den ich nur Dir als Opfer bringe! nicht, meinetwegen nicht, denn das wäre von vornherein vergebens. Was meinst Du? Und was sagt Adolf darüber!«[36]

Im Juni 1912 schlug sie ihrerseits Franz eine Trennung vor und schrieb: »Dies ist das Ergebniss langen tiefen Nachsinnens über das Verhängniss, das über uns gekommen ist.« Sie könne es ihm nicht verübeln, wenn er sein Schicksal anderswo sähe. »Du hast redlich gekämpft u. es rührt mich, daß Du den Weg zu Deiner ›alten, kranken Frau‹ immer wieder gefunden hast! Aber – was kann ich Dir dafür geben, was hast Du jetzt an mir? Ich will Dein Schicksal nicht an das Meinige ketten (keine Klette sein!) u. gebe Dich frei, sowie dies Dein Wunsch ist.« Davon wollte Franz nichts wissen, aber beide hatten depressive Phasen. Isolde weinte zuweilen stundenlang, weil auch sein Zustand sie traurig machte. Sie versuchte, ihn zu trösten: »Aber gute Menschen, so wie wir es ja beide sind, werden das Rechte gewißlich finden: den richtigen Weg aus diesem Schicksals-Labyrinth.« Was das Ehepaar im

35 A.v. Gross an Isolde, 28.12.1911 (STAM); Isolde an FB 16.10.1911 (AB).
36 FB an Isolde, 9.4.1912 (AB).

Zusammenhalt stärkte, war der geliebte Sohn. Ihm verdankten sie den hoffnungsvollen Ausblick in die Zukunft. »Gesegnet soll er schreiten, geschützt u. gestützt von seinen Eltern, deren diese zärtliche Seele so dringend bedarf.« Groß hatte Isolde zu verstehen gegeben, »dass er alle Hoffnungen für die Zukunft Bayreuths in unseren Schnicker setzt, den er zärtlich liebt«.[37] Tatsächlich war der 11-jährige Knabe der einzige Erbe Siegfrieds. Er hing abgöttisch an seinen Eltern und nach der Ankunft bei der Mutter in Davos Ende 1912, die dort zur Kur weilte, schrieb er dem Vater:

»Liebes, gutes, süßes Papamoggelchen

Habe vielen vielen Dank für den lieben Brief, worüber ich jetzt noch so furchtbar lache, daß das ganze Turbans Sanatorium zittert. Ich sage ›Turbans Sanatorium‹, weil ich nun wirklich dort eingezogen bin. Gestern Nachmittag 2.46 u. 21 Sekunden betrat ich dieses Gebäude, so daß sich Mama sehr freute. Ich wohne auf No. 16 (6-fr tägl.) neben Mama und es gefällt mir schon ganz gut. Zuerst wollte ich einen Entrüstungsbrief schreiben; aber ich dachte, es könne Mama ärgern, er [der Brief] flog in den Papierkorb. Jetzt habe ich kein Fieber mehr und bin wohlauf. Heute um 9.15 kommt der Haarschneider um mir meine Borsten runterzuschneiden. Denkst Du noch an den Witz ›puh! riecht wie versengte Schweinsborsten!‹ [Dank] für den herrlichen Mantel. Ich brauch 2 kräftige Männer um ihn anziehen zu können. Nichtsdestoweniger gefällt er mir und Mama (welcher es auch viel besser geht) außerordentlich und ich werde Deinen Weisungen Kleckse und Löcher hineinzumachen, pünktlich folgeleisten. Aber verzeihe! Ich vergas [sic] nach ›Löcher‹ das hier so wichtige ›nicht‹ [...] Noch eine Frage: Wie geht es Dir und den Großeltern???? ›Und er hüllte sich in tiefes Schweigen‹ (nämlich Du). Nun will ich aufhören mit meinem ›Gequatsch‹. Sei tausendmal umarmt, gegrüßt und geküßt von Deinem Dich innigst liebenden Bubeli

37 Isolde an FB, 23 und 29.6.1912, 16.10.1911 (AB).

Sit mens sana in corpore sano!!«[38]

Gelegentlich tauschte sich Isolde mit Franz über ihre jeweilige Lektüre aus. »Wie gerne nähme ich wieder theil an Deinen wissenschaftlichen Lektüren! Ich lese jetzt ›über den Willen in der Natur‹ von Schopenhauer u. bin ganz begeistert davon. Lies es doch auch – das paßt jetzt gerade zu Deiner Lektüre. Wie wundervoll ist da die Gottesidee vertreten – wie konnte man ihn nur zum Atheisten ausgeben! Auch im Evangelium Johannes habe ich wieder Wunderbares gelesen, was recht dazu paßt. Mach' Dich doch einmal dran! Es würde Trost u. Frieden auch über Dich kommen.«[39] Dann gab es wieder Phasen, in denen sie nach eigenen Worten »vollständig vertrottelte« und nur noch Illustrierte wie die *Gartenlaube* lesen konnte.

Oft erhielt Isolde Post von Menschen, die Franz' Weggang aus Bayreuth bedauerten. So schrieb eine Dame, »die ganze gebildete Welt erkennt in Ihrem Herrn Gemahl den einzig richtigen Vertreter dieses Postens u. Leiter der Festspiele neben Siegfried [...] Ihr verehrter Herr Gemahl ist der Einzige dem es gelingen dürfte, die Festspiele ferner auf der Höhe zu halten.«[40] Aber diese Chance war für immer vertan. In Bayreuth wünschte sich Cosima »dringend, daß Fidi heiratet, damit ein Erbe komme«. Aber Groß und viele andere wussten, wie es um ihn stand.

Isolde litt unter der Einsamkeit, die ihre Krankheit mit sich brachte. Gerne flüchtete sie in die Kindheit zurück und erinnerte sich an ein Geburtstagsfest für den Vater, »mit welcher Erregung wir am 22ten [Mai] morgens das Hämmern beim Aufstellen des Theaters in der Halle erwachend hörten, was Alles Herrliches sich dann begab, bis zu den Feuerwerken Adolf's Abends beim Gartenfest! Das waren so überirdische Freuden, daß man nun tapfer durch die irdischen Leiden wandern muß.«[41] Die Kindheit blieb ihr ein Hort des Glücks.

38 FWB an FB, 19.12.1912 (AB).
39 Isolde an FB, 1.2.1912 (AB).
40 G. Mühl an Isolde, 21.4.1912 (AB).
41 Isolde an Eva, 22.5.1912 (sie meint vermutlich das Fest am 22.5.1875).

Wie sehr Isolde ein tiefes, naives Vertrauen in Menschen besaß, wusste Cosima längst. Sie schrieb der damals 37-jährigen Tochter 1902: »Mein Herzenskind, was Dir wie keinem Wesen das mir begegnete, geschenkt wurde, ist die Schönheit der Harmlosigkeit, das liebevolle Vertrauen in Menschen und Geschicke. Lass Dir das nie trüben …«[42] Dieses fast kindliche Verhalten stand hinter Isoldes Versuchen, an vergangene Wahnfried-Zeiten wieder anzuknüpfen. Als Blandine ihr per Post einen Gruß von der Mutter schickte, brach das Gefühl, von dieser verlassen zu sein, erneut schmerzlich auf, und sie antwortete: »[Dein Brief] brachte mit seinem Gruß von der theuersten Mama, um die ich mich beständig sorgend, Balsam für die Wunde, ach, die Wunde, die nie heilen will u. die ein qualvoller Traum wieder aufgerissen hatte. Mir hatte geträumt, daß die Sehnsucht nach ihr mich [zu] Mama zufällig in ein Hotel geführt habe, daß Mama aber bei meinem Anblick entsetzt von mir zurückwich. Ich schrie auf vor grimmem Schmerz u. rief von der Halle aus (der Traum hatte sich gewandelt) zu Eva hinauf: ›Das ist Euer Werk, nur ein Schattengewächs kann diese Vorgänge schildern‹ und auf meine Brust deutend ›auch dies ist Euer Werk‹. So dachte ich mit beklemmter Brust und wahnsinniger Erregung u. brachte fast die ganze Zeit – in meinem Bette, wegen erneuter Erkältung liegend – weinend und sinnend zu, weil das schmerzliche Bild, das mich wohl bis an mein Lebensende verfolgen wird: meine letzte Begegnung mit der geliebten Mutter die das Fürchterlichste war, was ich je erlebte, meinen Sinn nicht mehr verlassen wollte.«[43] Sie ahnte, dass Eva sie verraten hatte.

Es war wohl dieser Traum, der zu einem Entschluss führte, der verheerende Folgen für alle Beteiligten hatte. Obwohl die Ärzte Isolde für sehr krank hielten und darauf drängten, dass sie »für 2 Jahre oder eventuell länger« einen Kuraufenthalt in Davos ma-

42 CW an Isolde, 26.12.1902 (RA Langheinrich, Prozessakten, BAM).

43 Iso an Blandine, 27.4.1913 (STAM Ana 471). »Die Wunde! Die Wunde!« *Parsifal*, II. Akt. Einen Tag später beschrieb sie Franz den Traum mit dem Zusatz: »Nur Shakespeare könnte diese Vorgänge schildern.« (AB).

chen sollte,[44] hielt sie die Trennung von ihrer Mutter nicht mehr aus, und ihre nächsten Schritte führten zu einer Katastrophe, die wie eine Lawine auf sie einstürzte. Im Mai 1913 plante sie zusammen mit ihrem Sohn Franz Wilhelm einen Überraschungsbesuch in Wahnfried. An Franz, der in Barcelona weilte, schrieb sie: »Gott, wenn ich nur daran denke, so klopft mein Herz ganz stürmisch vor Erregung. Welche Empfindungen werden da auf mich einstürmen!!!!« Sie wollte aber trotz ihrer Sehnsucht nicht auf ein Wiedersehen mit der Mutter dringen. »Sie werden natürlich einen Todesschrecken durchmachen u. gar nicht wissen, was sie in dem Falle thun sollen! Erleuchte doch Gott diese verschrobenen Herzen endlich!«[45]

Isolde übernachtete mit ihrem Sohn im Hotel Anker. Am nächsten Morgen kaufte sie drei Rosenstöcke und machte sich auf den Weg nach Wahnfried. Die Blumen sollten an Richards 100. Geburtstag erinnern, aber zugleich an den von 1880, als die 15-Jährige in Neapel für jedes Lebensjahr ihres Vaters ein Bild gemalt hatte, die 67 Rosenstöcke schmückten. Der Gang ans Grab Wagners bei Wahnfried war nicht nur für Isolde aufwühlend, sondern auch für den 12-jährigen Sohn: »Mit gefalteten Händen, innig betend stand er neben mir u. ich sah ihm die Tränen leise herabrollen. Welch' eine empfindsame Seele! Wie würde ihn Papa zärtlich geliebt haben!«

Sie gab dem Diener einige Zeilen an Eva mit der Bitte, sie nicht in Gegenwart von Cosima weiterzureichen: »Theure Eva! An geweihter Stätte mich mit meinem Kind in Andacht zu versetzen, kam ich her. ›Das war ein Müssen‹, war ›Herzensgebot‹![46] Ich kehre ins Hotel Anker zurück, wo ich ein paar Tage verweilen will um theure treue Freunde wiederzusehen. Wenn Ihr mich zu sehen wünscht, so gieb mir ein Zeichen. Du kannst gewiß sein, daß die geliebte Mutter nichts von meiner Anwesenheit erfah-

44 FBs Vater an seine Schwägerin (St. Gallen), 25.6.1912 (AB).

45 Isolde an FB, 19.5.1913 (AB).

46 Zitat aus Wagners *Meistersinger*, III. Akt.

ren wird. Den Wunsch, sie wiederzusehen, habe ich begraben. In Liebe Deine Loldi.« Ins Hotel zurückgekehrt, fand sie ein Briefchen von Eva vor, die ihr mitteilte, dass sie und Siegfried sie um 12.30 mittags erwarten würden, Houston sei krank. Sofort machten sie sich auf den Weg. Mutter und Sohn wurden in die Halle gebeten, wo sie auf Eva und Siegfried stießen. Der Schock war für beide Seiten groß: »Die innere Erregung ließ uns noch alle nicht recht zur Freiheit kommen u. ich hatte die Empfindung, daß Fidi noch innerlich zu kämpfen u. zu überwinden hatte (wir haben ihn eben doch recht tief verletzt, das fühlte ich heraus), aber es war rührend zu beobachten, wie er darüber Herr wurde u. sein schönes Auge wohlwollend freundlich auf uns ruhte«, schreibt Isolde. »Er ist gut und harmlos, davon habe ich mich nun wieder überzeugt u. Eva hat sich auch wunderschön benommen. Sie beide sind es durchaus nicht, die ein Wiedersehen mit Mama hindern. Mama selbst bleibt hartnäckig dagegen u. so habe auch ich gar kein Verlangen mehr danach. Eva theilte mir nämlich schon am nächsten Tage mit (wir sind auch zum Mittag u. Abend gebeten), dass ihr Gewissen ihr keine Ruhe gelassen habe u. sie Mama von unserem Hiersein benachrichtigt habe. Mama scheine sich über unser Wiedersehen gefreut, nach Bubi's Erziehung eingehend gefragt und es mit Genugtuung gehört zu haben, daß ich noch vorhabe zur Gräfin Giech zu fahren. Beruhigt habe sie der Gedanke, daß ich darauf verzichte sie zu sehen.«[47]

Dies war ein Täuschungsmanöver von Eva. Chamberlains Tagebuch gibt bekannt, dass »Mama und Fidi« am 27. Mai irritiert waren über Isolde, die noch im Hotel Anker weilte »u. keine Miene fortzuziehen macht«. Tatsächlich blieb Isolde mit ihrem Sohn noch bis in den Juni hinein in Bayreuth, ohne die Mutter zu sehen, und beide speisten regelmäßig bei Houston und Eva. Ihr naives Grundvertrauen ließ sie nichts Böses ahnen. Aber nach ihrer Rückkehr Ende Juni verfasste der alarmierte Houston umgehend »Instruktionen« für seinen Anwalt Troll und bat ihn, nach

47 Isolde an FB, 26.5.1913 (AB).

Bayreuth zu kommen. Dieser reiste am 29. Juni an. Adolf Groß kam »behufs Regelung der Geldangelegenheiten Isolde Beidlers – im Auftrag Fidis« hinzu. Chamberlain notierte: »Um 12 ½ führte ich Troll zu F[idi] hinunter, der mit ihm über den Festspielfonds konferirte.«[48]

Kurz danach erfuhr Isolde, dass ihre Angelegenheiten künftig von dem Anwalt Franz Troll geregelt würden. Adolf von Groß verlor damit an Einfluss. »Fidi freut sich, Dir auf diese Weise zugleich den denkbar besten juristischen Rathgeber bei vorkommenden Schwierigkeiten zur Hand zu geben. Somit wäre Dein Wunsch, nicht mehr mit Adolf verhandeln zu müssen, erfüllt«, schrieb ihr Eva.[49] Troll vertrat jedoch als Wahnfrieds Rechtsberater Siegfrieds und Houstons Interessen. Dass Isolde zuvor Groß in einem Anflug ihrer Verärgerung das Vertrauen entzogen hatte, sollte sich als Verhängnis herausstellen, denn trotz aller Kritik hatte Groß immer auch den Sohn im Blick und sah in ihm einen Nachfolger, der die Dynastie, deren Fortsetzung durch Siegfrieds Homosexualität in Gefahr zu geraten drohte, hätte weiterführen können.

Mit der Ausschaltung von Groß war der Weg frei für eigene, radikale Lösungen. Es gab nur einen Weg, um die Trennung von Isolde und Franz endgültig zu vollziehen. Isolde musste offiziell eine »von Bülow« werden. Und so richtete Troll seinen Brief an »Frau Isolde Beidler, geb. von Bülow«. Im Namen Siegfried Wagners erfuhr sie von Troll, dass sie bisher »freiwillig« gewährte Subsidien erhalten habe – und das, obwohl ihr von Cosima bei ihrer Verheiratung mit Franz als Mitgift eine jährliche Apanage zugesichert worden war. Eine Verpflichtung, die nun entfallen würde. Gelddinge sollte sie fortan ausschließlich mit Siegfried und Troll erörtern. Siegfried setzte eine jährliche Maximalsumme in Höhe von 22 000 Mark fest, die keinesfalls überschritten werden dürfe. Er äußerte seine Bereitschaft, die Schul-

48 CH, Tagebuch Nr. 25, 26. und 29.6.1913 (NA).
49 Eva an Isolde, 29.6.1913 (STAM, CgM 8405).

kosten für den Sohn zu übernehmen, wenn Isolde sich von ihm trennen und ihn in ein Internat geben würde. Unter keinen Umständen dürfe mehr Geld verlangt werden; selbst im Falle einer teuren Operation hätte sie somit nichts von den Wahnfriedlern erwarten dürfen. Die Einschränkung des Budgets sei »ein unabweisliches Gebot«. Alle Zahlungen erfolgten freiwillig und nur für die Lebenszeit von Siegfried und Isolde. Isoldes Erben hatten nichts zu erwarten; damit waren Franz und der Sohn ausgeschaltet.[50] Da sie nun als eine Tochter Hans von Bülows galt, wurde dem Sohn die Wagnersche Herkunft aberkannt.

Wagnerforscher führten bislang die finanziellen Kürzungen auf die 1913 abgelaufene Schutzfrist für Wagners Werke zurück. Das ist angesichts der Tatsache, dass die Familie Wagner mit mehreren Millionen Mark schwerreich war, wenig nachvollziehbar. Isoldes Besuch mit ihrem Sohn in Bayreuth hatte dem 44-jährigen Siegfried bewusst gemacht, dass Franz Wilhelm sein Erbe antreten könnte. Isoldes Beobachtung, Siegfried habe »noch innerlich zu kämpfen u. zu überwinden«, als er sie und Bubi sah, zeigt, wie er mit der Situation rang. Der Gedanke, dass ausgerechnet sein verhasster Rivale als Vater des Sohnes wieder Eintritt in die »heiligen Hallen« erlangen konnte, wird ihn umgetrieben haben. Er begriff den intelligenten Buben dennoch als möglichen Nachfolger von sich. In einem Internat hätte er einen entsprechenden Einfluss auf den Jungen gehabt.

Die Ereignisse überschlugen sich. Im August 1913 änderte Chamberlain mit Hilfe seines Anwalts Cosimas Testament, Troll entwarf zwischen Mitte Juli und Anfang August 1913 mehrere Versionen. Bislang waren Cosima und Siegfried zu gleichen Teilen Erben Wahnfrieds; nun setzte sie zu Lebzeiten Siegfried als alleinigen Erben ein. Er erhielt Wahnfried mit Nebengebäuden, Kunstwerken, Manuskripten, Bibliothek und Festspielhaus. Den Geschwistern stand lediglich je ein Fünftel von den Barbeträgen

50 Franz Troll an Isolde, 30.6.1913 (Abschrift) (SAB).

und Wertpapieren zu.[51] Das war eine erhebliche Verschlechterung für Isolde.

Die Demütigung traf sie bis ins Mark. Chamberlains Plan, sie zu enterben, hatte sich erfüllt. Nicht nur der Hinweis, dass die Zuwendungen auf rein freiwilliger Basis erfolgten, auch die Tatsache, dass der Sohn Franz Wilhelm aus der Nachfolge herausfiel, schockierte sie. Sie war davon ausgegangen, dass ihr Vormund Groß beim Tod ihres Vaters 1883 ihre Rechte gewahrt und die erforderlichen Vereinbarungen getroffen hatte. Dass Rechtsanwalt Troll auf ihre Geburtsurkunde, das Familienstandszeugnis und die Heimaturkunde auf »Isolde geb. v. Bülow« hinwies, machte ihr klar, dass sie nicht mehr Teil der Familie sein sollte. Es war aber kein erbrechtliches Kalkül, das von Wagner-Autoren so oft angeführt wird, weil sie die Finanzsituation als Hauptgrund für die Entfernung Isoldes sehen, sondern Wahnfried betrieb die Trennung von Franz Beidler und dessen Sohn.

Von Eva erhielt sie keine Hilfe, weil diese »ihrem teuflischen Rathgeber« Chamberlain folgte, so Isolde. Eva war der Ansicht, Isolde habe keine Ansprüche, da sie unter dem Dach Bülows geboren worden sei. Anders verhalte es sich bei ihr, die unter Wagners Dach zur Welt kam. »Das hat eine Schwester fertig gebracht ihrer Schwester zu schreiben!«, schrieb Isolde empört.[52] Hätte sie in Cosimas Aufzeichnungen blättern können, wäre sie auf einen Satz gestoßen, den ihr Vater bei der Geburt Siegfrieds in Cosimas Tagebuch schrieb: »Er wird der Schützer und Geleiter seiner Schwestern sein.«[53]

51 Testament v. 13.8.1913, in: Karbaum 1976, Teil II, 59.
52 Isolde an DT, 15.11.1916 (NA, Hs 15/116).
53 CW I, 105 (6.6.1869).

12. DER PROZESS
1914

Isolde begann nun Belege und Beweismittel zu sammeln, mit denen sie ihre Abkunft als Tochter Richard Wagners nachweisen wollte. Am eindrücklichsten war Wagners Gedicht, mit dem er sich zu ihr bekannte.[1] Cosima hatte dem Schriftsteller Glasenapp bei seiner großen Wagnerbiographie assistiert, und dort hieß es: »Zwei liebliche Töchter hatte sie, seit sie die Seine war, ihm geschenkt, Isolde und Eva mit Namen.«[2] Auf der Kompositionsskizze der *Götterdämmerung* hatte Wagner an Isoldes Geburt erinnert mit dem Satz »So geschehen und geschlossen am Tage, da mir vor 7 Jahren mein Söldchen geboren wurde. 10. April 1872.« Isolde verwechselte das mit der *Walküre*, und die Gegenseite benutzte dieses Versehen später genüsslich, indem sie eine solche Widmung gänzlich bestritt. Nach dem Ableben König Ludwigs II. schrieb Cosima an ihre in Dresden weilenden Kinder Eva, Siegfried und Isolde einen Brief, in dem sie betonte, dass der König »eures Vaters Schutzengel und Schirmherr war«.[3] Und Richard geriet einmal außer sich, als er auf dem von Daniela an Isolde adressierten Briefumschlag »An Frl. I. von Bülow« las. »Doch die düstre Anwandlung verging, und ununterbrochen freut er sich der Kinder und rühmt den Schoß, der ihnen den Stempel aufgedrückt!«, schrieb Cosima.[4]

1 Das Blatt (s. Abb. 1, S. 148) wurde im Auktionshaus Stargardt ersteigert und der Enkelin Dagny Beidler geschenkt, die es ihrerseits der Stadt Bayreuth vermachte. Wer es zur Auktion anbot, ist leider unbekannt.

2 Glasenapp IV, 262.

3 14.6.1886 (AB).

4 CW II, 950 (30.5.1882).

Waren das nicht Beweise genug? Isolde durchschaute nicht, dass es dem Gericht gar nicht um ihre Abkunft ging, sondern um ihren rechtlichen Status. Es ärgerte sie auch, dass Eva glaubte, sie stehe anders da, weil Hans von Bülow bei ihrer Zeugung angeblich nicht mehr in Tribschen lebte, und sie wehrte sich: »ebenso fällt sogar noch Siegfrieds Entstehung in die Zeit, da meine Mutter unter Bülow's Dach in München wohnte. (Meine gute alte Mrazek, die das Alles genau weiß, sagte dazu: ›Bülow war edel und wollte sie schützen‹). ›Entnahmt ihr was der Worte Schwall?‹ – Die Phrasenhaftigkeit solcher Briefe erinnert mich immer an die süßlichen Phrasen der Königin in *Hamlet*! Sie sehen, ich bin recht bissig geworden«, schrieb sie ihrem Anwalt.[5] Sie hatte Recht, denn Cosima und Hans zogen im Juni 1866 nach Tribschen und blieben dort bis September. Eva kam im Februar 1867 zur Welt.

Mit dem Bruder zu streiten hatte sich als nicht zielführend erwiesen, und ihr blieb als einziger Ausweg ein Brief an die Mutter. Es ging ihr vor allem um ihren Sohn und einzigen Enkel Richard Wagners. Sie sah sich durch den Brief des Anwalts Troll »systematisch zur Klagestellung gedrängt« und flehte Cosima an, im Interesse ihres Namens und ihrer Familie ihr einen derartigen Prozess zu ersparen: »denn wisse, weder für mich noch weniger für meinen Sohn lasse ich mir meine Abstammung von Richard Wagner durch meinen Bruder Siegfried abstreiten.«

Weiter schrieb sie: »Dreißig Jahre sind vergangen seit dem Tode meines unvergeßlichen Vaters, Dir brauche ich nicht auseinanderzusetzen, mit welcher Liebe er an seinen Kindern Siegfried, Eva und mir hing. Du kennst sein herrliches Gedicht, das er mir zu meinem 15. Geburtstag schrieb. Du weißt auch, mit welcher Liebe ich an ihm hing u. wie ich sein Andenken stets hochhielt. Da Siegfried unvermählt zu bleiben scheint u. Eva kinderlos ist, so ist mein Wilhelm Franz – bisher wenigstens – sein einzi-

5 Isolde an RA Dispeker, 17.3.1914 (STAM). Das Zitat ist aus *Die Meistersinger* 1. Aufzug, 3. Szene.

ger Enkelsproß. Da kannst Du Dir meine Verwunderung denken, als ich im Juno des Jahres plötzlich einen Brief eines Münchener Anwaltes erhielt, dessen Couvert die Anschrift enthielt: Frau Isolde Beidler geb. von Bülow […] Der Anwalt, der ›im Auftrage des Herrn Siegfried Wagner‹ schreibt, aber einfließen läßt, daß dieser ›im Einverständniss mit seiner Mutter‹ handelt, betont, daß Du und Siegfried mir bisher nur freiwillig Subsidien gewährt habt.«[6] Sie hatte durch ihren Anwalt Siegfried Dispeker nachfragen lassen, ob Groß nicht nach Richards Tod 1883 Vereinbarungen getroffen habe, wonach es sich nicht um freiwillige Zahlungen, sondern um einen Rechtsanspruch handele. Als Antwort wurde ihr Anwalt aufgefordert, ihre Geburtsurkunde, das Familienstandszeugnis und die Heiratsurkunde zu schicken.

Sie ahnte nicht, dass es Chamberlain war, der den Kampf gegen ihr Recht anfachte und sie enterben wollte, aber sie vermutete, dass die Namensnennung auf dem Umschlag finanzielle Gründe hatte. »Was soll die Bezugnahme auf meine Geburtsurkunde, da ja auch Eva (geb. 1867) und Siegfried (geb. 1869) vor der standesamtlichen Vereinigung unseres Vaters mit Dir (August 1870) geboren sind? Was soll diese gehässige, offenbar nur aus finanziellen Ursachen, plötzlich erhobene Bestreitung, daß ich die Tochter Richard Wagner's bin, angesichts der eigenhändigen Briefe meines Vaters, angesichts der frühen, auch vor meinen Geschwistern stets abgegebenen Erklärungen?«[7]

Sie nahm an, dass ihre Mutter von dem »schmählichen Intrigenspiel« nichts wusste, und drohte mit einer Klage, wobei weniger die materiellen als vielmehr die ideellen Gründe sie veranlassten, sich auf den ihr aufgezwungenen Kampf einzulassen. Ihr Anwalt, so schrieb sie Cosima, habe ihr ein Gutachten ausgearbeitet, wonach sie auf dem Klageweg ihre Rechte und die ihres Sohnes geltend machten konnte. Noch schrecke sie vor einem Prozess zurück, »um das Andenken meines lieben Vaters,

6 Isolde an CW, 2.09.1913: (AB)

7 A.a.O.

um Deinetwegen. Aber ich verlange nach den Briefen von Siegfried's Anwalt Klarheit, volle Klarheit. Ehe ich etwas unternehme, was unserem Namen wahrlich nicht zur Ehre gereicht und wozu ich durch Siegfried's Vorgehen gezwungen werde, wollte ich nicht unterlassen, Dir den ganzen Sachverhalt, von dem Du sicher keine Ahnung hast, klar zu legen.

Ich verlange, daß Siegfried, Eva und Du klipp und klar erklärt, daß ich die Tochter Richard Wagners bin u. daher gleiche Rechte, wie meine Geschwister Siegfried und Eva, besitze. In Deine Hände lege ich die Entscheidung [...] Lieber wäre ich zu Dir geeilt u. hätte Dir mein sorgenvolles Herz ausgeschüttet. Allein Du weißt, daß ich von Dir durch meine Geschwister fern gehalten werde u. so bleibt mir nichts anderes übrig als Dir zu schreiben.

Sollte ich keine Antwort erhalten, so weiß ich, daß man Dir auch diesen Brief vorenthält u. werde dann meine Consequenzen ziehen.

Mit innigstem Gruß! Deine Tochter Isolde.«[8]

Glaubte Isolde ernsthaft, die Mutter würde sich gegen Troll, Groß, Chamberlain, Eva, Schweninger und den zu ihrem Nachfolger ernannten Sohn stellen? Cosima hatte sich während der Jahre, in denen sie die Festspiele in Eigenregie leitete, als energische, willensstarke und verantwortungsvolle Leiterin eines riesigen Betriebes gezeigt. Mit ihrem hervorragenden musikalischen Können und strenger Disziplin hatte sie die Festspiele durch alle Konflikte navigiert. Ihre Leistung hat Theatergeschichte gemacht, und der Einfluss Bayreuths auf die Opernhäuser wuchs weltweit von Jahr zu Jahr. Jetzt war sie aber machtlos, denn Isolde konnte mit Angriffen auf Siegfrieds Lebensweise Richard Wagners Erbe gefährden. Man wird ihr geraten haben, alles dem Anwalt zu überlassen, denn sie unterschrieb die folgenden Zeilen, die sie Eva diktierte: »Mein Kind – Deinen Brief und Deine Einlage habe ich persönlich empfangen. Du hast dadurch eine Lage ge-

8 Isolde an CW, 2.9.1913 (Abschrift) (AB).

schaffen, die nur durch einen Rechtsanwalt weiterzuführen möglich ist. Ich habe darum Deinen Brief u. Einlage Deines Rechtsanwaltes unserem Rechtsanwalt zukommen lassen u. ihn mit der Erledigung beauftragt. Deine Mutter Cosima Wagner.«[9]

Isolde begriff, dass sie klagen musste, wenn ihrem Sohn als einzigem Erbe Gerechtigkeit widerfahren sollte. Sie übergab Dispeker ihre gesamten Unterlagen. Dieser schrieb ihr: »Interessant ist, dass Frau Cosima Wagner erklären ließ, daß sie bereit sei, den Eid zu schwören, daß Sie Tochter Bülow's seien!« Da sie etwas »erklären ließ«, ist anzunehmen, dass die Wahnfriedler sie gar nicht fragten, weil sich ihr persönliches Erscheinen aufgrund von Krankheit immer verhindern ließ. Und tatsächlich kam es nie dazu; Cosima erschien nicht zum Prozess und wurde vermutlich nicht über dessen Fortgang informiert.

Isolde war entsetzt und schrieb einer Freundin: »Was sagst Du dazu, daß meine Mutter gelassen falsch schwören will?! Darauf war ich allerdings nicht gefaßt! Das heißt, das Andenken meines Vater's in Ehren halt[en]! Weiß es Gott! Es geht mir wie meiner guten, treuen Lina Groß, die mir darüber schreibt: ›Du kannst Dir denken, daß wir einfach sprachlos über das Gehörte waren, es wäre doch recht traurig, käme es wirklich dazu, daß Deine Mutter diesen Eid schwören würde, sie ist eben ganz unter dem Einfluß Chamberlain – Siegfried – Eva's, u. weiß gewiß nicht mehr recht, was sie sagt.‹ […] Max meint, Schweninger würde sicher ein Veto einlegen, daß sie keinen Schwur zu leisten hätte, wahrscheinlich wird dies umgangen.«[10] Adolf von Groß bestätigte in einem Brief an Blandine, dass er mit Siegfried, Houston und dem Anwalt Troll in dieser Angelegenheit zusammenarbeiten würde: Troll sollte Angaben Isoldes »richtig stellen. Fidi und Houston werden darüber mit beschließen.«[11] Er, der sich so für Isoldes Sohn eingesetzt hatte, gab jetzt klein bei.

9 CW an Isolde, 13.9.1913 (Diktat Eva) (NA).
10 Isolde an Unbekannt, 22.3.1914 (NA, Hs 15/166).
11 A.v. Groß an Blandine, Mai 1914 (STAM, Ana 471).

Warum hat Eva sich nicht für Isolde eingesetzt? Von Franz Wilhelm gibt es eine klare Einschätzung. »Meine Mutter [Isolde] lebte in ihrer Jugend und noch bis zu ihrer definitiven Trennung von Wahnfried, die sie gebrochen hat, auf der Sonnenseite des Lebens, beschwingt, übermütig, bis zum vollendetsten Leichtsinn leichtlebig, strahlend, überall beliebt, überall gern gesehen und als ›Gast‹ (einer ihrer Spitznamen) überall zuhause. Ihr gegenüber stand Eva von Anbeginn an im Schatten. Sie war fast in allem das Gegenteil und hat dementsprechend ein schweres, leidvolles und im ganzen äußerst unbefriedigtes Leben gehabt. Ich weiß nicht, ob Ihnen bekannt ist, dass selbst Chamberlain ursprünglich meine Mutter heiraten wollte in den neunziger Jahren. Von einer höheren Warte aus gesehen, kann man es Eva eigentlich gar nicht so sehr verargen, daß sie sich später sehr häßlich, ja ausgesprochen bösartig zu meiner Mutter verhalten hat; nach den Umständen, die ich anzudeuten versucht habe, konnte sie, psychologisch betrachtet, kaum anders als sich so verhalten.«[12] Nun stand Eva nicht mehr im Schatten: Sie hatte einen Ehemann, der internationales Renommee besaß. Sie geriet in den Sog von Houstons Strategie und übernahm sie. Immerhin konnte sie ihren Ehemann daran hindern, die Zahlungen an Isolde zu sperren. Er gab zu, daran gedacht zu haben, aber er fand es doch besser, vor dem Prozess auf diese Maßnahme zu verzichten, um die in der Presse vorhandene Gegnerschaft gegenüber Bayreuth nicht weiter zu verstärken.

Während dieser dramatischen Ereignisse konzentrierte sich Franz Beidler in München auf sein Dirigat in Barcelona, wo er im Konzertsaal Palau de la Musica Catalana anlässlich der Feierlichkeiten zu Richard Wagners hundertstem Geburtstag dirigieren und am Jahresende die Aufführungen des *Parsifal* am Liceu übernehmen würde. Er reagierte euphorisch auf die Chance, das letzte Werk seines Schwiegervaters leiten zu können. Trotz der

12 FWB an Karl Alphons Meyer, 29.5.1940 (Archiv Werner Keller, Birmensdorf, Schweiz).

langen Pause »sahen mich die Partituren nicht wie fremd gewordene Wesen an, sondern wie uralte, bekannte, geliebte Freunde, denen ich so Unendliches danke an inneren u. äusseren Erlebnissen! [...] Ich bin in förmlicher, heiliger Extase über diese herrlichen und grössten u. erhabensten aller Werke u. fühle mich in eine andere Welt versetzt. Und der *Parsifal* greift mich so an, dass ich – wenn es nicht unmännlich – so viel geweint habe am Klavier – bitterste Tränen, aber auch solche der heiligsten Wonne! Bittere – auch in der wehmütigen Erinnerung, dass ich einst an der Stätte Deines erhabenen Vaters dieses Werk leiten durfte – ach so viele Erinnerungen, beseligende u. quälende – vorüber, vorbei – aber die Liebe zu den himmlischen Werken ist geblieben u. sie sind mir nach wie vor mein Evangelium!«[13] Er verehrte das Werk nicht als quasi-religiöses und symbolisches Ritual, er war vielmehr von der Wirkungskraft der Klänge fasziniert, die durch die Verwobenheit der Motive und die Raffinesse der Mehrdeutigkeit entstanden. Das Opernhaus war ihm kein Tempel, sondern ein Ort, an dem man vom musikalisch-dramaturgischen Erlebnis erschüttert wurde.

Am Bahnsteig von Barcelona wurde er von zahlreichen Mitgliedern des Wagnervereins und des Chores, von Komponisten, Musiklehrern und Musikkritikern enthusiastisch begrüßt und freute sich, dass Joaquim Pena und zwei weitere Kollegen des Wagnervereins ihm entgegengefahren waren: »Was er hier wieder gearbeitet hat zum Zustandekommen dieses Festes, das ganz grossartig werden wird (der Saal wird decorirt extra u. eine grosse Büste Deines Vaters aufgestellt etc.) – das ist wirklich einzig u. ich muss sagen, es sind hier wirklich ganz tüchtige Menschen beisammen, deren heilige Begeisterung für die Werke u. das Wirken Deines Vaters manchen Deutschen tief beschämen könnte.« In der Presse galt er als »der berühmte Maestro«. Hochgestimmt freute er sich auf die Arbeit. »Diese Unternehmen nun, diese Concerte (6 an der Zahl) reüssiren bis jetzt sehr

13 FB an Isolde, 27.4.1813 (AB).

u. ist das Abonnement schon so gross für alle Aufführungen, dass jetzt schon die Sache finanziell gewonnen ist, obwohl die Kosten enorm sind. (Das Orchester kostet allein gegen 20'000 Pesetas). [...] Pena plant nun nach diesen Aufführungen eine grosse Festveranstaltung in der Ausstellungshalle, wobei ausser dem Orfeo alle andern Chöre der Stadt u. aus der Umgebung [...] mitsingen, so dass etwa 2000 Sänger beieinander wären.« Stolz konnte er ihr mitteilen: »Mein Name prangt in grossen Lettern in den Blättern.«[14]

Isolde informierte ihrerseits Franz über die bisherigen Reaktionen auf das dramatische Geschehen daheim, nicht ohne ihn vor neuen Flirtereien zu warnen: »Verdreh' aber diesen neuen Opfern nicht auch noch den Kopf!« In dem Streit mit Wahnfried habe sie alle gemeinsamen Freunde auf ihrer Seite. Sie habe mit Max Groß gesprochen: »Die Schuftereien von Chamberlain, die ich durch seine Frau weiß, theilte ich ihnen auch mit u. erklärte ihn öffentlich entlarven zu wollen wenn er sein böses Spiel nicht sofort sistiert, nur in einem Punkt schrieb ich ihnen, habe sich Max gründlich geirrt, das sei in Deinem Betreff, Du habest Dich gar nicht in die Sache gemischt, sie sei von mir ausgegangen, Du habest immer nur dahin gewirkt, daß ich mich mit meiner Familie aussöhne u. mir in edler Weise sogar vorgeschlagen, daß ich mich von Dir loslöse.« Seine Briefe an Isolde unterstreichen diese Aussage; Franz ließ Isolde stets den Freiraum, selbst zu entscheiden.

Franz bekam ein Engagement ans Teatro Grande von Brescia angeboten, und Isolde jubelte: »Was für herrliche u. hocherfreuliche Nachrichten sind das! [...] Daß Du die affigen Italiener aus dem Felde geschlagen hast, ist ausgezeichnet. Du mußt ja unerhört Meisterliches geleistet haben, Du gottbegnadeter Mann! [...] Schade, daß Venedig ins Wasser fiel, aber die Theater dort sind sehr schlecht, während meine liebe Marietta Cerrini mir mitteilte, daß Brescia, so klein es ist, ein außerordentlich schö-

14 FB an Isolde, 6.5.1913 (AB).

nes Theater u. gute Kräfte besitzt. Da bist Du ja dann ganz in der Nähe unseres geliebten Gardasee's.«[15] Brescia wurde wegen des ausbrechenden Ersten Weltkriegs abgesagt, denn im Mai 1915 trat Italien in den Krieg gegen Deutschland ein.

Im Dezember 1913 leitete Franz Beidler in Barcelona neun Aufführungen von *Tristan und Isolde* im Liceu. Francisco Viñas sang den Tristan, Margot Kaftal die Isolde. Die letzte Vorstellung am 23. Januar 1914 war »d'honore«, das bedeutete, Beidler bekam einen Teil der Einnahmen zusätzlich zu seiner Gage – eine besondere Ehre. Anschließend befasste er sich mit aller Energie mit der Aufführung des *Parsifal*.

Am 1. Januar 1914 wurde ein 30-jähriges Aufführungsverbot des *Parsifal* aufgrund der Berner Konvention aufgehoben. Obwohl Wagner verfügt hatte, dass das Werk nur in Bayreuth gespielt werden dürfe, war die Neugier weltweit zu groß, und alle großen Bühnen rüsteten sich für eine Aufführung. Die Schweiz hatte ein anderes Zählsystem und führte die Oper bereits 1913 in Zürich auf; New York hatte sich um die Konvention überhaupt nicht geschert und schon 1903 das Verbot missachtet. Dem Liceu war es wegen des Zeitunterschieds zwischen Bayreuth und Barcelona juristisch möglich, die Aufführung am Silvesterabend um 22 Uhr 25 zu beginnen und am 1. Januar weit nach Mitternacht enden zu lassen. Einen Tag später folgten Madrid und Bologna, wiederum einige Tage später war La Scala in Mailand an der Reihe. Bologna begann die Vorstellung schon um 15 Uhr, um Madrid zu schlagen. Aber Barcelona und damit auch Franz Beidler konnten sich rühmen, als offiziell erstes Haus und erster Dirigent den *Parsifal* nach Ablauf der Schutzfrist in Europa aufzuführen.[16] Im Liceu saßen zweitausend Opernbesucher. Nicht alle waren mit dem Vorgehen einverstanden: Nach dem ersten Akt stürmten einige Mitglieder des katalonischen Wagnerverbandes aus dem Theater und protestierten, dass die Aufführung das gro-

15 Isolde an FB, 25.11.1913, 25.2.1914 (AB).
16 Kinderman/Syer 2005, 292.

ße Werk entweihen würde. Ein Teil des Publikums schlief ein, und der Rest hielt bis zum Schluss um 5 Uhr morgens durch.[17] Die spanische *La Vanguardia* schrieb, der renommierte Schweizer Experte für Wagners Opern habe »eine wahre Heldentat vollbracht und dieses Werk in allerkürzester Zeit eingespielt, er war die Seele des Ganzen und in jeder Hinsicht der führende Kopf. Zum zweiten gilt der begeisterte Applaus dem Haus, unserem Gran Teatre. Warum? Weil einfach alles gelungen war? Hat man uns vielleicht einen unübertrefflichen *Parsifal* geboten? Nein, das war es nicht. Es waren Mängel zu bemerken, zweifelsohne hat sie auch das Publikum bemerkt. Aber wir hatten einen *Parsifal*, der ohne Abstriche aufgeführt wurde und mit einer Pracht, wie es Wagner und dem barcelonischem Publikum gebührt.«[18]

Nach der Aufführung hieß es in der gleichen Zeitung: »Mit seinem eisernen Willen hat Beidler die Künstler des *Liceu* jeden Tag 17 Stunden proben lassen; ständig hat er in diesen letzten Wochen unter Spannung gestanden; all seine Intelligenz, all seine Energie hat er eingesetzt, um zu vollbringen, was niemand sonst vollbracht hätte, trotz kleinerer Unstimmigkeiten. Würde unser Publikum das Unternehmen nicht nötigen, ständig das Programm zu wechseln – was in den großen Opernhäusern Europas nicht der Fall ist –, dann würde solcher Einsatz auch von Zuverlässigkeit begleitet und Begabung wie Hingabe von absolutem Erfolg begleitet sein. [Operndirektor Paolo] Volpini und Beidler haben mehr, viel mehr geleistet, als zu erwarten war. Diesen beiden Herren gilt unser allererster Applaus […]. Der *Parsifal* braucht lange Probenzeiten, nicht Wochen, sondern Monate. Dennoch, Maestro Beidler wollte triumphieren und er hat triumphiert. Nichts hat das besser bewiesen als die Ovationen, die er vom Publikum erhielt.»[19]

Mit diesem gelungenen Wagnis schrieb sich das Liceu in die

17 Jerry Floyd: Barcelona, 31. December 1913, in: *Opera*, Juni 2011; Macedo 1998.

18 *La Vanguardia*, 2.1.1914.

19 A.a.O. (übersetzt von Michael Pfeiffer).

Annalen der Wagnerschen Operngeschichte ein. Franz war damit ein veritabler Coup gelungen. Ob Bayreuth erfreut war, ist zu bezweifeln, denn Cosima hatte viel unternommen, um die Freigabe von Wagners letztem Werk zu verhindern.

Im April 1914 reiste Beidler nach München zurück. Er besuchte Isoldes Anwalt Dispeker und erfuhr, dass die Angelegenheit der Abstammung Isoldes öffentlich breit diskutiert wurde, wobei die Sympathien mehrheitlich auf ihrer Seite waren.[20] Das war tröstlich, aber Isolde nahmen die Ereignisse seelisch mit. Sie war wieder zu einem Kuraufenthalt in Davos gereist und schrieb: »Es ist eine Traurigkeit darüber in mir, die ich wohl nie mehr verlieren werde. Ich schrieb soeben an Franz, dessen ›jugendlich heißes Gemüth‹ von Rache u. Haß erfüllt ist, daß ich nicht so empfinden mag und citirte ihm die schönen Worte Goethe's: ›Der Haß ist eine lästige Bürde, und senkt das Herz tief in die Brust hinab u. legt sich wie ein Grabstein schwer auf alle Freuden.‹ […] Eben haben die [*Münchner*] *Neuesten Nachrichten* den Geburtstagsspruch meines Vaters abgedruckt.[21] ›Jetzt bin ich berühmt‹ sage ich, wie einst Hans Thoma scherzhaft zu seiner Frau. Aber ich werde mich hüten, mich öffentlich irgendwo zu zeigen, denn es genirt mich die Sache doch sehr. Dafür ist das Verborgensein im Davosnest recht angenehm.«[22]

In einem Zeitungs-Interview gab Siegfried dem Ehepaar Beidler die Schuld an Cosimas Erkrankung 1907 und behauptete, dass Isolde in der gesamten Wagnerliteratur immer als Bülow-Tochter ausgegeben werde.[23] Das ließ Franz nicht auf sich sitzen, und er konterte mit der in einer Zeitung veröffentlichten Vermutung, dass Cosima nichts von den Machenschaften ihres Sohnes und des Schwiegersohnes Houston wisse und Eva und Sieg-

20 FB an Isolde, 22.4.1914 (AB).

21 Das Gedicht zu ihrem 15. Geburtstag, s. Abb. 1.

22 Isolde an FBs Tante, 2.5.1914 (AB). Das Zitat stammt aus Goethes Trauerspiel *Elpenor*.

23 *Frankfurter Zeitung* v. 26.5.1914, zit. nach der *München-Augsburger-Abendzeitung*.

fried seit Jahren Isolde daran hinderten, ihre Mutter zu besuchen. Die *Berliner Zeitung* vertrat Franz' Seite und schrieb, dass die Vorgänge in Wahnfried weit über den familiären Rahmen hinausreichten. »Wir berichteten von der energischen Stellungnahme des Kapellmeisters Beidler gegen die Überschätzung Siegfried Wagners als Komponist und Dirigent und deuteten bereits die Folgen dieses rücksichtslosen aber ehrlichen und gut gemeinten Vorgehens an. Was da kommen mußte, geschah schneller, als man erwarten konnte. Es ist zu einem vollständigen Bruch zwischen dem Kapellmeister Beidler und dem Hause Wagner gekommen, ein Bruch, der um so bedeutungsvoller ist, als Beidler ja auch der Gatte von Wagners Tochter Isolde ist. Ein künstlerischer und ein häuslicher Krieg also zugleich. Herrn Beidler wurde bedeutet, daß man von nun ab auf jede Mitwirkung von seiner Seite bei den Festspielen verzichte und daß er keine Vorstellung mehr dirigieren werde. Beidlers Scheiden von Bayreuth bedeutet einen noch gar nicht abzusehenden Verlust für die Kunst im Festspielhause.«[24]

Einer solchen Darstellung musste Wahnfried widersprechen. Chamberlain suchte nach Mitstreitern, da die Presse so eindeutig gegen Bayreuth Partei nahm, und war dankbar, als der Journalist Josef Stolzing-Cerny sich meldete. Dieser spätere NS-Sympathisant, der Hitlers Manuskript von *Mein Kampf* redigierte, wollte sich für Bayreuth einsetzen. Chamberlain antwortete: »Wie aber kann man mißleitete und böse Menschen verhindern zu prozessieren, die es gerade auf den Skandal abgesehen haben? [...] Es ist doch wahrhaftig komisch, daß hier, wo meiner ehrwürdigen Schwiegermutter u. meinem guten, auch dieser verirrten Schwester gegenüber unerschöpflich generösen Schwager ein widerlicher, jedes Zartgefühl verletzender Prozeß schamlos aufgedrungen wird, die gesammte Presse gegen diese edel Leidenden Partei ergreift, und nicht ein Einziger sich fragt; wer sind in Wahrheit die Menschen, die diesen Prozeß heraufbeschworen

24 *Berliner Zeitung*, o.D. (NA).

haben? und welche Beweggründe mögen sie dazu veranlassen?« Für ihn war klar, dass die Berichte der »neuesten Zaubergiftmischerei der Judenpresse« bzw. der »Schmierage der ekelhaften und so völlig talentlosen Judenblätter« entstammten. Cerny wurde aufgrund seines Hilfsangebots zum ersten *Ring*-Zyklus in die Familienloge eingeladen, »natürlich nicht – verzeihen Sie die dumme aber nöthige Distinktion – als Journalist, sondern als altbewährter Freund der Bayreuther Sache«.[25] Die Distinktion bestand darin, ihn als »Freund der Bayreuther Sache« zu beeinflussen.

Chamberlain nahm sich auch noch Adolf von Groß vor, um das Ehepaar Beidler endgültig loszuwerden. Er schlug vor, den persönlichen Verkehr gänzlich auszuschließen, da man »Mama und Fidi nicht zumuthen kann sich weiterhin der Unterhaltung des Herrn B[eidler] & seiner noblen Passionen zu opfern [...] Sentimentalität ist nicht am Platze, da sie ja immer nur auf Kosten M[ama]'s und F[idi]'s sich betätigt und zu unwürdiger Verlotterung führt.«[26] Er bezog Cosimas Arzt Schweninger in die Diskussion mit ein: »Ich fände ein Concilium zwischen Ihnen, Groß und uns sehr angezeigt, damit Beschlüsse gefaßt werden zu verhindern, daß wir allesammt an jener Thorheit zugrunde gehen. Der Mangel an entschlossenem Handeln in diesem Kreis macht mich rasend; allein kann ich aber nichts.«[27]

Es bleibt unklar, wieso Chamberlain überhaupt Chancen sah, dass Isolde den Prozess gewinnen könnte. Er hatte ebensowenig wie Isolde begriffen, worum es ging, und befürchtete, dass bei einem Sieg Isoldes Siegfried einen großen Teil seines Erbes verlieren würde.

Mit der Ankündigung eines Gerichtsverfahrens hatte die Presse reichlich Stoff, um alles abzuwägen und zu diskutieren. »Es ist einfach unbegreiflich, daß Frau Cosima Wagner bereit ist, die

25 CH an Stolzing-Cerny, 15.5.1914 und 13.10.1914 (NA). Nur ein geringer Teil der Zeitungen war in jüdischer Hand.

26 An A.v. Groß, 10.3.1914 (NA).

27 CH an Schweninger, 13.6.1913 (NA).

intimsten Intima ihrer beiden Ehen mit zwei großen Männern um eines kläglichen, aus egoistischen Motiven hervorgegangenen Familienstreites willen vor aller Oeffentlichkeit preiszugeben [...] Hätte Richard Wagner gewußt, dass dreißig Jahre nach seinem Tod ein solcher Skandal heraufbeschworen werden würde, so hätte er sicher in aller Form die Rechte seiner Tochter Isolde an seinem Namen und an seinem Vermögen sicher gestellt. Cosima Wagners Pflicht wäre es gewesen, diesem skandalösen Streit um die Vaterschaft Richard Wagners kurzerhand ein Ende zu machen durch die Erklärung, daß woran Richard Wagner selbst sein Leben lang nicht gezweifelt hat, Isolde Wagners Tochter sei. Aber Frau Cosima Wagner will den Prozeß ...«[28] Ironisch kommentierte die sozialdemokratische Berliner Zeitung *Vorwärts*: »Nicht Wagner hat Isolde erzeugt, sondern Hans von Bülow, Cosimas erster Gatte, behauptet die Mutter, sie gehört also zum Geschlecht der finsteren Alben und nicht zu dem der lichthaften Nibelungen. Wissen soll es die Welt! Kein Kuckucksei darf geduldet werden inmitten der edlen Adlerbrut. Seht Ihr die Szene der Verfluchung? Hört Ihr die düsteren Stabreime, in denen Frau Cosima, nornengleich, Geheimnis kündet? Hört Ihr des Meisters Musik zu den erhabenen Worten? Deutschland hält den Atem an bei dieser Bayreuther Komödie [...] Aber eins weiß man: daß in Bayreuth alles auf faustdicke Theatralik gestellt ist und daß die Wagner-Erben jedes Taktgefühl verloren haben.«[29] Derweil wurde Cosima in Wahnfried von allem abgeschirmt. Sie wird nicht geahnt haben, welche Schmach ihr Name in der Presse erlitt. Die Wahnfriedler ließen zu, dass die Presse sie moralisch vernichtete.

Bis zuletzt nutzten beide Parteien die Presse, um die Leserschaft von ihren Ansichten zu überzeugen. Franz betonte, dass Isolde nicht wegen des Geldes kämpfe, sondern um die Klarstellung ihrer Abstammung und somit ihrer Identität. Er wolle

28 *Düsseldorfer Zeitung*, 9.5.1914 (NA).
29 *Vorwärts Berlin*, 10.5.1914.

nichts zu seinem Konflikt mit Siegfried sagen, »im Interesse von Siegfrieds und Wahnfrieds Ehre«.[30] Das musste Siegfried als weiteren Angriff begreifen, denn natürlich rätselte die Öffentlichkeit, worum es sich bei seiner Ehre handeln konnte. Mit dieser Formulierung wurde die Neugierde erst recht angeheizt.

Daniela urteilte später über diese Zeit: »Ch[amberlain] u. sein Rechtsanwalt hatten Alles in die Hand genommen – Mama durfte nichts erfahren, Eva war – leider – auf Seiten ihres Mannes, Siegfried hatte die ganzen Festspiele auf sich lasten, konnte sich nicht darum kümmern, mir verheimlichte man Alles um mich zu schonen, da ich seelisch zusammengebrochen war, u. Adolf Groß war froh in Ch[amberlain] u. Tr[oll] zwei scharfe juristische Berather zu haben, in einer unmöglichen Situation. – Rechtlich denkende Menschen waren entrüstet über diese Lösung.«[31]

Siegfrieds Entschluss, die Schätze Wahnfrieds in eine Stiftung einzubringen, trägt Houston Chamberlains Handschrift, der sah, dass die Presse fast einstimmig auf Isoldes Seite stand, wodurch die Familie als Träger der Festspiele ihren Ruf gefährdete. Mit einer Stiftung hätte Siegfried Bewunderung statt Verachtung geerntet. Jeder wusste, dass Isolde in Wirklichkeit Richard Wagners Tochter war, und damit hätte ihr Ehemann Franz einen Fuß in der Tür zu Wahnfried gehabt, würde er nach Siegfrieds Tod noch leben. Mit einem Verzicht auf Besitz und Herrschaft auf dem Papier konnte man ethisch die Oberhand gewinnen und Bayreuth als weihevoll-religiöses Zentrum seinem Ruf gerecht werden. Houston wurde sofort aktiv. Von seiner geschiedenen Frau Anna erfuhr Isolde, dass er gleich bei der Ankündigung des Prozesses »sich täglich telephonierend mit Troll über die ›Stiftung‹ besprach«, was sie als einen Hinweis darauf sah, »daß sie hier die Möglichkeit unserer Ansprüche hierauf befürchteten«. Chamberlain sah in der Stiftung eine Möglichkeit, Isolde, sollte der Prozess verloren gehen, nur einen kleinen Teil des Ver-

30 *Die Post* v. 28.5.1914.
31 DT an Henriette Schoen, o.D. (NA, Hs 15/155).

mögens auszahlen zu müssen. Sie hatte kein Vertrauen mehr und schloss mit einem Ausruf: »Gott, wie ganz dem Wesen Papa's entgegenstehend sind diese Machenschaften u. wie traurig, daß das Recht solche Schurkereïen geschehen läßt.«[32]

Wie unaufrichtig die Ankündigung einer Stiftung war, zeigt Evas Äußerung, wonach der Plan, der »noch nicht ausgereift ist (kann es sich doch da nur um eine in späteren Zeiten einzusetzende Bestimmung handeln), vielfach so aufgefaßt wird, als sollten wir alle nun möglichst schleunig Wahnfried verlassen!!«[33] Dieser Plan wurde ausgeheckt, nachdem Isolde Wahnfried im Juni besucht hatte. Die Angst, sie habe sich mit Mann und Sohn in Wahnfried einbringen wollen, löste damit ihre juristische Festlegung als Bülow-Tochter, die Kürzung ihres Erbes in Cosimas Testament und die Erfindung einer Stiftung aus. Cosima erwähnt in ihrem im August 1913 revidierten Testament mit keinem Wort eine Stiftung – ein Beweis dafür, dass an eine Umsetzung nie gedacht wurde.

Isolde war die Einzige, die für den Stiftungsplan für Wahnfried und das Festspielhaus nicht eintrat, da er »nicht dem Wunsch und Gedanken meines Vater's entspricht, der, als Bayreuth die größten Nöthen durchmachte, wie das Defizit 1876, wo er – seine künstlerischen Empfindungen überwindend – zur Deckung eine Concerttournée unternahm und auch am Schluß, als Adolf Groß ihm den schlechten Besuch der *Parsifal*-Aufführungen meldete, eher eine Verringerung dieser Aufführungen nachgiebig zugab, als auf einen Plan, wie er jetzt […] gefaßt wurde, gekommen wäre.«[34]

Dr. Dispeker betonte in seinem Plädoyer, dass es sich für die Klägerin nicht in erster Linie um einen Rechtsstreit handle, sondern um die Bemühung nachzuweisen, dass ihr Sohn direkt von Richard Wagner abstamme. Er sei, solange Siegfried keine Kin-

32 Isolde an FB, 7.5.1916 (AB).
33 Eva an Blandine, 2.6.1914 (STAM Ana 471).
34 Isolde an FB, 8.3.1916 (AB).

der habe, der einzige männliche Nachkomme des Meisters. Zwar räumte er ein, dass Isolde als Erbin Hans von Bülows eingesetzt worden sei, unterstrich aber, dass sie im Gegensatz zu Daniela und Eva die 40 000 Mark von ihm niemals erhalten und Bülows Testament bis 1913 gar nicht gekannt habe. Außerdem verwies Dispeker darauf, dass Isolde Beidler niemals erklärt habe, Bülows Tochter zu sein. Ihm zufolge war der Streit nicht von der Mutter, sondern von ihrem Bruder ausgelöst worden, wobei es der Klägerin widerstrebe, mit persönlichen Invektiven und Beleidigungen zu antworten. »Als glatte Unwahrheit muß es bezeichnet werden, daß der Gemahl der Klägerin einen übermäßigen Verbrauch hat. Hofkapellmeister Franz B. ist in Barcelona während der Wintersaison angestellt, giebt außerdem viele Konzerte und verdient sich das Geld, das er braucht, selbst.«[35]

Es dauerte ein quälendes Jahr, bis das Urteil gesprochen wurde. Angesichts der zuweilen bösartigen Presseangriffe gegen Wahnfried waren die Nerven der Familie zum Zerreißen gespannt. Eva machte keinen Hehl aus ihrem Ärger über ihre Schwester. Es ginge der Mutter gut, schrieb sie Blandine, »von den schandbaren Scheußlichkeiten die Loldi unserem Haus zufügte erfährt sie natürlich nichts«. Adolf von Groß würde »mit Sorge« der gerichtlichen Entscheidung entgegensehen.[36]

Er hätte sich nicht zu sorgen brauchen, denn am 19. Juni 1914 wurde Isoldes Klage abgewiesen. Alle Beweise zu Isoldes biologischer Abstammung, denen sie so viel Gewicht beigeordnet hatte, waren hinfällig. Das Amtsgericht billigte der Klägerin zwar ein erhebliches Interesse an einer Klärung zu, weil sie sonst den Rechtsstreit wohl nicht begonnen hätte. Alle drei Kinder Richard Wagners waren nach dem Gesetz eheliche Kinder von Cosima und Hans von Bülow, da Cosima erst nach Siegfrieds Geburt Richard heiratete. Für Richard war aber nur der Sohn juristisch relevant gewesen. Siegfrieds Geburt wurde zivil- und

35 Prozessunterlagen Isolde Beidler (BAM, K106/VII 55a).).
36 Eva an Blandine, 5.5.1914 (STAM).

kirchenrechtlich verschwiegen und erst nach Cosimas Scheidung offiziell bekannt gegeben.[37] Das Luzerner Pfarramt hatte festgelegt, dass Siegfried das eheliche Kind Wagners sei, und so bekam er als einziges Kind den Namen »Wagner«. Das Gericht hielt sich an die Aussage Hans von Bülows, dass nur Siegfried nicht sein Kind sei. Dass die Frau als ein vom Mann abhängiges Wesen galt, die ihren Namen bei einer Verehelichung verlor, mag Wagners Gleichgültigkeit gegenüber den Töchtern in dieser Sache erklären; außerdem hat er sich selten um bürgerliche Gesetze gekümmert, wie seine Operngestalt Wotan, die ihm in vielem ähnelt. Die beiden Wagnertöchter blieben auf dem Papier dem ersten Ehemann Hans von Bülow als Kuckuckskinder zugeordnet.

Siegfried hatte vor dem Gericht Recht bekommen, aber Isolde siegte moralisch. Das Gerichtsurteil löste eine Flut von Presseartikeln und Kommentaren aus, die die Wahnfriedler hart trafen. So schrieb die *Deutsche Montags-Zeitung*: »Isolde i s t die Tochter Richard Wagners. Cosima und Siegfried wissen, daß das nichts mit der Frage zu tun hat, ob es möglich ist, diese Tochterschaft juristisch festzustellen.« Eine Wiener Zeitung schrieb, man sollte einen häuslichen Streit nicht auf der Straße fortsetzen. Aber man dürfe das offenbar, wenn man dem Gegner etwas anhängen wollte, ohne Rücksicht »darauf, daß es die eigene Schwester ist, und ohne sich darum zu kümmern, daß man die eigene Mutter mit dazu in den Mund der Leute bringt«. Die *Nationalzeitung* meinte: »Für den jetzigen Leiter des Hauses Wahnfried ist übrigens das Urteil ein zweischneidiges Schwert. Das Landgericht hat ja festgestellt, ›rein formell ist Siegfried von Bülow‹.«[38]

Nicht nur Cosima wurde beschuldigt, den Prozess heraufbeschworen zu haben, auch Richard wurde nun nachgesagt, dass er mit seiner Dreiecksbeziehung in den 1860er Jahren den Samen der Unmoral eingepflanzt habe. »Was sich hier abspielt, ist

37 Naegele/Ehrismann 2013, 42.

38 *Deutsche Montags-Zeitung* v. 27.7.1914; *Fremdenblatt Wien* v. 21.6.1914 (Felix Salten); *Nationalzeitung*, Berlin, 20.6.1914.

nichts als die Wirkung der bösen Tat. Es ist eine beinahe notwendige Folge des Wagnerschen Mangels an Selbstzucht, der ihn sich über die im allgemeinen menschlichen Interesse wohl erdachten Normen der sexuellen Ethik hinwegsetzen ließ.«[39] Das war eine schmerzhafte Kritik, die sich nicht nur auf Richards und Cosimas Betrug an Hans von Bülow bezog, sondern ebenso auf Siegfried mit seiner Verletzung der damaligen Normen der sexuellen Ethik zielte. Es gab aber auch die gegensätzliche Ansicht: »Die Genealogie hat gar nichts mit der Kunst zu tun und der Musikriese Wagner hat den Musikzwerg Siegfried Wagner als Nachkommen.«[40]

Isolde konnte sich ausmalen, dass Siegfried, Eva und Houston über den gewonnenen Prozess jubelten, der auch ein Sieg gegen die von ihnen verteufelte Presse war. Sie kämpfte trotz ihrer schlechten gesundheitlichen Verfassung weiter. Es ging immer noch um das Geld, das Hans von Bülow ihr und Eva vermacht hatte. »Nicht einmal das, was ich Herrn von Bülow's Generosität verdanke, gönnen mir diese Spitzbuben.« Sie ärgerte sich, dass behauptet wurde, sie habe die Zinsen aus den ihr zugesprochenen 40000 Mark Blandine zugesagt, und bat Troll, ihr zu bestätigen, dass sie nie etwas davon gewusst habe.[41] Die Lüge der Gegenseite belastete ihr Ehrgefühl. Im Februar 1915 kündigte Troll endlich die Überweisung der Summe an. Einen großen Teil davon verwendete sie zur Tilgung von Schulden, denn sie hatte sich Ende 1913 25000 Mark geliehen, bei jährlich 2000 M. Zinsen.[42]

Im Juni 1914 war ein Skandal entbrannt, nachdem ein Aufsatz verbreitet worden war, der Siegfried unverhohlen als homosexuell bezeichnete. Der Journalist Maximilian Harden ergoss seinen bitterbösen Spott über Siegfried in einem Rundumschlag, wofür er von Hedwig Pringsheim gelobt wurde: »Der Wagner-Artikel – na! Siegfried wird ihn sich hinter den Spiegel stecken

39 *Frankfurter Nachrichten* v. 21.6.1914.
40 *Wiener Caricaturen* v. 28.6.1914.
41 Isolde an Dispeker, 26.3.1915 (STAM).
42 Isolde an FB, 26.11.1913 (AB).

[…] wie klug Sie die Wahrheit gesagt haben.«[43] Harden war bestens informiert, vermutlich von Dispeker oder Beidler persönlich. »Tutte le Corde« nannte Harden seine Polemik, etwa: Spiel mit vollem Register. Zunächst wurde Richard Wagner selbst hart angegangen, weil er Cosima zum Ehebetrug verleitet hatte: »Rauben durfte er, nicht stehlen; doch ein Leben in Scherben schlagen, um damit von seines Genieparkes Mauer die Gaffer zu scheuchen, ein Lustrum lang lügen, in der Larve des gütig erhabenen, gnädig dankbaren Freundes den Willen, die Kraft, das Weib des ihm kindhaft Ergebenen [Hans von Bülow] nutzen, dem Treuesten eine dreiköpfige Brut antragen: Nein. Da ist auch genialischer Menschheit die unverrückbare Grenze gesetzt.«

Harden fand eine Erklärung dafür, dass Wagner nach der Geburt von Isolde und Eva die beiden Kinder nicht »unter den Schirm gesetzlicher Vaterschaft« nahm: weil er keine Wunden bei Bülow aufreißen und hässlichen Klatsch verursachen wollte. Er fragte sich, warum Cosima und Siegfried trotz des Zwists mit dem Ehepaar Beidler Isoldes Erbteil nicht gesichert hätten, so »daß Cosimas Testament den Knaben Franz Wilhelm Beidler als echten Enkel anerkennt, [sie] endlich also den Willen des Meisters vollstrecken werden? Dynastenwahn. Wir bestimmen, aus eigenem Souvrainrecht, wer zu uns gehört, wen wir, wie faulendes Gezweig, vom Stamm unserer Hausmacht lösen.« So habe Siegfried Isolde aus Bosheit finanziell und juristisch aus der Familie ausgegrenzt.[44] Das waren harte Worte, aber sie trafen den Kern der Sache. Hätte Siegfried Interesse an der dynastischen Fortsetzung der Festspiele nach seinem Tod gehabt, hätte er Franz Wilhelm anerkennen müssen. Aber der verhasste Schwager stand dazwischen. Stattdessen überwand er sich zu heiraten.

Franz war mittlerweile klar geworden, dass Isolde nie mehr gesund werden würde. Ende 1914 begann er eine Beziehung

43 Neumann 2008, 139.

44 Maximilian Harden, Tutte le Corde. Siegfried und Isolde, in: *Die Zukunft*, 27.6.1914, 424.

mit Walburga [Wally] Rass, 1894 geboren als Zweitälteste auf einem Bauernhof in Langenbruck bei Weiden, Oberpfalz. Die 19-Jährige wurde Hausangestellte bei Franz, in München und pflegte Isolde, wenn sie zwischen den Aufenthalten in Davos da war. 1915 und 1917 brachte sie eine Tochter, Elsa, und einen Sohn, Franz, zur Welt, die Franz als seine Kinder anerkannte und, wie seine Nachfahren erzählen, sehr liebte. Er war sieben Jahre jünger als Isolde und wollte mit 41 Jahren endlich ein Zuhause haben, das ihm Behaglichkeit und Ruhe vermittelte, abgesehen von den sexuellen Bedürfnissen, die durch die jahrelangen Krankheiten Isoldes vernachlässigt worden waren. 1922, drei Jahre nach Isoldes Tod, heiratete er Walburga und legitimierte damit das Verhältnis. Walburga verehrte ihren weltgewandten Mann.[45]

Dass Franz zu Unrecht fortan als jemand galt, der sich Mätressen hielt, musste er hinnehmen. Weitaus schmerzlicher waren die spärlichen Aufträge zum Dirigieren, die nach seiner großen Anerkennung in Moskau, Lissabon und Barcelona ausblieben. Siegfried Wagner und seine Entourage zum Feind zu haben erschwerte es ihm, in Deutschland Fuß zu fassen. Niemand dachte an ihn, als die Stadt München Wagners hundertsten Geburtstag 1913 mit einer Reihe von Aufführungen feierte, obwohl er seinen Wohnsitz dort hatte.

Zufällig fiel Danielas Scheidung mit dem Richterspruch zu Isoldes Verfahren zusammen. Heinz Thodes neue Liebe war die mädchenhafte dänische Geigerin Hertha Tegner. Isolde gab ihr die Schuld an der Zerrüttung der Ehe; sie habe erfahren, »daß dieses geigende Wesen, das der dumme Heinz für ein Genie u. einen Engel hält, von Herren in Bayreuth für ein ganz raffiniertes Pariser Luder erklärt wurde. Dieser Thor ist nun zu der Irrnis u. der Leidenspfade ewig verdammt.«[46] Diese despektierliche Ansicht war eher Wunschdenken, und Franz tat gut daran, ihr von seiner Beziehung zu Wally Rass nichts zu erzählen, sie

45 Nach Aussage von Katharina Beidler, die sie persönlich erlebte.
46 Isolde an FB, 25.2.1914 (AB).

wäre sonst ihrerseits unter ein ähnliches Diktum gefallen. 1920 starb Heinz Thode in Dänemark, angeblich an einer tückischen Magenkrankheit. Es ist aber eher an Unterernährung gestorben, wie eine Hertha Tegner nahestehende und insofern besser informierte Autorin behauptete: »Ein Opfer unter Millionen für die Grausamkeit des Krieges.«[47]

In Bayreuth liefen die Festspiele 1914 gerade an, als in Sarajevo der österreichisch-ungarische Thronfolger Franz Ferdinand und seine Frau einem Attentat durch einen nationalistischen Serben zum Opfer fielen, was den Ersten Weltkrieg auslöste. Die Österreicher planten einen Vergeltungsschlag gegen Serbien. Viele ungarische Gäste reisten vorzeitig ab, gefolgt von Besuchern aus Österreich. *Parsifal* war die letzte Oper, die erklang, bevor die letzten Gäste noch hastig abreisten. Viele stürzten zu den Zügen, andere verließen eilig die Stadt in ihren Autos. Die Sängerin Anna Bahr-Mildenburg wurde auf der Straße von einem Infanteristen angehalten, man hielt sie in ihrer Verkleidung für eine Russin. Der Zugverkehr stockte und schließlich konnte niemand mehr abreisen: »Endlose Züge trugen stündlich Militär, Kanonen, Pferde, Kriegsmaterial an die französische Grenze [...] Zurückgebliebene Rheintöchter, Walküren, Nornen und Blumenmädchen liefen mit Studenten und jungen Mädeln die Züge entlang, labten die Krieger, tränkten die Pferde, beluden sich mit ganzen Packen von Feldpostkarten [...] Siegfried Wagner lief mit Zigarrenkisten und Zigarettenschachteln unter dem Arm herum, und wenn der Vorrat ausging, so bettelten sie sich wenigstens ein Autogramm aus.«[48] In der allgemeinen Kriegseuphorie ahnte niemand, dass der Einsatz so blutig sein würde; man ging von einem raschen Sieg aus. Als am 28. Juli 1914 die offizielle Kriegserklärung Österreich-Ungarns an Serbien erfolgte, schlossen die Festspiele – und fielen zehn Jahre lang aus.

47 Michaelis 1925, 8f.
48 Bahr-Mildenburg 1921, 179ff.

13. »ICH BIN VERRATEN UND VERKAUFT« KAMPF UND ENDE 1914-1919

Als Siegfried, dank seines Alters und seiner Stellung vom Militäreinsatz verschont geblieben, sich wieder einmal aufmachte, um in Berlin seine Freiheit zu genießen, schickte ihm Eva einen denkwürdigen Brief, überschrieben mit »Betrachtungen für die Reise von einer bald 50jährigen Schwester«. Sie forderte ihn auf, eine »Maid« zu finden, die »Dir, Wahnfried und unserer Sache Not tut«. Sie begründete dies mit ihrem und Houstons fortgeschrittenem Alter und warnte: »Mache Loldi's unheimlich triumphierende Worte: ›Fidi heiratet ja doch nicht‹, nicht zur Wahrheit!« Eva schlug ihm verschiedene junge Frauen vor, die als Heiratskandidatinnen in Frage kamen, und machte ihm dabei deutlich, dass sie sehr wohl um seine Veranlagung wusste: »Mache es nicht wie Joukowsky, sondern folge Herzog Johanns Beispiel.« Und sie endete ihren Rat mit einem weiteren: »Finde also Dein Katerlieschen und bringe junges Leben in unser teures Wahnfried! S'ist Zeit!«[1] Während Joukowsky keinen Hehl aus seiner Lebensweise machte und mit seinem Partner offen herumreiste, heiratete Herzog Johann Albrecht von Mecklenburg (1857-1920), als er verdächtigt wurde, homosexuell zu sein.

Drei Monate später war das »Katerlieschen« gefunden – Winifred Williams, die spätere Festspielleiterin. Siegfried heiratete die 28 Jahre jüngere Frau am 22.9.1915, worauf Isolde ihre vor dem Bamberger Oberlandesgericht eingelegte Berufung zurückzog. Sie gab offiziell an, dass sich ein Prozess in Kriegszeiten nicht

1 Kraft 1969, 192f.

gehöre,[2] wird aber geahnt haben, dass es Siegfried mit der Heirat darum ging, einen Erben zu zeugen. Winifred brachte vier Kinder zur Welt, womit der älteste Enkel Richard Wagners aus der Nachfolge endgültig ausgeschaltet war.

Wegen der Aberkennung des Sohnes seines Feindes fesselte sich Siegfried mit einer Ehe, die seiner Natur nicht entsprach. Seine Ehefrau Winifred schickte ihrer Freundin Helene Roesener einen Artikel über Enthaltsamkeit in der Ehe zu.[3] Vermutlich litt sie darunter, dass Siegfried nach getaner Pflicht kein erotisches Interesse mehr an ihr aufbrachte. Nach seinem Tod 1930 begann sie ein Verhältnis mit dem Regisseur Heinz Tietjen.

Isolde kritisierte weiterhin die Änderung in Cosimas Testament von 1913, durch die Wahnfried und das Festspielhaus allein Siegfried zugesprochen worden waren, und sie schrieb ihrem Mann: »Daß die Sache mit Wahnfried u. dem Festspielhaus der wunde Punkt für sie sind, das erkannte ich ja schon längst. Darum wurde ausgesprengt: ich wollte Wahnfried unter den Hammer bringen u. Du würdest keine Ruhe geben, (wie mir Fidi schrieb) bis nicht jeder Stein des Festspielhauses zusammenfalle!« Sie war über diese Lügen empört und zugleich überzeugt, dass einiges Vermögen versteckt war: »Bei dieser lauteren Gesellschaft ist kein Ding unmöglich.«[4] Die Familie bot Anfang 1916 Isolde jährlich 24 000 Mark an; dafür sollte sie einen Erbverzichtsvertrag unterschreiben. Franz riet ihr dazu, denn schließlich würde Troll für den Sohn die Schulbildung bezahlen, er bekäme dann einen geregelten Unterricht und sei unter beständiger Aufsicht.[5] Sie weigerte sich aber; nach dem Testament Cosimas aus dem Jahr 1913 hätte ihr ein Fünftel der Barbeträge und Wertpapiere zugestanden. Vielleicht glaubte sie, ein Erbverzichtsvertrag könnte ihrem Sohn schaden, denn noch war er der einzige Nachfolger Wagners.

2 *Die Musik*, Bd. 14, Teil I, 1915.

3 LN.

4 Isolde an FB, 7.5.1916 (AB).

5 FB an Isolde, 28.1.1916 (AB). Das Testament von 1913 in: Karbaum 1976, Teil II, 59.

1915 litt Isolde an einer schweren Lungen- und Rippenfellentzündung. Im August 1916 plagte sie ein Katarrh, und sie spuckte wieder Blut. Die politische Lage trug zu ihrer schlechten Verfassung bei. 1915 verhängte England eine Blockade gegen das deutsche Kaiserreich, das dadurch von fast allen Außenmärkten abgeschnitten war. Riesige Profite der Großunternehmen, vor allem der Rüstungsindustrie, hatten – gekoppelt mit der Korruption – eine allmähliche Inflation zur Folge. Im Kriegsverlauf wurde es auch für die Agrarwirtschaft schwierig. Sie schrumpfte um 30%. Viele Menschen waren unterernährt und hungerten. Im sogenannten Steckrübenwinter 1916/17 wurden Rüben anstatt Kartoffeln zum Hauptnahrungsmittel.[6] An Kunst oder Musik war kaum zu denken – Franz hatte keine Engagements und zwang sich, Klavier zu üben, um seine Finger »wieder in Ordnung zu bringen«. So arbeitete er an Liszts h-Moll Sonate und an der Etude de Concert Nr. 3 Des-Dur, Un Sospiro (bei der sich die Hände effektvoll überkreuzen) in der Hoffnung, damit auftreten zu können.

Anwalt Troll ließ Isolde wissen, dass das Familienvermögen durch den Krieg an Wert verloren habe. Sie war jedoch überzeugt, dass Teile des Familienvermögens dem Festspielfonds zugeschoben worden waren.[7] Wahnfried gegenüber hatte sie alles Vertrauen verloren. In einem Bittbrief an Adolf von Groß schrieb sie: »Ich glaube ja auch, daß mein Vater Alles daran gewendet hätte, um mir in dieser Noth zu helfen.«[8] Er hatte immer eine Lösung in Gelddingen gefunden und scherte sich wenig darum, ob er es besaß oder nicht. Derweil war Franz in München auf der Suche nach einem Darlehen. Aus der Schweiz konnte er 100 Franken auftreiben, musste Isolde aber mitteilen, dass er ihr kaum etwas abgeben könne »mit Rücksicht auf die ungeheuren Preise der Lebensmittel«. Er gestand ihr seine Lage: »Wie ich befürchtete, so ist es; Troll teilte mir gerade jetzt mit, dass die 2000 M.

6 Wehler 2003.

7 Isolde an Dispeker, 26.3.1915. (STAM, Cgm).

8 Isolde an A. von Groß, 7.6.1916 (NA, Hs 15/108).

Ende Dezember schon für 1916 galten u. jetzt für Oct. Nov. u. Dez. nurmehr 3000.- übrig sind. Davon fallen 1. Oct. 1000 für die Wohnung weg, bleiben also für die drei Monate Oct. Nov. u. Dez. 2000.-, also monatlich rund 667.- M. Was ich Dir irgendwie abgeben kann, gebe ich Dir natürlich, muss aber auch rechnen, dass meine Reise zu Dir für eine Uebersiedlung auch wieder kostet.« Es musste zudem eine Rechnung von rund 10000 Mark für das Hotel und das Sanatorium bis Jahresende pünktlich bezahlt werden.[9]

»[Es] ist der Zustand des Nicht Zahlen Können's, den ich in meinem Leben noch nie durchmachte einfach unerträglich!« schrieb Isolde. »Könnte nicht Troll wenigstens dem ein Ende machen, da die Verhandlungen unbegreiflicherweise so lange andauern u. mir durch Wahnfried eine bestimmte Summe dafür, einstweilen, vorstrecken lassen, die sie mir abziehen können?« Sie wollte ihm auch eine völlige Übersicht über ihre Auslagen zusagen. Die Gedanken quälten und ermüdeten sie. Einem Journalisten, der in der Presse über ihre Situation berichten wollte, schrieb sie: »Ich stehe der Oeffentlichkeit fern u. bedaure es tief, durch den mir auferlegten unseligen Prozeß in diese gezogen worden zu sein. Sie werden mich gewiß nicht mißverstehn u. meinen Wunsch: mich nach all' dem Traurigen, das ich erlebte, immer mehr von der Welt zurückzuziehen, begreifen.«[10]

Isolde zuliebe machte Franz noch einmal den Versuch einer Verständigung mit Siegfried. Isolde schrieb: »Das ›mea culpa‹, das von seiten meines Mannes, aus Liebe für mich, unlängst in ergreifender Weise, mit Zurücksetzung allen Stolzes, dorthin geschah, [wurde] durch Siegfried damit beantwortet, er gehe auf keine Versöhnung ein u. wolle mit Beidler's nichts mehr zu thun haben. Auch auf meinen Anruf, mir – in Betreff meines Mannes – helfend beizustehn, die Worte aus *Parsifal* citierend: ›Das Böse bannt, wer's mit Gutem vergilt‹ u. die wahrhaft christliche Gesinnung

9 FB an Isolde, 15.9.1916 (AB).
10 17.7.1918 (AB).

meines Vater's, die uns zur Richtschnur dienen sollte u. müßte, vorhaltend, daran erinnert, daß er es sogar über sich brachte, dem verrätherischen Karl Ritter die versöhnliche Hand darzureichen, die dieser traurige Mensch nicht annahm, worauf mein Vater auf einen Zettel nur die Worte: ›Karl, was bist du für ein Mensch‹! hinterließ, gingen Siegfried u. Eva nicht ein u. überließen mich grausam meiner Pein.«[11] Isolde spielte auf ein Treffen ihres Vaters mit dem Freund Karl Ritter an, bei dem es zum Streit kam, Ritter aber unversöhnlich blieb.

Die Gedanken an die Mutter ließen sie nicht los. Sie träumte von »Mama«, der sie in Wahnfrieds Garten im Laubengang entgegenging und die ihr mit der größten Zärtlichkeit begegnete. »Leicht beschwingten Schrittes, an meiner Hand, schritt sie mit mir Wahnfried zu.« Lachend wachte sie auf. Einmal weinte sie »wie ein Schloßhund über all' den Jammer, und das erleichterte meine arme, totmüde Seel«.[12] An der Trennung litt sie ebenso wie Cosima, denn 1917 schrieb Daniela einer Freundin, dass die Mutter an Isoldes Geburtstag »wieder einen ziemlich schweren Anfall [erlitt] – ich weiß, wie stark der Zusammenhang der Natur mit diesem ihrem unglücklichen verirrten Kinde ist [...] Sie ahnt ja nichts von dem grauenhaften Prozeß, und der ebenso schändlichen Lösung desselben seitens Ch[amberlain]'s u. seines ruchlosen Anwaltes.« Dieser habe nicht nur Isolde in die Verzweiflung getrieben, sondern auch ihre Existenz und die von Heinz vernichtet. »Einst muß die Wahrheit durchdringen – aber das Odium dieser Lösung muß auf I[solde] fallen, der Unschuldigen u. Wehrlosen. Und H[einz] unser aller Helfer – und Schützer – ist ferne!«[13] Ihr geschiedener Ehemann teilte ihre Skepsis gegenüber Chamberlain.

11 Isolde an Ida Vogl, 7.7.1916 (NA, Hs 15/110).

12 Isolde an FB, 24.6.1916 und 17.7.1918 (AB).

13 DT an Henriette Schoen, vermutlich 12.4.1918, da sie erwähnt, dass Friedelinds Taufe (geb. 1918) kurz bevorstand (NA, Hs 15/138). Es wurde versucht, Danielas Wunsch nach der Wahrheit mit dieser Biographie entgegenzukommen.

Isolde empfand Franz' Besuche in Davos als »Sonnenschein«. Aber sie merkte, wie sehr ihre Gesundheit nachließ, denn sie magerte ab und fand, sie sei nur noch »ein Gerippe«. »Es hat aber auch gar zu viel Sorge u. Kummer in mein Leben gespielt und mich gelähmt.« [14]

1918 ahnte die Familie, dass Isolde nicht mehr lange leben würde. Damit Franz ihren Anteil nicht erben konnte, veranlasste Siegfried eine erneute Änderung in Cosimas Testament. 1913 war bereits bestimmt worden, dass die vier Geschwister je 10% des Kapital- und Barvermögens bekommen sollten, 60% standen Siegfried zu. Nun folgte ein Nachtrag: Obwohl das Barvermögen zum Nachlass gehörte, »soll doch nur mein Sohn Siegfried mein Erbe sein und gilt die Zuwendung von je ⅕ des Reinnachlasses an seine Geschwister nur je als Vermächtnis.«[15] Vermächtnisse werden an bestimmte Personen erteilt. Sollte Isolde sterben, ging Franz – und damit auch der Sohn – leer aus. Dieser zählte ohnehin nicht mehr als Erbe, da Winifred und Siegfried zu diesem Zeitpunkt bereits einen einjährigen Sohn namens Wieland hatten.

Kurz vor Isoldes Tod eilte Daniela als Einzige der Familie zu ihr und konnte mit ihr sprechen, solange sie noch geistig präsent war. Sie hielt der geliebten jüngeren Schwester die Treue. Als ihr die Tränen kamen, tröstete Isolde sie. Am nächsten Tag sagte ihr der Arzt, dass das Ende nahe sei, worauf sie bat, mit Franz allein zu sein. Am 7.2.1919 verstarb sie.

Zur Beerdigung auf dem Münchner Waldfriedhof war neben Franz und seinem Sohn eine überschaubare Gruppe zusammengekommen. In der Friedhofskapelle wurde aus dem *Parsifal* gespielt. Der Pianist und frühere Hauslehrer der Wagnerkinder, Berthold Kellermann, die Frau des Präsidenten der bayerischen Akademie der Wissenschaften, Franziska Crusius, und die künstlerisch begabte Baronin Marietta Cerrini geleiteten Daniela. Eva

14 Isolde an eine Freundin, 3.9.1916 (STAM, Cgm 8405).

15 Karbaum 1976, II, 59 (Nachtrag vom 2.9.1918).

und Siegfried erschienen nicht. Später wurde Isoldes Leiche von der Tochter Franz und Wally Beidlers nach Söcking gebracht, unweit vom Starnberger See, und als Walburga 1975 starb, wurde sie im Grab von Franz und Isolde beerdigt. Es ist ein seltsamer Zufall, dass das Grab unweit der Villa liegt, die König Ludwig II. Wagner einst zur Verfügung gestellt hatte – und wo Isolde gezeugt wurde, bevor Bülow seiner Ehefrau Cosima von Berlin aus nachreiste.

Nach Isoldes Tod wiederholte Siegfried seine Version des Geschehens: »Unsere Eltern thaten alles, um uns froh, frei, wahr und gesund zu machen! Und alles schlug bei Isolde in das Gegentheil: aus einer wahren Natur ward eine unwahre, aus einer frohen eine trübe, aus einer Freien eine geknechtete, und aus einer kerngesunden kräftigen eine krank dahinsiechende!« Er hoffte, »daß in ihrer letzten Leidenszeit auch in ihr ihr eigentliches Wesen wieder erstanden ist, damit ihre Seele gereinigt und geläutert, von den Dämonen befreit ins Reich des Friedens einging. [...] Wir haben unsrer Mutter nichts mitgetheilt!«[16] Die Begriffe »Reinigung« und »Läuterung« machen sie zu einer Figur, die Schuld auf sich geladen hat. War sie schuldig, weil sie auf das Recht ihrer Herkunft pochte, ihren finanziellen Anteil verlangte und ihren Sohn als rechtmäßigen Erben anerkannt haben wollte? Wann log sie, und von welchen Dämonen sollte sie befreit werden? Siegfried, der wegen seiner Homosexualität selbst eine Lüge leben musste, blieb unversöhnlich. Daniela hingegen hatte ein anderes Bild: verantwortlich an dem Desaster sei allein Chamberlain. Sie war überzeugt, dass Isolde sich dem Sohn zuliebe auf den Prozess einließ, der sie »ins Verderben riß, weil von der anderen Seite das Schlimme auf ruchlose Weise erwidert wurde – ohne der Geschwister Schuld«.[17]

Chamberlain war sicherlich erleichtert, dass mit Isoldes Tod die Streitereien zwischen den Parteien beendet waren. Er konnte nun in Ruhe schriftstellern, und es gelang ihm, bis zu seinem

16 SW an Baronin Cerrini, 1919, zit. b. Conrad II.

17 DT an Henriette Schön, 15.2.1919 (NA, Hs 15/147).

Tod 1927 mit seinen Publikationen eine Brücke zu Adolf Hitlers NS-Ideologie zu bauen. Er lieferte die Ideen und Stichworte zur völkisch-nationalistischen Bewegung mit scheinbarer Seriosität, so dass seine Arbeiten beim deutschen Bildungsbürgertum wie ein Gütesiegel wirkten. Isolde – davon ist wohl auszugehen – hätte diese neue Bewegung willkommen geheißen, da sie viele Elemente enthielt, die die Eltern den Kindern bereits vermittelt hatten. Es wäre daher eine Täuschung, würde man alleine Chamberlain und die Mitarbeiter der *Bayreuther Blätter* als Ideologielieferanten Hitlers ansehen. Es war Richard Wagner selbst mit seinen Plädoyers für Germanismus und seinem Hass auf das Jüdische, den er mündlich und schriftlich verbreitete.

Daniela wollte nicht in der Nähe ihres Schwagers Chamberlain leben und arbeitete ab 1914 sechs Jahre lang als Hilfsschwester in einer Nervenklinik in Jena, wo sie verletzte und traumatisierte Soldaten pflegte. Sie war die Einzige in der Familie, die sich der Realität stellte und sich mit dem Krieg auseinandersetzte. Als die Festspiele 1924 wieder aufgenommen wurden, kehrte sie zurück und beteiligte sich bis zur Übernahme der Festspielleitung durch Heinz Tietjen 1931 wie früher am Kostümwesen. Als ehemalige Gattin eines Kunsthistorikers hatte sie sich einiges an Wissen angeeignet und arbeitete, wie ihre Mutter vor ihr, vornehmlich historisch-traditionell.

Nach Kriegsende bekam Franz vom Königlichen Theater in Madrid das Angebot für ein fünfmonatiges Engagement, was zeigt, wie sehr man ihn dort schätzte. Er sagte aber wegen seines kranken Vaters ab. Mit Isoldes Tod hatten die Zahlungen aus Bayreuth aufgehört, und um Mietkosten einzusparen, zog Franz 1921 von der Prinzregentenstraße nach Schwabing. Er ließ die meisten Möbel und Wertsachen versteigern und hoffte auf einen Erlös von 150000 Mark. Es war aber der denkbar schlechteste Moment für eine Auktion, denn zwischen 1920 und 1925 entwertete sich das Geld rapide. Hatte die Mark 1920 noch ein Zehntel des Wechselkurses von 1914, besaß sie ein Jahr später nur noch ein Hundertstel ihres Wertes, 1922 nur mehr ein Tausendstel. Das Pech schien ihn zu verfolgen. Franz begleitete gelegentlich SängerInnen bei Konzerten, so die Hofopernsängerin Louise Theisen-Perard-Petzl, die spätere Professorin an der Akademie für Tonkunst in München Else Mauermayer und den Bariton Fritz Feinhals. Er lebte vom Unterricht, den er gab, wollte sich einmal auf Rat eines Freundes in Solothurn bewerben, erfuhr aber, dass es ihm in München mit der ihm zugestandenen Schülerzahl besser ging. Der Sohn Franz Wilhelm bekam von Wahnfried zumindest 500 Mark monatlich, womit er sein Studium finanzieren konnte.

Als die NSDAP 1923 einen »Deutschen Tag« in Bayreuth abhielt, lernten Siegfried und seine junge Frau Adolf Hitler kennen. Siegfried war von dem »herrlichen Mann« begeistert, und Hitler beteuerte, Wagners Werke schlössen »alles in sich, was der Nationalsozialismus erstrebe«.[18] Nach der zehnjährigen Pause wurden die Festspiele 1924 mit den *Meistersingern*, dem *Ring* und dem *Parsifal* wieder eröffnet, und die Bühnentechnik erneuert. Siegfried verhehlte nach außen hin seine Sympathie für die illegale Hitlerpartei, um die jüdischen Besucher nicht vor den Kopf zu stoßen. Houston Chamberlain musste keine Rücksicht nehmen und überzeugte viele Deutsche mit seinem einheitlich völkisch-konservativen Sprachduktus. Hitler habe »gewirkt wie ein Gottessegen, die Herzen aufrichtend. […] Gott, der ihn den Deutschen geschenkt habe, möge ihn uns noch viele Jahre bewahren zum Segen für das deutsche Vaterland!«[19] Tatsächlich blieb er noch 21 Jahre an der Macht, bis große Teile Europas durch diesen »Gottessegen« in einen Scherbenhaufen verwandelt worden waren.

1925 begleitete Franz Beidler in Konstanz den Königlich-Bayerischen Kammersänger Fritz Feinhals, der an zahlreichen europäischen Opernhäusern Gastspiele gegeben hatte, bei einer konzertanten Version des *Parsifal* am Flügel. Franz' Vortrag am Vortag (vermutlich Erläuterungen zur Oper) musste wegen Pu-

18 Zit. b. Karbaum 1976, Teil II, 69.
19 Gamm 1984, 255.

blikumsmangels ausfallen, und das Honorar entfiel. Er schrieb an Wally, das Konzert sei künstlerisch gut verlaufen, »aber eine Pleite sondergleichen in finanzieller Hinsicht! Ein elendes Pech!«[20]

Für 1926 ist ein Dirigat Beidlers von *Tristan und Isolde* im Züricher Opernhaus nachweisbar. Die *Neue Zürcher Zeitung* war voll des Lobes: »Beidlers Entwicklung vollzog sich im engsten Kontakt mit den Koryphäen der Wagnerstadt; ihrem Beispiel verdankt Beidler nicht zuletzt seine künstlerische Disziplin, seine weise Mäßigung, die ihm eine durchaus objektive Ausdeutung der Tristanpartitur ermöglicht. So kam eine Aufführung zustande, die in instrumentaler Hinsicht, zumal an temperamentvoller Lebendigkeit kaum etwas zu wünschen übrig ließ. Unser Orchester, das eine wahrhaft berauschende Klangpracht entwickelte (ganz besonders Hörner und Celli) unterstützte dabei in prächtiger Weise seinen Führer.«[21] Diese Kritik hätte Isolde herzlich gefreut.

Zehn Jahre nach Isoldes Tod fragte Cosima ihre Tochter Blandine nach Isolde: »Wo ist Loldi?« Blandine: »In Davos.« Es folgte eine längere Pause. Cosima: »Isolde ist ja gestorben.« Blandine: »Ja Mama, sie ist schon lange erlöst.« »Wo ist sie begraben?« Blandine: »In München, wo sie zuletzt lebte.« Cosima: »Das weiß ich: in München.« Lange Pause. Die Zitate wurden von Eva aufgeschrieben, mit der Überschrift »Mamas Worte«.[22] Sie zeigen, dass Cosima weiterhin an die Lieblingstochter dachte.

Drei Menschen, deren Leben miteinander verstrickt gewesen waren, verstarben 1930: am 15. Januar Franz Beidler, dem am 1. April Cosima und am 4. August Siegfried folgten. Siegfried vermachte Wahnfried und das Festspielhaus seinen vier Kindern, also auch den beiden Töchtern Friedelind und Verena. Damit unterschied er sich von seinem Vater, der nur den Sohn Siegfried bedacht hatte. Seine Gattin Winifred wurde Vorerbin des Nach-

20 FB an Walburga Beidler, geb. Rass, 11.4.1925 (AB).
21 *NZZ* Nr. 318 v. 27.2.1926 (Morgenausgabe, 2).
22 CWZ, 761 (Mamas Worte, von Eva niedergeschrieben).

lasses, und sie leitete die Festspiele als ein privates Familienunternehmen. Durch einen Trick schloss sie die beiden Töchter aus der dynastischen Folge aus: Sie vermietete Wahnfried und das Festspielhaus an die beiden Söhne Wieland und Wolfgang, die nicht daran dachten, ihre Schwestern einzubeziehen, trotz ihrer scharfen Proteste.[23] So setzte sich die Benachteiligung von Frauen in der Familie fort.

Der damalige Festspielleiter Heinz Tietjen ordnete sich Hitler unter, damit die Institution Bayreuth weiter existieren konnte: »Diese Entscheidung ist vom Führer selbst gefällt worden, untersteht also nicht der Kritik«, teilte er Daniela mit, die eine Neuinszenierung des *Parsifal* ablehnte. »Man scheint ihn nicht zu kennen, wenn man glaubt, er ließe sich in seinen Entscheidungen irgendwie beeinflussen.«[24] Winifred hatte keine Skrupel, sich mit Hitler zu zeigen, im Gegenteil. 1933 schrieb sie: »Ich halte mich jetzt auch nicht mehr so bescheiden in dem Hintergrund – setzte mich neulich z.B. mit Absicht in der *Walküre* in Hitlers Loge, so dass alle Welt uns zusammen sah.«[25]

1935 übergab Eva Chamberlain Cosimas Tagebücher sowie ein Konvolut von Briefen Cosimas (nicht jedoch die Briefe an Richard, die Eva verbrannte) als Geschenk an die Richard-Wagner-Gedenkstätte in Bayreuth, machte aber zur Bedingung, dass Dr. Strobel dort nicht mehr der Leiter sein dürfe. Ein möglicher Grund hierfür: Strobel hatte laut verkündet, dass Isolde die Tochter Richard Wagners sei.[26]

Daniela Thode verstarb am 28.7.1940, zwei Jahre später, am 26.5.1942, folgte ihr Eva nach. Beide waren Parteigenossinnen und Trägerinnen des goldenen Ehrenabzeichens der NSDAP. Daniela hatte 1939, zwanzig Jahre nach Isoldes Tod, einen schweren depressiven Anfall, wie sie ihn seit dem Gerichtsverfahren um

23 Rieger 2012, 294f.

24 Tietjen an DT, 12.1.1934 in: Karbaum Teil II, 96. Vgl. auch Heer/von Haken 2010.

25 An Helen Roesener, 6.12.1933 (LN).

26 Eger 2010, 12.

Isolde nicht mehr erlitten hatte. Sie wurde in ein Krankenhaus eingeliefert, und als Eva sie besuchen wollte, warf sie sie aus dem Zimmer.[27] Sie wusste, dass Houston Chamberlain der Urheber des verschärften und zerstörerischen Verhaltens gegenüber Isolde war, aber wenn sie ihn anklagte, meinte sie damit auch Siegfried. Den Bruder anzugreifen wäre ein Tabubruch sondergleichen gewesen, der ihr unerträglich war. Die Mutter hatte Siegfried, den Sohn, in fast religiöser Weise aufgezogen, der Richard Wagners Vermächtnis in die Welt tragen sollte. Das Zerwürfnis überforderte sie psychisch.

Isoldes Sohn Franz Wilhelm hatte in Berlin Jura und Musikwissenschaft studiert. Er und seine jüdische Ehefrau Ellen Gottschalk, eine studierte Soziologin, arbeiteten eng mit dem Kulturpolitiker Leo Kestenberg zusammen, der das preußische Schulmusikwesen modernisierte und prägte. Die beiden verließen Deutschland nach der Machtergreifung. Obwohl er sich nie darum beworben hatte, wurde Franz Wilhelm Beidler nach Kriegsende 1946 vom Bayreuther Oberbürgermeister Meyer gebeten, ein Konzept für einen Neubeginn Bayreuths zu entwerfen. Franz Wilhelm schlug die Bildung eines Stiftungsrats vor, der sich mit der geistigen Erneuerung der Festspiele befassen sollte. Ihm schwebte die Gründung eines Teams prominenter Mitarbeiter vor, mithin eine Ablösung von der dynastischen Tradition. Dieser Vorstoß kam bei der Familie denkbar schlecht an, und Friedelind Wagner wurde zu Thomas Mann geschickt, um ihn, den Beidler für den Vorsitz vorgesehen hatte, gegen den Plan einzunehmen. Friedelind sah sich als Retterin der Festspiele: »Ich vereitelte den Versuch unseres Cousins Beidler, der von einer Gruppe unter der Leitung Thomas Manns unterstützt wurde, die Familie zu enteignen und die Kontrolle über die Festspiele zu erhalten.«[28] Franz hatte gegen die Familie keine Chance. Was ihn empörte, war die mangelnde Aufarbeitung der NS-Jahre; er sah

27 Vgl. Hilmes 2009, 267.
28 Friedelind Wagner an Geoffrey Skelton, 15.1.1970 (NTh).

den Geist dieser Zeit noch in den 1950er Jahren bei der Neueröffnung der Festspiele walten, und in dem Artikel »Bedenken über Bayreuth« missbilligte er, dass man nach dem materiellen und moralischen Zusammenbruch 1945 so tat, als sei nichts geschehen. Der Artikel wurde kritisiert, er habe das »auf Grund persönlicher Ressentiments« geschrieben.[29] Wie recht er jedoch hatte, wurde jüngst von Hans Rudolf Vaget bestätigt, der Udo Bermbachs Analyse der Programmhefte 1951-1976 widersprach, in denen die Entnazifizierung zum Thema gemacht worden sei. Vaget zufolge habe man »den Wagnerschen Antisemitismus in den Heften ausgeklammert und nie problematisiert«.[30]

Franz Wilhelm Beidler besuchte Bayreuth nie wieder. Eine bitter-scherzhafte Bemerkung konnte er sich seiner Tante Winifred Wagner gegenüber nicht verkneifen, als er sie beim ersten Telefongespräch nach Kriegsende eingedenk Hitlers Traum vom »Tausendjährigen Reich« fragte, wie es ihr nach tausend Jahren ginge. Siegfrieds Tochter Friedelind, die 1973 wie die Wagnerfamilie eine Millionensumme vom Staat für das Wagnersche Archiv erhielt, wollte ihr Erbe der Tochter Ellens und Franz Wilhelms vermachen, überlegte es sich aber anders und vererbte es einem jungen Freund. Das Unrecht, das Isolde angetan wurde, übertrug sich somit auf die beiden Töchter Siegfried und Winifred Wagners (Friedelind und Verena), von dort auf den Sohn des Ehepaares Beidler und weiter auf deren Tochter. Der verhängnisvolle Ausschluss Isoldes aus der Wagnerfamilie hinterließ keine Gewinner, sondern nur Verletzte.

Isolde, Richard Wagners erstes Kind, hat ein Leben geführt, das mit großen Wünschen und Hoffnungen begann. Mit elf Jahren erlebte sie die feierliche Eröffnung der Festspiele. Die Werke ihres Vaters kannte sie bald auswendig, und sie konnte SängerInnen

29 Vgl. Rieger 2012, 293.

30 Hans Rudolf Vaget: Entnazifizierung? Udo Bermbach untersucht den Der Neu-Bayreuther Gründungsmythos, in: *Musik & Ästhetik* 25.97 (2021), 87-96.

so gut bewerten, dass Cosima auf sie hörte. Im Opernmilieu aufgewachsen und künstlerisch begabt, hätte sie Malerin oder Kostümbildnerin werden können. Ihre Malerei zeigt eine entwicklungsfähige künstlerische Begabung, die jedoch nicht gefördert wurde. Sie erbte die Unbedingtheit, die ihr Vater in der Kunst und in der Realität auslebte. Sie bestand darauf, zu reisen, und besaß damit eine gewisse Unabhängigkeit, die vielen Frauen ihrer Generation versagt war. Freiheit konnte man das aber nicht nennen; es gab Frauen, die viel mehr durften: die 1858 geborene Komponistin Ethel Smyth erklomm Berge, radelte, reiste alleine durch Europa und studierte in Leipzig. So etwas hätte Cosima ihrer Tochter nie gestattet.

Warum hat Isolde sich nicht von ihrem Zuhause befreit? Für Frauen aus dem rechtskonservativen Milieu herrschten strenge Regeln und Inhibitionen. Als sich Deutschland nach dem Ersten Weltkrieg vom Kaiserreich in eine Republik verwandelte, kam es zu einer Lockerung der Geschlechterordnung. Keine Korsetts mehr, die Chance eigener Lebensentwürfe, die Befreiung von alten Rollenmustern: das wurde in der Weimarer Republik für viele zu einer Realität, die erst mit der Übernahme durch die Nationalsozialisten gestoppt wurde. »Dem männlichen Kaiserreich folgt die weibliche Republik.«[31] Man könnte hinzufügen: Der weiblichen Republik folgte wiederum die männliche Diktatur.

Während die Ehen ihrer Geschwister aus Gründen der Konvention geschlossen wurden, heiratete Isolde aus Liebe. Im 19. Jahrhundert wandelte sich das Heiratsverhalten, es kam zu einer größeren Eigenständigkeit bei der Wahl des Ehepartners, die starke Einflussnahme seitens der Eltern ließ nach. Isolde war die Einzige in der Familie, die diesen Schritt wagte. In die Ehe habe man einzugehen »wie in ein Kloster, mit derselben Umkehr aller Eigenwilligkeiten«, hatte Cosima ihren Töchtern vermittelt.

31 Sabina Becker: Verhaltenslehren der Emanzipation. »Neue Frauen« in Weimar, in: *Zeitschrift für Ideengeschichte* H. XIV/, 33.

»Wer die Ehe so auffaßt, kann in ihr glücklich werden. Wer aber die Befriedigung der Eigensüchtelei in ihr sucht, wird elender gewiß als in der Einöde.«[32] Das sagte eine Frau, die ihrem Ehemann jeden Wunsch von den Lippen ablas, ihm den Vorrang in allen Dingen gab und die Kinder entsprechend erzog. Isolde hatte die Unbedingtheit ihres Vaters in Liebesdingen geerbt. So wie Wagner Phantasie und Wirklichkeit gerne vermengte, traf dies auch auf Isolde zu, deren Leichtgläubigkeit und Naivität sie oft an der Realität scheitern ließen.

Für Isolde standen die Festspiele im Zentrum ihres Lebens. Sie war daher überglücklich, sich mit einem Mann zu verbünden, für den die Liebe zu Wagners Werk mit Leidenschaft verbunden war. Cosima dagegen verband eine verklärte, quasi-religiöse Dimension mit dem Werk Richards. Franz Beidlers Begeisterung für Wagners Musik hatte aber nichts mit Cosimas ideologischem Bekenntnis zur Bayreuther Überhöhung zu tun. Er konnte die besondere Rolle, die daraus für Siegfried erwuchs, nicht akzeptieren. Cosima aber folgte Richard, der von Anfang an den Status Siegfrieds als dem einzigen Sohn auf die Spitze getrieben hatte. Zwei Aufgaben waren für ihn vorgesehen: zum einen sollte er die Kontinuität des väterlichen Schaffens nach dessen Tod garantieren, zum anderen den Glauben an Wagners Sendung steigern, weil die Festspiele als ein gewinnorientiertes Opernhaus keinen dauerhaften inneren Sinn gehabt hätten. Wie Cosima einmal schrieb, sei Richard der »Stifter von Bayreuth« und dessen »Philosoph«.[33] *Parsifal* als Weltanschauungsmusik und Krönung seines Werks sollte eine religiöse Aura erhalten. Für Franz Beidler war in dieser ineinandergreifenden Konstellation (das Werk als Heiligtum, der Sohn als Wagnersches Jesuskind) kein Platz.

Sollte sich Isolde die am Frühstückstisch geäußerten hämischen Urteile über selbständige Frauen zu eigen machen, oder

32 Zit. b. Moulin Eckart II, 57.
33 Waldberg 1933, 187 (4.4.1881).

ihr Augenmerk doch besser auf die Darstellung Brünnhildes im *Ring* richten, die Widerstand und damit Stärke zeigt, auch wenn sie sich mehrheitlich auf ihren Geliebten konzentriert? Wagner, der in seinen Opern die bürgerlichen Gesetze missachtet und Inzest, Mord, Vergewaltigung und Betrug, aber auch die ungezügelte, freie Liebe beschreibt, blieb im realen Leben streng in seiner Missachtung von Frauen, die die Gesetze des Anstands verletzten. Es sei etwas künstlich Gemachtes, wenn eine Frau schreiben wolle. »Von Natur aus liebt oder haßt sie, während es des Mannes natürlicher Ausdruck ist, zu schreiben.« Die Frau soll durch den Mann, durch den Dichter zur Philosophie kommen. Cosima und er hielten die Emanzipation der Frau für einen »›jetztzeitlichen Unsinn‹«.[34] Cosima kritisierte, dass man »Frauen einleitet unabhängig zu sein, zu künstlern und zu schriftstellern oder zu mediziniren«; der Geist nütze nichts, »wenn man nicht weibliche Anmut und Scham besitze [...] Nie widersprechen ist das Beste«, und: »Die Frau soll und darf alles dem Geliebten aufopfern, der Mann aber kann und soll einen Punkt haben, wo er nicht weicht noch wankt.«[35]

Isolde kam daher nicht auf die Idee, sich eine professionelle Laufbahn zu erkämpfen. Die mangelnde Entwicklung ihrer künstlerischen Möglichkeiten kann man auf ihre Entschlusslosigkeit zurückführen und zeitgenössische Frauen benennen, die diese Fesseln abstreiften und ihr Glück versuchten. Sie wurde aber in einem double-bind gehalten: einesteils mit allen Möglichkeiten der Bildung, mit Benehmen und Gesprächskultur ausgestattet, um sich einen Ausbruch zuzutrauen, andernteils durch Ge- und Verbote unsichtbar gefesselt.

In einem undatierten Brief an Isolde bringt Cosima das Dilemma ihrer Tochter zur Sprache. Die Unschuld und Reinheit, die Goethes Ottilie vertritt und mit der Isolde verglichen wird, unterstreicht Cosimas Ansicht, wonach es Isolde an Erfahrung

34 CW II, 339 (29.4.1879); I, 138 (8.8.1869); 23 (2.1.1869); 138 (8.8.1869).
35 Waldberg 1933, 97, 209, 213 (9.8.1880, 27.6., 27.4.1881); CW I, 78 (29.3.1869).

und an der Wahrnehmung von Intrigen und Unwahrheiten, also der Bösartigkeit dieser Welt mangele:

»Ich entsann mich gestern, daß wie ich zur Zeit Deiner Kindheit die *Wahlverwandtschaften* las, unwillkürlich bei der Beschreibung von Ottilien's Wesen, Deine Erscheinung vor mir stand. Ich entsann mich Deiner steten Thätigkeit, Deines frühen Aufspringens, Deines Muthes u. Deiner Verachtung der Schmerzen, vor allem Deines inneren Zusammenhanges mit mir, der Dich von einer Fügsamkeit machte, wie ich sie gar nicht kannte, Deine Neugierdelosigkeit u. Deine Zufriedenheit machten mein Glück aus.« Aber Cosima fürchtete, dass Isolde »nicht für die Welt gemacht« war; »für sie muß man geschmeidig sein, einen sehr scharfen Verstand haben; alle Malicen u. Perfidien dahinnehmen als ob man sie nicht merke, oder sie übertrumpfen. Man muss in einer Menge von fremden Sprachen Nichtssagendes angenehm parlieren können u. so gut wie in der Intimität die Rücksicht für die Anderen als das leitende Prinzip in sich tragen.«[36] Die Malicen und Perfidien Chamberlains, Evas und Siegfrieds vermochte sie in der Tat nicht zu durchschauen.

Wie Cosima Daniela bestimmt hatte, sich um das Wohlsein ihres Vaters Hans von Bülow und ihres Großvaters Franz Liszt zu sorgen, sollte Isolde für ihre Mutter da sein. In dieser Rolle hätte Cosima sie vor der Außenwelt schützen können. Stattdessen übernahm Eva diesen Part, jedoch im Bewusstsein, dass sie nicht die erste Wahl war. Der Autor Rudolf Kassner fand sie »häßlich, affectiert und boshaft« sowie »humorlos […] ein boshafter Fisch im Sulz«.[37] Der Neid auf Isolde kann auch der Grund dafür sein, dass Eva in den Jahren der Krise der Schwester nicht beistand. Wie in allen Familien mit mehreren Kindern herrschte ein komplexes Gewebe aus Sympathien, Antipathien, Eifersüchteleien und Ambiguität. Gelegentlich plagten Cosima Zweifel über ihre Erziehungsmethoden, denn sie schrieb einmal: »Mich dünkt

36 O. D. (AB).
37 Zit. b. Fritz 2021, 552.

es, als ob ich für meine Mädchen nicht das täte, was ich sollte, indem ich sie nicht in ihr eigenes Leben zu führen verstehe.«[38]

Isolde wurde von Cosima eingeflüstert, sie lebe unter dem feindlichen Einfluss von Franz. In Wirklichkeit kannte sie ihre Tochter und wusste, dass Isolde sich von ihrer eigenen Natur nicht entfremden konnte: Wenn sie liebte, dann bedingungslos und endlos treu. Sie hielt sogar nach Franz' Affäre mit der Sängerin Emmy Burg-Zimmermann zu ihm. Als Franz sich einmal über das autoritäre System in Bayreuth beklagte, antwortete sie: »Was das Drucksystem anbelangt, so laß Dir sagen, daß wir alle unter diesem Druck aufgewachsen sind, der unsern Frohmuth eigentlich geknickt hat. Du hast es richtig als die französische Erziehung bezeichnet u. Kleist sagt dasselbe. Mama wurde streng französisch – fern der Eltern – erzogen u. das hat sich auf sie übertragen. Wir haben als Kinder viel, gar viel erdulden müssen. Laß mich lieber darüber schweigen. Es hat vielleicht auch sein Gutes gehabt. Der Freimuth wird aber auf diese Weise unterdrückt u. das erträgt ein schweizerisches Moggel eben nicht.«[39] Das waren tief empfundene, offene Worte, die zeigen, in welchen Widersprüchen sie aufwuchs: einerseits mit dem Geschenk der Bildung und den Privilegien der oberen Schicht ausgestattet, andererseits eingeengt von strengen Regeln, die sie fesselten und festnagelten. Unüberbrückbar war auch die an Siegfrieds Autorität gebundene Festspielidee, die einen Aufstieg Franz Beidlers verunmöglichte. Als ihr Mann von der Familie Wagner verstoßen wurde und ihm der Zugang zu den Festspielen verschlossen blieb, verlor sie ihren Lebensmut, der sie bis dahin getragen hatte.

38 CW an Marie von Schleinitz, in: Du Moulin II, 287.

39 Isolde an FB, 29.1.1908 (AB). Heinrich von Kleist widerspricht der Prämisse der absoluten Formbarkeit des Kindes, vgl. Schmidt/Allan/Howe 2014.

Nachbemerkung

1938: Eine provisorische Bühne und viel Publikum, das sich mit Stühlen begnügt, die nicht für Konzerte gedacht waren. Die Mäntel werden einfach darübergelegt. Ein Holzgerüst als Bühne, und der große Arturo Toscanini dirigiert unentgeltlich. Es handelte sich um ein ganz besonderes Konzert, das den Beginn der Luzerner Festspiele in der Schweiz einläutete: Toscanini stellte sich für das ungewöhnliche Experiment zur Verfügung, denn er dirigierte neben dem Haus, in dem der von ihm so verehrte Richard Wagner mit Frau Cosima und Kindern von 1866 bis 1872 glückliche Jahre verbracht hatte. Hier, in der Nähe von Tribschen, wollte Toscanini an den großen Komponisten erinnern, und der Erfolg übertraf alle Erwartungen. Ein Jahr später kehrte der Dirigent zurück und organisierte ein Sonderkonzert für aus-

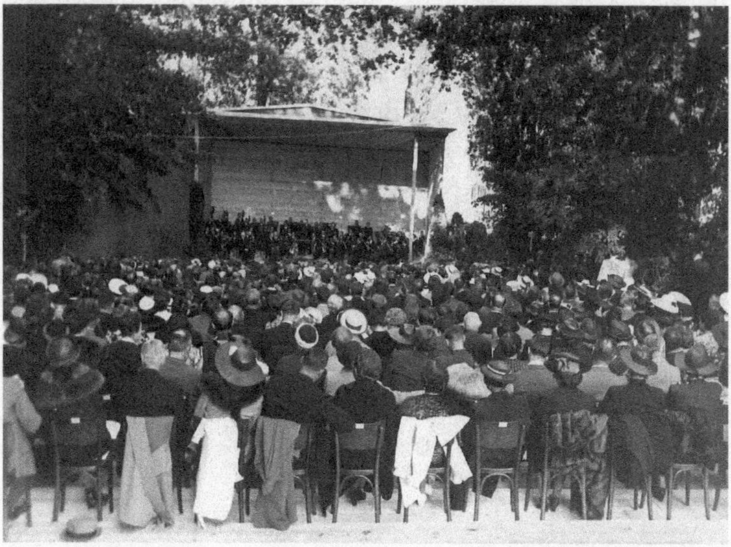

gesuchte Gäste. Darunter befanden sich die noch lebende Stieftochter Wagners, Daniela, und die Tochter Eva, sowie die Enkelin Friedelind. Er dirigierte mit wenigen Musikern das *Siegfried-Idyll* in der Tribschener Villa, in der Richard Wagner die Geburt seines ersten und einzigen Sohnes gefeiert hatte.

Einer fehlte in der Liste der Verwandten: Richard Wagners ältester Enkel wurde nicht eingeladen, obwohl er eine Stunde Bahnfahrt von Luzern entfernt lebte und sich Toscanini anlässlich eines Konzertes des Maestros in Paris in einem Schreiben schon 1933 vorgestellt hatte.[1] Franz Wilhelm hatte sich früh gegen den Nationalsozialismus gestellt, musste mit seiner jüdischen Ehefrau Ellen, Tochter eines angesehenen Gynäkologen, nach Frankreich fliehen und zog dann nach Zürich, da sein Vater Schweizer war.

Der Enkel war weder bei seiner Familie noch bei den Luzerner Kulturschaffenden gut angesehen, die sich für das Tribschner Wagnermuseum Ausstellungsstücke von der NS-freundlichen Familie in Bayreuth erhofften und auch bekamen. Er erhielt auch 1942 keine Genehmigung, seine Biographie Cosima Wagners im Haus Tribschen abzuschließen, während Daniela und Eva dort ihre Ferien verbringen durften.[2] Der Kontakt zu den beiden nationalsozialistisch Begeisterten war den Museumsbetreibern und Arturo Toscanini wichtiger.

»Manche Leute sind entsetzt, dass Toscanini selber Sie nicht eingeladen hat«, schrieb ein Brite an den Wagner'schen Enkel.[3] Die Schweizer Musikforscher hielten sich zurück, denn in der Schweiz wurde »wenig Solidarität den Opfern des NS-Regimes von Seiten der Kollegen zuteil«.[4]

Der Ausschluss Isoldes aus der Familie hat seinen Schatten noch auf die Nachfahren geworfen: Es war und blieb eine unversöhnliche Familiengeschichte.

1 FWB an Toscanini, 10.10.1933 (AB).
2 Vgl. D. Beidler 2020, 160-163.
3 Christopher Hayes an FWB, 28.8.(o.J.) (AB).
4 Walton 2000, 267.

Danksagung

Zu Dank bin ich FreundInnen und KollegInnen verpflichtet, die durch Kommentare, Korrekturen und Vorschläge zur Entstehung beitrugen: Hannelore Abt, Beatrix Borchard, Isolde Brückner, Ulrich Drüner, Gudrun Foettinger, Sven Fritz, Hans Hablützel, Hannes Heer, Max Hilfiker, Markus Kiesel, Birgit Kiupel, Mikhail Kuchersky, Helen Marxer, Barry Millington, Stephan Moesch, Verena Naegele, Michael Pfeiffer, Mário Vieira de Carvalho, Chris Walton. Der größte Dank gebührt Dagny Beidler, die das meist unveröffentlichte Quellenmaterial aus den Nachlässen ihrer Großmutter Isolde sowie ihres Großvaters Franz Philipp Beidler zur Verfügung stellte und mit vielen Diskussionen und Gedanken zur Entstehung dieses Buches beitrug. Sie war eine wirkliche Mitarbeiterin, obwohl sie nicht so genannt werden möchte.

Bibliographie

Primärquellen (Briefe, Erinnerungen u.a.)

Bahr-Mildenburg, Anna: *Erinnerungen*. Wien/Berlin 1921.

Bake, Rita/Kiupel, Birgit (Hg.): *Das Leben als Drama. Erinnerungen an Theresienstadt: Elsa Bernstein*. Dortmund 1999.

Barth, Herbert (Hg.): *Der Festspielhügel. Richard Wagners Werk in Bayreuth 1876-1976* (1973). München 1976.

Beidler, Dagny R.: *Für Richard Wagner! Die »Rosenstöcke«-Bilder seiner Tochter Isolde*. Köln et al. 2013.

Blaukopf, Herta (Hg.): *Gustav Mahler, unbekannte Briefe*. Wien/Hamburg 1983.

Burk, John N. (Hg.): *Richard Wagner Briefe. Die Sammlung Burrell*. New York 1950.

Busch, Eva: *Und trotzdem. Eine Autobiographie*. München 1991.

Chamberlain, Anna: *Meine Erinnerungen an Houston Stewart Chamberlain*. München 1923.

Cornelius, Peter: *Schriften und Briefe*, hg. von Paul Egert. Berlin o.J.

Duncan, Isadora: *Memoiren*. Zürich/Leipzig/Wien 1928.

Fricke, Richard: *1876. Richard Wagner auf der Probe* (1906). Stuttgart 1983.

Gamm, Hans-Jochen (Hg.): *Führung und Verführung: Pädagogik des Nationalsozialismus: eine Quellensammlung*. Frankfurt/M. 1984.

Gautier, Judith: *Wagner at Home*. New York 1911.

Gewande, Wolf-Dieter: *Hans von Bülow. Eine biographisch-dokumentarische Würdigung*. Lilienthal 2004.

Goltz, Maren/Herta Müller (Hg.): *Königin und Täubchen. Die Briefe von Cosima Wagner an Ellen Franz/Helene von Heldburg*. München 2014.

Großmann-Vendrey, Susanna: *Bayreuth in der deutschen Presse*, Bd. 3,1, Regensburg 1983.

Hein, Annette: *Es ist viel ›Hitler‹ in Wagner. Rassismus und antisemitische Deutschtumsideologie in den »Bayreuther Blättern« (*1878-1938*)*. Tübingen 1996.

Herbst, Cristina (Hg.): *Hedwig Pringsheim, Tagebücher*, 5 Bde. Göttingen 2013.

Hess, Carol A.: *Enrique Granados: a Bio-Bibliography*. New York 1991.

Jachmann, Günther (Hg.): *Adolf von Hildebrands Briefwechsel mit Conrad Fiedler*. Dresden o.J. (1927).

Karbaum, Michael: *100 Jahre Bayreuther Festspiele. Studien zur Geschichte der Bayreuther Festspiele (1876-1976)*. Regensburg 1976.

Kniese, Julie (Hg.): *Der Kampf zweier Welten um das Bayreuther Erbe. Julius Knieses Tagebuchblätter aus dem Jahre 1883*. Leipzig 1931.

Lehmann, Lilli: *Mein Weg* (1913). Leipzig 1920.

Leyen, Friedrich von der: *Leben und Freiheit der Hochschule. Erinnerungen*. Köln 1960.

Mack, Dietrich 1980 s. CWZ.

Mahler-Werfel, Alma: *Tagebuch-Suiten 1898-1902*, hg. von Antony Beaumont und Susanne Rode-Breymann. Frankfurt/M. 1998.

Maier, Elisabeth: »Années de pèlerinage«: neue Dokumente zu August Göllerichs Studienzeit bei Franz Liszt und Anton Bruckner. Wien 2013.

Materna, Amalie: »Erinnerungen von Amalie Friedrich-Materna«, in: *Mitteilungen der Österreichischen Gesellschaft für Musikwissenschaft*, 1991, 17ff.

Mayreder, Rosa: *Mein Pantheon. Lebenserinnerung*. Dornach 1988.

Meysenbug, Malwida von: *Der Lebensabend einer Idealistin*. Berlin/Leipzig 1903.

Moering, Renate (Hg.): *Briefwechsel Hugo von Hofmannsthal – Christiane Gräfin Thun-Salm*. Frankfurt/M. 1999.

Müller, Ulrich/Peter Wapnewski (Hg.): *Richard-Wagner-Handbuch*. Stuttgart 1986.

Neumann, Angelo: *Erinnerungen an Richard Wagner*. Leipzig 1907.

Neumann, Helga und Manfred (Hg.): *Hedwig Pringsheim: Meine Manns. Briefe an Maximilian Harden 1900-1922 (2006)*. Berlin 2008.

Plüddemann, Martin: »Eine Geburtstagsfeier bei Wagner in Neapel (1880)«, in: *Richard Wagner-Jb.*, hg. von Joseph Kürschner. Bd. 1 1886, 89-92.

Poppenberg, Felix: »Kreisleriana. Auszüge aus Hans von Bülows Briefen«, in: *Die Frau Jg. 12*. H. 11/1905.

Pretzsch, Paul (Hg.): *Cosima Wagner und Houston Stewart Chamberlain im Briefwechsel 1888-1908*. Leipzig 1934.

Rolland, Romain: *Aus meinem Leben: Erinnerungen an Kindheit und Jugend*. Amsterdam 1949.

Sattler, Bernhard (Hg.): *Adolf von Hildebrand und seine Welt. Briefe und Erinnerungen*. München 1962.

Schad, Martha (Hg.): *Cosima Wagner und Ludwig II. von Bayern. Eine erstaunliche Korrespondenz*. Bergisch Gladbach 1996.

Schemann, Berta (Hg.): *Cosima Wagner – Briefe an Ludwig Schemann*. Regensburg 1937.

Schemann, Ludwig: *Meine Erinnerungen an Richard Wagner*. Stuttgart 1902.

Schemann, Ludwig: *Lebensfahrten eines Deutschen*. Leipzig 1925.

Schleicher, Berta (Hg.): *Briefe von und an Malwida von Meysenbug*. Berlin o.J.

Scholz, Hans (Hg.): *Richard Wagner an Mathilde Maier (1862-1878)*. Leipzig o.J.

Schorn, Adelheid von: *Zwei Menschenalter. Erinnerungen und Briefe aus Weimar und Rom*. (1901). Stuttgart 1920.

Seidl, Arthur (Hg.): *Lina Ramann: Lisztiana. Erinnerungen an Franz Liszt in Tagebuchblättern, Briefen und Dokumenten aus den Jahren 1873-1886/87*. Mainz u.a. 1983.

Steil, Dieter (Hg.): Wie freue ich mich auf das Orchester! Briefe des Dirigenten Hermann Levi. Köln 2015.

Steil, Dieter (Hg.): *»… unsere Kunst ist eine Religion …«. Der Briefwechsel Cosima Wagner – Hermann Levi*. Baden-Baden 2018.

Sternagel, Sabine/Süddeutsche Zeitung (Hg.): *Ab nach München! Künstlerinnen um 1900*. Katalog Münchner Stadtmuseum 2014.

Sucher, Rosa: *Aus meinem Leben*. Leipzig 1914.

Thierbach, Erhart (Hg.): *Die Briefe Cosima Wagners an Friedrich Nietzsche*, 1. Teil 1869-1871. Weimar 1938.

Thode-von Bülow, Daniela: »›Was liegt an mir?‹ Cosima Wagner, Festspielleiterin von 1886 bis 1906«, in: *Bayreuther Festspielführer* 1937, 21-36.

Toman, Philipp (Hg.): »Mein Orchester habe ich schon nervös gemacht.« Die Briefe des Dirigenten Felix Mottl an die Gräfin Christiane Thun-Salm. Hamburg 2016.

Trenner, Franz (Hg): *Cosima Wagner – Richard Strauss. Ein Briefwechsel*. Unter Mitarbeit von Gabriele Strauss. Tutzing 1978.

Vaget, Hans Rudolf (Hg.): *Im Schatten Wagners. Thomas Mann über Richard Wagner. Texte und Zeugnisse 1895-1955*. Frankfurt/M. 1999.

Vaget, Hans Rudolf, »Entnazifizierung. Udo Bermbach untersucht den Neu-Bayreuther Gründungsmythos«. In: *Musik & Ästhetik* 25.97 (2021).

Vierhaus, Rudolf (Hg.): *Am Hof der Hohenzollern: aus dem Tagebuch der Baronin Spitzemberg*. München 1961.

Wagner, Richard: *Das Braune Buch. Tagebuchaufzeichnungen von 1865 bis 1882*, hg. von Joachim Bergfeld. (1975). München/Zürich 1988.

Wagner, Richard: *Mein Leben*, hg. Von Martin Gregor-Dellin. (1963). München 1969.

Wagner, Siegfried: *Erinnerungen*. Berlin 2010.

Wagner, Wolfgang: *Lebensakte*. München 1994.

Waldberg, Max Freiherr von (Hg.): *Cosima Wagners Briefe an ihre Tochter Daniela von Bülow, 1866-1885 / nebst 5 Briefen Richard Wagners*. Stuttgart/Berlin 1933.

Walker, Alan (Hg.): *The Death of Franz Liszt, Based on the Unpublished Diary of his Pupil Lina Schmalhausen*. Ithaca/London 2002.

Wehler, Hans-Ulrich: *Deutsche Gesellschaftsgeschichte*, Bd. 4. München 2003.

Weinert, Susanne: *Im Hause Richard Wagners – Ein Beitrag zum Familienleben des großen Meisters*, Manuskript o.D. (NA, auch in: Burk 1950).

Werner, Petra/Irmscher, Angelika (Hg.): *Kunst und Liebe müssen sein. Briefe von Anna von Helmholtz an Cosima Wagner 1889 bis 1899*. Bayreuth 1993.

Wille, Eliza: *Fünfzehn Briefe von Richard Wagner*. Berlin 1894.

Wille, Eliza: *Erinnerungen an Richard Wagner*. Zürich 1982.

Zinsstag, Adolf (Hg.): *Neun unveröffentlichte Briefe Richard Wagners an Malwida von Meysenbug*. Basel 1956.

Zweig, Stefan: *Die Welt von gestern. Erinnerungen eines Europäers* (1942). Köln 2013.

Adorno, Theodor W.: *Versuch über Wagner.* München 1964.

Bahr, Achim/Peter Pachl: *Siegfried Wagner. Bayreuths Erbe aus andersfarbiger Kiste.* Mainz 2017.

Beidler, Dagny R.: »Tribschen und der Schweizer Wagnerenkel«, in: Christian Bührle/Markus Kiesel / Joachim Mildner (Hg.): *Prachtgemäuer. Wagner-Orte Zürich, Luzern, Tribschen und Venedig.* Regensburg 2020, 160-165.

Beidler, Dagny R./Eva Rieger: »Malwida von Meysenbug und die Wagnerfamilie«, in: *Jb. der Malwida von Meysenbug Gesellschaft*, Bd. 10, Kassel 2019.

Beidler, Franz Wilhelm: *Cosima Wagner-Liszt. Ein Porträt*, hg. und kommentiert von Dieter Borchmeyer (1997). 3. Aufl. Würzburg 2011.

Bermbach, Udo: *Houston Stewart Chamberlain. Wagners Schwiegersohn – Hitlers Vordenker.* Heidelberg 2015.

Chamberlain, Houston Stewart: *Die Grundlagen des 19. Jahrhunderts.* München 1899.

Conrad, Herbert: »Der Beidler-Konflikt« I – IV«, in: *Bayreuther Festspielnachrichten* 1982.

Dreyfus, Laurence: »Hermann Levi's Shame and *Parsifal's* Guilt: A Critique of Essentialism in Biography and Criticism«, in: *Cambridge Opera Journal*, Bd. 6, No. 2. (Juli 1994), 125-145.

Eger, Manfred: *»Alle 5000 Jahre glückt es«. Richard und Cosima Wagner. Zeugnisse einer außergewöhnlichen Verbindung.* Tutzing 2010.

Elferich, Christa: »Jüdische Frauen im Verein für Fraueninteressen«, in: Richardsen 2018, 63-65.

Emslie, Barry: *Richard Wagner and the Centrality of Love.* Woodbridge 2010.

Field, Geoffrey G.: *Evangelist of Race. The Germanic Vision of Houston Stewart Chamberlain.* New York 1981.

Fischer, Jens Malte: *Richard Wagner und seine Wirkung.* Wien 2013.

Fritz, Sven: »Houston Stewart Chamberlain und die Wiener Wagnervereine«, in: *Richard Wagner und Wien. Antisemitische Radikalisierung und das Entstehen des Wagnerismus,* hg. von Hannes Heer/ Christiane Glanz/Oliver Rathkolb. Wien 2017, 281-305.

Fritz, Sven: *Houston Stewart Chamberlain. Rassenwahn und Welterlösung. Biographie.* Paderborn 2021.

Glasenapp, Carl Friedrich: *Das Leben Richard Wagners in sechs Büchern.* Leipzig 1904.

Golther, Wolfgang: »Cosima Wagner als Spielleiterin«, in: *Bayreuther Festspielführer 1937.* Bayreuth 1937, 61-69.

Grassinger, Peter: *Münchner Feste und die Allotria. Ein Jahrhundert Kulturgeschichte.* Dachau 1990.

Gregor-Dellin, Martin: *Richard Wagner. Sein Leben, sein Werk, sein Jahrhundert.* München/Zürich 1980.

Haas, Fritjof: *Zwischen Brahms und Wagner. Der Dirigent Hermann Levi*. Zürich/Mainz 1995.

Haas, Fritjof: *Felix Mottl*. Karlsruhe 2006.

Hamann, Brigitte: *Die Familie Wagner*. Reinbek 2005.

Heer, Hannes, Boris von Haken: »Der Überläufer. Heinz Tietjen. Der Generalintendant der Preußischen Staatstheater im Dritten Reich«, in: *Zeitschrift für Geschichtswissenschaft*, H 1/2010, 28ff.

Heißerer, Dirk: *Die wiedergefundene Pracht. Franz von Lenbach, die Familie Pringsheim und Thomas Mann*. Göttingen 2009.

Herz, Auguste: *Hauserziehung und Kindergarten. Vorträge für Frauen und Jungfrauen, welche für die Familie oder den Kindergarten sich zu Erzieherinnen bilden wollen*. Leipzig 1851.

Hilmes, Oliver: *Herrin des Hügels. Das Leben der Cosima Wagner*. München 2007.

Hilmes, Oliver: *Cosimas Kinder. Triumph und Tragödie der Wagner-Dynastie*. München 2009.

Holzhauer, Heinz: »Nachlasssache Richard Wagner«, in: *Gedächtnisschrift für Jörn Eckert*, hg. von Rudolf Meyer-Pritzl u.a., Baden-Baden 2008, 335-350.

Holzhauer, Heinz: »Der ›Beidler-Prozess‹ des Jahres 1914 – Isolde Beidler gegen ihre Mutter Cosima Wagner«, in: *wagnerspectrum* 2 (2012), 181-200.

Horvilleur, Delphine: Überlegungen zur Frage des Antisemitismus. München 2020.

Janés i Nadal, Alfonsina: *L'obra de Richard Wagner a Barcelona*. Barcelona 1983.

Jens, Inge und Walter: *Katias Mutter. Das außerordentliche Leben der Hedwig Pringsheim* (2005). Reinbek 2006.

Kennedy, Michael: *The Hallé Tradition. A Century of Music*. Manchester 1960.

Kern, Fabian: *»Soeben gesehen. Bravo, Bravissimo.« Die Coburger Theatermalerfamilie Brückner und ihre Beziehungen zu den Bayreuther Festspielen*. Berlin 2010.

Kinderman, William/Syer, Katherine Rae: *A Companion to Wagner's Parsifal*. Woodbridge 2005.

Kraft, Zdenko von: *Der Sohn. Siegfried Wagner. Leben und Umwelt*. Graz/Stuttgart 1969.

Lawton, Mary: *Ernestine Schumann-Heink. The Last of the Titans*. New York 1928.

Macedo, Catharine: »Between Opera and Reality: the Barcelona *Parsifal*«, in: *Cambridge Opera Journal* 10. 1998, 1, 97-109.

Mackerness, Eric D.: *A Social History of English Music*. Westport 1964.

McGlathery, James M.: *Wagner's Operas and Desire*, New York et al. 1998.

Michaelis, Karin: *Der Fall d'Annunzio*. Potsdam 1925.

Millenkovich-Morold, Max: *Cosima Wagner*. Leipzig 1937.

Mösch, Stephan: *Weihe. Werkstatt. Wirklichkeit. Wagners Parsifal in Bayreuth 1882-1933*. Kassel et al. 2009.

Mommsen, Wolfgang J.: *Bürgerliche Kultur und künstlerische Avantgarde. Kultur und Politik im deutschen Kaiserreich 1870 bis 1918*. Frankfurt/M. 1994.

Moulin Eckart, Richard Graf du: *Cosima Wagner. Ein Lebens- und Charakterbild*. 2 Bde. Berlin 1931.

Naegele, Verena/Ehrismann, Sibylle: *Die Beidlers. Im Schatten des Wagner-Clans.* Zürich 2013.

Nickel, Karl-Heinz (Hg.): *Malwida von Meysenbug. Durch lauter Zaubergärten der Armida. Ergebnisse neuer Forschungen* (mit Briefen MvMs an Blandine Gravina). Kassel 2005.

Osterloh, Jörg: »Ausschaltung der Juden und des jüdischen Geistes«. Nationalsozialistische Kulturpolitik 1920-1945. Frankfurt/New York 2020.

Pachl, Peter: *Siegfried Wagner – Genie im Schatten.* München 1988.

Planert, Ute: *Antifeminismus im Kaiserreich: Diskurs, soziale Formation und politische Mentalität.* Göttingen 1998.

Puttkamer, Albert von: *50 Jahre Bayreuth.* Berlin 1927.

Reeser, Eduard: »Cosima Wagner«, in: Blaukopf 1983, 211-240.

Richardsen, Ingvild (Hg.): *Evas Töchter. Münchner Schriftstellerinnen und die moderne Frauenbewegung 1894-1933.* München 2018.

Rieger, Eva (Hg.): *»Mit 1000 Küssen Deine Fillu«. Briefe der Sängerin Marie Fillunger an Eugenie Schumann 1875-93.* Köln 2002.

Rieger, Eva: *Minna und Richard Wagner* (2003). Hildesheim 2019.

Rieger, Eva: *Leuchtende Liebe, lachender Tod. Richard Wagners Bild der Frau im Spiegel seiner Musik.* Düsseldorf 2009a.

Rieger, Eva/Hiltrud Schroeder: *Ein Platz für Götter. Richard Wagners Wanderungen in der Schweiz.* Köln et al. 2009b.

Rieger, Eva: *Friedelind Wagner. Die rebellische Enkelin Richard Wagners.* München/Zürich 2012.

Rieger, Eva: »›Nicht Bewegung – sondern Seele‹: Wagners Gebärdensprache und ein Frauennetzwerk«, in: *Musikwissenschaft der Vielfalt,* hg. von Joachim Iffland u.a., München 2021, 295-306.

Rützow, Sophie: *Richard Wagner und Bayreuth.* München 1943.

Santos, Luis Miguel: »The Idea of Progress and the Reception of Wagner in Portugal (1883-1919)«, in: *Consequences of Wagner. Int. Conference, hg. Paulo Ferreira de Castro.* Lisbon 2012.

Schacht-Richter, Eleonore: *Hans Richter. Leben und Schaffen des großen Dirigenten.* Bayreuth 1995.

Schmidt, Ricarda/Allan, Seán/Howe, Steven: *Unverhoffte Wirkungen. Erziehung und Gewalt im Werk Heinrich von Kleists.* Würzburg 2014.

Schüler, Winfried: *Der Bayreuther Kreis von seiner Entstehung bis zum Ausgang der wilhelminischen Ära.* Münster 1971.

Schuh, Willi: *Richard Strauss.* Zürich 1976.

Stargardt-Wolff, Edith: *Wegbereiter großer Musiker.* Berlin 1954.

Tibbe. Monika: »Emanzipation der Tat«. Mary Wurm – Pianistin, Komponistin, Dirigentin, Musikschriftstellerin. Oldenburg 2018.

Vazsonyi, Nicholas: Richard Wagner. Die Entstehung einer Marke. Würzburg 2012

Voss, Egon: *Die Dirigenten der Bayreuther Festspiele.* Regensburg 1976.

Walker, Alan: Franz Liszt. The Final Years, 1861-1886. Bd. 3. Ithaca NY 1996.

Walton, Chris: »Heil Dir, Helvetia! Anmerkungen zur Musikpublizistik eines ›neutralen‹ Landes«, in: *Musikwissenschaft – eine verspätete Disziplin?* hg. von Anselm Gerhard. Stuttgart/Weimar 2000, 307-320.

Watt, Paul: Ernest Newman. A Critical Biography. Woodbridge 2017.

Wehler, Hans-Ulrich: Deutsche Gesellschaftsgeschichte 1914-1949. München 2003.

Winzen, Peter: *Das Ende der Kaiserherrlichkeit. Die Skandalprozesse um die homosexuellen Berater Wilhelms II. 1907-1909.* Köln et al. 2010.

Zeh, Gisela: *Das Bayreuther Bühnenkostüm.* München 1973.

Abkürzungen

AB Privatarchiv Dagny Beidler, Winterthur
AT Archiv Museum Tribschen
BA Bundesarchiv Berlin
BAM Archiv Bamberg
Blandine Blandine von Bülow, verh. Gravina
Cgm Codex germanicus monacensis, dt. Handschr. Staatsbibliothek München
CH Houston Stewart Chamberlain
CW Cosima Wagner
CW I und II *Cosima Wagner. Die Tagebücher*, ediert und kommentiert von Martin Gregor-Dellin und Dietrich Mack. München, Bd. I 1976, Bd. 2 1977.
CWZ Cosima Wagner: *Das zweite Leben. Briefe und Aufzeichnungen 1883-1930,* hg. von Dietrich Mack. München/Zürich 1980
D-HVfmg Forschungsinstitut Musik und Gender, Hochschule für Musik Hannover
DT Daniela Thode, geb. von Bülow
ER Privatarchiv der Autorin
Eva Eva Wagner, verh. Chamberlain
FB Franz Beidler
FWB Franz Wilhelm Beidler
HL-B *Briefwechsel zwischen Cosima Wagner und Fürst Ernst zu Hohenlohe-Langenburg*. Stuttgart 1937
Isolde Isolde v. Bülow-Wagner, verh. Beidler
KL *König Ludwig II. und Richard Wagner Briefwechsel*, hg. vom Wittelsbacher Ausgleichs-Fonds und Winifred Wagner. 4 Bde. Karlsruhe 1936
LN Verena Lafferentz Privatnachlass
MR *Die Korrespondenzen der Malwida von Meysenbug, Briefregesten*, hg. von Annegret Tegtmeier-Breit, NRW 2001
MT The Musical Times
MvM Malwida von Meysenbug
NA Nationalarchiv Richard Wagner, Bayreuth
NTh Privatarchiv Neill Thornborrow, Düsseldorf
RW Richard Wagner
SB Richard Wagner, *Sämtliche Briefe,* div. Herausgeber, Leipzig (später Wiesbaden et al.) 1967ff.
SL Stadtarchiv Lindau

SLUB Staats- und Landesbibliothek Dresden
SML Stadtgeschichtliches Museum Leipzig
SSD Richard Wagner, *Sämtliche Schriften und Dichtungen*, 12 Bde., 5. Aufl. Leipzig o.J. (ca. 1912).
STAB Staatsbibliothek Berlin
STAM Staatsbibliothek München
SW Siegfried Wagner
UB Universitätsbibliothek Basel
UBF Universitätsbibliothek Frankfurt
VML Bibliothèque municipal Versailles
ZB Zentralbibliothek Zürich

Bildnachweise

Berliner Philharmoniker: Abb. 18
Nationalarchiv der Richard-Wagner-Stiftung, Bayreuth: Frontispiz (Porträt Isolde Wagner, Franz von Lenbach, 1884), 1, 3–5, 7, 10, 16, 25
Richard Wagner Museum Luzern: Seite 323

Alle weiteren Abbildungen stammen aus Privatbesitz.

Personenregister

Stammtafel

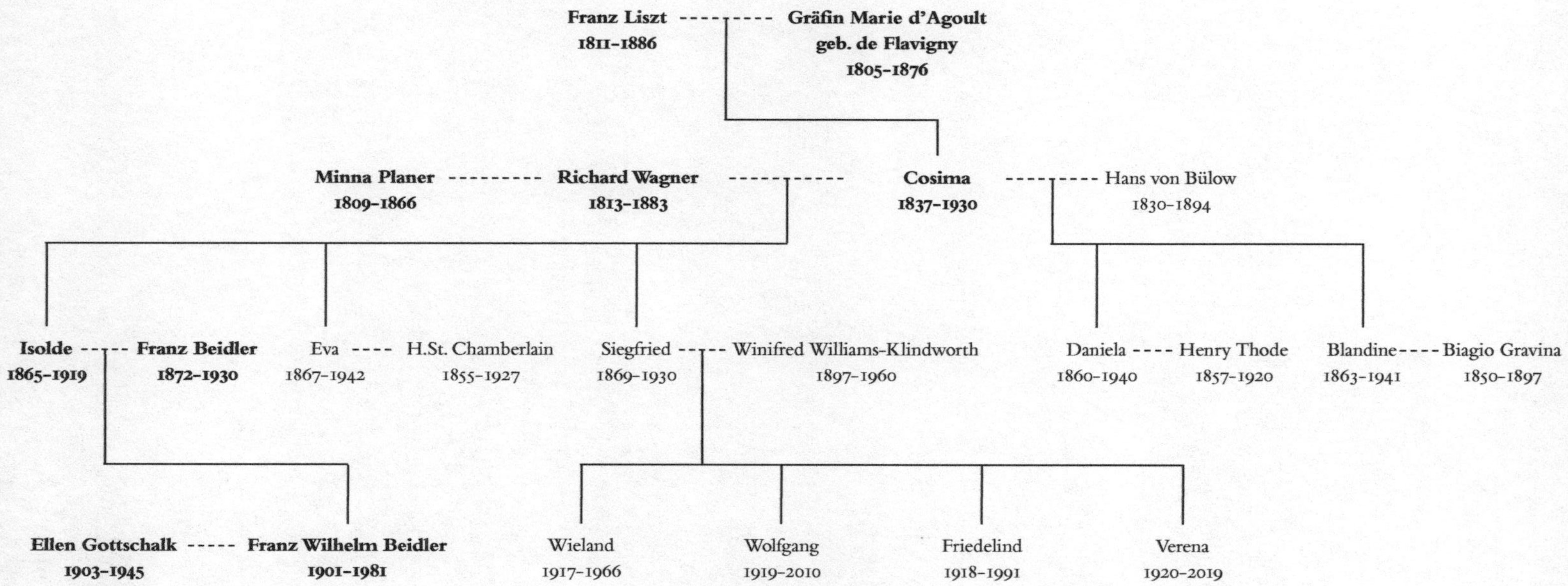

Franz Liszt
1811–1886
Gräfin Marie d'Agoult
geb. de Flavigny
1805–1876
Minna Planer
1809–1866
Richard Wagner
1813–1883
Cosima
1837–1930
Hans von Bülow
1830–1894
Isolde
1865–1919
Franz Beidler
1872–1930
Eva
1867–1942
H.St. Chamberlain
1855–1927
Siegfried
1869–1930
Winifred Williams-Klindworth
1897–1960
Daniela
1860–1940
Henry Thode
1857–1920
Blandine
1863–1941
Biagio Gravina
1850–1897
Ellen Gottschalk
1903–1945
Franz Wilhelm Beidler
1901–1981
Wieland
1917–1966
Wolfgang
1919–2010
Friedelind
1918–1991
Verena
1920–2019